Vittorio Alfieri

VITA

a cura di Anna Dolfi

ARNOLDO MONDADORI
EDITORE

© 1987 *Arnoldo Mondadori Editore S.p.A., Milano*
I edizione Oscar classici marzo 1987

ISBN 88-04-29767-0

Introduzione

Le discussioni che hanno accompagnato spesso, in sede critica, il problema di una definizione e classificazione del personaggio e dell'opera alfieriana (si pensi solo al sotterraneo e costante dibattito sotteso alla proposta di un Alfieri illuminista o preromantico, rinnovatore del classicismo o protoromantico o romantico *tout court*) hanno forse registrato, specie in tempi più recenti, qualche momento di pausa, con possibili verificate consonanze nella lettura e interpretazione testuale delle tragedie, ma hanno certo lasciate aperte la polemica e il discorso sul libro per certi versi più delicato dell'intera bibliografia alfieriana: la *Vita*. Bastò nel 1951 la stampa dell'edizione critica perché sulla scorta del testo definitivo, con l'ausilio e il conforto delle varianti, gli studiosi scendessero in campo per valutare le correzioni, il risultato del *labor limae* alfieriano, a farne strumento di prova di un linguaggio ora piegato alle ragioni protoromantiche (Mariani), ora invece ripiegato su se stesso (Bigi) e potenziato in profondità (Fubini), eppure raccolto in dimensione non eroica (Ferrero), ovvero più nobile, sostenuta, composita (Jenni). Anche prescindendo dal problema arduo e finora insoluto della preistoria del manoscritto 13, cioè della prima stesura autografa della *Vita* che in data 1790 arrivava a comprendere la parte prima del libro, la lettura del testo del 1803, chiuso pochi mesi prima della morte dell'autore, e una necessaria collazione tra la prima stesura rimastaci e la tarda trascrizione (ma a questo proposito poco o punto si è insistito, nel confronto, sulla carenza di mutamenti sostanziali in grado di smascherare il taciuto, di rivelare il rimosso) hanno continuato a proporre una serie di nodi topici della critica alfieriana. Che, come si diceva, è stata assillata dai rapporti del nostro autore con le grandi correnti e periodizzazioni sette-ottocentesche, ma anche, e nel caso specifico della *Vita*, dalla necessità di sostenere la novità dell'opera, la sua più o meno attendibile veridicità, rivista e corretta col rinvenimento di nuovi documenti oppure esaltata in nome di una complessiva e soggettiva fedeltà sostanziale.

Il problema per così dire morale (quello della veridicità) si è accompagnato (oltre la filologia e le indagini tecniche sulla "qualità" dello stile) alla ricerca di una tonalità dominante, da alcuni individuata nell'interiorità, nella capacità "sperimentale" di esplicitare *le cri de la passion* (Branca), da altri nella tristezza (Russo, Binni, Bozzetti, solo per far qualche nome), da altri ancora in un dichiarato egotismo e superomismo alfieriani, pur nel comune riconoscimento di un qualche carattere tragico del personaggio, faticosamente fattosi autore (e sulla componente costruttiva della vita molti hanno giustamente insistito, da Sansone a Scrivano a Portinari), dopo un'improvvisa conversione posta alla base della costruzione ideale (Maier) o della biografia veridica dell'opera (Portinari). Intellettuale contraddittoriamente e clamorosamente plutarchiano e aristocratico (come lo vuole lucidamente Masiello), uomo segnato ancora in età adulta da un difficile rapporto con la madre, dall'assenza, o meglio morte precoce del padre, divenutogli per le successive nozze materne patrigno/tiranno (Debenedetti), l'Alfieri della *Vita*, letto anche alla luce delle più moderne tecniche di approccio narratologico[1], è apparso come l'autore di un'autobiografia della speranza proiettata non verso la memoria ma la realizzazione, non il passato ma il futuro (Debenedetti), percorsa dalle tre ottiche della conversione, della mente, del cuore (Scrivano) e misurata anche al fuoco di una novecentesca inquietudine, lesione e perdita progressiva di sé (Bonifazi). Il tempo della narrazione, tempo dei grandi deserti e asperità e solitudini romantiche o tempo barocco (Branca) delle tragedie e di tutta l'opera complementare alla *Vita*, comprese le prose autobiografiche e politiche, è stato scandito e ripercorso nelle cronologie e nei viaggi, nelle pause riflessive e nelle dichiarazioni di poetica.

Pure al lettore di oggi, a quel lettore al quale l'Alfieri indirizzava, assieme ai contemporanei, quasi due secoli fa, la sua *Vita*, rimane

[1] È necessario il riferimento a testi fondamentali e in qualche modo riassuntivi (anche per le ampie bibliografie) del dibattito sul tema dell'autobiografia quali: Philippe Lejeune, *L'autobiographie en France*, Paris, Colin, 1971; *Le pacte autobiographique*, Paris, Editions du Seuil, 1975; *Je est un autre*, Paris, Editions du Seuil, 1980. Per un nostro intervento su problemi di autobiografia settecentesca sia consentito il rimando a Anna Dolfi, *Da Ponte e la tipologia delle «Memorie»*, in AA.VV., *Tra illuminismo e romanticismo*. Miscellanea di studi in onore di Vittore Branca, Firenze, Olschki, 1983, IV, pp. 157-183.

ancora il problema di stabilire un legame tra il racconto ordinato degli avvenimenti esterni (la nascita nel gennaio del '49, le notizie sugli otto anni passati all'Accademia militare di Torino a partire dal 1758, i sei anni di viaggi frenetici per l'Europa, i tre «intoppi» amorosi del '68, '71, '73, la scoperta nel '74-'75 della vocazione teatrale, la conseguente donazione dei beni nel 1778 per farsi autor tragico, la composizione delle diciannove tragedie dal '75 all'87, la loro stampa a Parigi dall'87 all'89 e poi la fuga precipitosa di Francia...) e le ragioni profonde che dovettero spingerlo a scrivere; ragioni che oltre la moda autobiografica settecentesca e i motivi di utilità, opportunità, finalità educativa più volte dichiarati, costituiscano un motivo solo e tipicamente alferiano, diverso insomma da quello che mosse le memorie di Vico o di Casanova, di Giannone o di Genovesi, di Goldoni o di Da Ponte. A questo quesito, certo fondamentale e per il quale si possono solo ipotizzare soluzioni, altri se ne potrebbero aggiungere per rilanciare il discorso sulla tecnica e le modalità specifiche dell'autobiografia alferiana. Chiedendosi ad esempio se quella dell'Alfieri è solo l'autobiografia di un uomo di lettere, o se piuttosto a lui, come prima a Rousseau e più tardi a Da Ponte, non sarebbe occorso di dare, oltre che di storia vera, spazio di romanzo al romanzo della propria vita. E, in questa prospettiva, quale diversità istituire tra le due parti della *Vita*, idealmente divisa (e costretta a una diversa veridicità: il momento discrimine sarà segnato dalla produzione di documenti nelle Appendici) non certo dal passaggio dalla scrittura del 1790 a quella del 1803, ma dall'inizio dell'ancora informe attività tragica nel 1774? E che rapporto stabilire tra la *Vita* e tutte le altre opere, intenzionalmente, palesemente e pubblicamente concluse (ad eccezione delle tarde commedie e di poche altre cose) al momento della stesura dei propri ricordi? Che fede prestare a quell'assenza di perplessità di cui si sarebbe accusato l'Alfieri nel *Parere* sul *Saul*, dinanzi alla saggezza, all'ironia, all'animo fermo e pure turbato e complesso di tanti passi della *Vita* e delle stesse tragedie (ove l'elementarità e staticità dei personaggi è dato esterno più che realtà sostanziale)? Come interpretare il lungo peregrinare che dopo i viaggi e le inquietudini giovanili lo portò ancora tante volte a partire, a girare le città straniere e italiane (o a fuggirvi), conducendolo poi alle mete abituali dell'odiosamata Francia (clamoroso il mutamento sulla prospettiva rivoluzionaria tra la chiusa del *Della tirannide* e le pagine della *Vita* dedicate agli effetti della Rivoluzione francese), della gradita Olanda, dell'adorata Inghilterra? Cosa pensare della tanto dichiarata e sottolineata svalutazione della propria infanzia, adolescenza e giovinezza, e come conciliarla col richiamo frequente alla continuità di tutte le età dell'uomo e alla generale, dichiarata unicità e costanza dei sentimenti nel tempo? E poi, è quella dell'Alfieri una vera autobiografia, o una biografia sostitutiva, un prevalente racconto di vocazione e di carriera?

Certo, a ben pensarci, queste domande e altre che potrebbero aggiungersi sono tutte sostanzialmente riassumibili all'insegna di un unico criterio o legge di pertinenza, che quasi molla segreta, *aleph* nascosto, regge l'opera come un mondo conchiuso. Criterio di pertinenza certo esistente, ma né agevole né facile da individuare, se il genere autobiografico, con la riduzione programmatica delle sfaccettature produttive del racconto, con l'identificazione necessaria e costretta di scrittore/narratore/personaggio, riduce le specularità che talvolta consentono di penetrare le strutture profonde del romanzo (come diverso genere, obbediente a più libere leggi): né a questa regola pone eccezioni – anzi le rafforza – l'Alfieri nella sua *Vita*. La natura e qualità del patto autobiografico è più volte dichiarata e esibita, e con la veridicità del narrato (ove si eccettui l'omesso, di non facile reperimento o valutazione: né svelano molto in questo senso gli errori intenzionali segnalati da solerti e dottissimi biografi) prende il via una ricostruzione cronologica ove il rapporto vita/scrittura, da muovere nelle articolazioni di passato, ricordo, tempo perduto, presente, è almeno all'apparenza condotto senza i turbamenti moderni delle *intermittences du coeur* (nonostante, in proposito, qualche acutissima intuizione alfieriana) che si fanno epifania del presente, improvviso svelamento in quello della vicenda passata. L'Alfieri ha insomma, o pare avere, un rapporto non nevrotico, non turbato con la sua biografia, che la *écriture* può ripercorrere evidenziando con pacata e disincantata saggezza gli errori e le felici eccezioni, la cattiva educazione come la buona (non così obliterata e nascosta, come quasi sempre hanno voluto i critici).

Il presente non rivela il passato e il passato non mostra il futuro che per quei segni assai ragionevoli di un'innegabile irrequietezza ed eccezionalità di carattere, e desiderio di gloria, di amore, di fama. La necessità, quella necessità invocata spesso a giustificazione o movente dai personaggi del teatro alfieriano, sembra insomma guidare un percorso che si delinea nel suo divenire soggetto alle leggi, pur necessarie, della combinazione, della causalità (clamorosa prova l'episodio della dedica del *Saul* rifiutata dal papa, che liberò il già maturo Alfieri, e per puro caso, dall'errore di farsi in qualche modo osannatore del potere per «viltà, debolezza o doppiezza»), costretto nelle valutazioni ed esperienze soggettive all'umana oscillazione di entusiasmo e delusione, furia fattiva, noia e indolenza. Non introiettata insomma la *Vita* come era invece sempre, nel teatro, stato introiettato lo scontro tragico; non giocata la *Vita* con quel viscerale rapporto familiare che aveva diversamente orientato le relazioni con l'esterno dei personaggi tragici, destinati a scontrarsi e dilacerarsi tra l'infrazione a un primitivo divieto e la difesa della virtù e della giustizia in un rapporto eroe/ tiranno che è continua riproposizione di un rapporto filiale/paterno. La stessa storia delle tragedie, quale appare nella *Vita*, sarà per lo più storia esterna – di provocazioni culturali, di ansia competitiva, di furia febea –; assai di più su quei testi ci diranno i *Pareri* o le risposte (esemplare quella al Calzabigi), dove l'Alfieri sarebbe entrato nel merito della poetica, delle tensioni e del carattere dei personaggi, dell'elaborazione.

Il fatto è che per l'autore la *Vita* era, doveva essere, ed è qualcosa d'altro dalle tragedie, da tutte le opere precedenti; il suo protagonista, benché venato di audacia e eroismo, non avrebbe dovuto e non doveva essere eroe tragico. L'autobiografia non aspirava e non poteva essere, come qualcuno ha detto, la ventesima tragedia, e neppure, per andare più oltre, la tragedia complessiva, riassuntiva, mai scritta. Le sarebbe mancato, per essere tale, il conflitto (magari per il possesso di una donna: non casualmente una sia pur alterata tipologia da eroe ha l'Alfieri nel racconto della sua storia con Penelope Pitt), e il raggiungimento violento della desiata morte (sorte fatale di ogni tragedia e eroe tragico), assieme alla vendetta, al delitto o alla passione unica, incapace di far coesistere, come lo poté invece la vita e lo attestano le memorie d'Alfieri, l'amicizia e l'amore, la passione di libertà e l'esistenza, il ben parlare dei genitori e perfino – al vederli – dei sovrani, sul trono o deposti che siano. Si vuol dire allora che la *Vita* corrisponde all'ultimo Alfieri del 1800, allo scrittore delle *Satire*, del *Misogallo*, delle commedie, casalingo e all'apparenza borghese? Forse neanche questo; in realtà, più che la storia di una rottura, di un prima e di un poi separati dalla cultura e dalla scrittura, la *Vita* è il racconto di una formazione, di un diventare ogni giorno, tra contraddizioni, assieme uomo e poeta, è il percorso di un'oscillazione esistenziale – come tale duratura e immutabile – nella quale il presente appare come elemento di continuità, non di frattura brusca o di conversione.

L'umor malinconico misto a sogni di gloria; la lettura dei classici, pur scoperti prima dell'avvento della virilità (e nei nomi di Cornelio, Virgilio, Ariosto, Tasso, Metastasio, Goldoni, ai quali si sarebbero aggiunti Machiavelli, Rousseau, Montesquieu, Helvetius, Plutarco, Montaigne, Ossian, Cervantes, Seneca, Poliziano e gradualmente tutti gli antichi romani, ma col trionfo, anche in età matura, della doppia triade Dante-Petrarca-Boccaccio; Ariosto-Tasso-Machiavelli) e la tensione e inquietudine per un amore presagito ed ignoto, prima profonda origine delle «orribili» malinconie; un forte senso della propria identità, come dire un prepotente «amore di me medesimo», e un timore sostanziale a esibirsi o a mostrarsi in stato di reale o apparente inferiorità (i tanti episodi che coinvolgono la capigliatura alfieriana, dall'infantile reticella alla parrucca o alla pettinatura di Elia, o che potrebbero riguardare un racconto più dissacrante e critico sulla famiglia e i «nobili, agiati, onesti» genitori: ma in questa direzione già erano esaustive e illuminanti le pagine di Debenedetti); il continuo incombere del «disinganno di gloria», in cui pur si veniva di giorno in giorno «sempre più confermando», sono elementi troppo costanti e tipici dell'intera esistenza alfieriana per poterli pensare solo *a posteriori* ricostruiti nel progetto di una complessiva unità dell'io. La coerenza interna, quale prova di «perfezione di carattere», era stata d'altronde data per scontata dall'Alfieri in una lettera al Tiraboschi del 18 giugno 1785 («Quanto all'uniformità di ogni attore in sé stesso la credo parte importante della perfezione del carattere») e sarebbe stata riconfermata, anni dopo, in una lettera alla sorella Giulia del 2 aprile 1798 («Sono invecchiato, come è il dovere vivendo; ma di mente e di cuore sono e sarò sempre lo stesso»).

Certo il «primo gelo del nono mio lustro», il tempo dell'*incipit* della *Vita*, doveva, come fatalmente succede, aver potenziato e saggiato, illuso e provato le giovanili inquietudini, le multiformi, disordinate potenzialità («sto scrivendo queste chiacchiere» nella «sgradita stagione dei disinganni»); lo studio dell'uomo in genere, che poteva proporsi la *Vita*, era subentrato a trarre leggi generali e umane da quella che un tempo forse era solo sembrata inspiegabile irrequietezza individuale, eccezionalità senza motivazione possibile. Con gli anni, nella convinzione, che era degli scritti teorici, che ogni «bell'arte è figlia del molto pensare» e che lo scrivere è la sostituzione di un fare vietato dai «tristi miei tempi», doveva essersi fatta strada, nella serietà del patto autobiografico («non avrò certamente la viltà di dir cosa che vera non sia»), anche la coscienza delle inevitabili alterazioni, la confessione della possibilità della fatale difesa di sé («non avrò forse il coraggio o l'indiscrezione di dir di me tutto il vero», «spacciarmi quale sono in gran parte»). Ma una dichiarazione di tal fatta, accolta beninteso per vera, doveva proprio garantire lo scopo secondo (primo in realtà, e lo diceva l'Alfieri) della propria autobiografia, che si proponeva, oltre la volontà di offrire un testo da accompagnare alle opere (testo non meno infedele di altri, scritti, ed in fretta, da ignoti), di fornire un'indagine sulla natura dell'animo umano, soprattutto di «favellar di me con me medesimo» («e di rimbalzo, su gli uomini»), come dire di ripercorrere con saggia ironia e con sottile dissacrante coscienza (il richiamo in questo senso frequente alle «lunghe e noiose ciarle», alle «chiacchiere» e al «chiacchierare») il «cuor mio» e svelarlo – dietro tutti gli occultamenti del caso – nella sua consistenza di esasperata e disperata fragilità. Quella virtù, «per cui l'uomo, col maggior vantaggio degli altri, procaccia ad un tempo la maggior gloria sua» (così in *Del principe e delle lettere*), che lo aveva spinto ad esser scrittore di uno scopo «sublime» nonostante le inevitabili accuse all'«arcigna» sua Musa (si veda nella previdenza e nella protesta finale dell'autore al *Della tirannide*: «Dir più d'una si udrà lingua maligna, / ...che in carte troppe, e di dolcezza vuote, / altro mai che tiranni io non dipinga»; «Né pace han mai, né tregua, i caldi affanni / del mio libero spirto, ov'io non vergo / aspre carte in eccidio dei tiranni»), ad altro non aveva portato che a cercare un oggetto a cui potersi legare con costante tenacia, oltre ogni inevitabile alternanza a cui erano soggette per lui, col cadere della novità, tutte le azioni e le cose; altro non era stata che ricerca di un motivo costante sul quale fosse legittimo e possibile, nel presente e nei tempi lunghi della storia, richiedere e pretendere amore.

«Se un eccellente scrittore vuol dipingere un eroe, lo crea da sé», aveva scritto l'Alfieri in *Del principe e delle lettere*, e ancora, esaltando il vero e il bello, il diletto e l'utile congiunti, «il libro è, e deve essere la quintessenza del suo scrittore». Ma cosa avevano protestato, richiesto, domandato in realtà tutti gli eroi del teatro alfieriano, con e in difesa della libertà; e cosa chiede la *Vita*, «quintessenza» vera del suo autore? Cosa se non una intemerata moralità, la possibilità di «commuovere», «bene indirizzare gli umani effetti», «toccare bene addentro le vere passioni», «sviluppare il cuore dell'uomo», «inspirargli un bollente amore di gloria verace» (scopi tutti, e la citazione è a proposito da *Del principe e delle lettere*, dello scrittore, del letterato, delle lettere, in questo, sia pur *in minore*, omologate all'eroe e all'azione); cosa se non l'attestazione continua dell'offesa perpetrata dinanzi al richiesto e negato confronto? L'omicidio e il suicidio nascono spesso, nell'opera alfieriana, da una supplica non accolta (si pensi, tra le opere in prosa, al *Panegirico di Plinio a Traiano*), da una paternità rifiutata nella sua realtà più vera e profonda (clamoroso il caso del *Bruto secondo*), da un'emancipazione non concessa, da un colloquio negato. Parimenti la non risposta del mondo, la delusione dinanzi all'indifferenza, sia pur banale, quotidiana della vita, sarà quanto guiderà e darà pertinenza al filo delle memorie alfieriane, alla storia di un'alterna salute rinvigorita dalla libertà fisica e morale e turbata dalle ansie sentimentali (con l'inevitabile malinconia), vitalizzata dalla curiosità, e novità e smania di viaggiare pur accompagnata, quest'ultima, da un sottile *spleen*, dall'impossibilità di fermarsi in un luogo, di individuare nell'apparenza degli agi, della giovinezza, le cause della «lunghissima romba di malinconia» («io ritrovava per tutto la sazietà, la noia, il dolore»). Quella causa, quella carenza, gli anni l'avrebbero rivelata risultato di un vuoto, di una mancanza che sarebbe stata contemporaneamente di mente e di cuore; se è vero che per l'Alfieri i due termini finiscono per essere equipollenti, già che nell'uno e nell'altro campo imperano la furia, la passione, la tenacia, la remissione delusa. La «stessa dissipazione, stessa noia, stessa malinconia, stessa smania di rimettermi in viaggio», la «solita malinconia, la noia, e l'insofferenza dello stare», la «solita impazienza di luogo che mi dominava tosto di bel nuovo al riapparire della noia e dell'ozio» erano legate – ne fanno fede anche giovanili impressioni sull'*Orlando furioso* o sulle tragedie francesi (il cui limite era appunto individuato nell'eccedenza, nella distrazione dal punto principale portante) – alla digressione, al raffreddamento della mente e del cuore che cercavano invece, nell'attesa di una maggiore conoscenza di sé in una più costante occupazione avvenire («soltanto molti anni dopo mi avvidi, che la mia infelicità proveniva soltanto dal bisogno, anzi necessità ch'era in me di avere ad un tempo stesso il cuore occupato da un degno amore, e la mente da un qualche nobile lavoro»), una totale esperienza e scienza del mondo tramite impressioni forti provocate da situazioni e paesaggi inusitati, emozioni violente (di qui l'entusiasmo alfieriano per il mare, le selve, i ghiacciai svedesi o la lunga, costante passione per l'equitazione). Anche la letteratura, iniziando sul finire degli anni '60 a farsi necessaria all'Alfieri, si presenterà come ricerca di un forte sentire (si pensi al turbamento provocato dalla lettura di Plutarco); solo più tardi potrà occasionalmente temperarsi di malinconia «riflessiva e dolcissima» con l'amato Montaigne.

Ma alla malattia, alla noia, avrebbe condotto non solo quella che potremmo definire una clamorosa deiezione (l'Alfieri avrebbe parlato nel *Della tirannide* dello «sfogo di un animo ridondante e piagato fin dall'infanzia dalle saette dell'aborrita e universale oppressione»), ma anche la rabbia, la vergogna per non chiare passioni («l'agitazione, i disturbi, lo studio, e la passione di cuore mi avevano fatto infermare»); quella dichiarata ad esempio nel '73, ai tempi dell'indegno amore per la Falletti. La volontà alfieriana avrebbe agito a quel tempo per modificare la situazione (così va letta la fuga in Toscana, il taglio dei capelli...), per costituire una diversa realtà (la sedia a cui si sarebbe fatto legare nel '75 da Elia per essere costretto a studiare) che sarebbe stata anche realtà di scrittura, di autobiografia (si pensi ai *Giornali* del '74-'76, ai cenni su un diario sia pur per poco tenuto nel '76) e di biografia (l'espatrio perpetuo, attuato nel '77-'78, secondo uno dei princìpi fondamentali del *Del principe e delle lettere*, peraltro, in certo senso, traduzione personale della riflessione teorica del *Della tirannide*: per cui ancora si veda il nesso inscindibile opera/biografia). Tentativo precipuo sarebbe divenuto mantenere quella relativa tranquillità d'animo conquistata con i nuovi impegni della mente e del cuore, da difendere con la tipica alfieriana tecnica della prevenzione.

Basta ricordare il rifiuto del dono familiare, la spada perduta per timore che gli fosse negata chiedendola, l'episodio della parrucca, e più tardi, nell'83, e per un analogo motivo, l'auto-allontanamento da Roma, per constatare come l'Alfieri, fin da ragazzo, avesse sempre «antiveduto i nemici» prevenendo le loro mosse e provvedendo a un apparente castigo che doveva rivelarsi salvezza («sparruccandomi da me stesso, prima ch'essi me la levasser di forza»; «antivenni allora l'affronto dell'esser fatto partire, col determinarvimi spontaneamente»). Non diversamente, alla luce di questa piccola legge di vita elevata a sistema di comportamento, potremmo interpretare, oltre le esterne motivazioni di perfezione e completezza, il fermo proposito, più volte dichiarato e raccontato nella *Vita*, di voler interrompere la creazione delle tragedie ponendo un freno alla propria spinta e tensione al comporre. L'impedimento che l'Alfieri si era imposto e continuava a ribadire («non si dee ormai più cangiare di proposito»), scegliendo per le tragedie, come altre volte per i cavalli (e non è casuale la coincidenza ove si pensi all'orgoglio che suscitavano i cavalli, «come se li avessi fatti io»), un numero a suo dire invalicabile e conclusivo – che sarebbe stato prima 12, poi 14, poi ancora, ultimo e rispettato, 19 –, avrebbe tentato di ricordarlo con forza nei momenti di riacceso «amor della gloria», di intemperante fantasia, «febbre» creatrice ed entusiasmo, forse richiamando alla memoria la delusione delle prime tragedie, il «disinganno di gloria» provato dopo la recita della *Virginia* a Torino che l'aveva spinto, nel 1784, a dichiarare e a pensare al coturno, cioè all'arte tragica, come a qualcosa che si «era fermamente proposto di non [...] spiccare mai più».

La «vanaglorietta» o la gloria «per cui da dieci e più anni io aveva tanto delirato e sudato», che lo illudevano sulle possibilità d'ascolto, quando sull'assenza di attori e di un pubblico per il teatro era stata sempre lucida e consapevole la sua denuncia, non era insomma così costante da impedirgli di ricordare e soprattutto verificare soffrendo che «nella fetida e morta Italia ella era assai più facil cosa il farsi additare per via di cavalli, che non per via di tragedie». E così a ogni delusione rinasceva il proposito (castigo/difesa) di interrompere il lavoro, al quale pure lo spingeva la voglia di gareggiare in gradimento – *alias* amore – con un esterno modello. Se le parole della sua donna, che gli aveva confessato che le era «sommamente piaciuto» il *Bruto* di Voltaire, erano bastate a infuriarlo, a muoverlo alla competizione, nella speranza/certezza di sopravanzare il campione additato; ecco che l'Alfieri, ai tre atti di volontà infranti («uscii per la terza volta dal mio proposito di non far più tragedie»), aggiunge un giuramento che lo tenga davvero lontano dal durare fatica su una «lingua quasi che morta, per un popolo morto». In poche righe della *Vita*, oltre gli sparsi segnali già individuati altrove, si rivela il sottile meccanismo psicologico che doveva indurlo a interrompere: «Bisognava finir una volta e finire in tempo e finire spontaneo, e non costretto». Una simile posizione sarebbe stata ribadita in una lettera a Giuseppe Marini del 21 marzo 1796: «Se le mie tragedie saranno buone, basteranno fatte; se cattive troppe saranno. Non credo che a questo dilemma si possa rispondere. Scriver tragedie vuol dire essere appassionato, e bollente, il che vuol dir giovane: la gioventù è cosa breve, onde le tragedie debbono, e possono esser poche». Del pari, per un analogo motivo, avrebbe posto fine alla *Vita* prima che l'«agonizzante virilità» lo portasse a sragionare e a far verificare agli altri, prima che a se stesso, il «non voglio più, né forse potrei volendo, creare più nulla».

Alla stesura delle memorie, pensate allora come testo definitivo, l'avevano spinto le tante ragioni dichiarate, e il «non aver [...] altro che fare; l'aver molti tristi presentimenti», ma soprattutto il bisogno di rafforzare e suggellare il proposito di una terminata carriera letteraria, alla quale, alle soglie dell'800, con significativo spostamento nel passaggio dalla prima alla seconda redazione, avrebbe posto come data ultima i 60 anni. Quella tendenza a tirare bilanci, che era sempre stata un modo di lavoro, una forma di difesa, si sarebbe accentuata col passare del tempo fino a concretarsi in un'opera che fosse di per se stessa giudizio, valutazione, bilancio. Il «freddo, e corretto scrittore» che nei propositi giovanili di una lettera a Arduino Tana della primavera 1780 avrebbe dovuto portar a compimento l'«amor della perfezione» con una «cautela» che non era del carattere alfieriano, nella consapevolezza della inutilità e assurdità, ostilità e difficoltà generale:

[...] spinto da non so quale impulso, che altrimenti che follia nomar non posso [...] Tutto m'è contrario: i tempi, il paese, le circostanze mie, la lingua ch'io voglio scrivere, la specie di composizioni a cui mi son dato, la cecità degli spettatori, la bestialità e barbarie degli attori ecc. [...] vi conchiudo che a chi la sorte matrigna ha fatto nascere in Italia, bisogna far scarpe, e non tragedie, perché tutti ne portano, e tragedie nessun le legge, nessun le intende, nessun le giudica [...]

non poteva tollerare l'ultima infrazione al lungo proposito del silenzio che sotto la motivazione della difesa: «La ragione che mi indusse a scrivere la mia vita, cioè perché altri non la scrivesse peggio di me».

E la motivazione sarebbe stata reale e falsa insieme, se altrove il proposito dichiarato era stato quello di non parlar più dell'ingegno ma del cuore:

Siccome dunque all'ingegno mio [...] ho ritrovato bastante sfogo in altre mie opere, in questa mi son compiaciuto di darne uno più semplice, ma non meno importante al cuor mio, diffusamente a guisa di vecchio su sé medesimo, e di rimbalzo su gli uomini quali soglion mostrarsi in privato, chiacchierando

mimando, come già era avvenuto nell'88 nel *Parere* sulle tragedie, un bilancio che non fosse solo dell'arte ma della vita e che provasse e attestasse quella sola unità («unità d'azione», posta «nel cuore dell'uomo») a cui nel licenziare la sua Didot aveva mostrato di credere. Essendosi «immutabilmente proposto di non rispondere d'ora in poi mai più a qualunque cosa potesse venir scritta» – potremmo dire mimando e continuando a utilizzare l'*incipit* del *Parere* – l'Alfieri non poteva che credere «perciò cosa degna d'uomo che ami veramente l'arte ed il vero, l'esaminar brevemente [...] verace, quanto comporterà il mio giudicio, che non è certo infallibile; severo quanto il potrebbe essere un mio illuminato e ragionevole nemico», quel soliloquio principale che durante tutta la vita aveva condotto con se medesimo, pur senza voler essere eroe o persona tragica:

[...] io, senza esser persona tragica, mosso il più delle volte da passioncelle non degne del coturno per certo, tuttavia parlo spessissimo con me stesso; e molte altre volte, ancorché io non favelli con bocca, parlo con la mente, e perfino dialogizzo idealmente con altri [e la citazione è ancora dal *Parere* sulle tragedie].

Si illudeva – ne avrebbe altrimenti chiesto venia al lettore – che ostacolo alla verità non gli fosse lo stile dell'autobiografia, dichiarato immediato e spontaneo per ovviare allo scarto operato dall'oggi nella narrazione ora picaresca ora puramente espositiva del proprio passato. Pensava forse che la voce adulta cui a forza era affidato il racconto avrebbe trovato una garanzia di fermezza in quell'assenza di perplessità altrove clamorosamente confessata a coprire un lontano «istinto naturale misto di un dolore di cui m'era ignota la fonte» e che portava direttamente dalla privazione al desiderio di morte. L'inquietudine giovanile non finalizzata, come più vero *habitus* alfieriano, doveva insomma solo rivelare e nascondere quel non esserci «quasi dunque nessuno de' miei che badasse altrimenti a me» che l'aveva spinto da ragazzo a un ingenuo e irragionevole suicidio o l'aveva portato, più adulto, ad accettare le villanie del servitorello Andrea solo per l'affetto che gli veniva dall'averlo sempre avuto davanti.

Ma la maturità non consentiva di tollerare, al «principio del disinganno», fissato in un prospetto cronologico della vita nel 1789 – anno non casualmente precedente la stesura e credibilmente già preso dall'ideazione delle memorie – ogni illusione eccedente quel *niente, nulla*, risultato conscio di un cercato disappassionamento di sé.

In fondo, a prestar fede a una lontana annotazione dei *Giornali*, la scrittura poteva essere ostacolo alla morte:

Non perdo mai occasione d'imparare a morire: il più gran timore ch'io abbia della morte, è di temerla [...]. In mio pensiero, che non ad altro è volto ch'alla gloria, rifaccio spesso il sistema di mia vita, e penso ch'a quarantacinque anni non voglio più scrivere: godere bensì della fama che sarommi procacciata in realtà, o in idea, ed attendere soltanto a morire. Temo una sola cosa: che avanzando verso la meta giudiziosamente prefissami, non la allontani sempre più, e ch'agli anni quarantacinque non pensi se non a scrivere; e forse a schiccherar carta. Per quanto mi sforzi a credere e far credere ch'io sia diverso dal comune degli uomini, temo d'essere simigliantissimo.

Per questo nel *Rendimento di conti da darsi al tribunal d'Apollo* del 1790 e in *L'uomo propone e Dio dispone* dello stesso anno era esplicitamente dichiarato: «Finite intieramente le stampe, scriver la vita»; e la *Vita*, gioverà ricordarlo, era in definitiva già scritta e conclusa, salvo le aggiunte della ridotta parte seconda, prima dei quarantacinque anni del poeta. Parlare di sé, fare autobiografia, era stato allora anche tentativo di consumare il passato nella comunicazione di quanto diversamente poteva restarne al ricordo, a quella memoria che si perde nell'abbandono del segreto individuale, nell'usura di tutto quanto, taciuto, continua a esistere e contare come durata a noi stessi. Scrivere la propria vita poteva essere insomma un modo per dettare la propria lapide cercando di persuadersi dell'innegabile unicità entro la tipicità umana; poteva identificarsi col tentativo di trovare un silenzio vero, nato e fabbricato da un'eccezionalità bruciata al contatto, in grado di portare alla saggezza della distanza – conquistata dall'intelletto come prima imposta dal cuore – e con quella alla speranza di bene morire.

Anna Dolfi

Antologia critica

L'unica tragedia in cui l'Alfieri procede su di una trama di memoria, su di uno sviluppo, è la *Vita*, che ha un grande valore artistico nelle prime tre parti e decade, tranne l'episodio della fuga da Parigi, a cronaca e rendiconto di studioso nella quarta parte. Nella *Vita* fino alla conversione alla poesia, l'Alfieri vede la preparazione di quella netta storia di un animo generoso e appassionato che cerca una ragione essenziale di affermarsi. Lì non si grida attraverso la voce dei suoi eroi, ma con una sensibilità più moderna e romanzesca si vede su episodi e spunti sempre più significativi e incalzanti. Da questo diverso atteggiamento dello scrittore [...] deriva la maggior fusione della *Vita*, il linguaggio più riposato e arricchito da raffinatezza di romanzo settecentesco, quel che di più colorito, di meno squallido e teso.

Walter Binni, 1942

Così la *Vita* è tutta veridica e sincera, perché è un felice e fedele ritratto di quello che l'Alfieri sentiva di essere, e va posta accanto alle altre sue opere come un documento sicuro e prezioso per ben intendere l'uomo e il poeta. L'uomo campeggia nel libro in tutta l'irruenza della sua tempra originalissima, con un rilievo stupendo, dalla deserta fanciullezza, alla giovinezza tumultuosa, alla pacata virilità fervida di studi e di operosità poetica [...]. Sempre ha davanti a sé, mentre scrive, quel tipo ideale di letterato-eroe che sente di aver incarnato in se medesimo, e a quel tipo, anche involontariamente, riduce e commisura tutte le vicende interiori ed esteriori della sua vita. Così ci spieghiamo come, con qualche esagerazione, si parli del «vuoto» che il possente individualismo dell'Alfieri farebbe qui intorno a sé [...]. Autobiografia puramente psicologica, la *Vita* abbandona e disdegna quasi sempre tutti gli indugi e tutte le deviazioni che la successione dei fatti storici e cronachistici a ogni passo offrirebbe: è un autoritratto, non una galleria di ritratti [...], è la storia di un'anima in travaglio, non un'opera di storia, o di cronaca [...]. Il tono generale di essa non è lirico, ma poetico oratorio.

Luigi Fassò, 1949

Ecco dunque che l'ipotesi avanzata da Fassò per spiegare le ragioni della trascrizione affrettata e insieme meticolosa conservata nel ms. 13, e della distruzione degli appunti precedenti in cui avremmo potuto sorprendere l'iniziale formarsi della narrazione autobiografica, si fa più persuasiva per noi in quanto ci accorgiamo che essa non tanto serve a giustificare un comportamento bizzarro e gratuito, quanto a cogliere proprio una delle condizioni ideali che hanno presieduto al concretarsi tutto dell'ispirazione autobiografica. Una condizione che [...] si è riflessa come desiderio acuto nel Poeta di non lasciarsi sommergere dagli avvenimenti, di proiettare con violenza contro di essi la prepotente autonomia e dignità del suo io, di testimoniare a se stesso e ai posteri di una vita liberamente e responsabilmente vissuta [...] l'origine di questo atteggiamento tragico-eroico mi pare proprio vada ricercata e giustificata nella tragicità dei tempi che lo determinarono come irriducibile opposizione, e radicata quindi non tanto in un letterario gusto titanistico, quanto in precise ragioni storico-biografiche. Ché in gran parte poi è questo nella *Vita* il particolare romanticismo dell'Alfieri protoromantico [...] si è insistito [...] troppo poco, viceversa, sul processo di malinconico ripiegamento che sottilmente la trama di sotterranee sconfortate rinunce [... Sarebbe da] riesaminare quella Parte seconda della *Vita* forse troppo generalmente bistrattata [...] e forse riconoscere che l'aridità e il grigiore apparenti di cui essa è pervasa, non sono solo conseguenze di una spenta ispirazione e di un'esteriore disposizione cronachistica, ma anche il pallido riflesso stilistico dell'intimo deserto di amara tristezza che, conclusa l'estrema professione di fede, opprimeva l'ultimo Alfieri.

Cesare Bozzetti, 1952

La *Vita* è una specie di ritorno nel tempo, una ricerca del tempo perduto, ma non alla maniera dei moderni che rifuggono nei ricordi labirintici dell'infanzia per una evasione dalla realtà troppo pungente e volgare dell'oggi [...] ma una esplorazione della più incontaminata essenza di sé, perseguita fino alle origini del suo nascimento [...]. La *Vita*, nelle sue prime tre parti, è proprio il canto di questa dolorosa e stellare solitudine [...]. La *Vita* dell'Alfieri è la pura autobiografia di un poeta, nei suoi sforzi tenaci, agonistici, direi qualche volta eroici, per la conquista e la disciplina tecnica dell'arte; ed è al tempo stesso l'autobiografia di un superuomo [...] essa è piuttosto un'opera complessa di letteratura, in cui la poesia si mescola al semplice aneddoto strettamente biografico, all'osservazione psicologica, al rilievo critico, all'effusione di una poetica, al commento editoriale dell'autore che ricorda le occasioni della composizione e stampa ed edizioni teatrali delle opere [...] ha un innegabile tono oratorio: lo scrittore ricapitola il suo passato da una visione di se stesso ormai definita e fissata quasi in una formula [...] l'originalità artistica della *Vita* è assai complessa: da un lato c'è la suggestione oratoria degli squarci polemici, che sono la civetteria tragica ed eroica dell'uomo, e dall'altro ci sono i motivi di poesia più ingenua, come quei tratti in cui egli esplora le zone ombrose della sua anima germinale di uomo amoroso e malinconico [...] unità e coeternità del giovane nel vecchio costituisce il segreto *animus* poetico dell'opera che, anche quando cade nel cronachistico o nel didascalico, è sempre riscaldata da questa fiamma di giovinezza ideale ed immanente, da questo amore per il protagonista: il quale appare sempre uguale a se stesso [...].

Luigi Russo, 1953

Come è stato rilevato, l'Alfieri cinquantenne seppe felicemente rivivere a dieci anni di distanza quello «stato di grazia» che gli aveva dettato la prima stesura della *Vita*. Guidato dal suo vigile senso dell'arte, egli riuscì a conservare intatta la spontaneità di quelle pagine, mentre pure le arricchiva della sua più matura esperienza di vita. Non già più pacato, come è stato detto, ma più dimesso e stanco è l'animo del poeta cinquantenne, e spesso chiuso in un'acerba insofferenza del mondo che gli è intorno; ma né questa stanchezza, né questa insofferenza gli vietano il conforto di raccogliersi nell'evocazione affettuosa dei suoi anni lontani [...]. La revisione del testo della *Vita*, fatta dopo il 1798, rivela quanta umanità cordiale era nell'intimo dell'Alfieri cinquantenne, mentre pure scriveva le amare e tristi *Commedie*. Questa revisione muove da un arricchimento di esperienza umana: non certamente in relazione con la psicologia «eroica» [...] ma col sentire e il vivere dell'uomo comune. E cotesto arricchimento spirituale si traduce in un acquisto di potere espressivo [...]. E se le caratteristiche della «prosa d'arte» d'ogni tempo sono l'esattezza lessicale, lo studio assiduo della *concinnitas* e del *numerus*, si dovrà dire che l'Alfieri prosatore della *Vita* ha un suo posto a parte in confronto a questa tradizione, nella nostra letteratura: perché egli si astiene da ogni deliberata ricerca di elettezza lessicale; fa uso moderatissimo della *concinnitas* (intesa come un'equilibrata struttura della frase e del periodo, conseguita con l'uso frequente di parallelismi, simmetrie, inversioni, chiasmi); e solo a tratti, nei momenti di maggior conciliazione affettiva, mira a concludere la frase e il periodo in una clausola [...]. L'interpretazione «superumana» della *Vita*, che muove dalla «tesi individualistica» prevalsa nella critica alfieriana nel ventennio successivo al fondamentale saggio del Croce, è decisamente smentita da un esame puntuale del testo dell'opera.

Giuseppe Ferrero, 1959

Ha torto chi nega che si possa essere veri autobiografi se si è veri diaristi, ma è vero che la *Vita* dell'Alfieri avrà l'aspetto di un iperantidiario [...]. Lasciando la via vecchia per la nuova, l'Alfieri ha affollato le pagine della *Vita* di documenti dei primi passi nella via nuova; a noi invece interessava molto seguire gli ultimi passi sulla via vecchia, vedere la lentezza con cui fu abbandonata. Mentre per le prime origini della sua formazione culturale italiana, di autobiografismo petrarchesco, abbiamo voluto praticare una leggera torsione della bussola, rendendo giustizia a una precocità di tali origini diversa da quella che la *Vita* lascerebbe intendere a prima vista: ora, per gli ultimi strascichi della sua formazione culturale francese, di autobiografismo prévostiano, abbiamo voluto praticare un'altra torsione della bussola, in senso inverso, rendendo giustizia alla longevità di tali strascichi, diversa da quella che la *Vita* lascerebbe intendere a prima vista [...] l'Alfieri si decise sotto vari stimoli a dare una prima forma unitaria al lavorio di indagine autobiografica che l'aveva accompagnato in tanti modi e per tanti anni: e questa esigenza di tirar le somme doveva farsi sentire sempre più pressante per l'autore giunto ormai vicino al termine della carriera letteraria propostasi, ma soprattutto per l'autore coinvolto in una nuovissima situazione storica che veniva sconvolgendo tutte le basi sulle quali la sua attività si era svolta e aveva avuto un significato [...]. A noi sembrano le più belle pagine [i capitoli londinesi] che mai avventuriero italiano abbia scritto, Goldoni e persino Casanova scompaiono al confronto non meno di Balatri Collini Da Ponte Gorani Longo e Mazzei – ma sono quel che sono, quelle pagine così smaltate e compatte, perché nascono compresse dall'ultimo trionfo della componente «poetica» italiana, da quella prepotente volontà di affermazione o di riaffermazione.

Giampaolo Dossena, 1967

Non va letta, questa *Vita*, si diceva, alla moderna, come memoriale, come documento storico, qual è il racconto, poniamo (contemporaneo alla prima stesura della *Vita*) dei *Mémoires* goldoniani, dove la biografia coincide appunto con le vicende vissute. Si tratta invece di una biografia idealizzata, fortemente egocentrica (il «personaggio» Alfieri) ed ergocentrica (l'esercizio dell'apprendere una lingua e del *produrre* poesia), che non solo registra, anno per anno, gli eventi, ma li ripropone in funzione di una dimostrazione. È un'autobiografia riadattata e rimessa a punto, una vicenda personale da riscattare alla luce del tema centrale: che è una ricerca di poesia, vale a dire della lingua e del verso per esprimerla [...]. Autobiografia dunque non come narrazione di avvenimento, come storia, serie di dati, ma come deposito di *exempla* [...]. La *Vita* è la vicenda dimostrativa e non descrittiva dello scrittore la cui vocazione incerta dapprima o senz'ali (per mancanza di una qualsiasi lingua) [...] si manifesta tardi [...]. Ma la vocazione – la *Vita* vi insiste nella prima parte – è già *in nuce* nella forte indole, nell'ostinato carattere, nelle violente passioni del giovane [...]. La *Lettera al Calzabigi* o il *Parere* [...] sono, un po' come la *Vita*, una difesa ed un elogio ed una testimonianza dell'esercizio e dell'ascesi stilistica verso l'essenzialità del dire [...]. Quella dell'Alfieri è l'ascesa del sublime egoista verso il sublime poetico. L'atto creatore è atto di *commemorazione* anche linguistica del passato [...]. Certo, dopo la svolta romantica, per noi l'Alfieri più vicino è quello della *Vita*, non il lirico ed il tragico; là quando intravvede un discorso da cui è assente il «sacro» delle «antiche» scritture, il «sacro» che garantiva al suo linguaggio poetico il potere di essere «vero», di «significare».

Gian Luigi Beccaria, 1974

In un senso ancora molto generale si può dire che la differenza tra la prima e la seconda stesura consiste in una forte accentuazione di quell'atteggiamento di giudizio, di ripiegamento sugli avvenimenti della propria vita, che i più acuti interpreti, dal Russo al Fubini, hanno indicato come caratteristico dell'opera alfieriana [...]. Non è però forse in questa direzione «plutarchiana», già nettissima, ripetiamo, nella prima stesura, che avvengono i mutamenti più nuovi e interessanti. Si direbbe infatti che il più accentuato ripiegamento dell'autore su se stesso e sui fatti della propria vita, si concreti soprattutto in uno smorzamento e in una attenuazione di quel che di troppo eroico, di orgogliosamente compiaciuto può esservi nella narrazione di una vita esemplare, e che in effetti rimane più evidente nella redazione del

1790, composta, non bisogna dimenticarlo, in un momento in cui doveva ancora vibrare forte nel cuore del poeta l'eco delle tragedie. Questa opera di attenuazione e di smorzamento appare già in altre riflessioni aggiunte, improntate ad un tono più largamente meditativo, più riposato e a volte palesemente ironico.

Emilio Bigi, 1974

D'altra parte, anche gli avvenimenti posteriori alla conversione non sono né il rovesciamento dei precedenti, né in contrasto con essi. Si può concludere, allora, che una trasformazione narrativa nella *Vita* (e in genere nelle autobiografie) non esiste, o esiste come racconto di una trasformazione e non come trasformazione di un racconto. Tutta la *Vita* di Alfieri è la storia di una liberazione continuamente ripetuta di fronte a ostacoli che continuamente riappaiono, e più che una vita, è la ripetizione di un'unica vicenda, sempre ripresa in circostanze sia pur diverse, e sempre nella dimensione di un unico ricordo [...] la *Vita* di Alfieri è la storia del rifiuto ripetuto di una punizione [...] la legge dichiarata della memoria alfieriana è quella dell'«affinità dei pensieri con le sensazioni», che è però un meccanismo generale della memoria. Ma, se andiamo a veder meglio, è una sensazione visiva che si ripete, valida per se stessa come stile del ricordo [...]. Alfieri ci dà sempre la «ragione» (unificatrice di un «carattere») dei suoi ricordi; ma è un modo di coprirsi, di far sparire dietro la spiegazione e di far apparire in sua vece un soggetto nobile e libero da sempre [...]. Il vissuto ricordato come alternanza di una fuga dal (e di un bisogno di) mostrarsi, costituisce la tessitura di tutta la *Vita* [...]. La ripetitività della *Vita* alfieriana segue la traccia di una particolare memoria, che si realizza parlando di se stessa come di un conflitto tra vedere e non vedere, che è un modo ancora particolare e personale e letterario di alternare una presenza a una assenza, uno spiacevole a un piacevole, un proibito a un desiderato [...]. Concludendo, il ricordo di Alfieri mostra non il suo «ferreo carattere», ma il carattere ambiguo e virtualistico, per così dire, della sua memoria.

Neuro Bonifazi, 1976

[...] la *Vita* è un tipo modernissimo di autobiografia, dove non contano tanto gli accadimenti e la cronaca – già nelle intenzioni dell'autore – quanto invece il tessuto ideologico che ne risulta o quanto meno la figura ideale – fatta di idee cioè – che l'autore presenta di sé. Sarebbe davvero un testo quasi inutile nella dimensione del memoriale o del documento storico, della storia di un tempo, lontanissimo com'è dal gusto e dal piacere narrativo, curioso e movimentato, delle *Mémoires* goldoniane [...] o dallo spento polemismo delle *Memorie inutili* di Carlo Gozzi [...] un esempio da affiancare alla *Vita* di Alfieri, si cadrebbe in una giusta approssimazione ricordando semmai la *Vita di Gianbattista Vico scritta da sé medesimo*. Proprio per ragioni di stile, di composizione, persino di ritmo direi [...] per quel discorrere di sé rapportato a una immagine ideale, per quel ragionare continuo con la propria opera, in virtù dell'implicito assunto che la vera biografia di un poeta non può essere se non la biografia della sua poesia [...] [la *Vita* non è] un'autobiografia nel significato tradizionalmente memorialistico, ma sì valga come proposta o sostanza metodologica [...] di preoccupazioni stilistiche è colma tutta la *Vita* [...] l'immagine che si ha dell'Alfieri dopo la lettura della *Vita* è quella d'uno che si è pazientemente costruito la sua macchina poetica [...]. La figura che esce dalle pagine della *Vita* [...] è sempre quella di un aristocratico [...]. La risposta facile e ovvia [sulla scelta della tragedia classica] ci può venire ancora dalla *Vita*, dalla sua opera più importante se lì finalmente si realizza, in sintesi e per sintesi, quell'operazione alla quale aveva atteso e lavorato fino a quel momento, cioè la fabbricazione del suo personaggio, l'invenzione di sé come personaggio.

Folco Portinari, 1976

Tra Sant'Agostino e Rousseau Alfieri si trova a mezza strada: da una parte, la *Vita* è nel suo insieme funzione di quel momento particolare che è la «conversione» alla poesia [...] dall'altra l'evocazione prende determinato corpo in un particolare momento, avvenimento e pagina [...]. Questa ottica della conversione è quella che permette ad Alfieri di leggere la propria vita come la storia di un poeta [...]. Tuttavia la conversione non è l'unica prospettiva verso la quale converga tutta la *Vita*. Ad essa si accompagna, e a tratti sembra sovrapporsi e prevalere, infatti, quell'altra consistente nella non rinuncia dell'Alfieri ad un, sia pur vago, intento educativo, o almeno dimostrativo; egli continua insomma a sentir pressante la sollecitazione così illuministica di mostrare a un lettore presente o futuro quali sono le condizioni nelle quali cresce la «pianta uomo» [...] accanto all'ottica della conversione e a quella della mente, una terza ottica, che si potrà chiamare del cuore [...] l'ottica del cuore governa non solo l'istanza di veridicità [...] ma proprio quella franchezza nel rivelare il proprio mondo che è qualcosa di più della veridicità, che ha anche i suoi immediati effetti nell'uso linguistico, e che, soprattutto, configura la narrazione autobiografica come storia di vita morale, come denuncia cioè dei propri errori e anche dei propri limiti [...]. Il passato remoto, o aoristo narrativo [...] è il tempo verbale prevalente: ma quando Alfieri giunge alla massima, cioè [...] trapassa dall'ottica della conversione e da quella del cuore all'ottica della mente, usa il presente [...]. L'autobiografia che non è né memorialistica né diario intimo, consiste nell'attuazione del cosciente rapporto tra il passato e il presente. La libertà d'invenzione è totale nella determinazione delle strutture, siano esse il grande ritmo narrativo o il piccolo segno stilistico [...]. Alfieri s'è reso conto dell'ideologia implicita nella propria prospettiva: ideologia di azione, che interpreta la letteratura come azione. Il libro della *Vita* è un atto conclusivo nelle contraddizioni che registra, nello stile che attua [...].

Riccardo Scrivano, 1976

[...] eroe di una autobiografia: lo scorbutico e cordiale, saturnino, coercitivo, stravagante, scomodo, attraente, segaligno, spirituale e irreparabilmente lirico protagonista della *Vita scritta da esso* [...] questa gloria del tragico è uno dei connotati di quel protagonista che si staglia sulla *Vita scritta da esso*. Si dirà che ogni autobiografo finisce col diventare l'uomo della propria autobiografia, col raccomandare al futuro il ritratto di sé consacrato dal proprio autoritratto. La cosa è vera solo fino a un certo punto. Il più delle volte l'autoritratto lavora in polemica col ritratto che la vita, le altre opere e atteggiamenti hanno tracciato. Polemica dell'autore che autorizza quella dei lettori a venire. Ma il caso dell'Alfieri è parecchio differente [...]. Tra gli innumerevoli modi di scrivere un'autobiografia, ne possiamo distinguere due [...]. E così quel fanatico della singolarità sarà riuscito a procacciarsi anche questa singolarità: di essere, come artista, il portabandiera delle autobiografie della speranza. Che costituiscono appunto uno dei due tipi, a cui si accennava. L'altro è quello delle autobiografie della memoria [...] il tempo delle biografie della memoria è l'imperfetto col suo cerchio senza fine [...] il tempo delle biografie della speranza è l'a picco del presente, o sono i tempi storici onestamente conclusi sulla inesorabilità della cosa fatta capo ha. La *Vita* dell'Alfieri, qualunque tempo egli adoperi, è tutta scritta al presente, come già qualcuno ha osservato [...]. Non per niente il capolavoro è la *Vita*: e si forma quando, dopo di avere esplorato tutti i personaggi possibili, averli stancati e esauriti, lo scrittore svincola il personaggio dalle occasioni momentanee che, di volta in volta, l'avevano acceso, e lo riporta alla libertà, gli restituisce tutta l'iniziativa possibile, facendone la premessa, e non più la conseguenza, delle occasioni.

Giacomo Debenedetti, 1977

Non possiamo non rammentare leggendola che la *Vita* fu stesa, nella prima redazione, di getto (dal 3 aprile al 27 maggio 1790), in uno dei momenti se non più felici certo meno infelici della sua esistenza, quando nonostante le riserve e un segreto scontento l'Alfieri si sentì commosso in mezzo alla generale commozione e non fu estraneo [...] al fervore di vita che era intorno a lui. La riscrisse nella redazione definitiva in anni più bui, più tragici, quando il suo atteggiamento di fronte alla Rivoluzione fu di deciso antagonismo e più che mai solo egli si sentì fra uomini e avvenimenti che non poteva né voleva comprendere; ma non sapremmo [...] pensare che essa potesse esser stata concepita e primamente stesa in altro anno prima o dopo il 1790. [...] Così avviene che nella sua pagina si contemperino senza mai lasciar segno di sforzo tendenze apparentemente opposte, una nativa violenza di affetti e la volontà di contenerli, un gusto dell'originalità e un aristocratico senso della discrezione e del riserbo, il compiacimento per l'espressione nuova e singolare (gli alfierismi!) e il proposito di ricondurla con soverchia dissonanza nella misura della frase e della pagina, l'appassionamento della rievocazione e il distacco, relativo, dello scrittore dalla propria materia [...]. Non però diremmo come si è detto che l'Alfieri con la *Vita* ci ha dato un'altra tragedia e che non diversa dai suoi eroi e dai suoi tiranni è la figura dell'autore protagonista, eroe solitario nella scena deserta: a torto, perché altro è il dramma di quei personaggi che tutti si abbandonano alle loro passioni gigantesche, altra la vita dello scrittore guardata, come sappiamo, sempre dall'alto con occhio vigile e sicuro [...] invano si cercherebbe nella *Vita* [...] la parola dei personaggi tragici, parola-azione, erompente come onda dal profondo e come onda trasportata ad avventarsi contro uno scoglio [...] la *Vita* così fortemente incentrata intorno al suo tema dominante, la vocazione tragica dello scrittore, può intorno ad essa raccogliere, più o meno rapidamente accennati, tutti i momenti della sua vita intima, rivelandosi quel ritratto di poeta del maturo illuminismo volgente ormai agli albori dell'età romantica, che ha avuto meritatamente così singolare fortuna.

Mario Fubini, 1977

Il Settecento è stato sicuramente un secolo di grandi figure, di grandi maschere, ma fra queste, in questo museo, l'Alfieri sicuramente è il personaggio più teatrale, colui che si è costruito da cima a fondo come personaggio dominatore di altri personaggi [...] nell'ultima parte della sua vita egli licenzierà quella che è la più grande autobiografia italiana del Settecento, e forse non solo del Settecento, la sua *Vita*, che è la costruzione di uno straordinario personaggio a metà tra un'Italia morta e un'Europa viva, dove dalla prima all'ultima pagina, parlando di teatro, egli si costruisce in termini profondamente drammatici. Ma drammatico in questo caso vuol dire anche romanzesco nel senso più pieno della parola, tanto è vero che noi potremmo rileggere la sua vita come il primo grande esempio di romanzo italiano dentro un secolo e in una tradizione che è in arretrato decisamente rispetto a ciò che accade in Italia proprio sul piano del romanzesco [...]. Il primo Alfieri, non ancora ventenne, si costruisce deliberatamente sui grandi modelli di romanzo e di melodramma che circolano nell'Europa, con quelli che sono i grandi temi o i grandi miti attorno al 1760-1770: la noia, il sentimento del niente, il vuoto, l'aspirazione a qualcosa di diverso, la protesta contro il quotidiano, l'idea dello straordinario, la nuova funzione della gloria, la sublimazione dei fantasmi, il gioco dei desideri e delle passioni. E se si guardasse per un momento alle testimonianze di un suo diario, prima scritto in francese e poi in italiano, vedremmo benissimo come egli si costruisca secondo queste cifre che vanno tra la noia, il nichilismo e la passione, ricostruendosi e rivivendosi come un personaggio del romanzo settecentesco.

Ezio Raimondi, 1981

Bibliografia

OPERE DI VITTORIO ALFIERI

Come è avvenuto per molti dei nostri classici, le edizioni delle opere alfieriane sono state, a partire dall'Ottocento, e sono ancora oggi assai numerose, pur se affidate in molti casi, almeno fino agli anni '50, a testi non ancora filologicamente definitivi. Tra quelle primonovecentesche valga ricordare, per la completezza del materiale offerto, la raccolta in undici tomi delle *Opere stampate nel primo centenario della sua morte* (Torino, Paravia, 1903), e, anche se in minore, quella in cinque volumi delle *Opere* (Firenze, Le Monnier, 1926-1933). Per un'antologia complessiva della produzione alfieriana, invece, i due volumi delle *Opere* a cura di Francesco Maggini (Milano, Rizzoli, 1940), e soprattutto, per la modernità e la cura attenta dei testi, quelli delle *Opere di Vittorio Alfieri*, a cura di Vittore Branca (Milano, Mursia, 1965) e delle *Opere I* a cura di Mario Fubini e Arnaldo Di Benedetto (Milano-Napoli, Ricciardi, 1967). Per le tragedie necessario il riferimento all'edizione critica a cura di Nicola Bruscoli (Bari, Laterza, 1946-47, voll. 3) e ai volumi più recenti dei «Classici Mondadori» (*Tragedie*, a cura di Pietro Cazzani, Milano, Mondadori, 1957), della UTET (*Tragedie*, a cura di Gianna Zuradelli, Torino, UTET, 1973, voll. 2) e della Sansoni (*Tragedie* [secondo la Didot maggiore], a cura di Luca Toschi, introduzione di Sergio Romagnoli, Firenze, Sansoni, 1985, voll. 3).

Imprescindibili ormai (a partire dagli anni '50 appunto) i volumi stampati ad opera del Centro nazionale di studi alfieriani (Asti, Casa d'Alfieri), che oltre ad offrire l'edizione critica dei singoli testi riproducono e discutono anche le prime stesure e gli abbozzi. Dei 39 volumi previsti (che costituiranno il *corpus* alfieriano completo) ne sono già usciti 35, e precisamente: *Vita scritta da esso* (a cura di Luigi Fassò, 1951, voll. 2), *Scritti politici e morali* (a cura di P. Cazzani, vol. I, 1951; vol. II, 1966); *Filippo* (a cura di Carmine Jannaco, 1952), *Polini-*

ce (a cura di C. Jannaco, 1953), *Antigone* (a cura di C. Jannaco, 1953), *Rime* (a cura di F. Maggini, 1954), *Commedie* (a cura di Fiorenzo Forti, 1953-1958, voll. 3), *Virginia* (a cura di C. Jannaco, 1955), *Epistolario* (a cura di Lanfranco Caretti, vol. I [1767-1788], 1963; vol. II [1789-1798], 1981), *Agamennone* (a cura di C. Jannaco e Raffaele De Bello, 1967), *Oreste* (a cura di R. De Bello, 1967), *Merope* (a cura di Angelo Fabrizi, 1968), *La congiura de' Pazzi* (a cura di Lovanio Rossi, 1968), *Estratti d'Ossian e da Stazio per la tragica* (a cura di Piero Camporesi, 1969), *Maria Stuarda* (a cura di R. De Bello, 1970), *Ottavia* (a cura di A. Fabrizi, 1973), *Mirra* (a cura di Martino Capucci, 1974), *Agide* (a cura di R. De Bello, 1975), *Bruto primo* (a cura di A. Fabrizi, 1975), *Don Garzia* (a cura di L. Rossi, 1975), *Bruto secondo* (a cura di A. Fabrizi, 1976), *Parere sulle tragedie e altre prose critiche* (a cura di Morena Pagliai, 1978), *Abele* (a cura di R. De Bello, 1978), *Rosmunda* (a cura di M. Capucci, 1979), *Antonio e Cleopatra* (a cura di Marco Sterpos, 1980), *Timoleone* (a cura di L. Rossi, 1981), *Saul* (a cura di A. Fabrizi e C. Jannaco, 1982), *Alceste prima. Alceste seconda* (a cura di R. De Bello e Clara Domenici, 1983), *Eneide* (a cura di Marziano Guglielminetti, Maria Rosa Masoero, C. Sensi, 1983), *Appunti letterari e di lingua* (a cura di M. Sterpos e Gian Luigi Beccaria, 1983).

Per le *Rime*, in attesa dell'annunciata nuova edizione astense (per cura di Emilio Bogani), può essere utilmente consultata (oltre la Maggini cit.) quella della «Biblioteca carducciana» a cura di Rosolino Guastalla (con la nuova presentazione di Cesare Bozzetti, Firenze, Sansoni, 1963); per gli scritti ideologici-politici le recenti edizioni scolastiche (l'ultima: *Del principe e delle lettere*, a cura di Giorgio Bàrberi Squarotti, Milano, Serra e Riva, 1983); per le lettere i *Giornali e lettere scelte* (a cura di Walter Binni, Torino, Einaudi, 1949); per la *Vita*, oltre la già citata Fassò, le edizioni commentate di Emilio Bertana (Napoli, Perella, 1910), di Fassò (Torino, UTET, 1949, nel vol. I delle *Opere* comprendente anche *Rime* e *Satire*), di Luigi Russo (Milano-Messina, Principato, 1936, carente però della parte seconda e delle appendici), di Giampaolo Dossena (Torino, Einaudi, 1967), di Giulio Cattaneo (Milano, Garzanti, 1977, ma inaccettabilmente priva delle appendici), di Vittore Branca (Milano, Mursia, 1983), ove si intendano già citate le due ottime edizioni di Branca e Di Benedetto (rispettivamente nelle *Opere* della Mursia e della Ricciardi).

Come già per le opere, anche per gli scritti sull'autore sarà necessario attenerci soltanto alle voci bibliografiche fondamentali (un maggiore spazio sarà riservato soltanto a interventi specifici sulla *Vita*), rimandando il lettore, per indicazioni più esaurienti, a Guido Bustico, *Bibliografia di Vittorio Alfieri*, Firenze, Olschki, 1927[3], e alle rassegne apparse in «Convivium» (1947, 2; 1949, 3/4), «Lettere italiane» (1961, 2; 1968, 1; 1970, 4; 1973, 2), «Studi piemontesi» (1980, 2), nonché alle segnalazioni offerte da «La rassegna della letteratura italiana», dal «Giornale storico della letteratura italiana», almeno a partire dagli anni '50, e dalla nota bibliografica del volume primo delle *Opere* nell'edizione Ricciardi (pp. XCI-CV). Per la storia della critica alfieriana, e quindi per il rilevamento delle più importanti voci critiche a partire dai contemporanei dell'Alfieri, si vedano Carmelo Cappuccio, *Vittorio Alfieri*, in AA.VV., *I classici italiani nella storia della critica*, Firenze, La Nuova Italia, 1970, II, pp. 193-248; Bruno Maier, *Alfieri*, Palermo, Palumbo, 1973[3]. Per un quadro generale sull'autore e sulla situazione critica cfr. anche, *ad vocem*, C. Jannaco, in AA.VV., *Dizionario critico della letteratura italiana*, Torino, UTET, 1974, pp. 21-27 e M. Fubini, in AA.VV., *Dizionario biografico degli italiani*, Roma, Istituto dell'enciclopedia italiana, 1961, II, pp. 263-319.

BIBLIOGRAFIA ESSENZIALE

G. Bertana, *Vittorio Alfieri studiato nella vita, nel pensiero e nell'arte*, Torino, Loescher, 1904[2]

G. Gentile, *L'eredità di Vittorio Alfieri*, Firenze, La Nuova Italia, 1926

G.G. Ferrero, *L'anima e la poesia di Vittorio Alfieri*, Torino, Paravia, 1932

AA.VV., *Annali alfieriani*, Asti, Casa d'Alfieri, 1942-1943, voll. 2 (con saggi anche sui rapporti con le letterature straniere)

AA.VV., *Scritti sull'Alfieri*, in «Convivium», 1949, 3-4

C. Calcaterra, *Saggi alfieriani*, in *Il Barocco in Arcadia e altri scritti sul Settecento*, Bologna, Zanichelli, 1950, pp. 209-340

P. Sirven, *Vittorio Alfieri*, Paris, Droz-Boivin, 1934-1950, voll. 8

L. Caretti, in *Studi e ricerche di letteratura italiana*, Firenze, La Nuova Italia, 1951, pp. 141-273

M. Fubini, *Vittorio Alfieri (Il pensiero - La tragedia)*, Firenze, Sansoni, 1953[2]

L. Caretti, *Il fidato Elia e altre note alfieriane*, Padova, Liviana, 1961

M. Fubini, *Ritratto dell'Alfieri e altri studi alfieriani*, Firenze, La Nuova Italia, 1963 (seconda edizione ampliata)

R. Scrivano, *La natura teatrale dell'ispirazione alfieriana e altri scritti alfieriani*, Milano-Messina, Principato, 1963

V. Masiello, *L'ideologia tragica di Vittorio Alfieri*, Roma, Edizioni dell'Ateneo, 1964

R. Ramat, *Vittorio Alfieri. Saggi*, Firenze, Sandron, 1964 (comprensivo anche del precedente *Alfieri tragico-lirico*, Firenze, Le Monnier, 1940)

W. Binni, *Saggi alfieriani*, Firenze, La Nuova Italia, 1969 (n.e., Roma, Editori Riuniti, 1981; sia la prima edizione che quelle successive sono comprensive anche di *Vita interiore dell'Alfieri*, Bologna, Cappelli, 1942)

C. Jannaco, *Studi alfieriani vecchi e nuovi*, Firenze, Olschki, 1974 (ma comprensivo anche di *Studi sulle tragedie dell'Alfieri*, Messina-Firenze, Olschki, 1953)

G.L. Beccaria, *I segni senza ruggine. Alfieri e la volontà del verso tragico*, in «Sigma», 1976, 1/2, pp. 107-151

R. Scrivano, *Biografia e autobiografia. Il modello alfieriano*, Roma, Bulzoni, 1976

G. Debenedetti, *Vocazione di Vittorio Alfieri*, Roma, Editori Riuniti, 1977 (ma comprensivo anche degli interventi alfieriani raccolti in *Saggi critici*, III serie, Milano, Il Saggiatore, 1959)

M. Fubini, *Introduzione* a V. Alfieri, *Opere*, I, Milano-Napoli, Ricciardi, 1977, pp. IX-CV

W. Binni, *Vittorio Alfieri*, in *Settecento maggiore*, Milano, Garzanti, 1978, pp. 321-525 (edizione ampliata e rivista del saggio alfieriano della *Storia della letteratura italiana*, Milano, Garzanti, VI, 1968)

E. Raimondi, *Il concerto interrotto*, Pisa, Pacini, 1979 (comprensivo dei saggi pubblicati in «Studi petrarcheschi» nel 1951 e nelle «Memorie della Accademia delle scienze di Bologna» nel 1953)

V. Branca, *Alfieri e la ricerca dello stile con cinque nuovi studi*, Bologna, Zanichelli, 1981 (ma comprensivo anche del libro *Alfieri e la ricerca dello stile*, Firenze, Le Monnier, 1949)

AA. VV., *Vittorio Alfieri e la cultura piemontese fra illuminismo e rivoluzione*. Atti del convegno internazionale di studi - San Salvatore Monferrato 22-24 settembre 1983 -, a cura di Giovanna Ioli, Torino, Arti grafiche Bona, 1985

E. Raimondi, *Le pietre del sogno. Il moderno dopo il sublime*, Bologna, Il Mulino, 1985, pp. 17-121 (raccoglie tre recenti saggi alfierani dispersi in volumi miscellanei).

BIBLIOGRAFIA ESSENZIALE SULLA «VITA»

G. Bertana, *Vittorio Alfieri, studiato nella vita, nel pensiero e nell'arte*, cit.

A. Bandi di Vesme, *I tre «intoppi amorosi» di Vittorio Alfieri*, in «Giornale storico della letteratura italiana», 1927, 268/269, pp. 1-63

M. Sansone, *Vittorio Alfieri e la «Vita»*, in «Civiltà moderna», 1938, 2/3, pp. 1-28

G.G. Ferrero, *Alfieri*, Torino, Chiantore, 1945

G.G. Ferrero, *Aspetti della «Vita» alfieriana*, in «Convivium», 1949, 3, pp. 430-438

L. Fassò, *Introduzione* a V. Alfieri, *Vita*, cit.

G. Mariani, *Un Alfieri inedito*, in «Nuova Antologia», febbraio 1952, pp. 118-133

A. Jenni, *Lo stile composito settecentesco nella redazione definitiva e anteriore della «Vita» di Vittorio Alfieri*, in «Convivium», 1952, pp. 481-492

C. Bozzetti, *Recensione* a V. Alfieri, *Vita...*, in «Convivium», 1952, pp. 914-924

G. Cianflone, *La «Vita» di Vittorio Alfieri e altri saggi*, Napoli, Conte, 1953

L. Russo, *La vita dell'Alfieri*, in *Ritratti e disegni storici*, Bari, Laterza, 1953, pp. 17-86 (prima come volumetto autonomo, Messina-Milano, Principato, 1936)

E. Bigi, *Le due redazioni della «Vita» alfieriana*, in *Dal Petrarca al Leopardi*, Milano-Napoli, Ricciardi, 1954, pp. 87-95

M. Fubini, *Di un giudizio sullo «stile composito» della «Vita» alfieriana*, in «Lingua nostra», 1954, 4, pp. 107-114

G.G. Ferrero, *La «Vita» di Vittorio Alfieri*, Torino, Gheroni, 1958

G.G. Ferrero, *Le due redazioni della «Vita» alfieriana*, in «Giornale storico della letteratura italiana», 1959, 3, pp. 389-424; 4, pp. 579-594

G. Dossena, *Introduzione* a V. Alfieri, *La vita*, cit., pp. VII-XLII

R. Scrivano, *Biografia e autobiografia*, cit.

W. Binni, *I «Mémoires» del Goldoni e la «Vita» dell'Alfieri; Le redazioni della «Vita» alfieriana*, in *Classicismo e neoclassicismo nella letteratura del Settecento*, Firenze, La Nuova Italia, 1976, pp. 299-300; 341-354

N. Bonifizi, *L'operazione autobiografica e la «Vita» di Vittorio Alfieri*, in «L'approdo letterario», dicembre 1976, 75/76, pp. 115-142

A. Porcu, *La «Vita» dell'Alfieri come vicenda linguistica*, in «Lingua e stile», giugno 1976, 2, pp. 245-268

G. Debenedetti, *Vocazione di Vittorio Alfieri*, cit.

F. Portinari, *Di Vittorio Alfieri e della tragedia*, Torino, Giappichelli, 1977 (soprattutto il capitolo *Per forza di struttura*, pp. 23-65; già in «Sigma», marzo 1976, 17, pp. 3-38)

G.L. Beccaria, *Quattro scrittori in cerca di una lingua. Alfieri, Faldella*, Torino, Giappichelli, 1978 [Alfieri, pp. 1-130]

E. Raimondi, *Giovinezza letteraria dell'Alfieri*, in *Il concerto interrotto*, cit.

S. Costa, *Lo specchio di Narciso: autoritratto di un «homme de lettres». Su Alfieri autobiografo*, Roma, Bulzoni, 1983

V. Branca, *Introduzione* a V. Alfieri, *Vita*, cit., pp. 5-18

E. Bigi, *Giudizio e passione nello stile della «Vita» alfieriana*, in AA.VV., *Vittorio Alfieri e la cultura piemontese fra illuminismo e rivoluzione*, cit., pp. 45-58

M. David, *Il «Giornale» di Alfieri*, ivi, pp. 59-89

E. Gioanola, *Alfieri: la malinconia, il doppio*, ivi, pp. 131-144.

Per una storia del testo della *Vita*

È merito pressoché esclusivo di Luigi Fassò se abbiamo, da ormai oltre un trentennio, la possibilità di leggere in un'edizione filologicamente corretta non solo la *Vita* dell'Alfieri, ma anche un'originaria stesura della stessa (attestata dal manoscritto laurenziano n. 13) assieme ai *Giornali* (annotati in francese tra il 1774-75, in italiano nel 1777) e alle pagine di *Rendimento di conti*, più note sotto il nome di *Annali*. Sarà pertanto doveroso e essenziale il riferimento all'introduzione astense della *Vita* a cura di Luigi Fassò (Asti, Casa d'Alfieri, 1951, voll. 2) per ogni cenno che si offrirà sulla storia e la fortuna di questo importante scritto alfieriano, ove si rimandi poi alle note stesse del Fassò e alle discussioni sulla cronologia (Ferrero, Fubini, Bigi, Di Benedetto...) e sui documenti intermedi tra la seconda e la terza stesura avanzate in anni più recenti dal Dossena (Vittorio Alfieri, *Vita*, a cura di Giampaolo Dossena, Torino, Einaudi, 1967) per ogni integrazione o ampliamento della problematica critica e bibliografica sul tema.

La *Vita* dell'Alfieri, quale risultato di riscritture successive a lunghe elaborazioni e revisioni protrattesi quasi fino alla morte dell'autore, ci è stata tramandata, secondo la tesi Fassò, da due documenti autografi (attestanti – e qui, solo qui, i motivi di discussione sull'ipotesi del curatore dell'edizione astense – non il momento primo della creazione, ma una sistemazione successiva): il manoscritto laurenziano 13, contenente la trascrizione di una prima stesura andata perduta, verisimilmente iniziata nel 1789 (già che negli anni circonvicini si potrebbero fissare importanti stimoli e provocazioni a una scrittura autobiografica: la stampa dei *Mémoires* del Goldoni nel 1787, la pubblicazione della parte seconda delle *Confessions* di Rousseau nell'anno successivo, la lettura che l'Alfieri fece dell'autobiografia del Cellini nel 1789); e il laurenziano 24, costituito da due volumetti (di cui il secondo incompleto) contenenti una più matura, diversa e definitiva redazione senza dubbio preparata dallo stesso autore per la stampa. Il 1790 è, almeno secondo Fassò, l'anno/data del manoscritto 13 (cioè della ricopiatura di una prima perduta stesura che quel manoscritto riporta) – ma vale ricordare che il manoscritto, sigillato dall'Alfieri fino al marzo 1798, fu riaperto con un anno di anticipo sui propositi annotati sul foglio di guardia, per essere riletto, forse in parte variato, e poi completato nel 1803, con la trascrizione dei capitoli XX-XXXI conclusivi dell'epoca quarta; il 1798 la data del manoscritto 24, rivisto e corretto negli anni seguenti, specialmente nel 1802-1803, e tutto di pugno d'Alfieri per la prima parte, mentre dopo subentra la scrittura e trascrizione di Francesco Tassi, segretario del poeta. Quindi, per concludere, due manoscritti, di cui uno, il 24, più probante, perché *recentior* e contenente l'ultima volontà dell'autore, ma non completamente autografo; l'altro più lontano (il 13), con una stesura della prima parte palesemente precedente quella del 24, seppur completa, ma con la parte finale scritta dalla stessa mano dell'autore (essendosi poi, completamente o quasi, perduti i documenti e foglietti su cui l'Alfieri dovette annotare le stesure primitive e intermedie[1]: cioè la prima redazione, origine dello stesso manoscritto 13, e quelle recanti le modifiche tra il manoscritto 13 e il 24, individuate dal Dossena negli interlinea del 13).

Il Fassò, dopo aver scartato, con l'ausilio e l'avallo dei due autografi, l'apografo 59 di Montpellier di mano del Tassi, copia fedele del laurenziano 24, e il breve apografo 11 ancora di Montpellier, contenente una copia parziale del 13 fatta dall'abate Caluso, procedette a stampare nella sua edizione critica (ritenuta quanto al metodo ineccepibile da Bozzetti, Bigi, Binni, Branca...) il manoscritto 24, quale definitivo testo d'autore, fino al capitolo XIX dell'epoca quarta, riproducendo per la parte finale, cioè per i capitoli XX-XXXI della parte seconda, il manoscritto 13, opportunamente collazionato in nota con la copia del Tassi (ms. 24) e con i dati forniti dai testi di Montpellier. Si venne così ad offrire un'edizione assai più convincente e fedele alle volontà dell'autore dei tre testi-base che per oltre 150 anni avevano guidato le stampe della *Vita* alfieriana, e precisamente l'edizione

---

[1] Ma per il reperimento, la schedatura, la pubblicazione di redazioni distinte delle appendici alla *Vita* (nonché di documenti collaterali contenenti prospetti di spese e viaggi) si veda adesso M. Sterpos, *Aggiunte ai volumi pubblicati* [Parte I: *Aggiunte alla Vita*], in V. Alfieri, *Appunti di lingua e letterari*, cit.

Firenze, Piatti, 1806 (sia pur segnalata come Londra, 1804), che fondeva il ms. 24 laurenziano con l'11 di Montpellier con tagli e modifiche di mano del Caluso, specie nella parte finale, per motivi di opportunità e di censura; l'edizione 1853 di Le Monnier, correttamente condotta sul manoscritto 24 ma nell'ignoranza del ms. 13; l'edizione Teza del 1861, giustamente giocata, al pari della Fassò, tra i mss. 24 e 13, ma con sviste filologiche, errori e omissioni.

Al testo offerto dal Fassò si sono pertanto rifatte tutte le edizioni della *Vita* alfieriana successive agli anni '50, anche là dove per motivi di più agile leggibilità, peraltro autorizzati e consentiti dalle stesse oscillazioni grafiche e dalle discontinue abitudini scrittorie dell'Alfieri, in parte perpetuate dai criteri eminentemente conservativi dell'edizione Fassò, si è proceduto a qualche intervento correttorio o modernizzante. Né la discussione apertasi a partire dal 1951 sulle proposte di stesura e cronologia avanzate dal Fassò per la prima parte della *Vita* (l'ipotesi di prime redazioni non parve necessaria a Fubini, non convinse Ferrero, lasciò qualche dubbio a Mariani, è sembrata solo ipotesi a Di Benedetto) è entrata nel merito dei problemi filologici (unica eccezione il caso Dossena), o ha proposto rettifiche e modifiche sostanziali.

Il testo che qui si riproduce è pertanto quello dall'edizione Fassò, rivisto però secondo i puntuali suggerimenti del Branca (Vittore Branca, *Correzioni all'edizione astense dell'Alfieri*, in «Lettere italiane», 1964, 4, pp. 510-512; ma di Branca si veda per questo anche l'edizione della *Vita* alfieriana edita da Mursia nel 1965 e adesso la recente economica Mursia 1983); non ci è sembrato invece di dover accogliere le proposte del Dossena (discordanti in un sol punto – quello di p. 270 – dall'edizione Fassò, già che ci sembrano da ridimensionare le "innovazioni" delle pp. 265 e 283), peraltro non recepite neppure dal più recente e accurato editore della *Vita*, il Di Benedetto. Sul testo Fassò siamo intervenuti per minime correzioni interpuntive, per una riduzione delle maiuscole e dei corsivi, per la sostituzione della *j* con la *i*.

Vita di Vittorio Alfieri da Asti
scritta da esso

’Επάμεροι· τί δέ τις; τί δ’οὔτις;
Σκιᾶς ὄναρ, ἄνθρωποι.

Pianta effimera noi, cos’è il vivente?
Cos’è l’estinto? – Un sogno d’ombra è l’uomo.

PINDARO, *Pizia VII*, v. 135

Parte prima

Introduzione

Plerique suam ipsi vitam narrare, fiduciam
potius morum, quam arrogantiam, arbitrati sunt[1].
TACITO, *Vita di Agricola*

Il parlare, e molto più lo scrivere di sé stesso, nasce senza alcun
dubbio dal molto amor di sé stesso. Io dunque non voglio a
questa mia *Vita* far precedere né deboli scuse, né false o illuso-
rie ragioni, le quali non mi verrebbero a ogni modo punto cre-
dute da altri; e della mia futura veracità in questo mio scritto
assai mal saggio darebbero. Io perciò ingenuamente confesso,
che allo stendere la mia propria vita inducevami, misto forse ad
alcune altre ragioni, ma vie più gagliarda d'ogni altra, l'amore
di me medesimo; quel dono cioè, che la natura in maggiore o
minor dose concede agli uomini tutti; ed in soverchia dose agli
scrittori, principalissimamente poi ai poeti, od a quelli che tali
si tengono. Ed è questo dono una preziosissima cosa; poiché
da esso ogni alto operare dell'uomo proviene, allor quando
all'amor di sé stesso congiunge una ragionata cognizione dei
propri suoi mezzi, ed un illuminato trasporto pel vero ed il
bello, che non son se non uno.

Senza proemizzare[2] dunque più a lungo sui generali, io passo ad assegnare le ragioni per cui questo mio amor di me stesso
mi trasse a ciò fare; e accennerò quindi il modo con cui mi
propongo di eseguir questo assunto.

Avendo io oramai scritto molto, e troppo più forse che non
avrei dovuto, è cosa assai naturale che alcuni di quei pochi a
chi[3] non saranno dispiaciute le mie opere (se non tra' miei contemporanei, tra quelli almeno che vivran dopo) avranno qualche curiosità di sapere qual io mi fossi. Io ben posso ciò credere, senza neppur troppo lusingarmi, poiché di ogni altro autore

anche minimo quanto al valore, ma voluminoso quanto all'opere, si vede ogni giorno e scrivere e leggere, o vendere almeno, la vita[4]. Onde, quand'anche nessun'altra ragione vi fosse, è certo pur sempre che, morto io, un qualche libraio per cavare alcuni più soldi da una nuova edizione delle mie opere, ci farà premettere una qualunque mia vita. E quella, verrà verisimilmente scritta da uno che non mi aveva o niente o mal conosciuto, che avrà radunato le materie di essa da fonti o dubbi o parziali; onde codesta vita per certo verrà ad essere, se non altro, alquanto meno verace di quella che posso dare io stesso. E ciò tanto più, perché lo scrittore a soldo dell'editore suol sempre fare uno stolto panegirico dell'autore che si ristampa, stimando ambedue di dare così più ampio smercio alla loro comune mercanzia. Affinché questa mia vita venga dunque tenuta per meno cattiva e alquanto più vera, e non meno imparziale di qualunque altra verrebbe scritta da altri dopo di me; io, che assai più largo mantenitore che non promettitore fui sempre, mi impegno qui con me stesso, e con chi vorrà leggermi, di disappassionarmi[5] per quanto all'uomo sia dato; e mi vi impegno, perché esaminatomi e conosciutomi bene, ho ritrovato, o mi pare, essere in me di alcun poco maggiore la somma del bene a quella del male. Onde, se io non avrò forse il coraggio o l'indiscrezione di dir di me tutto il vero, non avrò certamente la viltà di dir cosa che vera non sia.

Quanto poi al metodo, affine di tediar meno il lettore, e dargli qualche riposo e anche i mezzi di abbreviarsela col tralasciare quegli anni di essa che gli parranno meno curiosi, io mi propongo di ripartirla in cinque epoche, corrispondenti alle cinque età dell'uomo, e da essa intitolarne le divisioni, puerizia, adolescenza, giovinezza, virilità e vecchiaia. Ma già, dal modo con cui le tre prime parti e più che mezza la quarta mi son venute scritte, non mi lusingo più ormai di venire a capo di tutta l'opera con quella brevità che più d'ogni altra cosa ho sempre nelle mie altre opere adottata o tentata; e che tanto più lodevole e necessaria forse sarebbe stata nell'atto di parlar di me stesso. Onde tanto più temo che nella quinta parte (ove pure il mio destino mi voglia lasciar invecchiare) io non abbia di soverchio a cader nelle chiacchiere[6], che sono l'ultimo patrimonio di quella debole età. Se dunque, pagando io in ciò, come tutti, il suo dritto a natura, venissi nel fine a dilungarmi indiscretamente, prego anticipatamente il lettore di perdonarmelo, sì, ma, di gastigarmene a un tempo stesso, col non leggere quell'ultima parte.

Aggiungerò nondimeno, che nel dire io che non mi lusingo di essere breve anche nelle quattro prime parti, quanto il dovrei e vorrei, non intendo perciò di permettermi delle risibili lungaggini accennando ogni minuzia; ma intendo di estendermi su molte di quelle particolarità, che, sapute, contribuir potranno allo studio dell'uomo in genere[7]; della qual pianta non possiamo mai individuare meglio i segreti che osservando ciascuno sé stesso.

Non ho intenzione di dar luogo a nessuna di quelle altre particolarità che potranno risguardare altre persone, le di cui peripezie si ritrovassero per così dire intarsiate con le mie; stante che i fatti miei bensì, ma non già gli altrui, mi propongo di scrivere. Non nominerò dunque quasi mai nessuno, individuandone il nome, se non se nelle cose indifferenti o lodevoli.

Allo studio dunque dell'uomo in genere è principalmente diretto lo scopo di questa opera. E di qual uomo si può egli meglio e più dottamente parlare, che di sé stesso? Quale altro ci vien egli venuto fatto di maggiormente studiare, di più addentro conoscere, di più esattamente pesare, essendo, per così dire, nelle più intime di lui viscere vissuto tanti anni?

Quanto poi allo stile, io penso di lasciar fare alla penna, e di pochissimo lasciarlo scostarsi da quella triviale e spontanea naturalezza, con cui ho scritto quest'opera, dettata dal cuore e non dall'ingegno; e che sola può convenire a così umile tema[8].

Epoca prima

PUERIZIA
Abbraccia nove anni di vegetazione.

CAPITOLO PRIMO
Nascita, e parenti.

Nella città d'Asti in Piemonte, il dì 17 di gennaio dell'anno 1749[1], io nacqui di nobili, agiati, ed onesti parenti. E queste tre loro qualità ho espressamente individuate, e a gran ventura mia le ascrivo per le seguenti ragioni. Il nascere della classe dei nobili, mi giovò appunto moltissimo per poter poi, senza la taccia d'invidioso e di vile, dispregiare la nobiltà per sé sola, svelarne le ridicolezze, gli abusi, ed i vizi; ma nel tempo stesso mi giovò non poco la utile e sana influenza di essa, per non contaminare poi mai in nulla la nobiltà dell'arte ch'io professava. Il nascere agiato, mi fece libero e puro; né mi lasciò servire ad altri che al vero. L'onestà poi de' parenti fece sì, che non ho dovuto mai arrossire dell'esser io nobile. Onde, qualunque di queste tre cose fosse mancata ai miei natali, ne sarebbe di necessità venuto assai minoramento alle diverse mie opere; e sarei quindi stato per avventura o peggior filosofo, o peggior uomo, di quello che forse non sarò stato.

Il mio padre chiamavasi Antonio Alfieri, la madre, Monica Maillard di Tournon. Era questa di origine savoiarda, come i barbari[2] di lei cognomi dimostrano; ma i suoi erano già da gran tempo stabiliti in Torino. Il mio padre era un uomo purissimo di costumi, vissuto sempre senza impiego[3] nessuno, e non contaminato da alcuna ambizione; secondo che ho inteso dir sempre da chi l'avea conosciuto. Provveduto di beni di fortuna sufficienti al suo grado, e di una giusta moderazione nei desideri, egli visse bastantemente felice. In età di oltre cinquantacinque anni invaghitosi di mia madre, la quale, benché giovanissima, era allora già vedova del marchese di Cacherano, gentiluomo astigiano, la sposò. Una figlia femmina[4] che avea di quasi due anni preceduto il mio nascimento, avea più che mai invogliato e insperanzito il mio buon genitore di aver prole maschia; onde fu oltremodo festeggiato il mio arrivo. Non so se egli si rallegrasse di questo come padre attempato, o come cavaliere assai tenero del nome suo e della perpetuità di sua stirpe: crederei che di questi due affetti si componesse in parte egual la di lui gioia. Fatto si è, che datomi ad allattare in un borghetto distante circa due miglia da Asti, chiamato Rovigliasco, egli quasi ogni giorno ci veniva a piedi a vedermivi, essendo uomo alla buona e di semplicissime maniere. Ma ritrovandosi già oltre l'anno sessagesimo[5] di sua età, ancorché fosse vegeto e robusto, tuttavia quello strapazzo continuo, non badando egli né a rigor di stagione né ad altro, fe' sì che riscaldatosi un giorno oltre modo in quella sua periodica visita che mi faceva, si prese una puntura di cui in pochi giorni morì. Io non compiva allora per anco il primo anno della mia vita. Rimase mia madre incinta di un altro figlio maschio[6], il quale morì poi nella sua prima età. Le restavano dunque un maschio e una femmina di mio padre, e due femmine ed un maschio del di lei primo marito, marchese di Cacherano[7]. Ma essa, benché vedova due volte, trovandosi pure assai giovine ancora, passò alle terze nozze col cavaliere Giacinto Alfieri di Magliano, cadetto di una casa dello stesso nome della mia, ma di altro ramo. Questo cavalier Giacinto, per la morte poi del di lui primogenito che non lasciò figli, divenne col tempo erede di tutto il suo, e si ritrovò agiatissimo. La mia ottima madre trovò una perfetta felicità con questo cavalier Giacinto, che era di età all'incirca della sua, di bellissimo aspetto, di signorili ed illibati costumi; onde ella visse in una beatissima ed esemplare unione con lui; e ancora dura, mentre io sto scrivendo questa mia vita in età di anni quarantuno[8]. Onde da più di trentasette anni vivono questi due coniugi vivo esempio di ogni virtù domestica, amati, rispettati, e ammirati da tutti i loro concittadini; e massimamente mia madre, per la sua ardentissima eroica pietà con cui si è assolutamente consecrata al sollievo e servizio dei poveri.

Ella ha successivamente in questo decorso di tempo perduti e il primo maschio del primo marito e la seconda femmina; così pure i due soli maschi del terzo[9], onde nella sua ultima età io solo di maschi le rimango; e per le fatali mie circostanze non posso star presso di lei; cosa di cui mi rammarico spessissimo; ma assai più mi dorrebbe, ed a nessun conto ne vorrei stare continuamente lontano, se non fossi ben certo ch'ella e nel suo forte e sublime carattere, e nella sua vera pietà ha ritrovato un amplissimo compenso a questa sua privazione dei figli. Mi si perdoni questa forse inutile digressione, in favor d'una madre stimabilissima.

CAPITOLO SECONDO
Reminiscenze dell'infanzia.

Ripigliando dunque a parlare della mia primissima età, di- 1752 co che di quella stupida vegetazione[1] infantile non mi è rimasta altra memoria se non quella d'uno zio paterno, il quale avendo io tre in quattr'anni mi facea por ritto su un antico cassettone, e quivi molto accarezzandomi mi dava degli ottimi confetti. Io non mi ricordava più quasi punto di lui, né altro me n'era rimasto fuorch'egli portava certi scarponi riquadrati in punta. Molti anni dopo, la prima volta che mi vennero agli occhi certi stivali a tromba, che portano pure la scarpa quadrata a quel modo stesso dello zio morto già da gran tempo, né mai più veduto da me da che io aveva uso di ragione, la subitanea vista di quella forma di scarpe del tutto oramai disusata, mi richiamava ad un tratto tutte quelle sensazioni primitive ch'io avea provate già nel ricevere le carezze e i confetti dello zio, di cui i moti ed i modi, ed il sapore perfino dei confetti mi si riaffacciavano vivissimamente ed in un subito nella fantasia. Mi sono lasciata uscir di penna questa puerilità, come non inutile affatto a chi specula sul meccanismo delle nostre idee, e sull'affinità dei pensieri colle sensazioni.

1754   Nell'età di cinque anni in circa, dal mal de' pondi[2] fui ridotto in fine; e mi pare di aver nella mente tuttavia un certo barlume de' miei patimenti; e che senza aver idea nessuna di quello che fosse la morte, pure la desiderava come fine di dolore; perché quando era morto quel mio fratello minore, avea sentito dire ch'egli era diventato un angioletto.

Per quanti sforzi io abbia fatti spessissimo per raccogliere le idee primitive o sia le sensazioni ricevute prima de' sei anni, non ho potuto mai raccapezzarne altre che queste due. La mia sorella Giulia, ed io, seguitando il destino della madre, eramo[3] passati dalla casa paterna ad abitare con lei nella casa del patrigno, il quale pure ci fu più che padre per quel tempo che ci stemmo. La figlia ed il figlio del primo letto rimasti, furono successivamente inviati a Torino, l'uno nel collegio de' Gesuiti, l'altra nel monastero; e poco dopo fu anche messa in monaste-
1755   ro, ma in Asti stessa, la mia sorella Giulia, essendo io vicino ai sett'anni. E di quest'avvenimento domestico mi ricordo benissimo, come del primo punto in cui le facoltà mie sensitive diedero cenno di sé. Mi sono presentissimi i dolori e le lagrime ch'io versai in quella separazione di tetto solamente, che pure a principio non impediva ch'io la visitassi ogni giorno. E speculando poi dopo su quegli effetti e sintomi del cuore provati allora, trovo essere stati per l'appunto quegli stessi che poi in appresso provai quando nel bollore degli anni giovenili mi trovai costretto a dividermi da una qualche amata mia donna; ed anche nel separarmi da un qualche vero amico, che tre o quattro successivamente ne ho pure avuti finora; fortuna che non sarà toccata a tanti altri, che gli avranno forse meritati più di me. Dalla reminiscenza di quel mio primo dolore del cuore, ne ho poi dedotta la prova che tutti gli amori dell'uomo, ancorché diversi, hanno lo stesso motore[4].

Rimasto dunque io solo di tutti i figli nella casa materna, fui dato in custodia ad un buon prete, chiamato don Ivaldi, il quale m'insegnò cominciando dal compitare e scrivere, fino alla classe quarta, in cui io spiegava non male, per quanto diceva il maestro, alcune vite di Cornelio Nipote, e le solite favole di Fedro. Ma il buon prete era egli stesso ignorantuccio, a quel ch'io combinai[5] poi dopo; e se dopo i nov'anni mi avessero lasciato alle sue mani, verisimilmente non avrei imparato più nulla. I parenti erano anch'essi ignorantissimi; e spesso udiva loro ripetere quella usuale massima dei nostri nobili di allora; che ad un signore non era necessario di diventar un dottore. Io nondimeno aveva per natura una certa inclinazione allo studio; e specialmente dopo che uscì di casa la sorella, quel ritrovarmi in solitudine col maestro mi dava ad un tempo malinconia e raccoglimento.

CAPITOLO TERZO
Primi sintomi di un carattere appassionato.

Ma qui mi occorre di notare un'altra particolarità assai strana, quanto allo sviluppo delle mie facoltà amatorie. La privazione della sorella mi avea lasciato addolorato per lungo tempo, e molto più serio in appresso. Le mie visite a quell'amata sorella erano sempre andate diradando, perché essendo sotto il maestro, e dovendo attendere allo studio, mi si concedeano solamente nei giorni di vacanza o di festa, e non sempre. Una tal quale consolazione di quella mia solitudine mi si era andata facendo sentire a poco a poco nell'assuefarmi ad andare ogni giorno alla chiesa del Carmine attigua alla nostra casa; e di sentirvi spesso della musica, e di vedervi uffiziare quei frati, e far tutte le cerimonie della messa cantata, processione e simili. In capo a più mesi non pensavo più tanto alla sorella; ed in capo a più altri, non ci pensava quasi più niente, e non desiderava altro che di essere condotto mattina e giorno al Carmine. Ed eccone la ragione. Dal viso di mia sorella in poi, la quale avea circa nov'anni quando uscì di casa, io non aveva più veduto usualmente altro viso di ragazza né di giovane, fuorché certi fraticelli novizi del Carmine, che potevano avere tra i quattordici e sedici anni all'incirca, i quali coi loro roccetti[1] assistevano alle diverse funzioni di chiesa. Questi loro vìsi giovenili, e non dissimili da' visi donneschi, aveano lasciato nel mio tenero ed inesperto cuore a un di presso quella stessa traccia e quel medesimo desiderio di loro, che mi vi avea già impresso il viso della sorella. E questo insomma, sotto tanti e sì diversi aspetti, era amore; come poi pienamente conobbi e me ne accertai parecchi anni dopo, riflettendovi su; perché di quanto io allora sentissi o facessi nulla affatto sapeva, ed obbediva al puro istinto animale. Ma questo mio innocente amore per que' novizi, giunse tant'oltre, che io sempre pensava ad essi ed alle loro diverse funzioni; or mi si rappresentavano nella fantasia coi loro devoti ceri in mano, servienti la messa con viso compunto ed angelico, ora coi turiboli incensando l'altare; e tutto assorto in codeste imagini, trascurava i miei studi, ed ogni occupazione, o compagnia mi noiava. Un giorno fra gli altri, stando fuori di casa il maestro, trovatomi solo in camera, cercai ne' due vocabolari latino e italiano l'articolo frati; e cassata in ambidue quella parola, vi scrissi *padri*; così credendomi di nobilitare, o che so io d'altro, quei novizietti ch'io vedeva ogni giorno, con nessun dei quali avea però mai favellato, e da cui non sapeva assolutamente quello ch'io mi volessi. L'aver sentito alcune volte con qualche disprezzo articolare la parola *frate*, e con rispetto ed amore quella di *padre*, erano le sole cagioni per cui m'indussi a correggere quei dizionari; e codeste correzioni fatte anche grossolanamente col temperino e la penna, le nascosi poi sempre con gran sollecitudine e timore al maestro, il quale non se ne dubitando, né a tal cosa certamente pensando, non se n'avvide poi mai. Chiunque vorrà riflettere alquanto su quest'inezia, e rintracciarvi il seme delle passioni dell'uomo, non la troverà forse né tanto risibile né tanto puerile, quanto ella pare.

Da questi sì fatti effetti d'amore ignoto intieramente a me stesso, ma pure tanto operante nella mia fantasia, nasceva, per quanto ora credo, quell'umor malinconico, che a poco a poco si insignoriva di me, e dominava poi sempre su tutte le altre qualità dell'indole mia. Tra i sette ed ott'anni, trovandomi un giorno in queste disposizioni malinconiche, occasionate forse anche dalla salute che era gracile anzi che no, visto uscire il maestro, e il servitore, corsi fuori del mio salotto che posto a terreno riusciva in un secondo cortile dove eravi intorno intorno molt'erba. E tosto mi posi a strapparne colle mani quanta ne veniva, e ponendomela in bocca a masticarne e ingoiarne quanta più ne poteva, malgrado il sapore ostico ed amarissimo. Io avea sentito dire non so da chi, né come, né quando, che v'era un'erba detta cicuta che avvelenava e faceva morire; io non avea mai fatto pensiero di voler morire, e poco sapea quel che il morire si fosse; eppure seguendo così un non so quale istinto naturale misto di un dolore di cui m'era ignota la fonte, mi spinsi avidissimamente a mangiar di quell'erba, figurandomi che in essa vi dovesse anco essere della cicuta. Ma ributtato poi dalla insopportabile amarezza e crudità di un tal pascolo, e sentendomi provocato a dare di stomaco, fuggii nell'annesso giardino, dove non veduto da chi che sia mi liberai quasi interamente da tutta l'erba ingoiata; e tornatomene in camera me ne rimasi soletto e tacito con qualche doloruzzo di stomaco e di corpo. Tornò frattanto il maestro, che di nulla si avvide, ed io nulla dissi. Poco dopo si dové andare in tavola, e mia madre vedendomi gli occhi gonfi e rossi, come sogliono rimanere dopo gli sforzi del vomito, domandò, insistendo, e volle assolutamente saper quel che fosse; ed oltre i comandi della madre mi andavano anche sempre più punzecchiando i dolori di corpo, sì ch'io non potea punto mangiare, e parlar non voleva. Onde io sempre duro a tacere, ed a vedere di non mi scontorcere, la madre sempre dura ad interrogare e minacciarmi; finalmente osservandomi essa ben bene, e vedendomi in atto di patire, e poi le labbra verdicce, che io non avea pensato di risciacquarmele, spaventatasi molto ad un tratto si alza, si approssima a me, mi parla dell'insolito color delle labbra, m'incalza e sforza a rispondere, finché vinto dal timore e dolore io tutto confesso piangendo. Mi vien dato subito un qualche leggero rimedio, e nessun altro male ne segue, fuorché per più giorni fui rinchiuso in camera per gastigo e quindi nuovo pascolo e fomento all'umor malinconico.

CAPITOLO QUARTO

Sviluppo dell'indole indicato da vari fattarelli.

1756 L'indole, che io andava intanto manifestando in quei primi anni della nascente ragione, era questa. Taciturno e placido, per lo più; ma alle volte loquacissimo e vivacissimo; e quasi sempre negli estremi contrari; ostinato e restìo contro la forza; pieghevolissimo agli avvisi amorevoli; rattenuto più che da nessun'altra cosa dal timore d'essere sgridato; suscettibile di vergognarmi fino all'eccesso, e inflessibile se io veniva preso a ritroso.

Ma, per meglio dar conto ad altrui ed a me stesso di quelle qualità primitive che la natura mi avea improntate nell'animo, fra molte sciocche istoriette accadutemi in quella prima età, ne allegherò due o tre di cui mi ricordo benissimo, e che ritrarranno al vivo il mio carattere. Di quanti gastighi mi si potessero dare, quello che smisuratamente mi addolorava, ed a segno di farmi ammalare, e che perciò non mi fu dato che due volte sole, egli era di mandarmi alla messa colla reticella da notte in capo, assetto che nasconde quasi interamente i capelli. La prima volta ch'io ci fui condannato (né mi ricordo più del perché) venni dunque strascinato per mano dal maestro alla vicinissima chiesa del Carmine; chiesa abbandonata, dove non si trovavano mai quaranta persone radunate nella sua vastità; tuttavia sì fattamente mi afflisse codesto gastigo, che per più di tre mesi poi rimasi irreprensibile. Tra le ragioni ch'io sono andato cercando in appresso entro di me medesimo, per ben conoscere il fonte di un simile effetto, due principalmente ne trovai, che mi diedero intiera soluzione del dubbio. L'una si era, che io mi credeva gli occhi di tutti doversi necessariamente affissare su quella mia reticella, e ch'io dovea essere molto sconcio e diforme in codesto assetto, e che tutti mi terrebbero per un vero malfattore vedendomi punito così orribilmente. L'altra ragione si era, ch'io temeva di esser visto così dagli amati novizi; e questo mi passava veramente il cuore. Or mira, o lettore, in me omiccino[1] il ritratto e tuo e di quanti anche uomoni sono stati o saranno; che tutti siam pur sempre, a ben prendere, bambini perpetui.

Ma l'effetto straordinario in me cagionato da quel gastigo, avea riempito di gioia i miei parenti e il maestro; onde ad ogni ombra di mancamento, minacciatami la reticella abborrita, io rientrava immediatamente nel dovere, tremando. Pure, essendo poi ricaduto al fine in un qualche fallo insolito, per iscusa del quale mi occorse di articolare una solennissima bugia alla signora madre, mi fu di bel nuovo sentenziata la reticella; e di più, che in vece della deserta chiesa del Carmine, verrei condotto così a quella di S. Martino, distante da casa, posta nel bel centro della città, e frequentatissima su l'ora del mezzo giorno da tutti gli oziosi del bel mondo. Oimè, qual dolore fu il mio! pregai, piansi, mi disperai; tutto invano. Quella notte, ch'io mi credei dover essere l'ultima della mia vita, non che chiudessi mai occhio, non mi ricordo mai poi di averne in nessun altro mio dolore passata una peggio. Venne alfin l'ora; inreticellato, piangente, ed urlante mi avviai stiracchiato dal maestro pel braccio, e spinto innanzi dal servitore per di dietro; e in tal modo traversai due o tre strade, dove non era gente nessuna; ma tosto che si entrò nelle vie abitate, che si avvicinavano alla piazza e chiesa di S. Martino, io immediatamente cessai dal piangere e dal gridare, cessai dal farmi strascinare; e camminando anzi tacito, e di buon passo, e ben rasente al prete Ivaldi, sperai di passare inosservato nascondendomi quasi sotto il gomito del talare maestro[2], al di cui fianco appena la mia staturina giungeva. Arrivai nella piena chiesa, guidato per mano come orbo ch'io era; che in fatti chiusi gli occhi all'ingresso, non gli apersi più finché non fui inginocchiato al mio luogo di udir la messa; né, aprendoli poi, li alzai mai a segno di potervi distinguere nessuno. E rifattomi orbo all'uscire, tornai a casa con la morte in cuore, credendomi disonorato per sempre. Non volli in quel giorno mangiare, né parlare, né studiare, né piangere. E fu tale in somma e tanto il dolore, e la tensione d'animo, che mi ammalai per più giorni; né mai più si nominò pure in casa il supplizio della reticella, tanto era lo spavento che cagionò alla amorosissima madre la disperazione ch'io ne mostrai. Ed io parimenti per assai gran tempo non dissi più bugia nessuna; e chi sa s'io non devo poi a quella benedetta reticella l'essere riuscito in appresso un degli uomini i meno bugiardi ch'io conoscessi.

Altra storietta. Era venuta in Asti la mia nonna materna, matrona di assai gran peso in Torino, vedova di uno dei bar-bassori di corte[3], e corredata di tutta quella pompa di cose, che nei ragazzi lasciano grand'impressione. Questa, dopo essere stata alcuni giorni con la mia madre, per quanto mi fosse anda-ta accarezzando moltissimo in quel frattempo, io non m'era per niente addimesticato con lei, come selvatichetto ch'io m'era; onde, stando essa poi per andarsene, mi disse ch'io le doveva chiedere una qualche cosa, quella che più mi potrebbe soddisfare, e che me la darebbe di certo. Io, a bella prima per vergogna e timidezza ed irresoluzione, ed in seguito poi per ostinazione e ritrosia, incoccio[4] sempre a rispondere la stessa e sola parola: *niente*; e per quanto poi ci si provassero tutti in venti diverse maniere a rivoltarmi per pure estrarre da me qualcosa altro che non fosse quell'ineducatissimo *niente*, non fu mai possibile; né altro ci guadagnarono nel persistere gl'in-terrogatori, se non che da principio il *niente* veniva fuori asciutto, e rotondo; poi verso il mezzo veniva fuori con voce dispettosa e tremante ad un tempo; ed in ultimo, fra molte lagrime, interrotto da profondi singhiozzi. Mi cacciarono dun-que, come io ben meritava, dalla loro presenza, e chiusomi in camera, mi lasciarono godermi il mio così desiderato *niente*, e la nonna partì. Ma quell'istesso io, che con tanta pertinacia aveva ricusato ogni dono legittimo della nonna, più giorni addietro le avea pure involato in un suo forziere aperto un ventaglio, che poi celato nel mio letto, mi fu ritrovato dopo alcun tempo; ed io allora dissi, com'era vero, di averlo preso per darlo poi alla mia sorella. Gran punizione mi toccò giusta-mente per codesto furto; ma, benché il ladro sia alquanto peg-gior del bugiardo, pure non mi venne più né minacciato né dato il supplizio della reticella; tanta era più la paura che aveva la mia madre di farmi ammalare di dolore, che non di vedermi riuscire un po' ladro; difetto, per il vero, da non temersi poi molto, e non difficile a sradicarsi da qualunque ente[5] non ha bisogno di esercitarlo. Il rispetto delle altrui proprietà, nasce e prospera prestissimo negl'individui che ne posseggono alcune legittime loro.

E qui, a guisa di storietta, inserirò pure la mia prima con- fessione spirituale, fatta tra i sette ed otto anni. Il maestro mi vi andò preparando, suggerendomi egli stesso i diversi peccati ch'io poteva aver commessi, dei più de' quali io ignorava persino i nomi. Fatto questo preventivo esame in comune con don Ivaldi, si fissò il giorno in cui porterei il mio fastelletto ai piedi del padre Angelo, carmelitano, il quale era anche il confessore di mia madre. Andai: né so quel che me gli dicessi, tanta era la mia natural ripugnanza e il dolore di dover rivelare i miei segreti fatti e pensieri ad una persona ch'io appena conosceva. Credo, che il frate facesse egli stesso la mia confessione per me; fatto si è che assolutomi[6] m'ingiungeva di prosternarmi alla madre prima di entrare in tavola, e di domandarle in tal atto pubblicamente perdono di tutte le mie mancanze passate. Questa penitenza mi riusciva assai dura da ingoiare; non già, perché io avessi ribrezzo nessuno di domandar perdono alla madre; ma quella prosternazione in terra, e la presenza di chiunque vi potrebbe essere, mi davano un supplizio insoffribile. Tornato dunque a casa, salito a ora di pranzo, portato in tavola, e andati tutti in sala, mi parve di vedere che gli occhi di tutti si fissassero sopra di me; onde io chinando i miei me ne stavo dubbioso e confuso ed immobile, senza accostarmi alla tavola, dove ognuno andava pigliando il suo luogo; ma non mi figurava per tutto ciò, che alcuno sapesse i segreti penitenziali della mia confessione. Fattomi poi un poco di coraggio, m'inoltro per sedermi a tavola; ed ecco la madre con occhio arcigno guardandomi, mi domanda se io mi ci posso veramente sedere; se io ho fatto quel ch'era mio dovere di fare; e se in somma io non ho nulla da rimproverare a me stesso. Ciascuno di questi quesiti mi era una pugnalata nel cuore; rispondeva certamente per me l'addolorato mio viso; ma il labbro non poteva proferir parola; né ci fu mezzo mai, che io volessi non che eseguire, ma né articolare né accennar pure la ingiuntami penitenza. E parimente la madre non la voleva accennare, per non tradire il traditor confessore. Onde la cosa finì, che ella perdé per quel giorno la prosternazione da farglisi, ed io ci perdei il pranzo, e fors'anco l'assoluzione datami a sì duro patto dal padre Angelo. Non ebbi con tutto ciò per allora la sagacità di penetrare che il padre Angelo aveva concertato con mia madre la penitenza da ingiungermi. Ma il core servendomi in ciò meglio assai dell'ingegno, contrassi d'allora in poi un odietto bastantemente profondo pel suddetto frate, e non molta propensione in appresso per quel sagramento ancorché nelle seguenti confessioni non mi si ingiungesse poi mai più nessuna pena pubblica.

CAPITOLO QUINTO
Ultima storietta puerile.

Era venuto in vacanza in Asti il mio fratello maggiore, il marchese di Cacherano, che da alcuni anni si stava educando in Torino nel collegio de' Gesuiti. Egli era in età di circa anni quattordici al più, ed io di otto. La di lui compagnia mi riusciva ad un tempo di sollievo e d'angustia. Siccome io non lo avea mai conosciuto prima (essendomi egli fratello uterino[1] soltanto), io veramente non mi sentiva quasi nessun amore per esso; ma siccome egli andava pure un cotal poco ruzzando[2] con me, una certa inclinazione per lui mi sarebbe venuta crescendo con l'assuefazione. Ma egli era tanto più grande di me; avea più libertà di me, più danari, più carezze dai genitori; avea già vedute più assai cose di me, abitando in Torino; aveva spiegato il Virgilio; e che so io, tante altre cosarelle aveva egli, che io non avea, che allora finalmente io conobbi per la prima volta l'invidia. Ella non era però atroce, poiché non mi traeva ad odiare precisamente quell'individuo, ma mi faceva ardentissimamente desiderare di aver io le stesse cose, senza però volerle togliere a lui. E questa credo io, che sia la diramazione delle due invidie, di cui, l'una negli animi rei diventa poi l'odio assoluto contro chi ha il bene, e il desiderio d'impedirglielo, o toglierglielo, anche non lo acquistando per sé; l'altra, nei non rei, diventa sotto il nome di emulazione, o di gara, un'inquietissima brama di ottenere quelle cose stesse in eguale o maggior copia dell'altro. Oh quanto è sottile, e invisibile quasi la differenza che passa fra il seme delle nostre virtù e dei nostri vizi!

Io dunque, con questo mio fratello ora ruzzando, ora bisticciando, e cavandone ora dei regalucci, ora dei pugni, mi passava tutta quella state assai più divertito del solito, essendo io fin allora stato sempre solo in casa; che non v'è pe' ragazzi maggior fastidio. Un giorno tra gli altri caldissimo, mentre tutti su la nona[3] facevano la siesta, noi due stavamo facendo l'esercizio alla prussiana[4], che il mio fratello m'insegnava. Io, nel marciare, in una voltata cado, e batto il capo sopra uno degli alari rimasti per incuria nel camminetto sin dall'inverno precedente. L'alare, per essere tutto scassinato e privo di quel pomo d'ottone solito ad innestarvisi su le due punte che sporgono in fuori del camminetto, su una di esse mi venni quasi ad inchiodare la testa un dito circa sopra l'occhio sinistro nel bel mezzo del sopraciglio. E fu la ferita così lunga e profonda, che tuttora ne porto, e porterò sino alla tomba, la cicatrice visibilissima. Dalla caduta mi rizzai immediatamente da me stesso, ed anzi gridai subito al fratello di non dir niente; tanto più che in quel primo impeto non mi parea d'aver sentito nessunissimo dolore, ma bensì molta vergogna di essermi così mostrato un soldato male in gambe. Ma già il fratello era corso a risvegliare il maestro, e il romore era giunto alla madre, e tutta la casa era sottosopra. In quel frattempo, io che non avea punto gridato né cadendo né rizzandomi, quando ebbi fatti alcuni passi verso il tavolino, al sentirmi scorrere lungo il viso una cosa caldissima, portatevi tosto le mani, tosto che me le vidi ripiene di sangue cominciai allora ad urlare. E doveano essere di semplice sbigottimento quegli urli, poiché mi ricordo benissimo, che non sentii mai nessun dolore sinché non venne il chirurgo e cominciò a lavare a tastare e medicare la piaga. Questa durò alcune settimane, prima di rimarginare; e per più giorni dovei stare al buio, perché si temeva non poco per l'occhio, stante la infiammazione e gonfiezza smisurata, che vi si era messa. Essendo poi in convalescenza, ed avendo ancora gl'impiastri e le fasciature, andai pure con molto piacere alla messa al Carmine; benché certo quell'assetto spedalesco[5] mi sfigurasse assai più che non quella mia reticella da notte, verde e pulita, quale appunto i zerbini d'Andalusìa[6] portano per vezzo. Ed io pure, poi viaggiando nelle Spagne la portai per civetteria ad imitazione di essi. Quella fasciatura dunque non mi facea nessuna ripugnanza a mostrarla in pubblico: o fosse, perché l'idea di un pericolo corso mi lusingasse; o che, per un misto d'idee ancora informi nel mio capicino, io annettessi pure una qualche idea di gloria a quella ferita. E così bisogna pure che fosse; poiché, senza aver presenti alla mente i moti dell'animo mio in quel punto, mi ricordo bensì che ogniqualvolta s'incontrava qualcuno che domandasse al prete Ivaldi cosa fosse quel mio capo fasciato; rispondendo egli, ch'io era *cascato*; io subito soggiungeva del mio: *facendo l'esercizio*.

Ed ecco, come nei giovanissimi petti, chi ben li studiasse, si vengono a scorgere manifestamente i semi diversi delle virtù e dei vizi. Che questo certamente in me era un seme di amor di gloria; ma, né il prete Ivaldi, né quanti altri mi stavano intorno, non facevano simili riflessioni.

1758 Circa un anno dopo, quel mio fratello maggiore, tornatosene in quel frattempo in collegio a Torino, infermò gravemente d'un mal di petto, che degenerato in etisia, lo menò alla tomba in alcuni mesi. Lo cavarono di collegio, lo fecero tornare in Asti nella casa materna, e mi portarono in villa[7] perché non lo vedessi; ed in fatti in quell'estate morì in Asti, senza ch'io lo rivedessi più. In quel frattempo il mio zio paterno, il cavalier Pellegrino Alfieri, al quale era stata affidata la tutela de' miei beni sin dalla morte di mio padre, e che allora ritornava di un suo viaggio in Francia, Olanda e Inghilterra, passando per Asti mi vide; ed avvistosi forse, come uomo di molto ingegno ch'e- gli era, ch'io non imparerei gran cosa continuando quel sistema d'educazione, tornato a Torino, di lì a pochi mesi scrisse alla madre, che egli voleva assolutamente pormi nell'Accademia di Torino. La mia partenza si trovò dunque coincidere con la morte del fratello; onde io avrò sempre presenti alla mente l'aspetto i gesti e le parole della mia addoloratissima madre, che diceva singhiozzando: «Mi è tolto l'uno da Dio, e per sem- pre: e quest'altro, chi sa per quanto! »[8]. Ella non aveva allora dal suo terzo marito se non se una femmina; due maschi poi le nacquero successivamente, mentre io stavo in Accademia a Torino. Quel suo dolore mi penetrò altamente; ma pure la bra- ma di veder cose nuove, l'idea di dover tra pochi giorni viag- giar per le poste[9], io che usciva di fresco dall'aver fatto il primo mio viaggio in una villa distante quindici miglia da Asti, tirato da due placidissimi manzi; e cento altre simili ideuzze infantili che la fantasia lusinghiera mi andava apprestando alla mente, mi alleggerivano in gran parte il dolore del morto fratello, e dell'afflittissima madre. Ma pure, quando si venne all'atto di dover partire, io mi ebbi quasi a svenire, e mi addolorò di dover abbandonare il maestro don Ivaldi forse ancor più che lo staccarmi dalla madre.

Incalessato[10] poi quasi per forza dal mio fattore, che era un vecchio destinato per accompagnarmi a Torino in casa dello zio dove doveva andare da prima, partii finalmente, scortato anche dal servitore destinatomi fisso, che era un certo Andrea, alessandrino, giovine di molta sagacità e di bastante educazio- ne secondo il suo stato ed il nostro paese, dove il saper leggere e scrivere non era allora comune. Era di luglio nel 1758, non so qual giorno, quando io lasciai la casa materna la mattina di buonissima ora. Piansi durante tutta la prima posta[11]; dove poi giunto, nel tempo che si cambiava i cavalli, io volli scendere nel cortile, e sentendomi molto assetato senza voler domandare un bicchiere, né far attinger dell'acqua per me, accostatomi all'ab- beveratoio de' cavalli, e tuffatovi rapidamente il maggior corno del mio cappello[12], tanta ne bevvi quanta ne attinsi. L'aio fattore, avvisato dai postiglioni, subito vi accorse sgridandomi assai; ma io gli risposi, che chi girava il mondo si doveva avvezzare a tai cose, e che un buon soldato non doveva bere altrimente. Dove poi avessi io pescate queste idee achillesche[13], non lo saprei; stante che la madre mi aveva sempre educato assai mollemente, ed anzi con risguardi[14] circa la salute affatto risibili. Era dunque anche questo in me un impetino di natura gloriosa, il quale si sviluppava tosto che mi veniva concesso di alzare un pocolino il capo da sotto il giogo.

E qui darò fine a questa prima epoca della mia puerizia, entrando ora in un mondo alquanto men circoscritto, e potendo con maggior brevità, spero, andarmi dipingendo anche meglio. Questo primo squarcio di una vita (che tutta forse è inutilissima da sapersi) riuscirà certamente inutilissimo per tutti coloro, che stimandosi uomini si vanno scordando che l'uomo è una continuazione del bambino.

Epoca seconda

ADOLESCENZA
Abbraccia otto anni d'ineducazione.

CAPITOLO PRIMO
Partenza dalla casa materna, ed ingresso
nell'Accademia di Torino, e descrizione di essa.

Eccomi or dunque per le poste correndo a quanto più si po- 1758
teva; in grazia che io al pagar della prima posta aveva interces-
so presso al pagante fattore a favore del primo postiglione per
fargli dar grassa mancia; il che mi avea tosto guadagnato il cuor
del secondo[1]. Onde costui andava come un fulmine, accennan-
domi di tempo in tempo con l'occhio e un sorriso, che gli farei
anche dare lo stesso dal fattore; il quale per esser egli vecchio
ed obeso, esauritosi nella prima posta nel raccontarmi delle
sciocche storiette per consolarmi, dormiva allora tenacissima-
mente e russava come un bue. Quel volar del calesse mi dava
intanto un piacere, di cui non avea mai provato l'eguale; perché nella carrozza di mia madre, dove anche di radissimo avea
posto il sedere, si andava di un quarto di trotticello da far
morire; ed anche in carrozza chiusa, non si gode niente dei
cavalli; ma all'incontro nel calesse nostro italiano uno ci si trova quasi su la groppa di essi, e si gode moltissimo anche della
vista del paese. Così dunque di posta in posta, con una continua palpitazione di cuore pel gran piacere di correre, e per la
novità degli oggetti, arrivai finalmente a Torino verso l'una o le
due dopo mezzo giorno. Era una giornata stupenda, e l'entrata
di quella città per la Porta Nuova, e la piazza di San Carlo fino
all'Annunziata presso cui abitava il mio zio, essendo tutto quel

tratto veramente grandioso e lietissimo all'occhio, mi aveva rapito, ed era come fuor di me stesso. Non fu poi così lieta la sera; perché ritrovandomi in nuovo albergo, tra visi sconosciuti, senza la madre, senza il maestro, con la faccia dello zio che appena aveva visto una altra volta, e che mi riusciva assai meno accarezzante, e amoroso della madre; tutto questo mi fece ricadere nel dolore, e nel pianto, e nel desiderio vivissimo di tutte quelle cose da me abbandonate il giorno antecedente. Dopo alcuni dì, avvezzatomi poi alla novità, ripigliai e l'allegria e la vivacità in un grado assai maggiore ch'io non avessi mostrata mai; ed anzi fu tanta, che allo zio parve assai troppa; e trovandomi essere un diavoletto, che gli metteva a soqquadro la casa, e che per non avere maestro che mi facesse far nulla, io perdeva assolutamente il mio tempo, in vece di aspettare a mettermi in Accademia all'ottobre come s'era detto, mi v'ingabbiò fin dal dì primo d'agosto dell'anno 1758.

In età di nove anni e mezzo io mi ritrovai dunque ad un tratto traspiantato[2] in mezzo a persone sconosciute, allontanato affatto dai parenti, isolato, ed abbandonato per così dire a me stesso; perché quella specie di educazione pubblica (se chiamarla pur vorremo educazione) in nessuna altra cosa fuorché negli studi, e anche Dio sa come, influiva su l'animo di quei giovinetti. Nessuna massima di morale mai, nessun ammaestramento della vita ci veniva dato. E chi ce l'avrebbe dato, se gli educatori stessi non conoscevano il mondo né per teoria né per pratica?

Era quell'Accademia un sontuosissimo edificio diviso in quattro lati, in mezzo di cui un immenso cortile. Due di essi lati erano occupati dagli educandi; i due altri lati dal Regio teatro, e dagli archivi del re. In faccia a questi per l'appunto era il lato che occupavamo noi, chiamati del Secondo e Terzo Appartamento; in faccia al teatro stavano quei del Primo, di cui parlerò a suo tempo. La galleria superiore del lato nostro, chiamavasi Terzo Appartamento, ed era destinata ai più ragazzi, ed alle scuole inferiori; la galleria del primo piano, chiamata Secondo, era destinata ai più adulti; de' quali una metà od un terzo studiavano all'Università, altro edificio assai prossimo all'Accademia; gli altri attendevano in casa agli studi militari. Ciascuna galleria conteneva almeno quattro camerate di undici giovani ciascheduna, cui presiedeva un pretuccio chiamato assistente, per lo più un villan rivestito, a cui non si dava salario nessuno; e con la tavola sola e l'alloggio si tirava innanzi a studiare anch'egli la teologia, o la legge all'Università; ovvero se non erano anch'essi studenti, erano dei vecchi ignorantissimi e rozzissimi preti. Un terzo almeno del lato ch'io dissi destinato al Primo Appartamento, era occupato dai paggi del re in numero di venti o venticinque, che erano totalmente separati da noi, all'angolo opposto del vasto cortile, ed attigui agli accennati archivi.

Noi dunque giovani studenti eramo assai male collocati così: fra un teatro, che non ci toccava di entrarvi se non se cinque o sei sere in tutto il carnovale; fra i paggi, che atteso il servizio di corte, le caccie, e le cavalcate, ci pareano godere di una vita tanto più libera e divagata della nostra; e tra i forestieri finalmente che occupavano il Primo Appartamento, quasi ad esclusione dei paesani[3], essendo una colluvie[4] di tutti i boreali[5], inglesi principalmente, russi, e tedeschi, e d'altri stati d'Italia; e questa era più una locanda che una educazione, poiché a niuna regola erano astretti, se non se al ritrovarsi la sera in casa prima della mezza notte. Del resto, andavano, e a corte, e ai teatri, e nelle buone e nelle cattive compagnie, a loro intero piacimento. E per supplizio maggiore di noi poverini del Secondo e Terzo Appartamento, la distribuzione locale portava che ogni giorno per andare alla nostra cappella alla messa, ed alle scuole di ballo, e di scherma, dovevamo passare per le gallerie del Primo Appartamento, e quindi vederci continuamente in su gli occhi la sfrenata e insultante libertà di quegli altri; durissimo paragone colla severità del nostro sistema, che chiamavamo andantemente[6] galera. Chi fece quella distribuzione era uno stolido, e non conosceva punto il cuore dell'uomo; non si accorgendo della funesta influenza che doveva avere in quei giovani animi quella continua vista di tanti proibiti pomi.

CAPITOLO SECONDO
Primi studi, pedanteschi, e mal fatti.

1759   Io era dunque collocato nel Terzo Appartamento, nella camerata detta di mezzo; affidato alla guardia di quel servitore Andrea, che trovatosi così padrone di me senza avere né la madre, né lo zio, né altro mio parente che lo frenasse, diventò un diavolo scatenato. Costui dunque mi tiranneggiava per tutte le cose domestiche a suo pieno arbitrio. E così l'assistente poi faceva di me, come degli altri tutti, nelle cose dello studio, e della condotta usuale. Il giorno dopo il mio ingresso nell'Accademia, venne da quei professori esaminata la mia capacità negli studi, e fui giudicato per un forte *quartano*[1], da poter facilmente in tre mesi di assidua applicazione entrare in terza. Ed in fatti mi vi accinsi di assai buon animo, e conosciuta ivi per la prima volta l'utilissima gara dell'emulazione, a competenza di[2] alcuni altri anche maggiori di me per età, ricevuto poi un nuovo esame nel novembre, fui assunto alla classe di terza. Era il maestro di quella un certo don Degiovanni; prete, di forse minor dottrina del mio buon Ivaldi; e che aveva inoltre assai minore affetto e sollecitudine per i fatti miei, dovendo egli badare alla meglio, e badandovi alla peggio, a quindici, o sedici suoi scolari, che tanti ne avea.

Tirandomi così innanzi in quella scoluccia, asino, fra asini, e sotto un asino, io vi spiegava il Cornelio Nipote, alcune egloghe di Virgilio, e simili; vi si facevano certi temi[3] sguaiati e sciocchissimi; talché in ogni altro collegio di scuole ben dirette, quella sarebbe stata al più più una pessima quarta. Io non era mai l'ultimo fra i compagni; l'emulazione mi spronava finché avessi o superato o aguagliato quel giovine che passava per il primo; ma pervenuto poi io al primato, tosto mi rintiepidiva e cadea nel torpore. Ed era io forse scusabile, in quanto nulla poteva aguagliarsi alla noia e insipidità di così fatti studi. Si traducevano le *Vite* di Cornelio Nipote, ma nessuno di noi, e forse neppure il maestro, sapeva chi si fossero stati quegli uomini di cui si traducevan le vite, né dove fossero i loro paesi, né in quali tempi, né in quali governi vivessero, né cosa si fosse un governo qualunque. Tutte le idee erano o circoscritte, o false, o confuse; nessuno scopo in chi insegnava; nessunissimo allettamento in chi imparava. Erano insomma dei vergognosissimi perdigiorni; non c'invigilando nessuno; o chi lo faceva, nulla intendendovi. Ed ecco in qual modo si viene a tradire senza rimedio la gioventù.

Passato quasi che tutto l'anno 1759 in simili studi, verso il novembre fui promosso all'Umanità. Il maestro di essa, don Amatis, era un prete di molto ingegno e sagacità, e di sufficiente dottrina. Sotto di questo, io feci assai maggior profitto; e per quanto quel metodo di mal intesi studi lo comportasse, mi rinforzai bastantemente nella lingua latina. L'emulazione mi si accrebbe, per l'incontro di un giovine che competeva con me nel fare il tema; ed alcuna volta mi superava; ma vieppiù poi mi vinceva sempre negli esercizi della memoria, recitando egli sino a seicento versi delle *Georgiche* di Virgilio d'un fiato, senza sbagliare una sillaba, e non potendo io arrivare neppure a quattrocento, ed anche non bene; cosa, di cui mi angustiava moltissimo. E per quanto mi vo ora ricordando dei moti del mio animo in quelle battaglie puerili, mi pare che la mia indole non fosse di cattiva natura; perché nell'atto dell'essere vinto da quei dugento versi di più, io mi sentiva bensì soffocar dalla collera, e spesso prorompeva in un dirottissimo pianto, e talvolta anche in atrocissime ingiurie contro al rivale; ma pure poi, o sia ch'egli si fosse migliore di me, o anch'io mi placassi non so come, essendo noi di forza di mano uguali all'incirca, non ci disputavamo quasi mai, e sul totale[4] eramo quasi amici. Io credo, che la mia non piccola ambizioncella ritrovasse consolazione e compenso dell'inferiorità della memoria, nel premio del tema, che quasi sempre era mio; ed inoltre, io non gli poteva portar odio, perché egli era bellissimo; ed io, anche senza secondi fini, sempre sono stato assai propenso per la bellezza, sì degli animali che degli uomini, e d'ogni cosa; a segno che la bellezza per alcun tempo nella mia mente preoccupa il giudizio, e pregiudica spesso al vero.

In tutto quell'anno dell'Umanità, i miei costumi si conservarono ancora innocenti e purissimi; se non in quanto la natura da sé stessa senza ch'io nulla sapessi, me li andava pure sturbando. Mi capitò in quell'anno alle mani, e non mi posso ricordare il come, un Ariosto, l'opere tutte in quattro tometti. Non lo comprai certo, perché danari non avea; non lo rubai, perché delle cose rubate ho conservata memoria vivissima; ho un certo barlume, che lo acquistassi ad un tomo per volta per via di baratto da un altro compagno, che lo scambiasse meco col pollo che ci era dato per lo più ogni domenica, un mezzo a ciascuno; sicché il mio primo Ariosto mi sarebbe costato la privazione di un par di polli in quattro settimane. Ma tutto questo non lo posso accertare a me stesso per l'appunto. E mi spiace; perché avrei caro di sapere se io ho bevuto i primi primi sorsi di poesia a spese dello stomaco, digiunando del miglior boccone che ci toccasse mai. E non era questo il solo baratto ch'io mi facessi, perché quel benedetto semipollo domenicale, io mi ricordo benissimo di non lo aver mangiato mai per dei se' mesi continui, perché lo avea pattuito in iscambio di certe storie che ci raccontava un certo Lignàna, il quale essendo un divoratore, aguzzavasi l'intelletto per ritondarsi la pancia; e non ammetteva ascoltatori dei suoi racconti, se non se a retribuzione di vettovaglie. Comunque accadesse dunque questa mia acquisizione, io m'ebbi un Ariosto. Lo andava leggendo qua e là senza metodo, e non intendeva neppur per metà quel ch'io leggeva. Si giudichi da ciò quali dovessero essere quegli studi da me fatti fin a quel punto; poiché io, il principe di codesti umanisti[5], che traduceva per le *Georgiche*, assai più difficili dell'*Eneide*, in prosa italiana, era imbrogliato d'intendere il più facile dei nostri poeti. Sempre mi ricorderò, che nel canto d'Alcina, a quei bellissimi passi che descrivono la di lei bellezza io mi andava facendo tutto intelletto per capir bene: ma troppi dati mi mancavano di ogni genere per arrivarci. Onde i due ultimi versi di quella stanza, *Non così strettamente edera preme*[6], non mi era mai possibile d'intenderli; e tenevamo consiglio col mio competitore di scuola, che non li penetrava niente più di me, e ci perdevamo in un mare di congetture. Questa furtiva lettura e commento su l'Ariosto finì, che l'assistente essendosi avvisto che andava per le mani nostre un libruccio il quale veniva immediatamente occultato al di lui apparire, lo scoprì, lo confiscò, e fattisi dar gli altri tomi, tutti li consegnò al sottopriore, e noi poetini restammo orbati d'ogni poetica guida, e scornati.

CAPITOLO TERZO
A quali de' miei parenti in Torino venisse affidata la mia adolescenza.

Nello spazio di questi due primi anni d'Accademia, io imparai dunque pochissimo, e di gran lunga peggiorai la salute del corpo, stante la total differenza e quantità di cibi, ed il molto strapazzo, e il non abbastanza dormire; cose in tutto contrarie al primo metodo tenuto sino ai nove anni nella casa materna. Io non cresceva punto di statura, e pareva un candelotto di cera sottilissimo e pallidissimo. Molti malanni successivamente mi andarono travagliando. L'uno, tra gli altri, cominciò con lo scoppiarmi in più di venti luoghi la testa, uscendone un umore viscoso e fetente, preceduto da un tale dolor di capo, che le tempie mi si annerirono, e la pelle come incarbonita sfogliandosi più volte in diversi tempi mi si cambiò tutta in su la fronte e le tempie. Il mio zio paterno il cavalier Pellegrino Alfieri, era stato fatto governatore della città di Cuneo, dove risiedeva almeno otto mesi dell'anno; onde non mi rimaneva in Torino altri parenti che quei della madre, la casa Tornone[1], ed un cugino di mio padre, mio semi-zio, chiamato il conte Benedetto Alfieri. Era questi il primo architetto del re; ed alloggiava contiguamente a quello stesso Regio teatro da lui con tanta eleganza e maestria ideato, e fatto eseguire. Io andava qualche volta a pranzo da lui, ed alcune volte a visitarlo; il che stava totalmente nell'arbitrio di quel mio Andrea, che dispoticamente mi governava, allegando sempre degli ordini e delle lettere dello zio di Cuneo.

Era quel conte Benedetto un veramente degn'uomo, ed ottimo di visceri[2]. Egli mi amava ed accarezzava moltissimo; era appassionatissimo dell'arte sua; semplicissimo di carattere, e digiuno quasi d'ogni altra cosa, che non spettasse le belle arti. Tra molte altre cose, io argomento quella sua passione smisurata per l'architettura, dal parlarmi spessissimo, e con entusiasmo, a me ragazzaccio ignorante d'ogni arte ch'io m'era, del divino Michelangelo Buonarroti, ch'egli non nominava mai senza o abbassare il capo, o alzarsi la berretta, con un rispetto ed una compunzione che non mi usciranno mai della mente. Egli aveva fatta gran parte della vita in Roma; era pieno del bello antico; ma pure poi alle volte del suo architettare prevaricò dal buon gusto per adattarsi ai moderni[3]. E di ciò fa fede quella sua bizzarra chiesa di Carignano, fatta a foggia di ventaglio. Ma tali picciole macchie ha egli ben ampiamente cancellate col teatro sopracitato[4], la volta dottissima ed audacissima della Cavallerizza del re, il Salone di Stupinigi, e la soda e dignitosa facciata del tempio di San Pietro in Ginevra. Mancava forse soltanto alla di lui facoltà architettonica una più larga borsa di quel che si fosse quella del re di Sardegna; e ciò testimoniano i molti e grandiosi disegni ch'egli lasciò morendo, e che furono dal re ritirati, in cui v'erano dei progetti variatissimi per diversi abbellimenti da farsi in Torino, e tra gli altri per rifabbricare quel muro sconcissimo, che divide la piazza del Castello dalla piazza del Palazzo Reale; muro che si chiama, non so perché, il Padiglione.

Mi compiaccio ora moltissimo nel parlar di quel mio zio, che sapea pure far qualche cosa; ed ora soltanto ne conosco tutto il pregio. Ma quando io era in Accademia, egli, benché amorevolissimo per me, mi riusciva pure noiosetto anzi che no; e, vedi stortura di giudizio, e forza di false massime, la cosa che di esso mi seccava il più era il suo benedetto parlar toscano, ch'egli dal suo soggiorno in Roma in poi mai più non avea voluto smettere; ancorché il parlare italiano sia un vero contrabbando in Torino, città anfibia[5]. Ma tanta è però la forza del bello e del vero, che la gente stessa che al principio quando il mio zio ripatriò, si burlava del di lui toscaneggiare, dopo alcun tempo avvistisi poi ch'egli veramente parlava una lingua, ed essi smozzicavano un barbaro gergo, tutti poi a prova[6] favellando con lui andavano anch'essi balbettando il loro toscano; e massimamente quei tanti signori, che volevano rabberciare un poco le loro case e farle assomigliar dei palazzi: opere futili in cui gratuitamente per amicizia quell'ottimo uomo buttava la metà del suo tempo compiacendo ad altrui, e spiacendo, come gli sentii dire tante volte, a sé stesso ed all'arte. Onde molte e molte case dei primi di Torino da lui abbellite o accresciute, con atri, e scale, e portoni, e comodi interni, resteranno un monumento della facile sua benignità nel servire gli amici o quelli che se gli dicevano tali.

Questo mio zio aveva anche fatto il viaggio di Napoli insieme con mio padre suo cugino, circa un par d'anni prima che questi si accasasse con mia madre; e da lui seppi poi varie cose concernenti mio padre. Tra l'altre, che essendo essi andati al Vesuvio, mio padre a viva forza si era voluto far calar dentro sino alla crosta del cratere interno, assai ben profonda; il che praticavasi allora per mezzo di certe funi maneggiate da gente che stava sulla sommità della voragine esterna. Circa vent'anni dopo, ch'io ci fui per la prima volta, trovai ogni cosa mutata, ed impossibile quella calata. Ma è tempo, ch'io ritorni a bomba[7].

CAPITOLO QUARTO
Continuazione di quei non-studi.

Non c'essendo quasi dunque nessuno de' miei che badasse 1760 altrimenti[1] a me, io andava perdendo i miei più begli anni non imparando quasi che nulla, e deteriorando di giorno in giorno in salute; a tal segno, ch'essendo sempre infermiccio, e piagato or qua or là in varie parti del corpo, io era fatto lo scherno continuo dei compagni, che mi denominavano col gentilissimo titolo di carogna; ed i più spiritosi ed umani ci aggiungevano anco l'epiteto di fradicia. Quello stato di salute mi cagionava delle fierissime malinconie, e quindi si radicava in me sempre più l'amore della solitudine. Nell'anno 1760 passai con tutto ciò in Rettorica, perché quei mali tanto mi lasciavano di quando in quando studicchiare, e poco ci volea per far quelle classi. Ma il maestro di Rettorica trovandosi essere assai meno abile di quello d'Umanità, benché ci spiegasse l'*Eneide*, e ci facesse far dei versi latini, mi parve, quanto a me, che sotto di lui io andassi piuttosto indietro che innanzi nell'intelligenza della lingua latina. Ma pure, poiché io non era l'ultimo tra quegli altri scolari, da ciò argomento che dovesse esser lo stesso di loro. In quell'anno di pretesa rettorica, mi venne fatto di ricuperare il mio Ariostino, rubandolo a un tomo per volta al sottopriore, che se l'era innestato fra gli altri suoi libri in un suo scaffale esposto alla vista. E mi prestò opportunità di ciò fare, il tempo in cui andavamo in camera sua alcuni privilegiati, per vedere dalle di lui finestre giuocare al pallon grosso, perché dalla camera sua situata di faccia al battitore[2], si godeva assai meglio il giuoco che non dalle gallerie nostre che stavangli di fianco. Io aveva l'avvertenza di ben restringere i tomi vicini, tosto che ne avea levato uno; e così mi riuscì in quattro giorni consecutivi di riavere i miei quattro tometti, dei quali fece gran festa in me stesso, ma non lo dissi a chi che si fosse. Ma trovo pure, riandando quei tempi fra me, che da quella ricuperazione in poi, non lo lessi quasi più niente; e le due ragioni (oltre forse quella della poca salute che era la principale) per cui mi pare che lo trascurassi, erano la difficoltà dell'intenderlo piuttosto accresciuta che scemata (vedi rettorico!)[3] e l'altra era quella continua spezzatura delle storie ariostesche, che nel meglio del fatto ti pianta lì con un palmo di naso; cosa che me ne dispiace anco adesso, perché contraria al vero, e distruggitrice dell'effetto prodotto innanzi. E siccome io non sapeva dove andarmi a raccapezzare il seguito del fatto, finiva col lasciarlo stare. Del Tasso, che al carattere mio si sarebbe adattato assai meglio, io non ne sapeva neppure il nome. Mi capitò allora, e non mi sovviene neppure come, l'*Eneide* dell'Annibal Caro, e la lessi con avidità e furore più d'una volta, appassionandomi molto per Turno, e Camilla. E me ne andava poi anche prevalendo di furto[4], per la mia traduzione scolastica del tema datomi dal maestro; il che sempre più mi teneva indietro nel mio latino. Di nessun altro poi de' poeti nostri aveva io cognizione; se non se di alcune opere del Metastasio, come il *Catone*, l'*Artaserse*, l'*Olimpiade*, ed altre che ci capitavano alle mani come libretti dell'opera di questo, o di quel carnovale. E queste mi dilettavano sommamente; fuorché al venir dell'arietta interrompitrice dello sviluppo degli affetti, appunto quando mi ci cominciava a internare, io provava un dispiacere vivissimo; e più noia ancora ne riceveva, che dagli interrompimenti dell'Ariosto. Mi capitarono anche allora varie commedie del Goldoni, e queste me le prestava il maestro stesso; e mi divertivano molto. Ma il genio per le cose drammatiche, di cui forse il germe era in me, si venne tosto a ricoprire o ad estinguersi in me, per mancanza di pascolo, d'incoraggiamento, e d'ogni altra cosa. E, somma fatta, la ignoranza mia e di chi mi educava, e la trascuraggine di tutti in ogni cosa non potea andar più oltre.

In quegli spessi e lunghi intervalli in cui per via di salute io non poteva andare alla scuola con gli altri, un mio compagno, maggiore di età, e di forze, e di asinità ancor più, si faceva fare di quando in quando il suo componimento da me, che era o traduzione, o amplificazione, o versi ecc.; ed egli mi ci costringeva con questo bellissimo argomento. Se tu mi vuoi fare il componimento, io ti do due palle da giuocare; e me le mostrava, belline, di quattro colori, di un bel panno, ben cucite, ed ottimamente rimbalzanti; se tu non me lo vuoi fare, ti do due scappellotti, ed alzava in ciò dire la prepotente sua mano, lasciandomela pendente sul capo. Io pigliava le due palle, e gli faceva il componimento. Da principio glie lo facea fedelmente quanto meglio sapessi; e il maestro si stupiva un poco dei progressi inaspettati di costui, che erasi fin allora mostrato una talpa. Ma io teneva religiosamente il segreto; più ancora perché la natura mia era di esser poco comunicativo, che non per la paura che avessi di quel ciclope. Con tutto ciò, dopo avergli fatto molte composizioni, e sazio di tante palle, e noiato di quella fatica, e anche indispettito un tal poco che colui si abbellisse del mio, andai a poco a poco deteriorando in tal guisa il componimento, che finii col frapporvi di quei tali solecismi[5], come il *potebam*, e simili, che ti fanno far le fischiate dai colleghi, e dar le sferzate dai maestri. Costui dunque, vistosi così sbeffato in pubblico, e rivestito per forza della sua natural pelle d'asino, non osò pure apertamente far gran vendetta di me; non mi fece più lavorare per lui, e rimase frenato e fremente dalla vergogna che gli avrei potuta fare scoprendolo. Il che non feci pur mai; ma io rideva veramente di cuore nel sentire raccontare dagli altri come era accaduto il fatto del *potebam* nella scuola; nessuno però dubitava ch'io ci avessi avuto parte. Ed io verisimilmente era anche contenuto nei limiti della discrezione, da quella vista della mano alzatami sul capo, che mi rimaneva tuttora sugli occhi, e che doveva essere il naturale ricatto di tante palle mal impiegate per farsi vituperare. Onde io imparai sin da allora, che la vicendevole paura era quella che governava il mondo[6].

Fra queste puerili insipide vicende, io spesso infermo, e sempre mal sano, avendo anche consumato quell'anno di Rettorica, chiamato poi al solito esame fui giudicato capace di entrare in Filosofia. Gli studi di codesta filosofia si facevano fuori dell'Accademia, nella vicina Università, dove si andava due volte il giorno; la mattina era la scuola di geometria; il giorno, quella di filosofia, o sia logica. Ed eccomi dunque in età di anni tredici scarsi diventato filosofo; del qual nome io mi gonfiava tanto più, che mi collocava già quasi nella classe detta dei *grandi*; oltre poi il piacevolissimo balocco dell'uscire di casa due volte il giorno; il che poi ci somministrava spesso l'occasione di fare delle scorsarelle per le strade della città così alla sfuggita, fingendo di uscire di scuola per qualche bisogno. Benché dunque io mi trovassi il più piccolo di tutti quei grandi fra quali era sceso nella galleria del Secondo Appartamento, quella mia inferiorità di statura, di età e di forze mi prestava per l'appunto più animo ed impegno di volermi distinguere.

Ed in fatti da prima studiai quanto bisognava per figurare alle ripetizioni che si facevano poi in casa la sera dai nostri ripetitori accademici. Io rispondeva ai quesiti quanto altri, e anche meglio talvolta; il che doveva essere in me un semplice frutto di memoria, e non d'altro; perché a dir vero io certamente non intendeva nulla di quella filosofia pedantesca, insipida per sé stessa, ed avviluppata poi nel latino, col quale mi bisognava tuttavia contrastare, e vincerlo alla meglio a forza di vocabolario. Di quella geometria, di cui io feci il corso intero, cioè spiegati i primi sei libri di Euclide, io non ho neppur mai intesa la quarta proposizione; come neppure la intendo adesso; avendo io sempre avuta la testa assolutamente anti-geometrica. Quella scuola poi di filosofia peripatetica[7] che si faceva il dopo pranzo, era una cosa da dormirvi in piedi. Ed in fatti, nella prima mezz'ora si scriveva il corso a dettatura del professore; e nei tre quarti d'ora rimanenti, dove si procedeva poi alla spiegazione fatta in latino, Dio sa quale, dal catedratico, noi tutti scolari, inviluppati interamente nei rispettivi mantelloni, saporitissimamente dormivamo; né altro suono si sentiva tra quei filosofi, se non se la voce del professore languente, che dormicchiava egli pure, ed i diversi tuoni dei russatori, chi alto, chi basso, e chi medio; il che faceva un bellissimo concerto. Oltre il potere irresistibile di quella papaverica filosofia[8], contribuiva anche molto farci dormire, principalmente noi accademisti, che avevamo due o tre panche distinte alla destra del professore, l'aver sempre i sonni interrotti la mattina dal doverci alzar troppo presto. E ciò, quanto a me, era la principal cagione di tutti i miei incomodi, perché lo stomaco non aveva tempo di smaltir la cena dormendo. Del che poi avvistisi a mio riguardo i superiori, mi concederono finalmente in quest'anno di Filosofia di poter dormire fino alle sette, in vece delle cinque e tre quarti, che era l'ora fissata del doversi alzare, anzi essere alzati, per scendere in camerata a dire le prime orazioni, e tosto poi mettersi allo studio fino alle sette e mezzo.

CAPITOLO QUINTO

*Varie insulse vicende, su lo stesso andamento
del precedente.*

1762 Nell'inverno di quell'anno 1762, il mio zio, il governatore di Cuneo, tornò per alcuni mesi in Torino; e vistomi così tisicuzzo, mi ottenne anche alcuni piccoli privilegi quanto al mangiare un po' meglio, cioè più sanamente. Il che aggiunto ad alquanta più dissipazione che mi procacciava quell'uscire ogni giorno di casa per andare all'Università, e nei giorni di vacanza qualche pranzuccio dallo zio, e quel sonnetto periodico di tre quarti d'ora nella scuola; tutto questo contribuì a rimpannucciarmi un pochino, e cominciai allora a svilupparmi ed a crescere. Il mio zio pensò anche, come nostro tutore, di far venire in Torino la mia sorella carnale, Giulia, che era la sola di padre; e di porla nel monastero di Santa Croce, cavandola da quello di Sant'Anastasio in Asti, dove era stata per più di sei anni sotto gli auspici di una nostra zia, vedova del marchese Trotti, che vi si era ritirata. La Giulietta cresceva in codesto monastero di Asti, ancor più ineducata di me; stante l'imperio assoluto, ch'ella si era usurpato su la buona zia, che non se ne potea giovare in nessuna maniera, amandola molto, e guastandola moltissimo. La ragazza si avvicinava ai quindici anni, essendomi maggiore di due e più anni. E quell'età, nelle nostre contrade per lo più non è muta, ed altamente anzi già parla d'amore al facile e tenero cuore delle donzelle. Un qualche suo amoruccio, quale può aver luogo in un monastero, ancorché fosse pure verso persona che convenientemente l'avrebbe potuta sposare, dispiacque allo zio, e lo determinò a farla venire in Torino; affidandola alla zia materna, monaca in Santa Croce. La vista di questa sorella, già da me tanto amata, come accennai, e che ora tanto era cresciuta in bellezza, mi rallegrò anche molto; e confortandomi il cuore e lo spirito, mi restituì anche molto in salute. E la compagnia, o per dir meglio il rivedere di tempo in tempo la sorella, mi riusciva tanto più grato, quanto mi pareva che io la sollevassi alcun poco dalla sua afflizione d'amore; essendo stata così divisa dal suo innamorato, che pure si ostinava in dire di volerlo assolutamente in isposo. Io andava dunque ottenendo dal mio custode Andrea, di visitare la mia sorella quasi tutte le domeniche e giovedì, che erano i nostri due giorni di riposo. E assai spesso io passava tutta la mia visita di un'ora e più, a pianger con essa alla grata; e quel piangere, parea che mi giovasse moltissimo; sicché io tornava sempre a casa più sollevato, benché non lieto. Ed io, da quel filosofo ch'io m'era, le dava anche coraggio, e l'incitava a persistere in quella sua scelta; e che finalmente essa poi la spunterebbe con lo zio, che era quello che assolutamente vi si opponeva il più. Ma il tempo, che tanto opera anco su i più saldi petti, non tardò poi moltissimo a svolgere quello di una giovanetta; e la lontananza, gl'impedimenti, le divagazioni, e oltre ogni cosa quella nuova educazione di gran lunga migliore della prima sotto la zia paterna, la guarirono e la consolarono dopo alcuni mesi.

Nelle vacanze di quell'anno di Filosofia, mi toccò di andare per la prima volta al Teatro di Carignano, dove si davano le opere buffe. E questo fu un segnalato favore che mi volle fare lo zio architetto, che mi dové albergare quella notte in casa sua; stante che codesto teatro non si poteva assolutamente combinare con le regole della nostra Accademia, per cui ogni individuo dev'essere restituito in casa al più tardi a mezz'ora di notte; e nessun altro teatro ci era permesso fuorché quello del re, dove andavamo in corpo[1] una volta per settimana nel solo carnevale. Quell'opera buffa ch'io ebbi dunque in sorte di sentire, mediante il sotterfugio del pietoso zio, che fece dire ai superiori che mi porterebbe per un giorno e una notte in una sua villa, era intitolata il *Mercato di Malmantile*[2], cantata dai migliori buffi d'Italia, il Carratoli, il Baglioni, e le di lui figlie; composta da uno dei più celebri maestri. Il brio, e la varietà di quella divina musica mi fece una profondissima impressione, lasciandomi per così dire un solco di armonia negli orecchi e nella imaginativa, ed agitandomi ogni più interna fibra, a tal segno che per più settimane io rimasi immerso in una malinconia straordinaria ma non dispiacevole; dalla quale mi ridondava una totale svogliatezza e nausea per quei miei soliti studi, ma nel tempo stesso un singolarissimo bollore d'idee fantastiche, dietro alle quali avrei potuto far dei versi se avessi saputo farli, ed esprimere dei vivissimi affetti, se non fossi stato ignoto a me stesso ed a chi dicea di educarmi. E fu questa la prima volta che un tale effetto cagionato in me dalla musica, mi si fece osservare, e mi restò lungamente impresso nella memoria, perch'egli fu assai maggiore d'ogni altro sentito prima. Ma andandomi poi ricordando dei miei carnovali, e di quelle recite dell'opera seria ch'io aveva sentite, e paragonandone gli effetti a quelli che ancora provo tuttavia, quando divezzatomi dal teatro ci ritorno dopo un certo intervallo, ritrovo sempre non vi essere il più potente e indomabile agitatore dell'animo, cuore, ed intelletto mio, di quel che lo siano i suoni tutti, e specialmente le voci di contralto e di donna. Nessuna cosa mi desta più affetti, e più vari, e terribili. E quasi tutte le mie tragedie sono state ideate da me o nell'atto del sentir musica, o poche ore dopo.

Essendo scorso così il mio primo anno di studi nell'Università, nel quale si disse dai ripetitori[3] (ed io non saprei né come né perché) aver io studiato assai bene, ottenni dallo zio di Cuneo la licenza di venirlo trovare in codesta città per quindici giorni nel mese d'agosto. Questo viaggetto, da Torino a Cuneo per quella fertilissima ridente pianura del bel Piemonte, essendo il secondo ch'io faceva da che era al mondo, mi dilettò, e giovò moltissimo alla salute, perché l'aria aperta ed il moto mi sono sempre stati elementi di vita. Ma il piacere di questo viaggio mi venne pure amareggiato non poco dall'esser costretto di farlo coi vetturini a passo a passo, io, che quattro o cinque anni prima, alla mia prima uscita di casa, aveva così rapidamente percorso quelle cinque poste che stanno tra Asti e Torino. Onde, mi pareva di essere tornato indietro invecchiando, e mi teneva molto avvilito di quella ignobile e gelida tardezza del passo d'asino di cui si andava; onde all'entrare in Carignano, Racconigi, Savigliano, ed in ogni anche minimo borguzzo, io mi rintuzzava ben dentro nel più intimo del calessaccio, e chiudeva anche gli occhi per non vedere, né esser visto; quasi che tutti mi dovessero conoscere per quello che avea altre volte corsa la posta con tanto brio, e sbeffarmi ora come condannato a sì umiliante lentezza. Erano eglino in me questi moti il prodotto d'un animo caldo e sublime, oppure leggiero e vanaglorioso? Non lo so; altri potrà giudicarlo dagli anni miei susseguenti. Ma so bene, che se io avessi avuto al fianco una qualche persona che avesse conosciuto il cuor dell'uomo in esteso, egli avrebbe forse potuto cavare fin da allora qualche cosa da me, con la potentissima molla dell'amore di lode e di gloria.

In quel mio breve soggiorno in Cuneo, io feci il primo sonetto, che non dirò mio, perché egli era un rifrittume di versi o presi interi, o guastati, e riannestati insieme, dal Metastasio, e l'Ariosto, che erano stati i due soli poeti italiani di cui avessi un po' letto. Ma credo, che non vi fossero né le rime debite, né forse i piedi[4]; stante che, benché avessi fatti dei versi latini esametri, e pentametri, niuno però mi avea insegnato mai niuna regola del verso italiano. Per quanto io ci abbia fantasticato poi per ritornarmene in mente almeno uno o due versi, non mi è mai più stato possibile. Solamente so, ch'egli era in lode d'una signora che quel mio zio corteggiava, e che piaceva anche a me. Codesto sonetto, non poteva certamente esser altro che pessimo. Con tutto ciò mi venne lodato assai, e da quella signora, che non intendeva nulla, e da altri simili; onde io già già quasi mi credei un poeta. Ma lo zio, che era uomo militare, e severo, e che bastantemente notiziato delle cose storiche e politiche nulla intendeva né curava di nessuna poesia, non incoraggì punto questa mia Musa nascente; e disapprovando anzi il sonetto e burlandosene mi disseccò tosto quella mia poca vena fin da radice; e non mi venne più voglia di poetare mai, sino all'età di venticinque anni passati. Quanti buoni o cattivi miei versi soffocò quel mio zio, insieme con quel mio sonettaccio primogenito!

A quella bestiale filosofia, succedé, l'anno dopo, lo studio 1763 della fisica, e dell'etica; distribuite parimente come le due altre scuole anteriori; la fisica la mattina, e la lezione di etica per far la siesta. La fisica un cotal poco allettavami; ma il continuo contrasto con la lingua latina, e la mia totale ignoranza della studiata geometria, erano impedimenti invincibili ai miei progressi. Onde con mia perpetua vergogna confesserò per amor del vero, che avendo io studiato un anno intero la fisica sotto il celebre padre Beccaria[5], neppure una definizione me n'è rimasta in capo; e niente affatto so né intendo del suo dottissimo corso su l'elettricità, ricco di tante nobilissime di lui scoperte. Ed al solito accadde qui come mi era accaduto in geometria, che per effetto di semplice memoria, io mi portava benissimo alle ripetizioni, e riscuoteva dai ripetitori più lode che biasimo. Ed in fatti, in quell'inverno del 1763 lo zio si propose di farmi un regaluccio; il che non m'era accaduto mai; e ciò, in premio di quel che gli veniva detto, che io studiava così bene. Questo regalo mi fu annunziato tre mesi prima con enfasi profetica dal servitore Andrea; dicendomi che egli sapeva di buon luogo che lo riceverei poi continuando a portarmi bene; ma non mi venne mai individuato cosa sarebbe.

Questa speranza indeterminata, ed ingranditami dalla fantasia, mi riaccese nello studio, e rinforzai molto la mia pappagallesca dottrina. Un giorno finalmente mi fu poi mostrato dal camerier dello zio, quel famoso regalo futuro; ed era una spada d'argento non mal lavorata. Me ne invogliai molto dopo averla veduta; e sempre la stava aspettando, parendomi di ben meritarla; ma il dono non venne mai. Per quanto poi intesi, o combinai, in appresso, volevano che io la domandassi allo zio; ma quel mio carattere stesso, che tanti anni prima nella casa materna mi aveva inibito di chiedere alla nonna qualunque cosa volessi, sollecitato caldamente da lei di ciò fare, mi troncò anco qui la parola; e non vi fu mai caso ch'io domandassi la spada allo zio; e non l'ebbi.

*Debolezza della mia complessione; infermità continue;
ed incapacità d'ogni esercizio, e massimamente del ballo,
e perché.*

Passò in questo modo anche quell'anno della fisica; ed in quel- 1763
l'estate il mio zio essendo stato nominato viceré in Sardegna, si
dispose ad andarvi. Partito egli dunque nel settembre, e lascia-
tomi raccomandato agli altri pochi parenti, od agnati[1] ch'io
aveva in Torino, quanto ai miei interessi pecuniari rinunziò, o
accomunò la tutela con un cavaliere suo amico; onde in allora
incominciai subito ad essere un poco più allargato nella facoltà
di spendere, ed ebbi per la prima volta una piccola mensualità
fissatami dal nuovo tutore; cosa, alla quale lo zio non avea
voluto mai consentire; e che mi pareva, ed anche ora mi pare,
sragionevolissima. Forse vi si opponeva quel servo Andrea, al
quale spendendo egli per conto mio (e suo, credo, ad un tempo) tornava più comodo di far delle note, e di tenermi così in
maggiore dipendenza di lui. Aveva codesto Andrea veramente
l'animo di un principe, quali ne vediamo ai nostri tempi non
pochi, illustri anche quant'egli. Nel finire dell'anno '62, essendo io passato allo studio del diritto civile, e canonico; corso,
che in quattr'anni conduce poi lo scolare all'apice della gloria,
alla laurea avvocatesca; dopo alcune settimane legali, ricaddi
nella stessa malattia già avuta due anni prima, quello scoppio
universale di tutta la pelle del cranio; e fu il doppio dell'altra
volta, tanto la mía povera testa era insofferente di fare in sé
conserva di definizioni, digesti[2], e simili apparati dell'uno e
dell'altro *gius*[3], né saprei meglio assimilare lo stato fisico esterno di quel mio capo, che alla terra quando riarsa dal sole si
screpola per tutti i versi, aspettando la benefica pioggia che la
rimargini. Ma dal mio screpolío usciva in copia un umore
viscoso a tal segno, che questa volta non fu possibile ch'io sal-
vassi i capelli dalle odiose forfici[4]; e dopo un mese uscii di
quella sconcia malattia tosato ed imparruccato. Quest'accidente fu uno dei più dolorosi ch'io provassi in vita mia; sì per la
privazione dei capelli, che pel funesto acquisto di quella par-

rucca, divenuta immediatamente lo scherno di tutti i compagni petulantissimi. Da prima io m'era messo a pigliarne apertamente le parti; ma vedendo poi ch'io non poteva a nessun patto salvar la parrucca mia da quello sfrenato torrente che da ogni parte assaltavala, e ch'io andava a rischio di perdere anche con essa me stesso, tosto mutai di bandiera, e presi il partito il più disinvolto, che era di sparruccarmi da me prima che mi venisse fatto quell'affronto, e di palleggiare io stesso la mia infelice parrucca per l'aria, facendone ogni vituperio. Ed in fatti, dopo alcuni giorni, sfogatasi l'ira pubblica in tal guisa, io rimasi poi la meno perseguitata, e direi quasi la più rispettata parrucca, fra le due o tre altre che ve n'erano in quella stessa galleria. Allora imparai, che bisognava sempre parere di dare spontaneamente, quello che non si potea impedire d'esserti tolto.

In quell'anno mi erano anche stati accordati altri maestri; di cimbalo[5], e di geografia. E questa, andandomi molto a genio quel balocco della sfera e delle carte, l'aveva imparata piuttosto bene, e mista un pocolino alla storia, e massimamente all'antica. Il maestro, che me l'insegnava in francese, essendo egli della Val d'Aosta, mi andava anche prestando vari libri francesi, ch'io cominciava anche ad intendere alquanto; e tra gli altri ebbi il *Gil Blas*[6], che mi rapì veramente e fu questo il primo libro ch'io leggessi tutto di seguito dopo l'*Eneide* del Caro; e mi divertì assai più. Da allora in poi caddi nei romanzi, e ne lessi molti, come *Cassandre*, *Almachilde*[7], ecc.; ed i più tetri e più teneri mi facevano maggior forza e diletto. Tra gli altri poi, *Les mémoires d'un homme de qualité*[8], ch'io rilessi almen dieci volte. Quanto al cimbalo poi, benché io avessi una passione smisurata per la musica, e non fossi privo di disposizioni naturali, con tutto ciò non vi feci quasi nessun progresso, fuorché di essermi sveltita molto la mano su la tastiera. Ma la musica scritta non mi voleva entrare in capo; tutto era orecchia in me, e memoria, e non altro. Attribuisco altresì la cagione di quella mia ignoranza invincibile nelle note musicali, all'inopportunità dell'ora in cui prendeva lezione, immediatamente dopo il pranzo; tempo, che in ogni epoca della mia vita ho sempre palpabil- mente visto essermi espressamente contrario ad ogni qualun- que anche minima operazione della mente, ed anche alla sem- plice applicazione degli occhi su qualunque carta od oggetto. Talché quelle note musicali e le lor cinque righe così fitte e parallele mi traballavano davanti alle pupille, ed io dopo quel- l'ora di lezione mi alzava dal cimbalo che non ci vedeva più, e rimaneva ammalato e stupido per tutto il rimanente del giorno.

Le scuole parimente della scherma e del ballo, mi riuscivano infruttuosissime; quella, perché io era assolutamente troppo debole per poter reggere allo stare in guardia, e a tutte le attitu- dini di codest'arte; ed era anche il dopo pranzo, e spesso usci- va dal cimbalo e dava di piglio alla spada; il ballo poi, perché io per natura lo abborriva, e vi si aggiungeva per più contrarietà il maestro, francese, nuovamente venuto di Parigi, che con una cert'aria civilmente scortese, e la caricatura perpetua dei suoi moti e discorsi, mi quadruplicava l'abborrimento innato ch'era in me per codest'arte burattinesca. E la cosa andò a segno, ch'io dopo alcuni mesi abbandonai affatto la lezione; e non ho mai saputo ballare neppure un mezzo *minué*[9]; questa sola parola mi ha sempre fin d'allora fatto ridere e fremere ad un tempo; che son i due effetti che mi hanno fatto poi sempre in appresso i francesi, e tutte le cose loro, che altro non sono che un perpetuo e spesso mal ballato *minué*. Io attribuisco in gran parte a codesto maestro di ballo quel sentimento disfavorevole, e forse anche un poco esagerato, che mi è rimasto nell'intimo del cuore, su la nazion francese, che pure ha anche delle piace- voli e ricercabili qualità. Ma le prime impressioni in quell'età tenera radicate, non si scancellano mai più, e difficilmente s'in- deboliscono, crescendo gli anni; la ragione le va poi combat- tendo, ma bisogna sempre combattere per giudicare spassiona- tamente, e forse non ci si arriva. Due altre cose parimente ritrovo, raccapezzando così le mie idee primitive, che m'hanno persin da ragazzo fatto essere antigallo[10]: l'una è, che essendo io ancora in Asti nella casa paterna, prima che mia madre pas- sasse alle terze nozze, passò di quella città la duchessa di Parma, francese di nascita, la quale o andava o veniva di Parigi. Quella carrozzata di lei e delle sue dame e donne, tutte impiastrate di quel rossaccio che usavano allora esclusivamente le francesi, cosa ch'io non avea vista mai, mi colpì singolarmente la fantasia, e ne parlai per più anni, non potendomi persuadere dell'intenzione né dell'affetto di un ornamento così bizzarro, e ridicolo, e contro la natura delle cose; poiché quando, o per malattia, o per briachezza, o per altra cagione, un viso umano dà in codesto sconcio rossore, tutti se lo nascondono potendo, o mostrandolo fanno ridere o si fan compatire. Codesti ceffi francesi mi lasciarono una lunga e profonda impressione di spiacevolezza, e di ribrezzo per la parte femminina di quella nazione. L'altro ramo di disprezzo che germogliava in me per costoro, era nato, che imparando poi la geografia tanti anni dopo, e vedendo su la carta quella grandissima differenza di vastità e di popolazione che passava tra l'Inghilterra, o la Prussia e la Francia, e sentendo poi sempre dire dalle nuove di guerra[11], che i francesi erano battuti e per mare e per terra, aggiuntevi poi quelle prime notizie avute sin dall'infanzia, che i francesi erano stati padroni della città d'Asti più volte; e che in ultimo vi erano poi stati fatti prigionieri in numero di sei, o sette mila e più, presi come dei vigliacchi senza far punto difesa, essendovisi portati, al solito, così arrogantemente e tirannicamente prima di esserne scacciati[12], queste diverse particolarità, riunite poi tutte, e poste sul viso di quel mio maestro di ballo, della di cui caricatura e ridicolezza parlai già sopra, mi lasciarono poi sempre in appresso nel cuore quel misto di abborrimento e disprezzo per quella nazione fastidiosa. E certamente, chi ricercasse poi in sé stesso maturo le cagioni radicali degli odi od amori diversi per gl'individui o per i corpi collettizi[13], o per i diversi popoli, ritroverebbe forse nella sua più acerba età i primi leggerissimi semi di tali affetti; e non molto maggiori, né diversi da questi ch'io ho di me stesso allegati. Oh, picciola cosa è pur l'uomo!

Morte dello zio paterno. Liberazione mia prima. Ingresso nel Primo Appartamento dell'Accademia.

Lo zio, dopo dieci mesi di soggiorno in Cagliari, vi morì. Egli 1763 era di circa sessanta anni, ma di salute assai malandato, e sempre mi diceva prima di questa sua partenza per la Sardegna, che io non l'avrei più riveduto. Il mio affetto per lui era tiepidissima cosa; atteso che io di radissimo lo avea veduto, e sempre mostratomisi severo, e duretto, ma non però mai ingiusto. Egli era un uomo stimabile per la sua rettitudine, e coraggio; avea militato con distinzione; aveva un carattere scolpito e fortissimo, e le qualità necessarie al ben comandare. Ebbe anche fama di molto ingegno, alquanto però soffocato da una erudizione disordinata, copiosa e loquacissima, spettante la storia sì moderna che antica. Io non fui dunque molto afflitto di questa morte lontana dagli occhi, e già preveduta da tutti gli amici suoi, e mediante la quale io acquistava quasi pienamente la mia libertà, con tutto il sufficiente patrimonio paterno accresciuto anche dall'eredità non piccola di questo zio. Le leggi del Piemonte all'età dei quattordici anni liberano il pupillo dalla tutela, e lo sottopongono soltanto al curatore, che lasciandolo padrone dell'entrate sue annuali, non gli può impedire legalmente altra cosa che l'alienazione degli stabili. Questo nuovo mio stato di padrone del mio in età di quattordici anni, mi innalzò dunque molto le corna[1], e mi fece con la fantasia spaziare assai per il vano. In quel frattempo mi era anche stato tolto il servitore aio Andrea, per ordine del tutore; e giustamente, perché costui si era dato sfrenatamente alle donne, al vino, e alle risse, ed era diventato un pessimo soggetto pel troppo ozio, e non avere chi lo invigilasse[2]. A me aveva sempre usato mali termini, e quando era briaco, cioè quattro, o cinque giorni per settimana, mi batteva per anche, e sempre poi mi maltrattava; e in quelle spessissime malattie ch'io andava facendo, egli, datomi da mangiare se n'andava, e mi lasciava chiuso in camera talvolta dal pranzo fino all'ora di cena; la qual cosa più d'ogni altra contribuiva a non farmi tornar sano, ed a triplicare in me quelle orribili malinconie che già avea sortite dal naturale mio temperamento. Eppure, chi 'l crederebbe? piansi e sospirai per la perdita di codest'Andrea più e più settimane; e non mi potendo opporre a chi giustamente voleva licenziarlo, e me l'avea levato d'attorno, durai poi per più mesi ad andarlo io visitare ogni giovedì e domenica, essendo egli inibito di porre i piedi in Accademia. Io mi facea condurre a vederlo dal nuovo cameriere che mi aveano dato, uomo piuttosto grosso, ma buono e di dolcissima indole. Gli somministrai anche per del tempo dei denari, dandogliene quanto ne aveva, il che non era molto; finalmente poi essendosi egli collocato in servizio d'altri, ed io distratto dal tempo, e dalla mutazione di scena³ per me dopo la morte dello zio, non ci pensai poi più. Dovendomi nei seguenti anni render conto in me stesso della cagione di quell'affetto mio sragionevole per un sì tristo soggetto, se mi volessi abbellire, direi che ciò proveniva forse in me da una certa generosità di carattere; ma questa per allora non era la vera cagione, benché in appresso poi, quando nella lettura di Plutarco io cominciai ad infiammarmi dell'amor della gloria e della virtù, conobbi ed apprezzai, e praticai anche, potendo, la soddisfacentissima arte del rendere bene per male. Quel mio affetto per Andrea che mi avea pur dato tanti dolori, era in me un misto della forza abituale del vederlo da sett'anni sempre dintorno a me, e della predilezione da me concepita per alcune sue belle qualità; come la sagacità nel capire, la sveltezza e destrezza somma nell'eseguire; le lunghe storiette e novelle ch'egli mi andava raccontando, ripiene di spirito, di affetti, e d'imagini; cose tutte, per cui, passato lo sdegno delle durezze e vessazioni ch'egli mi andava facendo, egli mi sapea sempre tornare in grazia. Non capisco però, come abborrendo tanto per mia natura l'essere sforzato e malmenato, mi fossi pure avvezzato al giogo di costui. Questa riflessione in appresso mi ha fatti talvolta compatire alcuni principi, che senza essere affatto imbecilli si lasciavano pure guidare da gente che avea preso il sopravvento sovr'essi nell'adolescenza; età funesta, per la profondità delle ricevute impressioni.

Il primo frutto ch'io raccolsi dalla morte dello zio, fu di poter andare alla Cavallerizza; scuola che sino allora mi era sempre stata negata, e ch'io desiderava ardentissimamente. Il priore dell'Accademia avendo saputa questa mia smaniosa brama d'imparare a cavalcare, pensò di approfittarsene per mio utile; onde egli pose per premio de' miei studi la futura equitazione, quand'io mi risolvessi a pigliare all'Università il primo grado della scala dottoresca, chiamato il magistero, che è un esame pubblico alla peggio dei due anni di logica, fisica e geometria. Io mi vi indussi subito; e cercatomi un ripetitore a parte, che mi tornasse a nominare almeno le definizioni di codeste mal fatte scuole, in quindici o venti giorni misi assieme alla diavola[4] una dozzina di periodi latini tanto da rispondere a quei pochi quesiti, che mi verrebbero fatti dagli esaminatori. Divenni dunque, io non so come in meno d'un mese maestro matricolato dell'Arti, e quindi inforcai per la prima volta la schiena di un cavallo: arte, nella quale divenni poi veramente maestro molti anni dopo. Mi trovavo allora essere di statura piuttosto piccolo e assai graciletto, e di poca forza nei ginocchi che sono il perno del cavalcare; con tutto ciò la volontà e la molta passione supplivano alla forza, e in breve ci feci dei progressi bastanti, massime nell'arte della mano, e dell'intelletto reggenti d'accordo, e nel conoscere e indovinare i moti e l'indole della cavalcatura. A questo piacevole e nobilissimo esercizio io fui debitore ben tosto della salute, della cresciuta, e d'una certa robustezza che andai acquistando a occhio vedente, ed entrai si può dire in una nuova esistenza.

Sepolto dunque lo zio, barattato il tutore in curatore, fatto maestro dell'Arti, liberato dal giogo di Andrea, ed inforcato un destriero, non è credibile quanto andassi ogni giorno più alzando la cresta. Cominciai a dire schiettamente e al priore, ed al curatore, che quegli studi della legge mi tediavano, che io ci perdevo il mio tempo, e che in una parola non li voleva continuare altrimenti. Il curatore allora abboccatosi col governatore dell'Accademia, conchiusero di farmi passare al Primo Appartamento, educazione molto larga, di cui ho parlato più sopra.

Vi feci dunque il mio ingresso il dì 8 maggio 1763. In quell'estate mi ci trovai quasi che solo; ma nell'autunno si andò riempiendo di forestieri d'ogni paese quasi, fuorché francesi; ed il numero che dominava era degli inglesi. Una ottima tavola signorilmente servita; molta dissipazione; pochissimo studio, il molto dormire, il cavalcare ogni giorno, e l'andar sempre più facendo a mio modo, mi aveano prestamente restituita e duplicata la salute, il brio e l'ardire. Mi erano ricresciuti i capelli, e sparruccatomi io mi andava vestendo a mio modo, e spendeva assai negli abiti, per isfogarmi dei panni neri che per regola dell'Accademia impreteribile avea dovuti portare in quei cinque anni del Terzo e Secondo Appartamento di essa. Il curatore andava gridando su questi troppo ricchi e troppi abiti; ma il sarto sapendo ch'io poteva pagare mi facea credito quanto i' volessi, e rivestiva credo anche sé a mie spese. Avuta l'eredità, e la libertà, ritrovai tosto degli amici, dei compagni ad ogni impresa, e degli adulatori, e tutto quello insomma che vien coi danari, e fedelmente con essi pur se ne va. In mezzo a questo vortice nuovo e fervente, ed in età di anni quattordici e mezzo, io non era con tutto ciò né discolo né sragionevole quanto avrei potuto e dovuto fors'essere. Di tempo in tempo aveva in me stesso dei taciti richiami a un qualche studio, ed un certo ribrezzo ed una mezza vergogna per l'ignoranza mia, su la quale non mi veniva fatto d'ingannare me stesso, né tampoco mi attentava di cercar d'ingannare gli altri. Ma non fondato in nessuno studio, non diretto da nessuno, non sapendo nessuna lingua bene, io non sapeva a quale applicazione darmi, né come. La lettura di molti romanzi francesi (ché degli italiani leggibili non ve n'è); il continuo conversare con forestieri, e il non aver occasione mai né di parlare né di sentir parlare italiano, mi andavano a poco a poco scacciando dal capo quel poco di tristo toscano ch'io avessi potuto intromettervi in quei due o tre anni di studi buffoni di umanità e rettoriche asinine. E sottentrava nel mio vuoto capo il francese a tal segno, che in un accesso di studio ch'io ebbi per due o tre mesi in quel prim'anno del Primo Appartamento, m'ingolfai nei trentasei volumi della *Storia ecclesiastica* del Fleury[5], e li lessi quasi tutti con furore; e mi accinsi a farne anche degli estratti in lingua francese, e di questi arrivai sino al libro diciottesimo; fatica sciocca, noiosa, e risibile, che pure feci con molta ostinazione, ed anche con un qualche diletto, ma con quasi nessunissimo utile. Fu quella lettura che cominciò a farmi cader di credito i preti, e le loro cose. Ma presto posi da parte il Fleury, e non ci pensai più. E que' miei estratti che non ho buttati sul fuoco sin a questi anni addietro, mi hanno fatto ridere assai quando li riscorsi un pocolino, circa venti anni dopo averli stesi. Dall'istoria ecclesiastica mi ringolfai nei romanzi, e rileggeva molte volte gli stessi, tra gli altri, *Les Mille et une Nuit*[6].

Intanto, essendomi stretto d'amicizia con parecchi giovanotti della città che stavano sotto l'aio, ci vedevamo ogni giorno, e si facevano delle gran cavalcate su certi cavallucci d'affitto, cose pazze da fiaccarcisi il collo migliaia di volte non che una; come quella di far a correre all'in giù dall'Eremo di Camaldoli fin a Torino, ch'è una pessima selciata[7] erta a picco, che non l'avrei fatta poi neppure con ottimi cavalli per nessun conto; e di correre pe' boschi che stanno tra il Po e la Dora, dietro a quel mio cameriere, tutti noi come cacciatori, ed egli sul suo ronzino faceva da cervo; oppure si sbrigliava il di lui cavallo scosso[8], e si inseguiva con grand'urli, e scoppietti di fruste, e corni artefatti con la bocca, saltando fossi smisurati, rotolandovi spesso in bel mezzo, guadando spessissimo la Dora, e principalmente nel luogo dove ella mette nel Po; e facendo insomma ogni sorte di simili scappataggini, e tali che nessuno più ci voleva affittar dei cavalli, per quanto si volessero strapagare. Ma questi stessi strapazzi mi rinforzàvano notabilmènte il corpo, e m'innalzavano molto la mente; e mi andavano preparando l'animo al meritare e sopportare, e forse a ben valermi col tempo dell'acquistata mia libertà sì fisica che morale.

CAPITOLO OTTAVO

Ozio totale. Contrarietà incontrate, e fortemente sopportate.

1764   Non aveva altri allora che s'ingerisse de' fatti miei, fuorché quel nuovo cameriere, datomi dal curatore, quasi come un semi-aio, ed aveva ordine di accompagnarmi sempre dapertutto. Ma a dir vero, siccome egli era un buon sciocco ed anche interessatuccio, io col dargli molto ne faceva assolutamente ogni mio piacere, ed egli non ridiceva nulla. Con tutto ciò, l'uomo per natura non si contentando mai, ed io molto meno che niun altro, mi venne presto a noia anche quella piccola suggezione dell'avermi sempre il cameriere alle reni, dovunque i' m'andassi. E tanto più mi riusciva gravosa questa servitù, quanto ch'ella era una particolarità usata a me solo di quanti ne fossero in quel Primo Appartamento; poiché tutti gli altri uscivano da sé, e quante volte il giorno volevano. Né mi capacitai punto della ragione che mi si dava di questo, ch'io era il più ragazzo di tutti, essendo sotto ai quindici anni. Onde m'incocciai in quell'idea di voler uscir solo anche io, e senza dir nulla al cameriere, né a chi che sia, cominciai a uscir da me. Da prima fui ripreso dal governatore; e ci tornai subito; la seconda volta fui messo in arresto in casa, e poi liberato dopo alcuni giorni, fui da capo all'uscir solo. Poi riarrestato più strettamente, poi liberato, e riuscito di nuovo; e sempre così a vicenda più volte, il che durò forse un mese, crescendomisi sempre il gastigo, e sempre inutilmente. Alla per fine dichiarai in uno degli arresti, che mi ci doveano tenere in perpetuo, perché appena sarei stato liberato, immediatamente sarei tornato fuori da me; non volendo io nessuna particolarità né in bene né in male, che mi facesse essere o più o meno o diverso da tutti gli altri compagni; che codesta distinzione era ingiusta ed odiosa, e mi rendeva lo scherno degli altri; che se pareva al signor governatore ch'io non fossi d'età né di costumi da poter far come gli altri del Primo, egli mi poteva rimettere nel Secondo Appartamento. Dopo tutte queste mie arroganze mi toccò un arresto così lungo, che ci stetti da tre mesi e più, e fra gli altri tutto l'intero carnevale del 1764. Io mi ostinai sempre più a non voler mai domandare d'esser liberato, e così arrabbiando e persistendo, credo che vi sarei marcito, ma non piegatomi mai. Quasi tutto il giorno dormiva; poi verso la sera mi alzava da letto, e fattomi portare una materassa vicino al caminetto, mi vi sdraiava su per terra; e non volendo più ricevere il pranzo solito dell'Accademia, che mi facevano portar in camera, io mi cucinava da me a quel fuoco della polenta, e altre cose simili. Non mi lasciava più pettinare, né mi vestiva ed era ridotto come un ragazzo salvatico. Mi era inibito l'uscire di camera; ma lasciavano pure venire quei miei amici di fuori a visitarmi; i fidi compagni di quelle eroiche cavalcate. Ma io allora sordo e muto, e quasi un corpo disanimato, giaceva sempre, e non rispondeva niente a nessuno qualunque cosa mi si dicesse. E stava così delle ore intere, con gli occhi conficcati in terra, pregni di pianto, senza pur mai lasciare uscir una lagrima.

CAPITOLO NONO
Matrimonio della sorella. Reintegrazione del mio onore.
Primo cavallo.

Da questa vita di vero bruto bestia, mi liberò finalmente la congiuntura del matrimonio di mia sorella Giulia, col conte Giacinto di Cumiana. Seguì il dì primo maggio 1764, giorno che mi restò impresso nella mente essendo andato con tutto lo sposalizio alla bellissima villeggiatura di Cumiana distante dieci miglia da Torino; dove passai più d'un mese allegrissimamente, come dovea essere di uno scappato di carcere, detenutovi tutto l'inverno. Il mio nuovo cognato avea impetrata la mia liberazione, ed a più equi patti fui ristabilito nei dritti innati dei primi appartamentisti dell'Accademia; e così ottenni l'eguaglianza con i compagni mediante più mesi di durissimo arresto. Coll'occasione di queste nozze aveva anche ottenuto molto allargamento nella facoltà di spendere il mio, il che non mi si poteva oramai legalmente negare. E da questo ne nacque la compra del mio primo cavallo, che venne anche meco nella villeggiatura di Cumiana. Era questo cavallo un bellissimo sardo, di mantello bianco, di fattezze distinte, massime la testa, l'incollatura ed il petto. Lo amai con furore, e non me lo rammento mai senza una vivissima emozione. La mia passione per esso andò al segno di guastarmi la quiete, togliermi la fame ed il sonno, ogni qual volta egli aveva alcuno incommoduccio; il che succedeva assai spesso, perché egli era molto ardente e delicato ad un tempo; e quando poi l'aveva fra le gambe, il mio affetto non m'impediva di tormentarlo e malmenarlo anche tal volta quando non volea fare a modo mio. La delicatezza di questo prezioso animale mi servì ben tosto di pretesto per volerne un altro di più, e dopo quello due altri di carrozza, e poi uno di calessetto, e poi due altri di sella, e così in men d'un anno arrivai sino a otto, fra gli schiamazzi del tenacissimo curatore, ch'io lasciava pur cantare[1] a suo piacimento. E superato così l'argine della stitichezza e parsimonia di codesto mio curatore; tosto traboccai in ogni sorte di spesa, e principalmente negli abiti, come già mi par d'avere più sopra accennato. V'erano alcuni di quegli inglesi miei compagni, che spendevano assai; onde io non volendo essere soverchiato, cercava pure e mi riusciva di soverchiare costoro. Ma, per altra parte, quei giovinotti miei amici di fuori dall'Accademia, e coi quali io conviveva assai più che coi forestieri di dentro, per essere soggetti ai lor padri, avevano pochi quattrini; onde benché il loro mantenimento fosse decentissimo, essendo essi dei primi signori di Torino, pure le loro spese di capriccio venivano ad essere necessariamente tenuissime. A risguardo dunque di questi, io debbo per amor del vero confessare ingenuamente di aver allora praticata una virtù, ed appurato che ella era in me naturale, ed invincibile: ed era di non volere né potere soverchiar mai in nessuna cosa chi che sia, ch'io conoscessi o che si tenesse per minore di me in forza di corpo, d'ingegno, di generosità, d'indole, o di borsa. Ed in fatti, ad ogni abito nuovo, e ricco o di ricami, o di nappe, o di pelli ch'io m'andava facendo, se mi veniva fatto di vestirmelo la mattina per andare a corte, o a tavola con i compagni d'Accademia, che rivaleggiavano in queste vanezze con me, io poi me lo spogliava subito al dopo pranzo, ch'era l'ora in cui venivano quegli altri da me; e li faceva anzi nascondere perché non li vedessero, e me ne vergognava in somma con essi, come di un delitto; e tale in fatti nel mio cuore mi pareva, e l'avere, e molto più il farne pompa, delle cose che gli amici ed eguali miei non avessero. E così pure, dopo avere con molte risse ottenuto dal curatore di farmi fare una elegante carrozza, cosa veramente inutilissima e ridicola per un ragazzaccio di sedici anni in una città così microscopica come Torino, io non vi saliva quasi mai, perché gli amici non l'avendo se ne dovevano andare a sante gambe sempre. E quanto ai molti cavalli da sella, io me li facea perdonare da loro, accomunandoli con essi; oltre che essi pure ne aveano ciascuno il suo, e mantenuto dai loro rispettivi genitori. Perciò questo ramo di lusso mi dilettava anche più di tutti altri, e con meno misto di ribrezzo, perché in nulla veniva ad offendere gli amici miei.

Esaminando io spassionatamente e con l'amor del vero codesta mia prima gioventù, mi pare di ravvisarci fra le tante storture di un'età bollente, oziosissima, ineducata, e sfrenata, una certa naturale pendenza alla giustizia, all'eguaglianza, ed alla generosità d'animo, che mi paiono gli elementi d'un ente[2] libero, o degno di esserlo.

CAPITOLO DECIMO

Primo amoruccio. Primo viaggetto. Ingresso nelle truppe.

In una villeggiatura ch'io feci di circa un mese colla famiglia 1765 di due fratelli, che erano dei principali miei amici, e compagni di cavalcate, provai per la prima volta sotto aspetto non dubbio la forza d'amore per una loro cognata, moglie del loro fratello maggiore. Era questa signorina, una brunetta piena di brio, e di una certa protervia che mi facea grandissima forza. I sintomi di quella passione, di cui ho provato dappoi per altri

91

oggetti così lungamente tutte le vicende, si manifestarono in me allora nel seguente modo. Una malinconia profonda e ostinata; un ricercar sempre l'oggetto amato, e trovatolo appena, sfuggirlo; un non saper che le dire, se a caso mi ritrovava alcuni pochi momenti (non solo mai, che ciò non mi veniva fatto mai, essendo ella assai strettamente custodita dai suoceri) ma alquanto in disparte con essa; un correre poi dei giorni interi (dopo che si ritornò di villa) in ogni angolo della città, per vederla passare in tale o tal via, nelle passeggiate pubbliche del Valentino e Cittadella[1]; un non poterla neppure udir nominare, non che parlar mai di essa; ed in somma tutti, ed alcuni più, quegli effetti sì dottamente e affettuosamente scolpiti dal nostro divino maestro di questa divina passione, il Petrarca. Effetti, che poche persone intendono, e pochissime provano; ma a quei soli pochissimi è concesso l'uscir dalla folla volgare in tutte le umane arti. Questa prima mia fiamma, che non ebbe mai conclusione nessuna, mi restò poi lungamente semiaccesa nel cuore, ed in tutti i miei lunghi viaggi fatti poi negli anni consecutivi, io sempre senza volerlo, e quasi senza avvedermene l'avea tacitamente per norma intima d'ogni mio operare; come se una voce mi fosse andata gridando nel più segreto di esso: "Se tu acquisti tale, o tal pregio, tu potrai al ritorno tuo piacer maggiormente a costei; e cangiate le circostanze, potrai forse dar corpo a quest'ombra".

Nell'autunno dell'anno 1765 feci un viaggietto di dieci giorni a Genova col mio curatore; e fu la mia prima uscita dal paese. La vista del mare mi rapì veramente l'anima, e non mi poteva mai saziare di contemplarlo. Così pure la posizione magnifica e pittoresca di quella superba città, mi riscaldò molto la fantasia. E se io allora avessi saputa una qualche lingua, ed avessi avuti dei poeti per le mani, avrei certamente fatto dei versi; ma da quasi due anni io non apriva più nessun libro, eccettuati di radissimo alcuni romanzi francesi, e qualcuna delle prose di Voltaire, che mi dilettavano assai. Nel mio andare a Genova ebbi un sommo piacere di rivedere la madre e la città mia, di dove mancava già da sette anni, che in quell'età paiono secoli. Tornato poi di Genova, mi pareva di aver fatta una gran cosa, e d'aver visto molto. Ma quanto io mi teneva di questo mio viaggio cogli amici di fuori dell'Accademia (benché non lo dimostrassi loro, per non mortificarli), altrettanto poi mi arrabbiava e rimpiccioliva in faccia ai compagni di dentro, che tutti venivano di paesi lontani, come inglesi, tedeschi, polacchi, russi, etc.; ed a cui il mio viaggio di Genova pareva, com'era in fatti, una babbuinata². E questo mi dava una frenetica voglia di viaggiare, e di vedere da me i paesi di tutti costoro.

In quest'ozio e dissipazione continua, presto mi passarono 1766 gli ultimi diciotto mesi ch'io stetti nel Primo Appartamento. Ed essendomi io fatto inscrivere nella lista dei postulanti impiego nelle truppe sin dal prim'anno ch'io v'era entrato, dopo esservi stato tre anni, in quel maggio del 1766, finalmente fui compreso in una promozione generale di forse centocinquanta altri giovanotti. E benché io da più d'un anno mi fossi intiepidito moltissimo in questa vocazione militare, pure non avendo io ritrattata la mia petizione, mi convenne accettare; ed uscii porta-insegna³ nel Reggimento Provinciale d'Asti. Da prima io aveva chiesto d'entrare nella cavalleria, per l'amore innato dei cavalli; poi di lì a qualche tempo, aveva cambiata la domanda, bastandomi di entrare in uno di quei Reggimenti Provinciali, i quali in tempo di pace non si radunando all'insegne se non se due volte l'anno, e per pochi giorni, lasciavano così una grandissima libertà di non far nulla, che era appunto la sola cosa ch'io mi fossi determinato di voler fare. Con tutto ciò, anche questa milizia di pochi giorni mi spiacque moltissimo; e tanto più, perché l'aver avuto quell'impiego mi costringeva di uscire dall'Accademia, dove io mi trovava assai bene, e ci stava altrettanto volentieri allora, quanto ci era stato male e a contragenio nei due altri Appartamenti, e i primi diciotto mesi del Primo. Bisognò pure ch'io m'adattassi, e nel corrente di quel maggio lasciai l'Accademia, dopo esservi stato quasi ott'anni. E nel settembre mi presentai alla prima rassegna del mio reggimento in Asti, dove compiei esattissimamente ogni dovere del mio impieguccio, abborrendolo; e non mi potendo assolutamente adattare a quella catena di dipendenze gradate, che si chiama subordinazione; ed è veramente l'anima della disciplina militare; ma non poteva esser l'anima mai d'un futuro poeta tragico. All'uscire dell'Accademia, aveva appigionato un piccolo ma grazioso quartiere nella casa stessa di mia sorella; e là attendeva a spendere il più che potessi, in cavalli, superfluità d'ogni genere, e pranzi che andava facendo ai miei amici, ed ai passati compagni dell'Accademia. La smania di viaggiare, accresciutasi in me smisuratamente col conversare moltissimo con codesti forestieri, m'indusse contro la mia indole naturale ad intelaiare un raggiretto per vedere di strappare una licenza di viaggiare a Roma e a Napoli almeno per un anno. E siccome era troppo certa cosa, che in età di anni diciassette e mesi ch'io allora mi aveva, non mi avrebbero mai lasciato andar solo, m'ingegnai con un aio inglese cattolico[4], che guidava un fiammingo, ed un olandese a far questo giro, e coi quali era stato già più d'un anno nell'Accademia, a vedere s'egli voleva anche incaricarsi di me, e così fare il sudetto viaggio noi quattro. Tanto feci insomma, che invogliai anche questi di avermi per compagno, e servitomi poi del mio cognato per ottenermi dal re la licenza di partire sotto la condotta del sudetto aio inglese, uomo più che maturo, e di ottimo grido, finalmente restò fissata la partenza per i primi di ottobre di quell'anno. E questo fu il primo, e in seguito poi l'uno dei pochi raggiri ch'io abbia intrapresi con sottigliezza, e ostinazione di maneggio, per persuadere quell'aio, e il cognato, e più di tutti lo stitichissimo curatore. La cosa riuscì, ma in me mi vergognava e irritava moltissimo di tutte le pieghevolezze, e simulazioni, e dissimulazioni che mi conveniva porre in opera per ispuntarla. Il re, che nel nostro piccolo paese di ogni piccolissima cosa s'ingerisce, non si trovava essere niente propenso ai viaggi de' suoi nobili; e molto meno poi di un ragazzo uscito allora del guscio, e che indicava un certo carattere. Bisognò insomma ch'io mi piegassi moltissimo. Ma grazie alla mia buona sorte, questo non mi tolse poi di rialzarmi in appresso interissimo.

E qui darò fine a questa seconda parte; nella quale m'avvedo benissimo che avendovi io intromesso con più minutezza cose forse anco più insipide che nella prima, consiglierò anche al lettore di non arrestarvisi molto, o anche di saltarla a piè pari; poiché, a tutto ristringere in due parole, questi otto anni della mia adolescenza altro non sono che infermità, ed ozio, e ignoranza.

Epoca terza

GIOVINEZZA
Abbraccia circa dieci anni di viaggi, e dissolutezze.

CAPITOLO PRIMO
Primo viaggio. Milano, Firenze, Roma.

1766 La mattina del dì 4 ottobre 1766, con mio indicibile trasporto, dopo aver tutta notte farneticato in pazzi pensieri senza mai chiuder occhio, partii per quel tanto sospirato viaggio. Eramo una carrozzata dei quattro padroni, ch'io individuai, un calesse con due servitori, du' altri a cassetta della nostra carrozza, ed il mio cameriere a cavallo da corriere. Ma questi non era già quel vecchiotto datomi a guisa di aio tre anni prima, ché quello lo lasciai a Torino. Era questo mio nuovo cameriere, un Francesco Elia[1], stato già quasi vent'anni col mio zio, e dopo la di lui morte in Sardegna, passato con me. Egli aveva viaggiato col suddetto mio zio, due volte in Sardegna, ed in Francia, Inghilterra, ed Olanda. Uomo di sagacissimo ingegno, di un'attività non comune, e che valendo egli solo più che tutti i nostri altri quattro servitori presi a fascio, sarà d'ora in poi l'eroe protagonista della commedia di questi miei viaggi; di cui egli si trovò immediatamente essere il solo e vero nocchiero, stante la nostra totale incapacità di tutti noi altri otto, o bambini, o vecchi rimbambiti.

La prima stazione fu di circa quindici giorni in Milano. Avendo io già visto Genova due anni prima, ed essendo abituato al bellissimo locale[2] di Torino, la topografia milanese non mi dovea, né potea piacer niente. Alcune cose che vi sarebbero pur da vedersi, io o non vidi, o male ed in fretta, e da quell'ignorantissimo e svogliato ch'io era d'ogni utile o dilettevole arte. E mi ricordo, tra l'altre, che nella Biblioteca Ambrosiana, datomi in mano dal bibliotecario non so più quale manoscritto autografo del Petrarca[3], da vero barbaro Allobrogo[4], lo buttai là, dicendo che non me n'importava nulla. Anzi, in fondo del cuore, io ci aveva un certo rancore con codesto Petrarca; perché alcuni anni prima, quando io era filosofo[5], essendomi capitato un Petrarca alle mani, l'aveva aperto a caso da capo, da mezzo, e da piedi, e per tutto lettine, o compitati alcuni pochi versi, in nessun luogo aveva inteso nulla, né mai raccapezzato il senso; onde l'avea sentenziato, facendo coro coi francesi e con tutti gli altri ignoranti presuntuosi; e tenendolo per un seccatore, dicitor di arguzie e freddure, aveva poi così ben accolto i suoi preziosissimi manoscritti.

Del resto, essendo io partito per quel viaggio d'un anno, senza pigliar meco altri libri che alcuni *Viaggi d'Italia*[6], e questi tutti in lingua francese, io mi avviava sempre più alla total perfezione della mia già tanto inoltrata barbarie. Coi compagni di viaggio si conversava sempre in francese, e così in alcune case milanesi dove io andava con essi, si parlava pur sempre francese; onde quel pochin pochino ch'io andava pur pensando e combinando nel mio povero capino, era pure vestito di cenci francesi; e alcune letteruzze ch'io andava scrivendo, erano in francese; ed alcune memoriette ridicole ch'io andava schiccherando su questi miei viaggi, eran pure in francese; e il tutto alla peggio, non sapendo io questa linguaccia se non se a caso; non mi ricordando più di nessuna regola ove pur mai l'avessi saputa da prima; e molto meno ancora sapendo l'italiano, raccoglieva così il frutto dovuto della disgrazia primitiva del nascere in un paese anfibio, e della valente educazione ricevutavi.

Dopo un soggiorno di due settimane in circa, si partì di Milano. Ma siccome quelle mie sciocche *Memorie* sul viaggio furono ben presto poi da me stesso corrette con le debite fiamme, non le rinnoverò io qui certamente, col particolarizzare oltre il dovere questi miei viaggi puerili, trattandosi di paesi tanto noti; onde, o nulla o pochissimo dicendo delle diverse città, ch'io, digiuno di ogni bell'arte, visitai come un Vandalo, anderò parlando di me stesso, poiché pure questo infelice tema, è quello che ho assunto in quest'opera.

Per la via di Piacenza, Parma, e Modena, si giunse in pochi giorni a Bologna; né ci arrestammo in Parma che un sol giorno, ed in Modena poche ore, al solito senza veder nulla, o prestissimo e male quello che ci era da vedersi. Ed il mio maggiore, anzi il solo piacere ch'io ricavassi dal viaggio, era di ritrovarmi correndo la posta su le strade maestre, e di farne alcune, e il più che poteva, a cavallo da corriere. Bologna, e i suoi portici e frati, non mi piacque gran cosa; dei suoi quadri non ne seppi nulla; e sempre incalzato da una certa impazienza di luogo, io era lo sprone perpetuo del nostro aio antico, che sempre lo instigava a partire. Arrivammo a Firenze in fin d'ottobre; e quella fu la prima città, che a luoghi mi piacque, dopo la partenza di Torino; ma mi piacque pur meno di Genova, che aveva vista due anni prima. Vi si fece soggiorno per un mese; e là pure, sforzato dalla fama del luogo, cominciai a visitare alla peggio la Galleria[7], e il Palazzo Pitti, e varie chiese; ma il tutto con molta nausea, senza nessun senso del bello; massime in pittura; gli occhi miei essendo molto ottusi ai colori; se nulla nulla gustava un po' più era la scoltura, e l'architettura anche più; forse era in me una reminiscenza del mio ottimo zio, l'architetto. La tomba di Michelangelo in Santa Croce fu una delle poche cose che mi fermassero; e su la memoria di quell'uomo di tanta fama feci una qualche riflessione; e fin da quel punto sentii fortemente, che non riuscivano veramente grandi fra gli uomini, che quei pochissimi che aveano lasciata alcuna cosa stabile fatta da loro. Ma una tal riflessione isolata in mezzo a quell'immensa dissipazione di mente nella quale io viveva continuamente, veniva ad essere per l'appunto come si suol dire, una goccia di acqua nel mare. Fra le tante mie giovenili storture, di cui mi toccherà di arrossire in eterno, non annovererò certamente come l'ultima quella di essermi messo in Firenze ad imparare la lingua inglese, nel breve soggiorno di un mese ch'io vi feci, da un maestruccio inglese che vi era capitato; in vece di imparare dal vivo esempio dei beati toscani a spiegarmi almeno senza barbarie nella loro divina lingua, ch'io balbettante stroppiava, ogni qual volta me ne doveva prevalere. E perciò sfuggiva di parlarla, il più che poteva; stante che la vergogna di non saperla potea pur qualche cosa in me; ma vi potea pure assai meno che la infingardaggine del non volerla imparare. Con tutto ciò, io mi ero subito ripurgata la pronunzia di quel nostro orribile *u* lombardo, o francese, che sempre mi era spiaciuto moltissimo per quella sua magra articolazione, e per quella boccuccia che fanno le labbra di chi lo pronunzia, somiglianti in quell'atto moltissimo a quella risibile smorfia che fanno le scimmie, allorché favellano. E ancora adesso, benché di codesto *u*, da cinque e più anni ch'io sto in Francia ne abbia pieni e foderati gli orecchi, pure egli mi fa ridere ogni volta che ci bado; e massime nella recita teatrale, o camerale[8] (che qui la recita è perpetua), dove sempre fra questi labbrucci contratti che paiono sempre soffiare su la minestra bollente, campeggia principalmente la parola *nature*[9].

In tal guisa io in Firenze, perdendo il mio tempo, poco vedendo, e nulla imparando, presto tediandomivi, rispronai l'antico nostro mentore, e si partì il dì primo decembre alla volta di Lucca per Prato e Pistoia. Un giorno in Lucca mi parve un secolo; e subito si ripartì per Pisa. E un giorno in Pisa, benché molto mi piacesse il Camposanto, mi parve anche lungo. E subito, a Livorno. Questa città mi piacque assai e perché somigliava alquanto a Torino, e per via del mare, elemento del quale io non mi saziava mai. Il soggiorno nostro vi fu di otto o dieci giorni; ed io sempre barbaramente andava balbettando l'inglese, ed avea chiusi e sordi gli orecchi al toscano. Esaminando poi la ragione di una sì stolta preferenza, ci trovai un falso amor proprio individuale, che a ciò mi spingeva senza ch'io pure me ne avvedessi. Avendo per più di due anni vissuto con inglesi; sentendo per tutto magnificare la loro potenza e ricchezza; vedendone la grande influenza politica; e per l'altra parte vedendo l'Italia tutta esser morta; gl'italiani, divisi, deboli, avviliti e servi; io grandemente mi vergognava d'essere, e di parere italiano, e nulla delle cose loro non voleva né praticar, né sapere.

Si partì di Livorno per Siena; e in quest'ultima città, benché il locale non me ne piacesse gran fatto, pure, tanta è la forza del bello e del vero, ch'io mi sentii quasiché un vivo raggio che mi rischiarava ad un tratto la mente, e una dolcissima lusinga agli orecchi e al cuore, nell'udire le più infime persone così soavemente e con tanta eleganza proprietà e brevità favellare. Con tutto ciò non vi stetti che un giorno; e il tempo della mia conversione letteraria e politica era ancora lontano assai; mi bisognava uscire lungamente d'Italia per conoscere ed apprezzar gli italiani. Partii dunque per Roma, con una palpitazione di cuore quasiché continua, pochissimo dormendo la notte, e tutto il dì ruminando in me stesso e il San Pietro, e il Coliseo[10], ed il Panteon; cose che io aveva tanto udite esaltare; ed anche farneticava non poco su alcune località della storia romana, la quale (benché senza ordine e senza esattezza) così presa in grande mi era bastantemente nota ed in mente, essendo stata la sola istoria ch'io avessi voluto alquanto imparare nella mia prima gioventù.

Finalmente, ai tanti di decembre dell'anno 1766 vidi la sospirata Porta del Popolo; e benché l'orridezza e miseria del paese[11] da Viterbo in poi mi avesse fortemente indisposto, pure quella superba entrata mi racconsolò, ed appagommi l'occhio moltissimo. Appena eramo discesi alla piazza di Spagna dove si albergò, subito noi tre giovanotti, lasciato l'aio riposarsi, cominciammo a correre quel rimanente di giorno, e si visitò alla sfuggita, tra l'altre cose, il Panteon. I miei compagni si mostravano sul totale più maravigliati di queste cose, di quel che lo fossi io. Quando poi alcuni anni dopo ebbi veduti i loro paesi, mi son potuto dare facilmente ragione di quel loro stupore assai maggiore del mio. Vi si stette allora otto giorni soli, in cui non si fece altro che correre per disbramare quella prima impaziente curiosità. Io preferiva però molto di tornare fin due volte il giorno a San Pietro, al veder cose nuove. E noterò, che quell'ammirabile riunione di cose sublimi non mi colpì alla prima quanto avrei desiderato e creduto, ma successivamente poi la maraviglia mia andò sempre crescendo; e ciò, a tal segno, ch'io non ne conobbi ed apprezzai veramente il valore se non molti anni dopo, allorché stanco della misera magnificenza oltramontana, mi venne fatto di dovermi trattenere in Roma degli anni.

CAPITOLO SECONDO
Continuazione dei viaggi, liberatomi anche dell'aio.

Incalzavaci frattanto l'imminente inverno; e più ancora incalzava io il tardissimo aio, perché si partisse per Napoli, dove s'era fatto disegno di soggiornare per tutto il carnevale. Partimmo dunque coi vetturini, sì perché allora le strade di Roma a Napoli non erano quasi praticabili, sì per via del mio cameriere Elia, che a Radicofani essendo caduto sotto il cavallo di posta si era rotto un braccio, e ricoverato poi nella nostra carrozza avea moltissimo patito negli strabalzi di essa, venendo così fino a Roma. Molto coraggio e presenza di spirito e vera fortezza d'animo avea mostrato costui in codesto accidente; poiché rialzatosi da sé, ripreso il ronzino per le redini, si avviò soletto a piedi sino a Radicofani distante ancora più d'un miglio. Quivi, fatto cercare un chirurgo, mentre lo stava aspettando si fece sparare[1] la manica dell'abito, e visitandosi il braccio da sé, trovatolo rotto, si fece tenere ben saldamente la mano di esso stendendolo quanto più poteva, e coll'altra, che era la mandritta, se lo riattò sì perfettamente, che il chirurgo, giunto quasi nel tempo stesso che noi sopraggiungevamo con la carrozza, lo trovò rassettato a guisa d'arte in maniera che, senza più altrimenti toccarlo, subito lo fasciò, e in meno d'un'ora noi ripartimmo, collocando il ferito in carrozza, il quale pure con viso baldo e fortissimo pativa non poco. Giunti ad Acquapendente, si trovò rotto il timone della carrozza; del che trovandoci noi tutti impicciatissimi, cioè noi tre ragazzi, il vecchio aio, e gli altri quattro stolidi servitori, quel solo Elia col braccio al collo, tre ore dopo la rottura, era più in moto, e più efficacemente di noi tutti adoperavasi per risarcire il timone; e così bene diresse quella provvisoria rappezzatura, che in meno di du' altre ore si ripartì, e l'infermo timone ci strascinò senz'altro accidente poi sino a Roma.

Io mi son compiaciuto d'individuare questo fatto episodico, come tratto caratteristico di un uomo di molto coraggio e gran presenza di spirito, molto più che al suo umile stato non parea convenirsi. Ed in nessuna cosa mi compiaccio maggiormente, che nel lodare ed ammirare quelle semplici virtù di temperamento, che ci debbono pur tanto far piangere sovra i pessimi governi, che le trascurano, o le temono e le soffocano.

Si arrivò dunque a Napoli la seconda festa del Natale, con un tempo quasi di primavera. L'entrata da Capo di China[2] per gli Studi e Toledo[3], mi presentò quella città in aspetto della più lieta e popolosa ch'io avessi veduta mai fin allora, e mi rimarrà sempre presente. Non fu poi lo stesso, quando mi toccò di albergare in una bettolaccia posta nel più buio e sozzo chiassuolo della città: il che fu di necessità perché ogni pulito albergo ritrovavasi pieno zeppo di forestieri. Ma questa contrarietà mi amareggiò assai quel soggiorno, stante che in me la località lieta o no della casa, ha sempre avuto una irresistibile influenza sul mio puerilissimo cervello, sino alla più inoltrata età.

In pochi giorni per mezzo del nostro ministro[4] fui introdotto in parecchie case; e il carnovale, sì per gli spettacoli pubblici, che per le molte private feste e varietà d'oziosi divertimenti, mi riusciva brillante e piacevole più ch'altro mai ch'io avessi veduto in Torino. Con tutto ciò in mezzo a quei nuovi e continui tumulti, libero interamente di me, con bastanti danari, d'età diciott'anni, ed una figura avvenente, io ritrovava per tutto la sazietà, la noia, il dolore. Il mio più vivo piacere era la musica burletta[5] del Teatro Nuovo; ma sempre pure quei suoni, ancorché dilettevoli, lasciavano nell'animo mio una lunghissima romba[6] di malinconia; e mi si venivano destando a centinaia le idee le più funeste e lugubri, nelle quali mi compiaceva non poco, e me le andava poi ruminando soletto alle sonanti spiagge di Chiaia e di Portici. Con parecchi giovani signori napoletani avea fatto conoscenza, amicizia con niuno: la mia natura ritrosa anzi che no mi inibiva di ricercare; e portandone la viva impronta sul viso, ella inibiva agli altri di ricercar me. Così delle donne, alle quali per natura era moltissimo inclinato, non mi piacendo se non le modeste, io non piaceva pure che alle sole sfacciate; il che mi facea rimaner sempre col cuor vuoto. Oltre ciò, l'ardentissima voglia ch'io sempre nutriva in me di viaggiare oltre i monti, mi facea sfuggire di allacciarmi in nessuna catena d'amore; e così in quel primo viaggio uscii salvo da ogni rete. Tutto il giorno io correa in quei divertentissimi calessetti a veder le cose più lontane; e non per vederle, che di nulla avea curiosità e di nessuna intendeva, ma per fare la strada, che dell'andare non mi saziava mai, ma immediatamente mi addolorava lo stare.

Introdotto a corte, benché quel re, Ferdinando IV, fosse allora in età di quindici, o sedici anni, gli trovai pure una total somiglianza di contegno con i tre altri sovrani ch'io avea veduti fin allora; ed erano il mio ottimo re Carlo Emanuele[7], vecchione; il duca di Modena, governatore in Milano[8]; e il granduca di Toscana Leopoldo[9], giovanissimo anch'egli. Onde intesi benissimo fin da quel punto, che i principi tutti non aveano fra loro che un solo viso, e che le corti tutte non erano che una sola anticamera[10]. In codesto mio soggiorno di Napoli intavolai il mio secondo raggiro per mezzo del nostro ministro di Sardegna, per ottenere dalla corte di Torino la permissione di lasciare il mio aio, e di continuare il mio viaggio da me. Benché noi giovanotti vivessimo in perfetta armonia, e che l'aio non più a me che ad essi cagionasse il minimo fastidio, tuttavia siccome per le gite da una all'altra città bisognava pure combinarci per muovere insieme, e siccome quel vecchio era sempre irresoluto, mutabile, e indugiatore, quella dipendenza mi urtava. Convenne dunque ch'io mi piegassi a pregare il ministro di scrivere in mio favore a Torino, e di testimoniare della mia buona condotta e della intera capacità mia di regolarmi da me stesso, e di viaggiar solo. La cosa mi riuscì con mia somma soddisfazione, e ne contrassi molta gratitudine col ministro, il quale avendomi preso anche a ben volere, fu il primo che mi mettesse in capo ch'io dovrei tirarmi innanzi a studiar la politica per entrare nell'aringo diplomatico. La cosa mi piacque assai; e mi parve allora, che quella fosse di tutte le servitù la men serva; e ci rivolsi il pensiero, senza però studiar nulla mai. Limitando il mio desiderio in me stesso, non l'esternai con chicchessia, e mi contentai di tenere frattanto una condotta regolare e decente per tutto, superiore forse alla mia età. Ma in questo mi serviva la natura mia assai più ancora che il volere; essendo io stato sempre grave di costumi e di modi (senza impostura però), ed ordinato, direi, nello stesso disordine; ed avendo quasi sempre errato sapendolo.

Io viveva frattanto in tutto e per tutto ignoto a me stesso; non mi credendo vera capacità per nessuna cosa al mondo; non avendo nessunissimo impulso deciso, altro che alla continua malinconia; non ritrovando mai pace né requie, e non sapendo pur mai quello che io mi desiderassi. Obbedendo ciecamente alla natura mia, con tutto ciò io non la conosceva né studiava per niente; e soltanto molti anni dopo mi avvidi, che la mia infelicità proveniva soltanto dal bisogno, anzi necessità ch'era in me di avere ad un tempo stesso il cuore occupato da un degno amore, e la mente da un qualche nobile lavoro; e ogniqualvolta l'una delle due cose mi mancò, io rimasi incapace dell'altra, e sazio e infastidito e oltre ogni dire angustiato.

Frattanto, per mettere in uso la mia nuova indipendenza totale, appena finito il carnovale volli assolutamente partirmene solo per Roma, atteso che il vecchio, dicendo di aspettar lettere di Fiandra, non fissava nessun tempo per la partenza dei suoi pupilli. Io, impaziente di lasciar Napoli, di rivedere Roma; o, per dir vero, impazientissimo di ritrovarmi solo e signore di me in una strada maestra, lontano trecento e più miglia dalla mia prigione natia; non volli differire altrimenti, e abbandonai i compagni; ed in ciò feci bene, perché in fatti poi essi stettero tutto l'aprile in Napoli, e non furono per ciò più in tempo per ritrovarsi all'Ascensione in Venezia, cosa che a me premeva allora moltissimo.

CAPITOLO TERZO
Proseguimento dei viaggi. Prima mia avarizia.

Giunto a Roma, previo[1] il mio fidato Elia, azzeccai a piè delle scalere della Trinità de' Monti un grazioso quartierino molto gaio e pulito, che mi racconsolò della sudiceria di Napoli. Stessa dissipazione, stessa noia, stessa malinconia, stessa smania di rimettermi in viaggio. E il peggio era, stessissima ignoranza delle cose le più svergognanti chi le ignora; e maggiore ogni giorno l'insensibilità per le tante belle e grandiose cose di cui Roma ridonda; limitandomi a quattro e cinque delle principali che sempre ritornava a vedere. Ogni giorno poi capitando dal conte di Rivera ministro di Sardegna, degnissimo vecchio, il quale ancorché sordo non mi veniva per punto a noia, e mi dava degli ottimi e luminosi consigli; mi accadde un giorno che si trovò da lui su una tavola un bellissimo Virgilio in folio, aperto spalancato al sesto dell'*Eneide*. Quel buon vecchio vedendomi entrare, accennatomi d'accostarmi, cominciò ad intuonare con entusiasmo quei bellissimi versi per Marcello così rinomati e saputi da tutti[2]. Ma io, che quasi più punto non li intendeva, benché li avessi e spiegati e tradotti e saputi a memoria circa sei anni prima, mi vergognai sommamente e me ne accorai per tal modo, che per più giorni mi ruminai il mio obbrobrio in me stesso, e non capitai più dal conte. Con tutto ciò la ruggine sovra il mio intelletto si andava incrostando sì densa, e tale di giorno in giorno sempre più diveniva, che assai più tagliente scalpello ci volea che un passeggiere rincrescimento, a volernela estirpare. Onde passò quella sacrosanta vergogna senza lasciare in me orma nessuna per allora, e non lessi altrimenti né Virgilio, né alcun altro buon libro in nessuna lingua, per degli anni parecchi.

In questa mia seconda dimora in Roma fui introdotto al papa, che era allora Clemente XIII, bel vecchio, e di una veneranda maestà; la quale, aggiunta alla magnificenza locale del palazzo di Montecavallo[3], fece sì che non mi cagionò punto ribrezzo la solita prosternazione e il bacio del piede, benché io avessi letta la storia ecclesiastica, e sapessi il giusto valore di quel piede.

Per mezzo poi del predetto conte di Rivera, io intavolai e riuscii il mio terzo raggiro presso la corte paterna di Torino, per ottenere la permissione di un secondo anno di viaggi in cui destinava di vedere la Francia, l'Inghilterra e l'Olanda; nomi che mi suonavano maraviglia e diletto nella mia giovinezza inesperta. E anche questo terzo raggiretto mi riuscì, onde, ottenuto quell'anno più, per tutto il 1768 in circa io mi trovava in piena libertà e certezza di poter correre il mondo. Ma nacque allora una piccola difficoltà, la quale mi contristò lungamente. Il mio curatore, col quale non si era mai entrato in conti, e che non mi avea mai fatto vedere in chiaro con esattezza quello ch'io m'avessi d'entrata; dandomi parole diverse ed ambigue, ed ora accordandomi danari, ora no; mi scrisse in quell'occasione dell'ottenuta permissione, che pel second'anno mi avrebbe somministrata una credenziale di millecinquecento zecchini, non me ne avendo dati che soli milleduecento pel primo viaggio. Questa sua intimazione mi sbigottì assai, senza però scoraggirmi. Udendo io sempre mentovare la gran carezza dei paesi oltramontani, mi riusciva assai dura cosa di dovermi trovare sprovvisto, e di esservi costretto a far delle triste figure. Per altra parte poi, io non mi arrischiava di scrivere di buon inchiostro allo stitico curatore, perché a quel modo l'avrei subito avuto contrario; e m'avrebbe intuonato la parola *Re*, la quale in Torino nei più interni affari domestici si suole sempre intrudere, fra il ceto dei nobili; e gli sarebbe stato facilissimo di divolgarmi per discolo e scialacquatore, e di farmi come tale richiamar subito in patria. Non feci dunque nessuna querela col curatore, ma presi in me la risoluzione di risparmiare quanti più danari potrei in quel primo viaggio dai milleduecento zecchini già assegnatimi, per così accrescere quanto più potrei ai millecinquecento da esigersi, e che mi pareano scarsissimi per un anno di viaggi oltramontani. In questo modo io per la prima volta, da un giusto e piuttosto largo spendere, ristrettomi alla meschinità, provai un doloroso accesso di sordida avarizia. Ed andò questa tant'oltre che non solo non andava più a visitare nessuna delle curiosità di Roma per non dare le mancie, ma anche al mio fidato e diletto Elia, procrastinandolo d'un giorno in un altro, io venni a negargli i danari del suo salario e vitto, a segno ch'egli mi si protestò ch'io lo sforzerei a rubarmeli per campare. Allora, di mal animo, glie li diedi.

Rimpicciolito così di mente e di cuore, partii verso i primi di maggio alla volta di Venezia; e la mia meschinità mi fece prendere il vetturino, ancorché io abborrissi quel passo mulare: ma pure il divario tra la posta e la vettura essendo sì grande, io mi vi sottoposi, e mi avviai bestemmiando. Io lasciava nel calesse Elia col servitore, e me n'andava cavalcando un umile ronzino, che ad ogni terzo passo inciampava; onde io faceva quasi tutta la strada a piedi, conteggiando così sotto voce e su le dita della mano quanto mi costerebbero quei dieci o dodici giorni di viaggio; quanto, un mese di soggiorno in Venezia; quanto sarebbe il risparmio all'uscir d'Italia, e quanto questa cosa, e quanto quell'altra; e mi logorava il cuore e il cervello in cotali sudicerie.

Il vetturino era patteggiato da me sino a Bologna per la via di Loreto; ma giunto con tanta noia e strettezza d'animo in Loreto, non potei più star saldo all'avarizia e alla mula, e non volli più continuare di quel mortifero passo. E qui la nascente gelata avarizia rimase vinta e sbeffata dalla bollente indole e dalla giovanile insofferenza. Onde, fatto a dirittura un grosso sbilancio, sborsai al vetturino quasi che tutto il pattuito importare di tutto il viaggio di Roma a Bologna, e piantatolo in Loreto, me ne partii per le poste tutto riavutomi; e l'avarizia diventò d'allora in poi un giusto ordine, ma senza spilorceria.

Bologna non mi piacque nulla più, anzi meno al ritorno che non mi fosse piaciuta all'andare; Loreto non mi compunse di divozione nessuna; e non sospirando altro che Venezia, della quale avea udito tante maraviglie già fin da ragazzo, dopo un solo giorno di stazione in Bologna, proseguii per Ferrara. Passai anche questa città senza pur ricordarmi, ch'ella era la patria e la tomba di quel divino Ariosto di cui pure avea letto in parte il poema con infinito piacere, e i di cui versi erano stati i primi primissimi che mi fossero capitati alle mani. Ma il mio povero intelletto dormiva allora di un sordidissimo sonno, e ogni giorno più s'irruginiva quanto alle lettere. Vero è però, che quanto alla scienza del mondo e degli uomini, io andava acquistando non poco ogni giorno senza avvedermene, stante la gran quantità di continui e diversi quadri morali che mi venivan visti e osservati giornalmente.

Al ponte di Lagoscuro m'imbarcai su la barca corriera di Venezia; e mi vi trovai in compagnia d'alcune ballerine di teatro, di cui una era bellissima; ma questo non mi alleggerì punto la noia di quell'imbarcazione, che durò due giorni e una notte, sino a Chiozza⁴, atteso che codeste ninfe faceano le Susanne⁵, e che io non ho mai tollerato la simulata virtù.

Ed eccomi finalmente in Venezia. Nei primi giorni l'inusitata località mi riempì di maraviglia e diletto; e me ne piacque perfino il gergo, forse perché dalle commedie del Goldoni ne avea sin da ragazzo contratta una certa assuefazione d'orecchio; ed in fatti quel dialetto è grazioso, e manca soltanto di maestà. La folla dei forestieri, la quantità dei teatri, ed i molti divertimenti e feste che, oltre le solite farsi per ogni fiera dell'Ascensa, si davano in quell'anno a contemplazione⁶ del duca di Wirtemberg, e tra l'altre la sontuosa regata, mi fecero trattenere in Venezia sino a mezzo giugno, ma non mi tennero perciò divertito. La solita malinconia, la noia, e l'insofferenza dello stare, ricominciavano a darmi i loro aspri morsi tosto che la novità degli oggetti trovavasi ammorzata. Passai più giorni in Venezia solissimo senza uscir di casa; e senza pure far nulla che stare alla finestra, di dove andava facendo dei segnuzzi, e qualche breve dialoghetto con una signorina che mi abitava di faccia; e il rimanente del giorno lunghissimo, me lo passava o dormicchiando, o ruminando non saprei che, o il più spesso anche piangendo, né so di che; senza mai trovar pace, né investigare né dubitarmi pure della cagione che me la intorbidava o toglieva. Molti anni dopo, osservandomi un poco meglio, mi convinsi poi che questo era in me un accesso periodico d'ogni anno nella primavera, alle volte in aprile, alle volte anche sino a tutto giugno; e più o meno durevole e da me sentito, secondo che il cuore e la mente si combinavano essere allora più o meno vuoti ed oziosi. Nell'istesso modo ho osservato poi, paragonando il mio intelletto ad un eccellente barometro, che io mi trovava avere ingegno e capacità al comporre più o meno, secondo il più o men peso dell'aria; ed una totale stupidità nei gran venti solstiziali ed equinoziali; e una infinitamente minore perspicacità la sera che la mattina; e assai più fantasia, entusiasmo, e attitudine all'inventare nel sommo inverno e nella somma state che non nelle stagioni di mezzo. Questa mia materialità, che credo pure in gran parte essere comune un po' più un po' meno a tutti gli uomini di fibra sottile, mi ha poi col tempo scemato e annullato ogni orgoglio del poco bene ch'io forse andava alle volte operando, come anche mi ha in gran parte diminuito la vergogna del tanto più male che avrò certamente fatto, e massime nell'arte mia; essendomi pienamente convinto che non era quasi in me il potere in quei dati tempi fare altrimenti.

CAPITOLO QUARTO
Fine del viaggio d'Italia; e mio primo arrivo a Parigi.

Riuscitomi dunque il soggiorno in Venezia sul totale anzi noioso che no; ed essendo perpetuamente incalzato dalla smania del futuro viaggio d'oltramonti, non ne cavai neppure il minimo frutto. Non visitai neppure la decima parte delle tante maraviglie, sì di pittura che d'architettura e scoltura, riunite tutte in Venezia; basti dire con mio infinito rossore, che né pure l'Arsenale. Non presi nessunissima notizia, anco delle più alla grossa[1], su quel governo che in ogni cosa differisce da ogni altro; e che, se non buono, dee riputarsi almen raro, poiché pure per tanti secoli ha sussistito con tanto lustro, prosperità, e quiete. Ma io, digiuno sempre d'ogni bell'arte turpemente vegetava, e non altro. Finalmente partii di Venezia al solito con mille volte assai maggior gusto che non c'era arrivato. Giunto a Padova, ella mi spiacque molto; non vi conobbi nessuno dei tanti professori di vaglia, i quali desiderai poi di conoscere molti anni dopo; anzi, allora al solo nome di professori, di studio, e di Università, io mi sentiva rabbrividire. Non mi ricordai (anzi neppur lo sapeva) che poche miglia distante da Padova giacessero le ossa del nostro gran luminare secondo, il Petrarca; e che m'importava egli di lui, io che mai non l'avea né letto, né inteso, né sentito, ma appena appena preso fra le mani talvolta, e non v'intendendo nulla buttatolo? Perpetuamente così spronato e incalzato dalla noia e dall'ozio, passai Vicenza, Verona, Mantova, Milano, e in fretta in furia mi ridussi in Genova, città che da me veduta alla sfuggita qualch'anni prima, mi avea lasciato un certo desiderio di sé. Io avea delle lettere di raccomandazione in quasi tutte le suddette città, ma per lo più non le ricapitava, o se pur lo faceva, il mio solito era di non mi lasciar più vedere; fuorché quelle persone non mi venissero insistentemente a cercare; il che non accadea quasi mai, e non doveva in fatti accadere. Questa sì fatta selvatichezza era in me occasionata in parte da fierezza e inflessibilità d'ineducato carattere, in parte da una renitenza naturale e quasi invincibile al veder visi nuovi. Ed era pur cosa impossibile davvero di andar sempre cangiando paese senza che mi si cangiassero le persone. Avrei voluto per la parte del cuore convivere sempre con la stessa gente; ma sempre in luogo diverso.

In Genova dunque, non vi essendo allora il ministro di Sardegna, e non conoscendovi altri che il mio banchiere, non tardai anche molto a tediarmi; e già aveva fissato di partirne verso il fine di giugno, allorché un giorno quel banchiere, uomo di mondo e di garbo, venutomi a visitare, e trovatomi così solitario, selvatico, e malinconico, volle sapere come io passassi il mio tempo; e vedendomi senza libri, senza conoscenze, senza occupazione altra che di stare al balcone, e correre tutto il giorno per le vie di Genova, o di passeggiare pel lido in barchetta, gli prese forse una certa compassione di me e della mia giovinezza, e volle assolutamente portarmi da un cavaliere suo amico. Questi era il signor Carlo Negroni, che avea passata gran parte della sua vita in Parigi, e che vedendomi cotanto invogliato di andarvi, me ne disse quel vero e schietto, al quale non prestai fede se non se alcuni mesi dopo, tosto che vi fui arrivato. Frattanto quel garbato signore mi introdusse in parecchie case delle primarie; e all'occasione del famoso banchetto che si suol dare dal doge nuovo[2], egli mi servì d'introduttore e compagno. E là fui quasi sul punto d'innamorarmi d'una gentil signora, la quale mi si mostrava bastantemente benigna. Ma per altra parte smaniando io di correre il mondo e di abbandonar l'Italia, Amore non poté per quella volta afferrarmi, ma me la serbò per non molto dopo.

Partito finalmente per mare in una feluchetta alla volta di Antibo[3], pareva a me d'andare all'Indie. Non mi era mai scostato da terra più che poche miglia nelle mie passeggiate marittime; ma allora, alzatosi un venticello favorevole, si prese il largo; successivamente poi rinforzò tanto il vento, che fattosi pericoloso fummo costretti di pigliar porto in Savona; e soggiornarvi due dì per aspettare buon tempo. Questo ritardo mi noiò ed afflisse moltissimo; e non uscii mai di casa, neppure per visitare quella famosissima Madonna di Savona[4]. Io non voleva più assolutamente vedere né sentir nulla dell'Italia; onde ogni istante di più che mi ci dovea trattenere, mi pareva una dura difalcazione dai tanti diletti che mi aspettavano in Francia. Frutto in me di una sregolata fantasia, che tutti i beni e tutti i mali m'ingrandiva sempre oltremodo, prima di provarli; talché poi gli uni e gli altri, e principalmente i beni, all'atto pratico poi non mi parevano nulla.

Giunto pure una volta in Antibo, e sbarcatovi, parea che tutto mi racconsolasse l'udire altra lingua, il vedere altri usi, altro fabbricato, altre faccie; e benché tutto fosse piuttosto diverso in peggio che in meglio, pure mi dilettava quella piccola varietà. Tosto ripartii per Tolone; e appena in Tolone, volli ripartir per Marsiglia, non avendo visto nulla in Tolone, città la cui faccia mi dispiacque moltissimo. Non così di Marsiglia, il cui ridente aspetto, le nuove, ben diritte e pulite vie, il bel corso, il bel porto, e le leggiadre e proterve donzelle, mi piacquero sommamente alla prima; e subito mi determinai di starvi un mesetto, per lasciare sfogare anche gli eccessivi calori del luglio, poco opportuni al viaggiare. Nel mio albergo v'era giornalmente tavola rotonda, onde io trovandomi aver compagnia a pranzo e cena, senza essere costretto di parlare (cosa che sempre mi costò qualche sforzo, sendo di taciturna natura), io passava con soddisfazione le altre ore del giorno da me. E la mia taciturnità, di cui era anche in parte cagione una certa timidità che non ho mai vinta del tutto in appresso, si andava anche raddoppiando a quella tavola, attesa la costante garrulità dei francesi, i quali vi si trovavano di ogni specie; ma i più erano ufficiali, o negozianti. Con nessuno però di essi né amicizia contrassi né famigliarità, non essendo io in ciò mai stato di natura liberale né facile. Io li stava bensì ascoltando volentieri, benché non v'imparassi nulla; ma lo ascoltare è una cosa che non mi ha costato mai pena, anche i più sciocchi discorsi, dai quali si apprende tutto quello che non va detto.

Una delle ragioni che mi aveano fatto desiderare maggiormente la Francia, si era di poterne seguitatamente[5] godere il teatro. Io aveva veduto due anni prima in Torino una compagnia di comici francesi, e per tutta un'estate l'aveva assiduamente praticata; onde molte delle principali tragedie, e quasi tutte le più celebri commedie, mi erano note. Io debbo però dire pel vero, che sì in Torino che in Francia; sì in quel primo viaggio, come nel secondo fattovi due anni e più dopo; non mi cadde mai nell'animo, né in pensiero pure, ch'io volessi o potessi mai scrivere delle composizioni teatrali. Onde io ascoltava le altrui con attenzione sì, ma senza intenzione nessuna; e, ch'è più, senza sentirmi nessunissimo impulso al creare; anzi sul totale mi divertiva assai più la commedia, di quello che mi toccasse la tragedia, ancorché per natura mia fossi tanto più inclinato al pianto che al riso. Riflettendovi poi in appresso, mi parve che l'una delle principali ragioni di questa mia indifferenza per la tragedia, nascesse dall'esservi in quasi tutte le tragedie francesi delle scene intere, e spesso anche degli atti, che dando luogo a personaggi secondari mi raffreddavano la mente ed il cuore assaissimo, allungando senza bisogno d'azione, o per meglio dire interrompendola[6]. Vi si aggiungeva poi, che l'orecchio mio, ancorché io non volessi essere italiano, pur mi serviva ottimamente malgrado mio, e mi avvertiva della noiosa e insulsa uniformità di quel verseggiare a pariglia a pariglia di rime, e i versi a mezzi a mezzi[7], con tanta trivialità di modi, e sì spiacevole nasalità di suoni; onde, senza ch'io sapessi pur dire il perché, essendo quegli attori eccellenti rispetto ai nostri iniquissimi; essendo le cose da essi recitate per lo più ottime quanto all'affetto, alla condotta, e ai pensieri; io con tutto ciò vi andava provando una freddezza di tempo in tempo, che mi lasciava mal soddisfatto. Le tragedie che mi andavano più a genio, erano la *Fedra*, l'*Alzira*, il *Maometto*[8], e poche altre.

Oltre il teatro, era anche uno de' miei divertimenti in Marsiglia il bagnarmi quasi ogni sera nel mare. Mi era venuto trovato un luoghetto graziosissimo ad una certa punta di terra posta a man dritta fuori del porto, dove sedendomi su la rena con le spalle addossate a uno scoglio ben altetto che mi toglieva ogni vista della terra da tergo, innanzi ed intorno a me non vedeva altro che mare e cielo; e così fra quelle due immensità abbellite anche molto dai raggi del sole che si tuffava nell'onde, io mi passava un'ora di delizie fantasticando; e quivi avrei composto molte poesie, se io avessi saputo scrivere o in rima o in prosa in una lingua qual che si fosse.

Ma tediatomi pure anche del soggiorno di Marsiglia, perché ogni cosa presto tedia gli oziosi; ed incalzato ferocemente dalla frenesia di Parigi; partii verso il 10 d'agosto, e più come fuggitivo che come viaggiatore, andai notte e giorno senza posarmi sino a Lione. Non Aix[9] col suo magnifico e ridente passeggio; non Avignone, già sede papale, e tomba della celebra Laura; non Valchiusa, stanza già sì gran tempo del nostro divino Petrarca; nulla mi potea distornare dall'andar dritto a guisa di saetta in verso Parigi. In Lione la stanchezza mi fece trattenere due notti e un giorno; e ripartitone con lo stesso furore, in meno di tre giorni per la via della Borgogna mi condussi in Parigi.

.

CAPITOLO QUINTO
Primo soggiorno in Parigi.

Era, non ben mi ricordo il dì quanti di agosto, ma fra il 15, e il 20, una mattinata nubilosa fredda e piovosa; io lasciava quel bellissimo cielo di Provenza e d'Italia, e non era mai capitato fra sì fatte sudicie nebbie, massimamente in agosto; onde l'entrare in Parigi pel sobborgo miserrimo di San Marcello, e il progredire poi quasi in un fetido fangoso sepolcro nel sobborgo di San Germano[1], dove andava ad albergo, mi serrò sì fortemente il cuore, ch'io non mi ricordo di aver provato in vita mia per cagione sì piccola una più dolorosa impressione. Tanto affrettarmi, tanto anelare, tante pazze illusioni di accesa fantasia, per poi inabissarmi in quella fetente cloaca. Nello scendere all'albergo, già mi trovava pienamente disingannato; e se non era la stanchezza somma, e la non picciola vergogna che me ne sarebbe ridondata, io immediatamente sarei ripartito. Nell'andar poi successivamente dattorno per tutto Parigi, sempre più mi andai confermando nel mio disinganno. L'umiltà e barbarie del fabbricato; la risibile pompa meschina delle poche case che pretendono a palazzi; il sudiciume e goticismo delle chiese; la vandalica struttura dei teatri d'allora; e i tanti e tanti e tanti oggetti spiacevoli che tutto dì mi cadeano sott'occhio, oltre il più amaro di tutti, le pessimamente architettate faccie impiastrate delle bruttissime donne; queste cose tutte non mi venivano poi abbastanza rattemperate dalla bellezza dei tanti giardini, dall'eleganza e frequenza degli stupendi passeggi pubblici, dal buon gusto e numero infinito di bei cocchi, dalla sublime facciata del Louvre, dagli innumerabili e quasi tutti buoni spettacoli, e da altre sì fatte cose.

Continuava intanto con incredibile ostinazione il mal tempo, a segno che da quindici e più giorni d'agosto ch'io aveva passati in Parigi, non ne aveva ancora salutato il sole. Ed i miei giudizi morali, più assai poetici che filosofici, si risentivano sempre non poco dell'influenza dell'atmosfera. Quella prima impressione di Parigi mi si scolpì sì fortemente nel capo, che ancora adesso (cioè ventitré anni dopo) ella mi dura negli occhi e nella fantasia, ancorché in molte parti la ragione in me la combatta e condanni.

La corte stava in Compiegne, e ci si dovea trattenere per tutto il settembre; onde non essendo allora in Parigi l'ambasciatore di Sardegna per cui aveva delle lettere, io non vi conosceva anima al mondo, altri che alcuni forestieri già da me incontrati e trattati in diverse città d'Italia. E questi neppure conosceano nessuna onesta² persona in Parigi. Dunque così passava io il mio tempo fra i passeggi, i teatri, le ragazze di mondo, e il dolore quasi che continuo: e così durai sino al fin di novembre, tempo in cui da Fontainebleau si restituì l'ambasciatore a dimora in Parigi. Introdotto io allora da esso in varie case, principalmente degli altri ministri esteri, dall'ambasciatore di Spagna dove c'era un faraoncino³, mi posi per la prima volta a giuocare. Ma senza notabile perdita né vincita mai, ben presto mi tediai anche del giuoco, come d'ogni altro mio passatempo in Parigi; onde mi determinai di partirne in gennaio per Londra; stufo di Parigi, di cui non conoscea pure altro che le strade; e sul totale già molto raffreddato nella smania di veder cose nuove; tutte sempre trovandole di gran lunga inferiori, non che agli enti immaginari ch'io mi era andati creando nella fantasia, ma agli stessi oggetti reali già da me veduti nei diversi luoghi d'Italia; talché in Londra poi terminai d'imparare a ben conoscere e prezzare e Napoli, e Roma, e Venezia, e Firenze.

Prima ch'io partissi per Londra, avendomi proposto l'am- 1768 basciatore di presentarmi a corte in Versailles, io accettai per una certa curiosità di vedere una corte maggiore delle già vedute da me sin allora, benché fossi pienamente disingannato su tutte. Ci fui pel capo d'anno del 1768, giorno anche più curioso attese le varie funzioni che vi si praticano. Ancorché io fossi prevenuto che il re non parlava ai forestieri comuni, e che certo poco m'importasse di una tal privazione, con tutto ciò non potei inghiottire il contegno giovesco[4] di quel regnante, Luigi XV, il quale squadrando l'uomo presentatogli da capo a piedi, non dava segno di riceverne impressione nessuna; mentre se ad un gigante si dicesse: «Ecco ch'io gli presento una formica»: egli pure guardandola, o sorriderebbe, o direbbe forse: «Oh che piccolo animaluzzo!»; o se anche il tacesse, lo direbbe il di lui viso per esso. Ma quella negativa di sprezzo non mi afflisse poi più allorquando, pochi momenti dopo, vidi che il re andava spendendo la stessa moneta delle sue occhiate sopra degli oggetti tanto più importanti che non m'era io. Fatta una breve preghiera fra due suoi prelati, di cui l'uno, se ben ricordo, era cardinale, il re si avviò per andare alla cappella, e fra due porte gli si fece incontro il preposto della Mercanzia, primo uffiziale della Municipalità di Parigi, e gli balbettò un complimentuccio d'uso pel capo d'anno. Il taciturno sire gli rispose con un'alzata di testa: e rivoltosi ad uno de' suoi cortigiani che lo seguivano, domandò dove fossero rimasti *les echevins*[5], che sono i consueti accoliti del suddetto preposto. Allora una voce cortigianesca uscita così a mezzo dalla turba di essi, facetamente disse: *Ils sont restés embourbés*[6]. Rise tutta la corte, e lo stesso monarca sorrise, e passò oltre verso la messa che lo aspettava. La incostante fortuna poi volle, che in poco più di vent'anni io vedessi in Parigi nel Palazzo della Città[7] un altro Luigi re[8] ricevere assai più benignamente un altro assai diverso complimento fattogli da altro preposto sotto il titolo di *maire*[9], il dì 17 luglio 1789: ed erano allora rimasti *embourbés* i cortigiani nel venir di Versailles a Parigi, benché fosse di fitta estate; ma il fango su quella strada era fino a quel punto fatto perenne. E di aver visto tal cosa ne loderei forse Dio, se non temessi, e credessi pur troppo, che gli effetti e influenza di questi re plebei[10] siano per essere ancor più funesti alla Francia ed al mondo, che quelli dei re capetini[11].

Viaggio in Inghilterra e in Olanda. Primo intoppo amoroso.

Partii dunque di Parigi verso il mezzo gennaio, in compagnia 1768 di un cavaliere mio paesano[1], giovine di bellissimo aspetto, di età circa dieci o dodici anni più avanzato di me, di un certo ingegno naturale; ignorante, quanto me; riflessivo, assai meno, e più amatore del gran mondo che conoscitore o investigatore degli uomini. Egli era cugino del nostro ambasciatore in Parigi, e nipote del principe di Masserano allora ambasciatore di Spagna in Londra, in casa del quale egli doveva alloggiare. Benché io non amassi gran fatto di legarmi di compagnia per viaggio, pure per andare a un determinato luogo e non più, mi ci accomodai volentieri. Questo mio nuovo compagno era di un umore assai lieto e loquace, onde con vicendevole soddisfazione io taceva e ascoltava, egli parlava e lodavasi, essendo egli fortemente innamorato di sé, per aver piaciuto molto alle donne; e mi andava annoverando con pompa i suoi trionfi amorosi, ch'io stava a sentire con diletto, e senza invidia nessuna. La sera all'albergo, aspettando la cena, giuocavamo a scacchi, ed egli sempre mi vinceva, essendo io stato sempre ottusissimo a tutti i giuochi. Si fece un giro più lungo per Lilla, e Douay, e Sant'Oméro[2], per renderci a Calais; ed era il freddo sì eccessivo, che in un calesse stivatissimo coi cristalli, ed inoltre un candelotto che ci tenevamo acceso, ci si agghiacciò in una notte il pane, ed il vino stesso; e quest'eccesso mi rallegrava, perché io per natura poco gradisco le cose di mezzo.

Lasciate finalmente le rive della Francia, appena sbarcavamo a Douvres[3], che quel freddo si trovò scemato per metà, e non trovammo quasi punta neve fra Douvres e Londra. Quanto mi era spiaciuto Parigi al primo aspetto, tanto mi piacque subito e l'Inghilterra, e Londra massimamente. Le strade, le osterie, i cavalli, le donne, il ben essere universale, la vita e l'attività di quell'isola, la pulizia e comodo delle case benché picciolissime, il non vi trovare pezzenti, un moto perenne di danaro e d'industria sparso egualmente nelle province che nella capitale; tutte queste doti vere ed uniche di quel fortunato e libero paese, mi rapirono l'animo a bella prima, e in due altri viaggi, oltre quello, ch'io vi ho fatti finora, non ho variato mai più di parere, troppa essendo la differenza tra l'Inghilterra e tutto il rimanente dell'Europa in queste tante diramazioni della pubblica felicità, provenienti dal miglior governo. Onde, benché io allora non ne studiassi profondamente la costituzione, madre di tanta prosperità, ne seppi però abbastanza osservare e valutare gli effetti divini.

In Londra essendo molto maggiore la facilità per i forestieri di essere introdotti nelle case, di quel che non sia in Parigi, io, che a quella difficoltà parigina non avea mai voluto piegarmi per ammollirla, perché non mi curo di vincere le difficoltà da cui non me ne ridonda niun bene, mi lasciai allora per qualche mesi[4] strascicare da quella facilità, e da quel mio compagno di viaggio, nel vortice del gran mondo. Contribuì anche non poco ad infrangere la mia naturale rusticità e ritrosia la cortese e paterna amorevolezza verso di me del principe di Masserano, ambasciatore di Spagna, ottimo vecchio, appassionatissimo dei piemontesi, essendo il Piemonte la sua patria, benché il di lui padre si fosse già traspiantato in Ispagna. Ma dopo circa tre mesi, avvedendomi che in quelle veglie e cene e festini io mi ci seccava purtroppo, e niente imparavaci, scambiatami allora la parte, in vece di recitare da cavaliere nella veglia, mi elessi di far da cocchiere alla porta di essa, e incarrozzava e scarrozzava di qua e di là per tutto Londra il mio bel Ganimede compagno, a cui solo lasciava la gloria dei trionfi amorosi; e mi era ridotto a far sì bene e disinvoltamente il mio servizio di cocchiere, che anche di alcuni di quei combattimenti a timonate che usano tra i cocchieri inglesi all'uscire del Renelawgh[5], e dei teatri, ne uscii con un qualche onore, senza rottura di legno[6] né danno dei cavalli. In tal guisa dunque terminai i miei divertimenti di quell'inverno, col cavalcare quattro o cinqu'ore ogni mattina, e stare a cassetta due o tre ore ogni sera a guidare, per qualunque tempo facesse. Nell'aprile poi col mio solito compagno si fece una scorsa per le più belle province d'Inghilterra. Si andò a Portsmouth e Salsbury[7], a Bath, Bristol, e si tornò per Oxford a Londra. Il paese mi piacque molto, e l'armonia delle cose diverse, tutte concordanti in quell'isola al massimo ben essere di tutti, m'incantò sempre più fortemente; e fin d'allora mi nascea il desiderio di potervi stare per sempre a dimora; non che gli individui me ne piacessero gran fatto (benché assai più dei francesi, perché più buoni e alla buona), ma il local del paese, i semplici costumi, le belle e modeste donne e donzelle, e sopra tutto l'equitativo[8] governo, e la vera libertà che n'è figlia; tutto questo me ne faceva affatto scordare la spiacevolezza del clima, la malinconia che sempre vi ti accerchia, e la rovinosa carezza del vivere.

Tornato poi da quel giretto che mi avea rimesso su le mosse, io già di bel nuovo mi sentiva incalzato dal furore dell'andare, e con gran pena differii ancora sino ai primi di giugno la mia partenza per l'Olanda. E allora poi, per la via di Harwich imbarcatomi per Helvoetsluys, con un rapidissimo vento in dodici ore vi approdai.

La Olanda è nell'estate un ameno e ridente paese; ma mi sarebbe piaciuta anche più, se l'avessi visitata prima dell'Inghilterra; atteso che quelle stesse cose che vi si ammirano, popolazione, ricchezza, lindura, savie leggi, industria ed attività somma, tutte vi si trovano alquanto minori che in Inghilterra. Ed in fatti poi, dopo molti altri viaggi e molta più esperienza, i due soli paesi dell'Europa che mi hanno sempre lasciato desiderio di sé, sono stati l'Inghilterra e l'Italia; quella, in quanto l'arte ne ha per così dire soggiogata o trasfigurata la natura; questa, in quanto la natura sempre vi è robustamente risorta a fare in mille diversi modi vendetta dei suoi spesso tristi e sempre inoperosi governi.

Nel mio soggiorno nell'Haja[9], che riuscì assai più lungo che non avea disegnato, io incappai finalmente nell'amore, che mai fin allora non mi avea potuto raggiungere né afferrare. Una gentil signorina[10], sposa da un anno, piena di grazie naturali, di modesta bellezza, e di una soave ingenuità, mi toccò vivissimamente nel cuore; ed il paese essendo piccolo, e poche le distrazioni, nel rivederla io assai più spesso che non avrei voluto da prima, tosto poi mi venni a dolere di non poterla veder abbastanza. Mi trovai preso, senza quasi avvedermene, in una terribile maniera; talché già stava ruminando in me stesso niente meno che di non mi muover mai più né vivo né morto dall'Haja, persuadendomi che mi sarebbe impossibilissima cosa di vivere senz'essa. Apertosi il mio indurito cuore agli strali d'Amore, egli avea ad un tempo stesso dato adito alle dolci insinuazioni dell'amicizia. Ed era il mio nuovo amico, il signor Don Iosé D'Acunha, ministro allora di Portogallo in Olanda. Egli era uomo di molto ingegno e più originalità, di una bastante coltura, e di un ferreo carattere; magnanimo di cuore, di animo bollente ed altissimo. Una certa simpatia fra le nostre due taciturnità ci avea già quasi allacciati vicendevolmente, senza che ce ne avvedessimo; la franchezza poi e il calore dei nostri due animi ben tosto ebbe operato il di più. Io dunque mi trovava felicissimo nell'Haja, dove per la prima volta in vita mia mi occorreva di non desiderare altra cosa al mondo nessuna, oltre l'amica, e l'amico. Amante io ed amico, riamato da entrambi i soggetti, traboccava da ogni parte gli affetti, parlando dell'amata all'amico, e dell'amico all'amata; e gustava così dei piaceri vivissimi incomparabili, e fino a quel punto ignoti al mio cuore, benché tacitamente pur sempre me li fosse egli andato richiedendo, e additando come in confuso. Mille savi consigli mi dava continuamente quel degnissimo amico; e quello massimamente, di cui non perderò mai la memoria, si fu del farmi con destrezza ed efficacia arrossire della mia stupida oziosa vita, del non mai aprir un libro qualunque, dell'ignorar tante cose, e più che altro i nostri, pur tanti e sì ottimi, italiani poeti ed i più distinti (ancorché pochi) prosatori e filosofi. Tra questi, l'immortal Niccolò Machiavelli, di cui null'altro sapeva io che il semplice nome, oscurato e trasfigurato da quei pregiudizi con cui nelle nostre educazioni ce lo definiscono senza mostrarcelo, e senza averlo i detrattori di esso né letto, né inteso se pur mai visto l'hanno. L'amico D'Acunha me ne regalò un esemplare, che ancora conservo, e che poi molto lessi, e

alcun poco postillai, ma dopo molti e molti anni. Una stranissima cosa però (la quale io notai molto dopo, ma che allora
vivamente sentii senza pure osservarla) si era, che io non mi
sentiva mai ridestare in mente e nel cuore un certo desiderio di
studi ed un certo impeto ed effervescenza d'idee creatrici, se
non se in quei tempi in cui mi trovava il cuore fortemente
occupato d'amore; il quale, ancorché mi distornasse da ogni
mentale applicazione, ad un tempo stesso me ne invogliava;
onde io non mi teneva mai tanto capace di riuscire in un qualche ramo di letteratura, che allorquando avendo un oggetto
caro ed amato mi parea di potere a quello tributare anco i frutti
del mio ingegno.

Ma quella mia felicità olandese non mi durò gran tempo. Il
marito della mia donna, era un ricchissimo individuo, il di cui
padre era stato governatore di Batavia; egli mutava spessissimo
luogo, ed avendo recentemente comprata una baronia negli
Svizzeri, voleva andarvi a villeggiare in quell'autunno. Nell'a-
gosto egli fece colla moglie un viaggietto all'acque di Spa[11]; ed
io dietro loro, non essendo egli gran fatto geloso. Nel tornare
poi di Spa verso l'Olanda, si venne insieme sino a Mastricht, e
là mi fu forza lasciarla, perché ella dovea andar in villa con la di
lei madre, mentre il marito andava egli solo verso la Svizzera.
Io non conosceva la di lei madre, e non v'era né pretesto né
mezzo decente e plausibile per intromettermi in casa altrui.
Codesta prima separazione mi spaccò veramente il cuore; ma
rimanevaci pure ancora una qualche speranza di rivederci. Ed
in fatti, tornato io all'Haja, e partito il marito per la Svizzera, di
lì a pochi giorni ricomparì l'adorata donna nell'Haja. La mia
contentezza fu somma, ma fu un lampo momentaneo. Dopo
dieci giorni in cui veramente mi tenni ed era beato sopra ogni
uomo, non sentendosi ella il cuore di dirmi qual giorno dovesse ripartire per la villa, né avendo io il coraggio di domandar-
glielo; una mattina ad un tratto mi venne a vedere l'amico
D'Acunha, e nel dirmi ch'ell'era sforzatamente dovuta partire,
mi diede una sua letterina che mi colpì a morte, benché tutta
spirasse affetto ed ingenuità nell'annunziarmi l'indispensabile

necessità in cui si trovava, di non poter più senza scandalo differire la di lei partenza alla volta del marito, che le avea ingiunto di raggiungerlo. L'amico soavemente aggiungeva in voce, che non v'essendo rimedio, bisognava dar luogo alla necessità[12] ed alla ragione.

Non sarei forse reputato veridico, se io volessi annoverare tutte le frenesie dell'addolorato disperato mio animo. A ogni conto voleva io assolutamente morire, ma non articolai però mai tal parola a nessuno; e fingendomi ammalato perché l'amico mi lasciasse, feci chiamare il chirurgo perché mi cavasse sangue, venne, e me lo cavai. Uscito appena il chirurgo, io finsi di voler dormire, e chiusomi fra le cortine del letto io stava qualche minuti fra me ruminando a quello ch'io stava per fare, poi principiai a sfasciare la sanguigna[13] avendo fermo in me di così dissanguarmi e perire. Ma quel non meno sagace che fido Elia, che mi vedea in tale violento stato, e che anche dall'amico era stato addottrinato prima di lasciarmi, simulando che io lo avessi chiamato mi tornò alla sponda del letto rialzando la cortina ad un tratto; onde io sorpreso e vergognoso ad un tempo, forse anche pentito o mal fermo nel mio giovenile proposto, gli dissi che la fasciatura mi s'era disfatta; egli finse di crederlo, e me la rifasciò, né più mi volle perder di vista un momento. Ed anzi, fatto di nuovo cercar l'amico, egli corse da me, ed ambedue quasi mi sforzarono ad alzarmi da letto, e l'amico mi volle portare a casa sua dove mi vi trattenne per più giorni, nei quali mai non mi abbandonò. Il mio dolore era cupo e taciturno; o sia che mi vergognassi, o che mi diffidassi, non l'ardiva esternare; onde o taceami, ovvero piangeva. Frattanto ed il tempo, e i consigli dell'amico, e le piccole divagazioni a cui egli mi costringeva, e un qualche raggio d'incerta speranza di poterla rivedere; di ritornare in Olanda l'anno dopo, e più ch'ogni cosa forse la natural leggerezza di quella età di anni diciannove, mi andarono a poco a poco sollevando. Ed ancorché il mio animo non si risanasse per assai gran tempo, la ragione mi rientrò pure intera nello spazio di pochi giorni.

Così alquanto rinsavito, ma dolentissimo, fermai di partire alla volta d'Italia, riuscendomi ingratissima la vista di un paese e di luoghi ai quali io ridomandava il mio bene perduto quasi ad un tempo che posseduto. Mi doleva però assaissimo di staccarmi da un tale amico; ma egli stesso, vedendomi sì gravemente piagato, mi incoraggì al partire, essendo ben convinto che il moto, la varietà degli oggetti, la lontananza ed il tempo infallibilmente mi guarirebbero.

Verso il mezzo settembre mi separai dall'amico in Utrecht, dove mi volle accompagnare, e di donde per la via di Brusselles[14], per la Lorena, Alsazia, Svizzera, e Savoia non mi arrestai più sino in Piemonte, altro che per dormire; ed in meno di tre settimane mi ritrovai in Cumiana nella villa di mia sorella, dove andai subito da Susa senza passar per Torino, per isfuggire ogni consorzio umano, avendo bisogno di digerire la mia febbre nella piena solitudine. E durante tutto il viaggio, nulla vidi in tutte quelle città di passo, Nancy, Strasborgo[15], Basilea, e Ginevra, altro che le mura; né mai aprii bocca col fidato Elia, che adattandosi alla mia infermità, mi obbediva a cenni, e anteveniva ogni mio bisogno.

CAPITOLO SETTIMO
Ripatriato per un mezz'anno, mi do agli studi filosofici.

Tale fu il primo mio viaggio, che durò due anni e qualche giorni. Dopo circa sei settimane di villeggiatura con mia sorella, restituendosi ella in città, tornai in Torino con essa. Molti non mi riconoscevano quasi più attesa la statura che in quei due anni mi si era infinitamente accresciuta; tanto era il bene che mi aveva fatto alla complessione quella vita variata, oziosa, e strapazzatissima. Nel passar di Ginevra io avea comprato un pieno baule di libri. Tra quelli erano le opere di Rousseau, di Montesquieu, di Helvetius, e simili. Appena dunque ripatriato, pieno traboccante il cuore di malinconia e d'amore, io mi sentiva una necessità assoluta di fortemente applicare la mente in un qualche studio; ma non sapeva il quale, stante che la trascurata educazione coronata poi da quei circa sei anni di ozio e di dissipazione, mi avea fatto egualmente incapace di ogni studio 1769 qualunque. Incerto di quel che mi farei, e se rimarrei in patria, o se viaggierei di bel nuovo, mi posi per quell'inverno a stare in casa di mia sorella, e tutto il giorno leggeva, un pochino passeggiava, e non trattava assolutamente con nessuno. Le mie letture erano sempre di libri francesi. Volli leggere l'*Eloisa*[1] di Rousseau; più volte mi ci provai; ma benché io fossi di un carattere per natura appassionatissimo, e che mi trovassi allora fortemente innamorato, io trovava in quel libro tanta maniera, tanta ricercatezza, tanta affettazione di sentimento, e sì poco sentire, tanto calor comandato di capo, e sì gran freddezza di cuore, che mai non mi venne fatto di poterne terminare il primo volume. Alcune altre sue opere politiche, come il *Contratto sociale*, io non le intendeva, e perciò le lasciai. Di Voltaire mi allettavano singolarmente le prose, ma i di lui versi mi tediavano. Onde non lessi mai la sua *Enriade*, se non se a squarcetti; poco più la *Pucelle*[2], perché l'osceno non mi ha dilettato mai; ed alcune delle di lui tragedie. Montesquieu all'incontro lo lessi di capo in fondo ben due volte, con maraviglia, diletto, e forse anche con un qualche mio utile. *L'Esprit* di Helvetius mi fece anche una profonda, ma sgradevole impressione. Ma il libro dei libri per me, e che in quell'inverno mi fece veramente trascorrere dell'ore di rapimento e beate, fu Plutarco, le vite dei veri grandi[3]. Ed alcune di quelle, come Timoleone, Cesare, Bruto, Pelopida, Catone, ed altre, sino a quattro e cinque volte le rilessi con un tale trasporto di grida, di pianti, e di furori pur anche, che chi fosse stato a sentirmi nella camera vicina mi avrebbe certamente tenuto per impazzato. All'udire certi gran tratti di quei sommi uomini, spessissimo io balzava in piedi agitatissimo, e fuori di me, e lagrime di dolore e di rabbia mi scaturivano dal vedermi nato in Piemonte ed in tempi e governi ove niuna alta cosa non si poteva né fare né dire, ed inutilmente appena forse ella si poteva sentire e pensare. In quello

stesso inverno studiai anche con molto calore il sistema plane-
tario, ed i moti e leggi dei corpi celesti, fin dove si può arrivare
a capirle, senza il soccorso della per me inapprendibile geometria. Cioè a dire ch'io studiai malamente la parte istorica di
quella scienza tutta per sé matematica. Ma pure, cinto di tanta
ignoranza, io ne intesi abbastanza per sublimare il mio intelletto alla immensità di questo tutto creato; e nessuno studio mi
avrebbe rapito e riempiuto più l'animo che questo, se io avessi
avuto i debiti principii per proseguirlo.

Tra queste dolci e nobili occupazioni, che dilettandomi
pure, accresceano nondimeno notabilmente la mia taciturnità,
malinconia e nausea d'ogni comune divertimento, il mio
cognato mi andava continuamente istigando di pigliar moglie.
Io, per natura, sarei stato inclinatissimo alla vita casereccia; ma
l'aver veduta l'Inghilterra in età di diciannove anni, e l'aver
caldamente letto e sentito Plutarco all'età di venti anni, mi
ammonivano, ed inibivano di pigliar moglie e di procrear figli
in Torino. Con tutto ciò la leggerezza di quella stessa età mi
piegò a poco a poco ai replicati consigli, ed acconsentii che il
cognato trattasse per me il matrimonio con una ragazza erede[4],
nobilissima, e piuttosto bellina, con occhi nerissimi che presto
mi avrebbero fatto smettere il Plutarco, nello stesso modo che
Plutarco forse avea indebolito in me la passione della bella
olandese. Ed io confesserò di aver avuto in quel punto la viltà
di desiderare la ricchezza più ancora che la bellezza di codesta
ragazza; speculando in me stesso, che l'accrescere circa di metà
la mia entrata mi porrebbe in grado di maggiormente fare quel
che si dice nel mondo buona figura. Ma la mia buona sorte mi
servì in questo affare assai meglio che il mio debile e triviale
giudizio, figlio d'infermo animo. La ragazza, che da bel principio avrebbe inclinato a me, fu svolta da una sua zia a favore
d'altro giovinotto signore, il quale essendo figlio di famiglia
con molti fratelli, e zii, veniva ad essere allora assai men comodo[5] di me, ma godeva di un certo favore in corte presso il duca
di Savoia erede presuntivo del trono, di cui era stato paggio, e
dal quale ebbe in fatti poi quelle grazie che comporta il paese.

Oltre ciò, il giovine era di un'ottima indole, e di un'amabile costumatezza. Io, al contrario, aveva taccia di uomo straordinario in mal senso, poco adattandomi al pensare, ai costumi, al pettegolezzo, e al servire del mio paese, e non andando abbastanza cauto nel biasimare e schernire quegli usi; cosa, che (giustamente a dir vero) non si perdona. Io fui dunque solennemente ricusato, e mi fu preferito il suddetto giovine. La ragazza fece ottimamente per il bene suo, poiché ella felicissimamente passò la vita in quella casa dove entrò; e fece pure ottimamente per l'util mio, poiché se io incappava in codesto legame di moglie e figli, le Muse per me certamente eran ite[6]. Io da quel rifiuto ne ritrassi ad un tempo pena e piacere; perché mentre si trattava la cosa io spessissimo provavo dei pentimenti, e ne avea una certa vergogna di me stesso che non esternava, ma non la sentiva perciò meno; arrossendo in me medesimo di ridurmi per danari a far cosa che era contro il mio intimo modo di pensare. Ma una picciolezza ne fa due, e sempre poi si moltiplicano. Cagione di questa mia non certo filosofica cupidità, si era l'intenzione che già dal mio soggiorno in Napoli avea accolta nell'animo di attendere quando che fosse ad impieghi diplomatici. Questo pensiere veniva fomentato in me dai consigli del mio cognato, cortigiano inveterato; onde il desiderio di quel ricco matrimonio era come la base delle future ambascierie, alle quali meglio si fa fronte quanto più si ha danari. Ma buon per me, che il matrimonio ito in fumo, mandò pure in fumo ogni mia ambasciatoria velleità; né mai feci chiesta nessuna di tale impiego, e per mia minor vergogna questo mio stupido e non alto desiderio nato e morto nel mio petto, non fu (toltone il mio cognato) noto a chicchessia.

Appena iti a vuoto questi due disegni, mi rinacque subito il pensiero di proseguire i miei viaggi per altri tre anni, per veder poi intanto quello che vorrei fare di me. L'età di venti anni mi lasciava tempo a pensarci. Io aveva aggiustati i miei interessi col curatore, dalla di cui podestà si esce nel mio paese al suonar dei venti anni. Venuto più in chiaro delle cose mie, mi trovai esser molto più agiato che non m'avea detto il curatore fino a quel punto. Ed egli in questo mi giovò non poco avendomi piuttosto avvezzato al meno che al più. Perciò d'allora in poi quasi sempre fui giusto nello spendere. Trovandomi dunque allora circa duemila cinquecento zecchini di effettiva spendibile entrata, e non poco danaro di risparmio nei tanti anni di minorità, mi parve pel mio paese e per un uomo solo di essere ricco abbastanza, e deposta ogni idea di moltiplico mi disposi a questo secondo viaggio, che volli fare con più spesa e maggiori comodi.

CAPITOLO OTTAVO

Secondo viaggio, per la Germania, la Danimarca e la Svezia.

Ottenuta la solita indispensabile e dura permissione del re, partii nel maggio del 1769 a bella prima alla volta di Vienna. Nel viaggio, abbandonando l'incarico noioso del pagare al mio fidatissimo Elia, io cominciava a fortemente riflettere su le cose del mondo; ed in vece di una malinconia fastidiosa ed oziosa, e di quella mera impazienza di luogo, che mi aveano sempre incalzato nel primo viaggio, in parte da quel mio innamoramento, in parte da quella applicazione continua di sei mesi in cose di qualche rilievo, ne avea ricavata un'altra malinconia riflessiva e dolcissima. Mi riuscivano in ciò di non picciolo aiuto (e forse devo lor tutto, se alcun poco ho pensato dappoi) i sublimi *Saggi* del familiarissimo Montaigne, i quali divisi in dieci tometti[1], e fattisi miei fidi e continui compagni di viaggio, tutte esclusivamente riempivano le tasche della mia carrozza. Mi dilettavano ed instruivano, e non poco lusingavano anche la mia ignoranza e pigrizia, perché aperti così a caso, qual che si fosse il volume, lettane una pagina o due, lo richiudeva, ed assai ore poi su quelle due pagine sue io andava fantasticando del mio. Ma mi facea bensì molto scorno quell'incontrare ad ogni pagine di Montaigne uno o più passi latini, ed essere costretto a cercarne l'interpretazione nella nota, per la totale impossibilità in cui mi era ridotto d'intendere neppure le più triviali citazioni di prosa, non che le tante dei più sublimi poeti. E già non mi dava neppur più la briga di provarmici, e asinescamente leggeva a dirittura la nota. Dirò più; che quei sì spessi squarci dei nostri poeti primari italiani che vi s'incontrano, anco venivano da me saltati a piè pari, perché alcun poco mi avrebbero costato fatica a benissimo intenderli. Tanta era in me la primitiva ignoranza, e la desuetudine poi di questa divina lingua, la quale in ogni giorno più andava perdendo.

Per la via di Milano e Venezia, due città ch'io volli rivedere; poi per Trento, Inspruck, Augusta, e Monaco, mi rendei a Vienna, pochissimo trattenendomi in tutti i suddetti luoghi. Vienna mi parve avere gran parte delle picciolezze di Torino, senza averne il bello della località. Mi vi trattenni tutta l'estate, e non vi imparai nulla. Dimezzai il soggiorno, facendo nel luglio una scorsa fino a Buda, per aver veduta una parte dell'Ungheria. Ridivenuto oziosissimo, altro non faceva che andare attorno qua e là nelle diverse compagnie; ma sempre ben armato contro le insidie d'amore. E mi era a questa difesa un fidissimo usbergo il praticare il rimedio commendato da Catone[2]. Io avrei in quel soggiorno di Vienna potuto facilmente conoscere e praticare il celebre poeta Metastasio, nella di cui casa ogni giorno il nostro ministro, il degnissimo conte di Canale, passava di molte ore la sera in compagnia scelta di altri pochi letterati, dove si leggeva seralmente alcuno squarcio di classici o greci, o latini, o italiani. E quell'ottimo vecchio conte di Canale, che mi affezionava, e moltissimo compativa i miei perditempi, mi propose più volte d'introdurmivi. Ma io, oltre all'essere di natura ritrosa, era anche tutto ingolfato nel francese, e sprezzava ogni libro ed autore italiano. Onde quell'adunanza di letterati di libri classici mi parea dover essere una fastidiosa brigata di pedanti. Si aggiunga, che io avendo veduto il Metastasio a Schoenbrunn nei giardini imperiali fare a Maria Teresa la genuflessioncella di uso, con una faccia sì servilmente lieta e adulatoria, ed io giovenilmente plutarchizzando, mi esagerava talmente il vero in astratto, che io non avrei consentito mai di contrarre né amicizia né familiarità con una Musa appigionata o venduta all'autorità despotica da me sì caldamente abborrita. In tal guisa io andava a poco a poco assumendo il carattere di un salvatico pensatore; e queste disparate[3] accoppiandosi poi con le passioni naturali all'età di vent'anni e le loro conseguenze naturalissime, venivano a formar di me un tutto assai originale e risibile.

Proseguii nel settembre il mio viaggio verso Praga e Dresda, dove mi trattenni da un mese; indi a Berlino, dove dimorai altrettanto. All'entrare negli stati del gran Federico[4], che mi parvero la continuazione di un solo corpo di guardia, mi sentii raddoppiare e triplicare l'orrore per quell'infame mestier militare, infamissima e sola base dell'autorità arbitraria, che sempre è il necessario frutto di tante migliaia di assoldati satelliti. Fui presentato al re. Non mi sentii nel vederlo alcun moto né di maraviglia né di rispetto, ma d'indegnazione bensì e di rabbia; moti che si andavano in me ogni giorno afforzando e moltiplicando alla vista di quelle tante e poi tante diverse cose che non istanno come dovrebbero stare, e che essendo false si usurpano pure la faccia e la fama di vere. Il conte di Finch, ministro del re, il quale mi presentava, mi domandò perché io, essendo pure in servizio del mio re, non avessi quel giorno indossato l'uniforme. Risposigli: «Perché in quella corte mi parea ve ne fossero degli uniformi abbastanza». Il re mi disse quelle quattro solite parole di uso; io l'osservai profondamente, ficcandogli rispettosamente gli occhi negli occhi; e ringraziai il cielo di non mi aver fatto nascer suo schiavo. Uscii di quella universal caserma prussiana verso il mezzo novembre, abborrendola quanto bisognava.

Partito alla volta di Amburgo, dopo tre giorni di dimora, ne ripartii per la Danimarca. Giunto a Copenhaguen[5] ai primi di dicembre, quel paese mi piacque bastantemente, perché mostrava una certa somiglianza coll'Olanda; ed anche v'era una certa attività, commercio, ed industria, come non si sogliono vedere nei governi pretti monarchici: cose tutte, dalle quali ne ridonda un certo ben essere universale, che a primo aspetto previene chi arriva, e fa un tacito elogio di chi vi comanda; cose tutte, di cui neppur una se ne vede negli stati prussiani; benché il gran Federico vi comandasse alle lettere e all'arti e alla prosperità, di fiorire sotto l'uggia sua[6]. Onde la principal ragione per cui non mi dispiacea Copenhaguen si era il non esser Berlino né Prussia; paese, di cui niun altro mi ha lasciato una più spiacevole e dolorosa impressione, ancorché vi siano, in Berlino massimamente, molte cose belle e grandiose in architettura. Ma quei perpetui soldati, non li posso neppur ora, tanti anni dopo, ingoiare senza sentirmi rinnovare lo stesso furore che la loro vista mi cagionava in quel punto.

1770   In quell'inverno mi rimisi alcun poco a cinguettare italiano con il ministro di Napoli in Danimarca, che si trovava essere pisano; il conte Catanti, cognato del celebre primo ministro in Napoli, marchese Tanucci, già professore nell'Università pisana. Mi dilettava molto il parlare e la pronunzia toscana, massimamente paragonandola col piagnisteo nasale e gutturale del dialetto danese che mi toccava di udire per forza, ma senza intenderlo, la Dio grazia. Io malamente mi spiegava col prefato conte Catanti, quanto alla proprietà dei termini, e alla brevità ed efficacia delle frasi, che è somma nei toscani; ma quanto alla pronunzia di quelle mie parole barbare italianizzate, ell'era bastantemente pura e toscana; stante che io deridendo sempre tutte le altre pronunzie italiane, che veramente mi offendeano l'udito, mi ero avvezzo a pronunziar quanto meglio poteva e la *u*, e la *z*, e *gi*, e *ci*, ed ogni altra toscanità. Onde alquanto inanimito dal suddetto conte Catanti a non trascurare una sì bella lingua, e che era pure la mia, dacché di essere io francese non acconsentiva a niun modo, mi rimisi a leggere alcuni libri italiani. Lessi, tra' molti altri, i *Dialoghi* dell'Aretino, i quali benché mi ripugnassero per le oscenità, mi rapivano pure per l'originalità, varietà, e proprietà dell'espressioni. E mi baloccava così a leggere, perché in quell'inverno mi toccò di star molto in casa ed anche a letto, atteso i replicati incomoducci che mi sopravennero per aver troppo sfuggito l'amore sentimentale. Ripigliai anche con piacere a rileggere per la terza e quarta volta il Plutarco; e sempre il Montaigne; onde il mio capo era una strana mistura di filosofia, di politica, e di discoleria. Quando gl'incomodi mi permetteano d'andar fuori, uno dei maggiori miei divertimenti in quel clima boreale era l'andare in slitta; velocità poetica, che molto mi agitava e dilettava la non men celebre fantasia.

Verso il fin di marzo partii per la Svezia; e benché io trovassi il passo del Sund affatto libero dai ghiacci, indi la Scania[7] libera dalla neve; tosto ch'ebbi oltrepassato la città di Norkoping, ritrovai di bel nuovo un ferocissimo inverno, e tante braccia di neve, e tutti i laghi rappresi, a segno che non potendo più proseguire colle ruote, fui costretto di smontare il legno e adattarlo come ivi s'usa sopra due slitte; e così arrivai a Stockolm. La novità di quello spettacolo, e la greggia maestosa natura di quelle immense selve, laghi, e dirupi, moltissimo mi trasportavano; e benché non avessi mai letto l'Ossian, molte di quelle sue immagini mi si destavano ruvidamente scolpite, e quali le ritrovai poi descritte allorché più anni dopo le lessi studiando i ben architettati versi del celebre Cesarotti[8].

La Svezia locale[9], ed anche i suoi abitatori d'ogni classe, mi andavano molto a genio; o sia perché io mi diletto molto più degli estremi, o altro sia ch'io non saprei dire; ma fatto si è, che s'io mi eleggessi di vivere nel settentrione, preferirei quella estrema parte a tutte l'altre a me cognite. La forma del governo della Svezia, rimestata ed equilibrata in un certo tal qual modo che pure una semilibertà vi trasparisce, mi destò qualche curiosità di conoscerla a fondo. Ma incapace poi di ogni seria e continuata applicazione, non la studiai che alla grossa. Ne intesi pure abbastanza per formare nel mio capino un'idea: che stante la povertà delle quattro classi votanti, e l'estrema corruzione della classe dei nobili e di quella dei cittadini, donde nasceano le venali influenze dei due corruttori paganti, la Russia e la Francia, non vi potea allignare né concordia fra gli ordini, né efficacità di determinazioni, né giusta e durevole libertà. Continuai il divertimento della slitta con furore, per

quelle cupe selvone, e su quei lagoni crostati, fino oltre ai 20 di
aprile; ed allora in soli quattro giorni con una rapidità incredibile seguiva il dimoiare[10] d'ogni qualunque gelo, attesa la lunga
permanenza del sole su l'orizzonte, e l'efficacia dei venti marit-
timi; e allo sparir delle nevi accatastate forse in dieci strati l'una
su l'altra, compariva la fresca verdura; spettacolo veramente
bizzarro, e che mi sarebbe riuscito poetico se avessi saputo far
versi.

CAPITOLO NONO

Proseguimento di viaggi. Russia, Prussia di bel nuovo, Spa, Olanda e Inghilterra.

Io sempre incalzato dalla smania dell'andare, benché mi trovassi assai bene in Stockolm, volli partirne verso il mezzo maggio per la Finlandia alla volta di Pietroborgo. Nel fin d'aprile
aveva fatto un giretto sino ad Upsala, famosa università, e cammin facendo aveva visitate alcune cave del ferro, dove vidi
varie cose curiosissime; ma avendole poco osservate, e molto
meno notate, fu come se non le avessi mai vedute. Giunto a
Grisselhamna[1], porticello della Svezia su la spiaggia orientale,
posto a rimpetto dell'entrata del golfo di Botnia, trovai da capo
l'inverno, dietro cui pareva ch'io avessi appostato di correre.
Era gelato gran parte di mare, e il tragitto dal continente nella
prima isoletta (che per cinque isolette si varca quest'entratura
del suddetto golfo) attesa l'immobilità totale dell'acque, riusciva per allora impossibile ad ogni specie di barca. Mi convenne
dunque aspettare in quel tristo luogo tre giorni, finché spiran-
do altri venti cominciò quella densissima crostona a screpolarsi
qua e là, e far *crich*, come dice il poeta nostro[2], quindi a poco a
poco a disgiungersi in tavoloni galleggianti, che alcuna viuzza
pure dischiudevano a chi si fosse arrischiato d'intromettervi
una barcuccia. Ed in fatti il giorno dopo approdò a Grisselhamna un pescatore venente in un battelletto da quella prima
isola a cui doveva approdar io, la prima; e disseci il pescatore

che si passerebbe, ma con qualche stento. Io subito volli tentare, benché avendo una barca assai più spaziosa di quella peschereccia, poiché in essa vi trasportava la carrozza, l'ostacolo veniva ad essere maggiore; ma però era assai minore il pericolo, poiché ai colpi di quei massi nuotanti di ghiaccio dovea più robustamente far fronte un legno grosso che non un piccolo. E così per l'appunto accadde. Quelle tante galleggianti isolette rendevano stranissimo l'aspetto di quell'orrido mare che parea piuttosto una terra scompaginata e disciolta, che non un volume di acque; ma il vento essendo, la Dio mercè, tenuissimo, le percosse di quei tavoloni nella mia barca riuscivano piuttosto carezze che urti; tuttavia la loro gran copia e mobilità spesso li facea da parti opposte incontrarsi davanti alla mia prora, e combaciandosi, tosto ne impedivano il solco; e subito altri ed altri vi concorreano, ed ammontandosi facean cenno di rimandarmi nel continente. Rimedio efficace ed unico, veniva allora ad essere l'ascia, castigastrice d'ogni insolente. Più d'una volta i marinai miei, ed anche io stesso scendemmo dalla barca sovra quei massi, e con delle scuri si andavano partendo, e staccando dalle pareti del legno, tanto che desser luogo ai remi e alla prora; poi risaltati noi dentro coll'impulso della risorta nave, si andavano cacciando dalla via quegli insistenti accompagnatori; e in tal modo si navigò il tragitto primo di sette miglia svezzesi in dieci e più ore. La novità di un tal viaggio mi divertì moltissimo; ma forse troppo fastidiosamente sminuzzandolo io nel raccontarlo, non avrò egualmente divertito il lettore. La descrizione di cosa insolita per gl'italiani, mi vi ha indotto. Fatto in tal guisa il primo tragitto, gli altri sei passi molto più brevi, ed oltre ciò oramai fatti più liberi dai ghiacci, riuscirono assai più facili. Nella sua salvatica ruvidezza quello è un dei paesi d'Europa che mi siano andati più a genio, e destate più idee fantastiche, malinconiche, ed anche grandiose, per un certo vasto indefinibile silenzio che regna in quell'atmosfera, ove ti parrebbe quasi esser fuor del globo.

Sbarcato per l'ultima volta in Abo, capitale della Finlandia svezzese[3], continuai per ottime strade e con velocissimi cavalli il mio viaggio sino a Pietroborgo, dove giunsi verso gli ultimi di maggio; e non saprei dire se di giorno vi giungessi o di notte; perché sendo in quella stagione annullate quasi le tenebre della notte in quel clima tanto boreale, e ritrovandomi assai stanco del non aver per più notti riposato se non se disagiatamente in carrozza, mi si era talmente confuso il capo, ed entrata una tal noia del veder sempre quella trista luce, ch'io non sapea più né qual dì della settimana, né qual ora del giorno, né in qual parte del mondo mi fossi in quel punto; tanto più che i costumi, abiti, e barbe dei moscoviti mi rappresentavano assai più tartari che non europei.

Io aveva letta la storia di Pietro il Grande nel Voltaire[4]; mi era trovato nell'Accademia di Torino con vari moscoviti, ed avea udito magnificare assai quella nascente nazione. Onde, queste cose tutte, ingrandite poi anche dalla mia fantasia che sempre mi andava accattando nuovi disinganni, mi tenevano al mio arrivo in Pietroborgo in una certa straordinaria palpitazione dell'aspettativa. Ma, oimè, che appena io posi il piede in quell'asiatico accampamento di allineate trabacche[5], ricordatomi allora di Roma, di Genova, di Venezia, e di Firenze, mi posi a ridere. E da quant'altro poi ho visto in quel paese, ho sempre più ricevuto la conferma di quella prima impressione; e ne ho riportato la preziosa notizia ch'egli non meritava d'esser visto. E tanto mi vi andò a contragenio ogni cosa (fuorché le barbe e i cavalli), che in quasi sei settimane ch'io stetti fra quei barbari mascherati da europei, ch'io non vi volli conoscere chicchessia, neppure rivedervi due o tre giovani dei primi del paese, con cui era stato in Accademia a Torino, e neppure mi volli far presentare a quella famosa autocratrice Caterina Seconda; ed infine neppure vidi materialmente il viso di codesta regnante, che tanto ha stancata a' giorni nostri la fama. Esaminatomi poi dopo, per ritrovare il vero perché di una così inutilmente selvaggia condotta, mi son ben convinto in me stesso che ciò fu una mera intolleranza di inflessibil carattere, ed un odio purissimo della tirannide in astratto, appiccicato poi sopra una persona giustamente tacciata del più orrendo delitto, la mandataria e proditoria uccisione dell'inerme marito[6]. E mi ricordava benissimo di aver udito narrare, che tra i molti pretesti addotti dai difensori di un tal delitto, si adduceva anche questo: che Caterina Seconda nel subentrare all'impero, voleva, oltre i tanti altri danni fatti dal marito allo stato, risarcire anche in parte i diritti dell'umanità lesa sì crudelmente dalla schiavitù universale e totale del popolo in Russia, col dare una giusta costituzione. Ora, trovandoli io in una servitù così intera dopo cinque o sei anni di regno di codesta Clitennestra filosofessa[7]; e vedendo la maledetta genìa soldatesca sedersi sul trono di Pietroborgo più forse ancora che su quel di Berlino; questa fu senza dubbio la ragione che mi fe' pur tanto dispregiare quei popoli, e sì furiosamente abborrirne gli scellerati reggitori. Spiaciutami dunque ogni moscoviteria, non volli altrimenti portarmi a Mosca, come avea disegnato di fare, e mi sapea mill'anni di rientrare in Europa. Partii nel finir di giugno, alla volta di Riga per Narva, e Rewel; nei di cui piani arenosi ignudi ed orribili scontai largamente i diletti che mi aveano dati le epiche selve immense della Svezia scoscesa. Proseguii per Konisberga[8] e Danzica; questa città, fin allora libera e ricca, in quell'anno per l'appunto cominciava ad essere straziata dal mal vicino despota prussiano, che già vi avea intrusi a viva forza i suoi vili sgherri. Onde io bestemmiando e russi e prussi, e quanti altri sotto mentita faccia di uomini si lasciano più che bruti malmenare in tal guisa dai loro tiranni; e sforzatamente seminando il mio nome, età, qualità, e carattere, ed intenzioni (che tutte queste cose in ogni villaggiuzzo ti son domandate da un sergente all'entrare, al trapassare, allo stare, e all'uscire), mi ritrovai finalmente esser giunto una seconda volta in Berlino, dopo circa un mese di viaggio, il più spiacevole, tedioso e oppressivo di quanti mai se ne possano fare; inclusive lo scendere all'Orco[9], che più buio e sgradito ed inospito non può esser mai. Passando per Zorendorff, visitai il campo di battaglia tra' russi e prussiani[10], dove tante migliaia dell'uno e dell'altro armento rimasero liberate dal loro giogo lasciandovi l'ossa. Le fosse sepolcrali vastissime, vi erano manifestamente accennate dalla folta e verdissima bellezza del grano, il quale nel rimanente terreno arido per sé stesso ed ingrato vi era cresciuto e misero e rado. Dovei fare allora una trista, ma pur troppo certa riflessione; che gli schiavi son veramente nati a far concio. Tutte queste prussianerie mi faceano sempre più e conoscere e desiderare la beata Inghilterra.

Mi sgabellai dunque in tre giorni di questa mia berlinata seconda[11]; né per altra ragione mi vi trattenni che per riposarmivi un poco di un sì disagiato viaggio. Partii sul finir di luglio per Magdebourg, Brunswich, Gottinga, Cassel, e Francfort. Nell'entrare in Gottinga, città come tutti sanno di Università fioritissima, mi abbattei in un asinello, ch'io moltissimo festeggiai per non averne più visti da circa un anno dacché m'era ingolfato nel settentrione estremo dove quell'animale non può né generare, né campare. Di codesto incontro di un asino italiano con un asinello tedesco in una così famosa Università, ne avrei fatto allora una qualche lieta e bizzarra poesia, se la lingua e la penna avessero in me potuto servire alla mente, ma la mia impotenza scrittoria era ogni dì più assoluta. Mi contentai dunque di fantasticarvi su fra me stesso, e passai così festevolissima giornata soletto sempre, con me e il mio asino. E le giornate festive per me eran rare, passandomele io di continuo solo solissimo, per lo più anche senza leggere né far nulla, e senza mai schiuder bocca.

Stufo oramai di ogni qualunque tedescheria, lasciai dopo due giorni Francfort, e avviatomi verso Magonza, mi v'imbarcai sopra il Reno, e disceso con quell'epico fiumone sino a Colonia, un qualche diletto lo ebbi navigando fra quelle amenissime sponde. Di Colonia per Aquisgrana ritornai a Spa, dove due anni prima avea passato qualche settimane, e quel luogo mi avea sempre lasciato un qualche desiderio di rivederlo a cuor libero; parendomi quella essere una vita adattata al mio umore, perché riunisce rumore e solitudine, onde vi si può stare inosservato ed ignoto infra le pubbliche veglie e festini. Ed in fatti talmente mi vi compiacqui, che ci stetti sin quasi al fin di settembre dal mezzo agosto; spazio lunghissimo di tempo per me che in nessun luogo mi potea posar mai. Comprai due cavalli da un irlandese, dei quali l'uno era di non comune bellezza, e vi posi veramente il cuore. Onde cavalcando mattina e giorno e sera, pranzando in compagnia di otto o dieci altri forestieri d'ogni paese, e vedendo seralmente ballare gentili donne e donzelle, io passava (o per dir meglio logorava) il mio tempo benissimo. Ma guastatasi la stagione, ed i più dei bagnanti cominciando ad andarsene, partii anch'io e volli ritornare in Olanda per rivedervi l'amico D'Acunha, e ben certo di non rivedervi la già tanto amata donna, la quale sapeva non essere più all'Haja, ma da più d'un anno essere stabilita con il marito in Parigi. Non mi potendo staccare dai miei due ottimi cavalli, avviai innanzi Elia con il legno, ed io, parte a piedi parte a cavallo, mi avviai verso Liegi. In codesta città, presentandomisi l'occasione di un ministro di Francia mio conoscente[12], mi lasciai da esso introdurre al principe vescovo di Liegi, per condiscendenza e stranezza; ché se non avea veduta la famosa Caterina Seconda, avessi almeno vista la corte del principe di Liegi. E nel soggiorno di Spa era anche stato introdotto ad un altro principe ecclesiastico, assai più microscopico ancora, l'abate di Stavelò nell'Ardenna. Lo stesso ministro di Francia a Liegi mi avea presentato alla corte di Stavelò[13], dove allegrissimamente si pranzò, ed anche assai bene. E meno mi ripugnavano le corti del pastorale[14] che quelle dello schioppo e tamburo, perché di questi due flagelli degli uomini non se ne può mai rider veramente di cuore. Di Liegi proseguii in compagnia de' miei cavalli a Brusselles, Anversa, e varcato il passo del Mordick, a Roterdamo[15], ed all'Haja. L'amico, col quale io sempre avea carteggiato dappoi, mi ricevé a braccia aperte; e trovandomi un pocolin migliorato di senno egli sempre più mi andò assistendo de' suoi amorevoli, caldi e luminosi consigli. Stetti con esso circa due mesi, ma poi infiammato come io era della smania di riveder l'Inghilterra, e stringendo anche la stagione, ci separammo verso il fin di novembre. Per la stessa via fatta da me due e più anni prima giunsi, felicemente sbarcato in Harwich, in pochi giorni a Londra. Ci ritrovai quasi tutti quei pochi amici che io avea praticati nel primo viaggio; tra i quali il principe di Masserano ambasciator di Spagna, ed il marchese Caraccioli[16] ministro di Napoli, uomo di alto sagace e faceto ingegno. Queste due persone mi furono più che padre in amore nel secondo soggiorno ch'io feci in Londra di circa sette mesi, nel quale mi trovai in alcuni frangenti straordinari e scabrosi, come si vedrà.

CAPITOLO DECIMO

Secondo fierissimo intoppo amoroso a Londra.

1771 Fin dal primo mio viaggio erami in Londra andata sommamente a genio una bellissima signora delle primarie[1], la di cui immagine tacitamente forse nel cuore mio introdottasi mi avea fatto in gran parte trovare sì bello e piacevole quel paese, ed anche accresciutami ora la voglia di rivederlo. Con tutto ciò, ancorché quella bellezza mi si fosse mostrata fin d'allora piuttosto benigna, la mia ritrosa e selvaggia indole mi avea preservato dai di lei lacci. Ma in questo ritorno, ingentilitomi io d'alquanto, ed essendo in età più suscettibil d'amore, e non abbastanza rinsavito dal primo accesso di quell'infausto morbo, che sì male mi era riuscito nell'Haja, caddi allora in quest'altra rete, e con sì indicibil furore mi appassionai, che ancora rabbrividisco, pensandovi adesso che lo sto descrivendo nel primo gelo del nono mio lustro. Mi si presentava spessissimo l'occasione di veder quella bella inglese, massimamente in casa del principe di Masserano, con la di cui moglie[2] essa era compagna di palco al Teatro dell'Opera Italiana. Non la vedeva in casa sua, perché allora le dame inglesi non usavano ricevere visite, e principalmente di forestieri. Oltre ciò, il marito ne era gelosissimo, per quanto il possa e sappia essere un oltramontano. Questi ostacoletti vieppiù mi accendevano; onde io ogni mattina ora all'Hyde-park, ora in qualche altro passeggio mi incontrava con essa; ogni sera in quelle affollate veglie, o al teatro, la vedea parimente; e la cosa si andava sempre più ristringendo.

E venne finalmente a tale, che io, felicissimo dell'essere o credermi riamato, mi teneva pure infelicissimo, ed era dal non vedere modo con cui si potesse con securità continuare gran tempo quella pratica. Passavano, volavano i giorni; inoltratasi la primavera, il fin di giugno al più al più era il termine, in cui, attesa la partenza per la campagna dove ella solea stare sette e più mesi, diveniva assolutamente impossibile il vederla né punto né poco. Io quindi vedeva arrivare quel giugno come l'ultimo termine indubitalmente della mia vita; non ammettendo io mai nel mio cuore, né nella mente mia inferma, la possibilità fisica di sopravvivere a un tale distacco, sendosi in tanto più lungo spazio di tempo rinforzata questa mia seconda passione tanto superiormente alla prima. In questo funesto pensiere del dover senza dubbio perire quando la dovrei lasciare, mi si era talmente inferocito l'animo, ch'io non procedeva in quella mia pratica altrimenti che come chi non ha oramai più nulla che perdere. Ed a ciò contribuiva parimente non poco il carattere dell'amata donna, la quale pareva non gustar punto né intendere i partiti di mezzo. Essendo le cose in tal termine, e raddoppiandosi ogni giorno le imprudenze sì mie che sue, il di lei marito avvistosene già da qualche tempo avea più volte accennato di volermene fare un qualche risentimento; ed io nessun'altra cosa al mondo bramava quanto questa, poiché dal solo uscir esso dei gangheri potea nascere per me o alcuna via di salvamento, ovvero una total perdizione. In tale orribile stato io vissi circa cinque mesi, finché finalmente scoppiò la bomba nel modo seguente. Più volte già in diverse ore del giorno con grave rischio d'ambedue noi io era stato da essa stessa introdotto in casa; inosservato sempre, attesa la piccolezza delle case di Londra, e il tenersi le porte chiuse, e la servitù stare per lo più nel piano sotterraneo, il che dà campo di aprirsi la porta di strada da chi è dentro, e facilmente introdursi l'estraneo ad una qualche camera terrena contigua immediatamente alla porta. Quindi quelle mie introduzioni di contrabbando erano tutte francamente riuscite; tanto più ch'era in ore ove il marito era fuor di casa, e per lo più la gente di servizio a mangiare.

Questo prospero esito ci inanimì a tentare maggiori rischi. Onde, venuto il maggio, avendola il marito condotta in una villa vicina, sedici miglia di Londra[3], per starci otto o dieci giorni e non più, subito si appuntò il giorno e l'ora in cui parimente nella villa verrei introdotto di furto[4]; e si colse il giorno d'una rivista delle truppe a cui il marito, essendo uffiziale delle guardie, dovea intervenir senza fallo, e dormire in Londra. Io dunque mi ci avviai quella sera stessa soletto, a cavallo; ed avendo avuto da essa l'esatta topografia del luogo, lasciato il mio cavallo ad un'osteria distante circa un miglio dalla villa, proseguii a piedi, sendo già notte, fino alla porticella del parco, di dove introdotto da essa stessa passai nella casa, non essendo, o credendomi tuttavia non essere, stato osservato da chi che fosse. Ma cotali visite erano zolfo sul fuoco, e nulla ci bastava se non ci assicurava del sempre. Si presero dunque alcune misure per replicare e spesseggiar quelle gite, finché durasse la villeggiatura breve, disperatissimi poi se si pensava alla villeggiatura imminente e lunghissima che ci sovrastava. Ritornato io la mattina dopo in Londra, fremeva e impazziva pensando che altri due giorni dovrei stare senza vederla, e annoverava l'ore e i momenti. Io viveva in un continuo delirio, inesprimibile quanto incredibile da chi provato non l'abbia, e pochi certamente l'avranno provato a un tal segno. Non ritrovava mai pace se non se andando sempre, e senza saper dove; ma appena quetatomi o per riposarmi, o per nutrirmi, o per tentar di dormire, tosto con grida ed urli orribili era costretto di ribalzare in piedi, e come un forsennato mi dibatteva almeno per la camera, se l'ora non permetteva di uscire. Aveva più cavalli, e tra gli altri quel bellissimo comprato a Spa, e fatto poi trasportare in Inghilterra. E su quello io andava facendo le più pazze cose, da atterrire i più temerari cavalcatori di quel paese, saltando le più alte e larghe siepi di slancio, e fossi stralarghi, e barriere quante mi si affacciavano. Una di quelle mattine intermedie tra una e l'altra mia gita in quella sospirata villa, cavalcando io col marchese Caraccioli, volli fargli vedere quanto bene saltava quel mio stupendo cavallo, e adocchiata una delle più alte barriere che separava un vasto prato dalla pubblica strada, ve lo cacciai di carriera; ma essendo io mezzo alienato, e poco badando a dare in tempo i debiti aiuti e la mano al cavallo, egli toccò coi piè davanti la sbarra, ed entrambi in un fascio precipitati sul prato, ribalzò egli primo in piedi, io poi; né mi parve di essermi fatto male alcuno. Del resto il mio pazzo amore mi aveva quadruplicato il coraggio, e pareva ch'io a bella posta mendicassi ogni occasione di rompermi il collo. Onde, per quanto il Caraccioli, rimasto su la strada di là dalla mal per me saltata barriera, gridassemi di non far altro, e di andar cercar l'uscita naturale del prato per riunirmi a lui, io che poco sapeva quel che mi facessi, correndo dietro il cavallo che accennava di voler fuggire pel prato, ne afferrai in tempo le redini, e saltatovi su di bel nuovo, lo rispinsi spronando contro la stessa barriera, e ristorando egli ampiamente il mio onore ed il suo la passò di volo. La giovenile superbia mia non godé lungamente di quel trionfo, che dopo fatti alcuni passi adagino, freddandomisi a poco a poco la mente e il corpo, cominciai a provare un fiero dolore nella sinistra spalla, che era in fatti slogata, e rotto un ossuccio che collega la punta di essa col collo. Il dolore andava crescendo, e le poche miglia che mi trovava esser distante da casa mi parvero fieramente lunghe prima di ricondurmivi a cavallo ad oncia ad oncia⁵. Venuto il chirurgo, e straziatomi per assai tempo, disse di aver riallogato ogni cosa, e fasciatomi, ordinò ch'io stessi in letto. Chi intende d'amore si rappresenti le mie smanie e furore nel vedermi io così inchiodato in un letto, la vigilia per l'appunto di quel beato giorno ch'era prefisso alla mia seconda gita in villa. La slogatura del braccio era accaduta nella mattina del sabato; pazientai per quel giorno, e la domenica, sino verso la sera, onde quel poco di riposo mi rendé alcuna forza nel braccio, e più ardire nell'animo. Onde verso le ore sei del giorno mi volli a ogni conto alzare, e per quanto mi dicesse il mio semi-aio Elia, entrai alla meglio in un carrozzino di posta soletto, e mi avviai verso il mio destino. Il cavalcare mi si era fatto impossibile atteso il dolore del braccio, e l'impedimento della stringatissima fasciatura, onde non dovendo né potendo arrivare sino alla villa in quel carrozzino col postiglione, mi determinai di lasciare il legno alla distanza di circa due miglia, e feci il rimanente della strada a piedi con l'un braccio impedito, e l'altro sotto il pastrano con la spada impugnata, andando solo di notte in casa d'altri, non come amico. La scossa del legno mi avea frattanto rinnovato e raddoppiato il dolore della spalla, e scompostami la fasciatura a tal segno che la spalla in fatti non si riallogò poi in appresso mai più. Pareami pur tuttavia di essere il più felice uomo del mondo avvicinandomi al sospirato oggetto. Arrivai finalmente, e con non poco stento (non avendo l'aiuto di chicchessia, poiché dei confidenti non v'era) pervenni pure ad accavalciare gli stecconi del parco per introdurmivi, poiché la porticella che la prima volta ritrovai socchiusa, in quella seconda mi riuscì inapribile. Il marito, al solito per cagione della rivista dell'indomani lunedì, era ito anche quella sera a dormire in Londra. Pervenni dunque alla casa, trovai chi mi vi aspettava, e senza molto riflettere né essa né io all'accidente dell'essersi ritrovata chiusa la porticella ch'essa pure avea già più ore prima aperta da sé, mi vi trattenni fino all'alba nascente. Uscitone poi nello stesso modo, e tenendo per fermo di non essere stato veduto da anima vivente, per la stessa via fino al mio legno, e poi salito in esso mi ricondussi in Londra verso le sette della mattina assai mal concio fra i due cocentissimi dolori dell'averla lasciata e di trovarmi assai peggiorata la spalla. Ma lo stato dell'animo mio era sì pazzo e frenetico, ch'io nulla curava qualunque cosa potesse accadere, prevedendole pure tutte. Mi feci dal chirurgo ristringere di nuovo la fasciatura senza altrimenti toccare al riallogamento o slogamento che fosse. Il martedì sera trovatomi alquanto meglio, non volli neppur più stare in casa, e andai al Teatro Italiano nel solito palco del principe di Masserano, che vi era con la sua moglie, e che credendomi mezzo stroppio ed in letto, molto si maravigliarono di vedermi col solo braccio al collo.

Frattanto io me ne stava in apparenza tranquillo, ascoltando la musica, che mille tempeste terribili mi rinnovava nel cuore;

ma il mio viso era, come suol essere, di vero marmo. Quand'ecco ad un tratto io sentiva, o pareami, pronunziato il mio nome
da qualcuno, che sembrava contrastare con un altro alla porta
del chiuso palco. Io, per un semplice moto machinale, balzo
alla porta, l'apro, e richiudola dietro di me in un attimo, e agli
occhi mi si presenta il marito della mia donna, che stava aspettando che di fuori gli venisse aperto il palco chiuso a chiave da
quegli usati custodi dei palchi, che nei teatri inglesi si tratten-
gono a tal effetto nei corridoi. Io già più e più volte mi era
aspettato a quest'incontro, e non potendolo onoratamente pro-
vocare io primo, l'avea pure desiderato più che ogni cosa al
mondo. Presentatomi dunque in un baleno fuori del palco, le
parole furon queste brevissime. «Eccomi qua» gridai io. «Chi
mi cerca?» «Io,» mi rispos'egli, «la cerco, che ho qualche cosa
da dirle.» «Usciamo,» io replico; «sono ad udirla.» Né altro
aggiungendovi, uscimmo immediatamente dal teatro. Erano
circa le ore ventitré e mezzo d'Italia; nei lunghissimi giorni di
maggio cominciando in Londra i teatri verso le ventidue. Dal
Teatro dell'Haymarket per un assai buon tratto di strada andavamo al Parco di San Giacomo, dove per un cancello si entra in
un vasto prato, chiamato Green-Park. Quivi, già quasi annot-
tando, in un cantuccio appartato si sguainò senza dir altro le
spade. Era allor d'uso il portarla anch'essendo in *frack*, onde io
mi era trovato d'averla, ed egli appena tornato di villa era corso
da uno spadaio a provvedersela. A mezzo la via di Pallmall che
ci guidava al Parco San Giacomo, egli due o tre volte mi andò
rimproverando ch'io era stato più volte in casa sua di nascosto,
ed interrogavami del come. Ma io, malgrado la frenesia che mi
dominava, presentissimo a me, e sentendo nell'intimo del cuor
mio quanto fosse giusto e sacrosanto lo sdegno dell'avversario,
null'altro mai mi veniva fatto di rispondere, se non se: «Non è
vera tal cosa; ma quand'ella pure la crede son qui per dargliene
buon conto». Ed egli ricominciava ad affermarlo, e massimamente di quella mia ultima gita in villa egli ne sminuzzava sì
bene ogni particolarità, ch'io rispondendo sempre, «Non è
vero», vedea pure benissimo ch'egli era informato a puntino di

tutto. Finalmente egli terminava col dirmi: «A che vuol ella negarmi quanto mi ha confessato e narrato la stessa mia moglie?». Strasecolai di un sì fatto discorso, e risposi (benché feci male, e me ne pentii poi dopo): «Quand'ella il confessi, non lo negherò io». Ma queste parole articolai, perché oramai era stufo di stare sì lungamente sul negare una cosa patente e verissima; parte che troppo mi ripugnava in faccia ad un nemico offeso da me; ma pure violentandomi, lo faceva per salvare, se era possibile, la donna. Questo era stato il discorso tra noi prima di arrivar sul luogo ch'io accennai. Ma allorché nell'atto di sguainar la spada, egli osservò ch'io aveva il manco braccio sospeso al collo, egli ebbe la generosità di domandarmi se questo non m'impedirebbe di battermi. Risposi ringraziandolo, ch'io sperava di no, e subito lo attaccai. Io sempre sono stato un pessimo schermidore; mi ci buttai dunque fuori d'ogni regola d'arte come un disperato; e a dir vero io non cercava altro che di farmi ammazzare. Poco saprei descrivere quel ch'io mi facessi, ma convien pure che assai gagliardamente lo investissi, poiché io al principiare mi trovava aver il sole, che stava per tramontare, direttamente negli occhi a segno che quasi non ci vedeva; e in forse sette o otto minuti di tempo io mi era talmente spinto innanzi ed egli ritrattosi e nel ritrarsi descritta una curva sì fatta, ch'io mi ritrovai col sole direttamente alle spalle. Così martellando gran tempo, io sempre portandogli colpi, ed egli sempre ribattendoli, giudico che egli non mi uccise perché non volle, e ch'io non lo uccisi perché non seppi. Finalmente egli nel parare una botta, me ne allungò un'altra e mi colse nel braccio destro tra l'impugnatura ed il gomito, e tosto avvisommi ch'io era ferito; io non me n'era punto avvisto, né la ferita era in fatti gran cosa. Allora abbassando egli primo la punta in terra, mi disse ch'egli era soddisfatto, e domandavami se lo era anch'io. Risposi, che io non era l'offeso, e che la cosa era in lui. Ringuainò egli allora, ed io pure. Tosto egli se n'andò; ed io, rimasto un altro poco sul luogo voleva appurare cosa fosse quella mia ferita; ma osservando l'abito essere squarciato per lo lungo, e non sentendo gran dolore, né sentendomi sgocciolare gran sangue la giudicai una scalfittura più che una piaga. Del resto non mi potendo aiutare del braccio sinistro, non sarebbe stato possibile di cavarmi l'abito da me solo. Aiutandomi dunque co' denti mi contentai di avvoltolarmi alla peggio un fazzoletto e annodarlo sul braccio destro per diminuire così la perdita del sangue. Quindi uscito dal parco, per la stessa strada di Pallmall, e ripassando davanti al Teatro, di donde era uscito tre quarti d'ora innanzi, ed al lume di alcune botteghe avendo veduto che non era insanguinato né l'abito, né le mani, scioltomi co' denti il fazzoletto dal braccio e non provatone più dolore, mi venne la pazza voglia puerile di rientrare al Teatro, e nel palco donde avea preso le mosse. Tosto entrando fui interrogato dal principe di Masserano, perché io mi fossi scagliato così pazzamente fuori del suo palco, e dove fossi stato. Vedendo che non aveano udito nulla del breve diverbio seguito fuori del loro palco, dissi che mi era sovvenuto a un tratto di dover parlar con qualcuno, e che perciò era uscito così: né altro dissi. Ma per quanto mi volessi far forza, il mio animo trovavasi pure in una estrema agitazione, pensando qual potesse essere il seguito di un tal affare, e tutti i danni che stavano per accadere all'amata mia donna. Onde dopo un quarticello me n'andai, non sapendo quel che farei di me. Uscito dal Teatro mi venne in pensiero (già che quella ferita non m'impediva di camminare) di portarmi in casa d'una cognata[6] della mia donna, la quale ci secondava, e in casa di cui ci eramo anche veduti qualche volta.

Opportunissimo riuscì quel mio accidentale pensiero, poiché entrando in camera di quella signora il primo oggetto che mi si presentò agli occhi, fu la stessa stessissima donna mia. Ad una vista sì inaspettata, ed in tanto e sì diverso tumulto di affetti, io m'ebbi quasi a svenire. Tosto ebbi da lei pienissimo schiarimento del fatto, come pareva dover essere stato; ma non come egli era in effetto; che la verità poi mi era dal mio destino riserbata a sapersi per tutt'altro mezzo. Ella dunque mi disse, che il marito sin dal primo mio viaggio in villa n'avea avuta la certezza, dalla persona in fuori; avendo egli saputo soltanto che qualcun c'era stato, ma nessuno mi avea conosciuto. Egli avea appurato, che era stato lasciato un cavallo tutta la notte in tale albergo, tal giorno, e ripigliato poi in tal ora da persona che largamente avea pagato, né articolato una sola parola. Perciò all'occasione di questa seconda rivista, avea segretamente appostato alcun suo familiare perché vegliasse, spiasse, ed a puntino poi lunedì sera al suo ritorno gli desse buon conto d'ogni cosa. Egli era partito la domenica il giorno[7], per Londra; ed io come dissi, la domenica al tardi di Londra per la villa sua, dove era giunto a piedi su l'imbrunire. La spia (o uno o più ch'ei si fossero), mi vide traversare il cimitero del luogo, accostarmi alla porticella del parco, e non potendola aprire, accavalciarne gli stecconi di cinta. Così poi m'avea visto uscire su l'alba, ed avviarmi a piedi su la strada maestra verso Londra. Nessuno si era attentato né di mostrarmisi pure, non che di dirmi nulla; forse perché vedendomi venire in aria risoluta con la spada sotto il braccio, e non ci avendo essi interesse proprio, gli spassionati non si pareggiando mai cogli innamorati, pensarono esser meglio di lasciarmi andare a buon viaggio. Ma certo si è, che se all'entrare o all'uscire a quel modo ladronesco dal parco, mi avessero voluto in due o tre arrestare, la cosa si riducea per me a mal partito; poiché se tentava fuggire, avea aspetto di ladro, se attaccarli o difendermi, aveva aspetto di assassino: ed in me stesso io era ben risoluto di non mi lasciar prender vivo. Onde bisognava subito menar la spada, ed in quel paese di savie e non mai deluse leggi queste cose hanno immancabilmente severissimo gastigo. Inorridisco anche adesso, scrivendolo: ma punto non titubava io nell'atto d'espormivi. Il marito dunque nel ritornare il lunedì giorno in villa, già dallo stesso mio postiglione, che alle due miglia di là mi avea aspettato tutta notte, gli venne raccontato il fatto come cosa insolita, e dal ritratto che gli avea fatto di mia statura, forme, e capelli, egli mi avea benissimo riconosciuto. Giunto poi a casa sua, ed avuto il referto della sua gente, ottenne al fine la tanto desiderata certezza dei danni suoi.

Ma qui, nel descrivere gli effetti stranissimi di una gelosia inglese, la gelosia italiana si vede costretta di ridere, cotanto son diverse le passioni nei diversi caratteri e climi, e massime sotto diversissime leggi. Ogni lettore italiano qui sta aspettando pugnali, veleni, battiture, o almeno carcerazion della moglie, e simili ben giuste smanie. Nulla di questo. L'inglese marito, ancorché assaissimo al modo suo adorasse la moglie, non perdé il tempo in invettive, in minacce, in querele. Subito la raffrontò con quei testimoni di vista, che facilmente la convinsero del fatto innegabile. Venuta la mattina del martedì, il marito non celò alla moglie, ch'egli già da quel punto non la tenea più per sua, e che ben tosto il divorzio legittimo lo libererebbe di lei. Aggiunse, che non gli bastando il divorzio, voleva anche che io scontassi amaramente l'oltraggio fattogli; ch'egli in quel giorno ripartirebbe per Londra, dove mi troverebbe senz'altro. Allora essa immediatamente per mezzo di un qualche suo affidato mi avea segretamente scritto, e spedito l'avviso di quanto seguiva. Il messaggiere, largamente pagato, avea quasi che ammazzato il cavallo venendo a tutt'andare in meno di du' ore a Londra, e certamente vi giunse forse un'ora prima che non giungesse il marito. Ma per mia somma fortuna, non avendomi più trovato in casa né il messaggiere, né il marito, io non fui avvisato di nulla, ed il marito vedendomi uscito, s'immaginò ed indovinò ch'io fossi al Teatro Italiano; e là, come io narrai, mi trovò. La fortuna in quest'accidente mi fece due sommi benefici: che io non mi fossi slogato il braccio destro in vece del manco; e ch'io non ricevessi quella lettera dell'amata donna, se non se dopo l'incontro. Non so se non avrei in qualche parte forse operato men bene, ove l'una di queste due cose mi fosse accaduta. Ma intanto, partito appena il marito per Londra, per altra via era anche partita la moglie, e venuta direttamente a Londra in casa di quella sua cognata, che non molto lontana abitava dalla casa del suo marito; quivi già avea saputo che il marito meno d'un'ora prima era tornato a casa in un *fiacre*; dal quale slanciatosi dentro si era chiuso in camera, senza voler né vedere né favellare con chi che si fosse di casa. Onde essa tenea per fermo ch'egli mi avesse incontrato, ed ucciso. Tutta questa narrazione a pezzi e bocconi mi veniva fatta da lei; interrotta, come si può credere, dall'immensa agitazione dei sì diversi affetti che ambedue ci travagliavano. Ma per allora però, il fine di tutto questo schiarimento scioglievasi in una felicità per noi inaspettata e quasi incredibile; poiché, atteso l'imminente inevitabil divorzio, io mi trovava nell'impegno (e null'altro bramava) di sottentrare ai lacci coniugali ch'ella stava per rompere. Ebro di un tal pensiero, quasi non mi ricordava più punto della mia ferituccia; ma in somma poi, alcune ore dopo, visitatomi il braccio in presenza dell'amata donna, si trovò la pelle scalfitta in lungo, e molto sangue raggrumato nei pieghi della camicia, senz'altro danno. Medicato il braccio, ebbi la giovenile curiosità di visitare anche la mia spada, e la trovai, dalle gran ribattiture di colpi fatte dall'avversario, ridotta dai due terzi in giù della lama a guisa d'una sega addentellatissima; e la conservai poi quasi trofeo per più anni in appresso. Separatomi finalmente in quella notte del martedì assai inoltrata dalla mia donna, non volli tornare a casa mia senza passare dal marchese Caraccioli, per informarlo d'ogni cosa. Ed egli pure, dal modo in cui avea saputo il fatto in confuso, mi tenea fermamente per ucciso, e che fossi rimasto nel parco, che verso la mezz'ora di notte suol chiudersi. Come risuscitato dunque mi accolse, ed abbracciò caldamente, ed in vari discorsi si passarono ancora forse du' altre ore più della notte; talché arrivai a casa quasi al giorno. Corcatomi dopo tante e sì strane peripezie d'un sol giorno, non ho dormito mai d'un sonno più tenace e più dolce.

CAPITOLO UNDECIMO
Disinganno orribile.

Ecco intanto a puntino come erano veramente accadute le cose del giorno dianzi. Il fidato mio Elia, avendo veduto arrivare quel messaggiero col cavallo fradicio di sudore e trafelatissimo, e che tanto e poi tanto gli avea raccomandato di farmi avere immediatamente quella lettera, era subito uscito per rintracciarmi; e cercatomi prima dal principe di Masserano dove mi credeva esser ito, poi dal Caraccioli, che abitavano a più miglia di distanza, avea così consumato più ore; finalmente riaccostandosi verso casa mia che era in Suffolk street, vicinissima all'Haymarket dov'è il Teatro dell'Opera Italiana, gli venne in capo di veder se io ci fossi; benché non lo credesse, atteso che avea tuttora il braccio slogato fasciato al collo. Appena entrato egli al teatro, e chiesto di me a que' custodi dei palchi che benissimo mi conoscevano, gli fu detto che un dieci minuti prima era uscito con tal persona, che era venuta a cercarmi espressamente nel palco dov'io era. Elia sapeva benissimo (benché non lo sapesse da me) quel mio disperato amore; onde udito appena il nome della persona che mi era venuta cercare, e combinato la lettera di donde veniva, subito entrò in chiaro di ogni cosa. Allora Elia, sapendo benissimo quanto mal destro spadaccino io mi fossi, ed inoltre vedendomi impedito il braccio sinistro, mi reputò anch'egli certamente per un uomo morto; e subito corse al Parco San Giacomo, ma non essendosi rivolto verso il Greenpark, non ci rinvenne; intanto annottò; ed egli fu costretto di uscir del parco, come ogni altra persona. Non sapendo che si fare per venir in chiaro della mia sorte, si avviò verso la casa del marito, credendo quivi poter raccapezzare qualcosa; e forse avendo egli azzeccato cavalli migliori al suo *fiacre*, che non erano stati quelli del marito; o che questi forse in quel frattempo fosse andato in qualch'altro luogo; fatto si è, che Elia si combinò di arrivar egli nel suo *fiacre* vicino alla porta del marito, nel punto istesso in cui esso marito era giunto a casa sua; e l'avea benissimo veduto ritornare colla spada, e slanciarsi in casa, e far chiuder la porta subito, ed in aspetto e modi molto turbati. Sempre più si confermò Elia nel sospetto ch'egli m'avesse ucciso, e non potendo più far altro, era corso dal Caraccioli, e gli avea dato conto di quanto sapeva, e di quel che temeva.

Io dunque, dopo una sì penosa giornata, rinfrancato da molte ore di placidissimo sonno, rimedicate alle meglio le mie due

ferite, di cui quella della spalla mi dolea più che mai, e l'altra
sempre meno, subito corsi dalla mia donna, e vi passai tutto
intero quel giorno. Per via dei servitori si andava sentendo
quello che faceva il marito, la di cui casa, come dissi, era assai
vicina di quella della cognata, dove abitava per allora la mia
donna. E benché io riputassi in me stesso ogni nostro guai[1]
terminato col prossimo divorzio; e ancorché il padre di lei
(persona a me già notissima da più anni) fosse venuto in quel
giorno del mercoledì a veder la figlia, e nella di lei disgrazia si
congratulasse pur seco, che almeno ad uom degno (così volle
dire) le toccasse di riunirsi in un secondo matrimonio; con tutto ciò io scorgeva una foltissima nube su la bellissima fronte
della mia donna, che un qualche sinistro mi vi parea presagire.
Ed ella, sempre piangente, e sempre protestandomi che mi
amava più d'ogni cosa; che lo scandalo dell'avvenimento suo e
il disonore che glie ne ridondava nella di lei patria, le venivano
largamente compensati s'ella potea pur vivere per sempre con
me; ma ch'ella era più che certa che io non l'avrei mai presa
per moglie mia. Questa sua perseverante e stranissima asserzio-
ne mi disperava veramente; e sapendo io benissimo ch'ella non
mi reputava né mentitore né simulato, non poteva assolutamente intendere questa sua diffidenza di me. In queste funeste
perplessità, che purtroppo turbavano ed annichilivano ogni
mia soddisfazione del vederla liberamente dalla mattina alla
sera; ed inoltre fra le angustie d'un processo già intavolato ed
assai spiacente per chiunque abbia onore e pudore; così si passarono i tre giorni dal mercoledì a tutto il venerdì, finché il
venerdì sera insistendo io fortemente per estrarre dalla mia
donna una qualche più luce nell'orrido enimma dei di lei
discorsi, delle sue malinconie, e diffidenze; finalmente con grave e lungo stento, previo un doloroso proemio interrotto da
sospiri e singhiozzi amarissimi, ella mi veniva dicendo che
sapea purtroppo non poter essere in conto nessuno omai
degna di me; e che io non la dovea né poteva né vorrei sposar
mai... perché già prima... di amar me... ella avea amato... «E
chi mai?» soggiungeva io interrompendo con impeto. «Un

*jockey*² » (cioè un palafreniere) «che stava... in casa... di mio marito.» «Ci stava? e quando? Oh Dio, mi sento morire! Ma perché dirmi tal cosa? crudel donna; meglio era uccidermi.» Qui mi interrompe ancor essa; e a poco a poco alla per fine esce l'intera confessione sozzissima di quel brutto suo amore; di cui sentendo io le dolorose incredibili particolarità, gelido, immobile, insensato mi rimango qual pietra. Quel mio degnissimo rival precursore stava tuttavia in casa del marito in quel punto in cui si parlava; egli era stato quello che avea primo spiato gli andamenti della amante padrona; egli avea scoperto la mia prima gita in villa, e il cavallo lasciato tutta notte nell'albergo di campagna; ed egli con altri di casa, mi avea poi visto e conosciuto nella seconda gita fatta in villa la domenica sera. Egli finalmente, udito il duello del marito con me, e la disperazione di esso di dover far divorzio con una donna ch'egli mostrava amar tanto, si era indotto nel giorno del giovedì a farsi introdurre presso al padrone, e per disingannar lui, vendicar sé stesso, e punire la infida donna e il nuovo rivale, quell'amante palafreniere avea spiattellatamente confessato e individuato tutta la storia de' suoi triennali amori con la padrona, ed esortato avea caldamente il padrone a non si disperar più a lungo per aver perduta una tal moglie, il che si dovea anzi recare a ventura. Queste orribili e crudeli particolarità, le seppi dopo; da essa non seppi altro che il fatto, e menomato quanto più si potea.

Il mio dolore e furore, le diverse mie risoluzioni, e tutte false e tutte funeste e tutte vanissime ch'io andai quella sera facendo e disfacendo, e bestemmiando, e gemendo, e ruggendo, ed in mezzo a tant'ira e dolore amando pur sempre perdutamente un così indegno oggetto; non si possono tutti questi affetti ritrarre con parole: ed ancora vent'anni dopo mi sento ribollire il sangue pensandovi.

La lasciai quella sera, dicendole: ch'ella troppo bene mi conosceva nell'avermi detto e replicato sì spesso che io non l'avrei mai fatta mia moglie; e che se io mai fossi venuto in chiaro di tale infamia dopo averla sposata, l'avrei certamente uccisa di mia mano, e me stesso forse sovr'essa, se pure l'avessi ancor tanto amata in quel punto, quanto purtroppo in questo l'amava. Aggiunsi che io pure la dispregiava un po' meno, per l'aver essa avuto la lealtà e il coraggio di confessarmi *spontaneamente* tal cosa; che non l'abbandonerei mai come amico, e che in qualunque ignorata parte d'Europa o d'America io era pronto ad andare con essa e conviverci, purch'essa non mi fosse né paresse mai d'esser moglie.

Così lasciatala il venerdì sera, agitato da mille furie alzatomi all'alba del sabato, e vistomi sul tavolino uno di quei tanti foglioni pubblici che usano in Londra[3], vi slancio così a caso i miei occhi, e la prima cosa che mi vi capita sotto è il mio nome. Gli spalanco, leggo un ben lunghetto articolo, in cui tutto il mio accidente è narrato, individuato minutamente e con verità, e vi imparo di più le funeste e risibili particolarità del rivale palafreniere, di cui leggo il nome, l'età, la figura, e l'ampissima confessione da lui stesso fatta al padrone. Io ebbi a cader morto ad una tal lettura; ed allora soltanto riacquistando la luce della mente, mi avvidi e toccai con mano, che la perfida donna mi avea *spontaneamente* confessato ogni cosa dopo che il gazzettiere, in data del venerdì mattina, l'avea confessata egli al pubblico. Perdei allora ogni freno e misura, corsi a casa sua, dove dopo averla invettivata[4] con tutte le più amare furibonde e spregianti espressioni, miste sempre di amore, di dolor mortalissimo, e di disperati partiti, ebbi pure la vile debolezza di ritornarvi qualche ore dopo averle giurato ch'ella non mi rivedrebbe mai più. E tornatovi, mi vi trattenni tutto quel giorno; e vi tornai il susseguente, e più altri, finché risolvendosi essa di uscir d'Inghilterra, dove ell'era divenuta la favola di tutti, e di andare in Francia a porsi per alcun tempo in un monastero, io l'accompagnai, e si errò intanto per varie provincie dell'Inghilterra per prolungare di stare insieme, fremendo io e bestemmiando dell'esservi, e non me ne potendo pure a niun conto separare. Colto finalmente un istante in cui poté più la vergogna e lo sdegno che l'amore, la lasciai in Rochester, di dove essa con quella di lei cognata si avviò per Douvres in Francia, ed io me ne tornai a Londra.

Giungendovi seppi che il marito avea proseguito il processo divorziale in mio nome, e che in ciò mi avea accordata la preferenza sul nostro triumviro terzo, il proprio palafreniere, che anzi gli stava ancora in servizio, tanto è veramente generosa ed evangelica la gelosia degli inglesi. Ma ed io pure mi debbo non poco lodare del procedere di quell'offeso marito. Non mi volle uccidere, potendolo verisimilmente fare; né mi volle multare in danari, come portano le leggi di quel paese, dove ogni offesa ha la sua tariffa, e le corna ve l'hanno altissima; a segno che s'egli in vece di farmi cacciare la spada mi avesse voluto far cacciar la borsa, mi avrebbe impoverito o dissestato di molto; perché tassandosi l'indennità in proporzione del danno, egli l'avea ricevuto sì grave, atteso l'amore sviscerato ch'egli portava alla moglie, ed atteso anche l'aggiunta del danno recatogli dal palafreniere, che per essere nullatenente non glie l'avrebbe potuto ristorare, ch'io tengo per fermo che a recarla a zecchini io non ne sarei potuto uscir netto a meno di dieci o dodici mila zecchini, e forse anche più. Quel bennato e moderato giovine si comportò dunque meco in questo sgradevole affare assai meglio ch'io non avea meritato. E proseguitosi in mio nome il processo, la cosa essendo troppo palpabile dai molti testimoni, e dalle confessioni dei diversi personaggi, senza neppure il mio intervento, né il menomo impedimento alla mia partenza dall'Inghilterra, seppi poi dopo ch'era stato ratificato il totale divorzio.

Indiscretamente forse, ma pure a bell'apposta ho voluto sminuzzare in tutti i suoi amminicoli questo straordinario e per me importante accidente, sì perché se ne fece gran rumore in quel tempo, sì perché essendo stata questa una delle principali occasioni in cui mi è venuto fatto di ben conoscere e porre alla prova diversamente me stesso, mi è sembrato che analizzandolo con verità e minutezza verrei anche a dar luogo a chi volesse più intimamente conoscermi, di ritrovarne in questo fatto un ampissimo mezzo.

CAPITOLO DUODECIMO

Ripreso il viaggio in Olanda, Francia, Spagna, Portogallo, e ritorno in patria.

1771   Dopo aver sopportata una sì feroce borrasca[1], non potendo io più trovar pace finché mi cadeano giornalmente sotto gli occhi quei luoghi stessi ed oggetti, mi lasciai facilmente persuadere da quei pochi che sentivano una qualche amichevole pietà del mio violentissimo stato, e mi indussi al partire. Lasciai dunque l'Inghilterra verso il finir di giugno, e così infermo di animo come io mi sentiva, ricercando pur qualche appoggio, volli dirigere i miei primi passi verso l'amico D'Acunha in Olanda. Giunto nell'Haja, alcune settimane mi trattenni con lui, e non vedeva assolutamente altri che lui solo; ed egli alcun poco mi consolava; ma era profondissima la mia piaga. Sentendomi dunque di giorno in giorno anzi crescere la malinconia che scemare, e pensando che il moto machinale, e la divagazione inseparabile dal mutar luogo continuamente ed oggetti, mi dovrebbero giovare non poco, mi rimisi in viaggio alla volta di Spagna; gita che fin da prima mi era prefisso di fare, essendo quel paese quasi il solo dell'Europa che mi rimanesse da vedere. Avviatomi verso Brusselles per luoghi che rinacerbivano sempre più le ferite del mio troppo lacerato cuore, massimamente allorché io metteva a confronto quella mia prima fiamma olandese con questa seconda inglese, sempre fantasticando, delirando, piangendo e tacendo, arrivai finalmente soletto in Parigi. Né quella immensa città mi piacque più in questa seconda visita che nella prima; né punto né poco mi divagò. Ci stetti pure circa un mese per lasciare sfogare i gran caldi prima d'ingolfarmi nelle Spagne. In questo mio secondo soggiorno in Parigi avrei facilmente potuto vedere ed anche trattare il celebre Gian-Giacomo Rousseau, per mezzo d'un italiano mio conoscente che avea contratto seco una certa familiarità, e dicea di andar egli molto a genio al suddetto Rousseau. Quest'italiano mi ci volea assolutamente introdurre, entrandomi mallevadore che ci saremmo scambievolmente piaciuti l'uno l'altro, Rousseau ed io. Ancorché io avessi infinita stima del

Rousseau più assai per il suo carattere puro ed intero e per la di lui sublime e indipendente condotta, che non pe' suoi libri, di cui que' pochi che avea potuti pur leggere mi aveano piuttosto tediato come figli di affettazione e di stento; con tutto ciò, non essendo io per mia natura molto curioso, né punto sofferente, e con tanto minori ragioni sentendomi in cuore tanto più orgoglio e inflessibilità di lui; non mi volli piegar mai a quella dubbia presentazione ad un uomo superbo e bisbetico, da cui se mai avessi ricevuta una mezza scortesia glie n'avrei restituite dieci, perché sempre così ho operato per istinto ed impeto di natura, di rendere con usura sì il male che il bene. Onde non se ne fece altro.

Ma in vece del Rousseau, intavolai bensì allora una conoscenza per me assai più importante con sei o otto dei primi uomini dell'Italia e del mondo. Comprai in Parigi una raccolta dei principali poeti e prosatori italiani in trentasei volumi di picciol sesto[2], e di graziosa stampa, dei quali neppur uno me ne trovava aver meco dopo quei due anni del secondo mio viaggio. E questi illustri maestri mi accompagnarono poi sempre da allora in poi da per tutto; benché in quei primi due o tre anni non ne facessi a dir vero grand'uso. Certo che allora comprai la raccolta più per averla che non per leggerla, non mi sentendo nessuna né voglia né possibilità di applicar la mente in nulla. E quanto alla lingua italiana sempre più m'era uscita dall'animo e dall'intendimento a tal segno, che ogni qualunque autore sopra il Metastasio mi dava molto imbroglio ad intenderlo. Tuttavia, così per ozio e per noia, squadernando alla sfuggita que' miei trentasei volumetti mi maravigliai del gran numero di rimatori che in compagnia dei nostri quattro sommi poeti erano stati collocati a far numero; gente, di cui (tanta era la mia ignoranza) io non avea mai neppure udito il nome; ed erano: un *Torracchione*, un *Morgante*, un *Ricciardetto*, un *Orlandino*, un *Malmantile*[3], e che so io; poemi, dei quali molti anni dopo deplorai la triviale facilità, e la fastidiosa abbondanza. Ma carissima mi riuscì la mia nuova compra, poiché mi misi d'allora in poi in casa per sempre que' sei luminari della lingua nostra, in cui tutto c'è; dico Dante, Petrarca, Ariosto, Tasso, Boccaccio e Machiavelli; e di cui (pur troppo per mia disgrazia e vergogna) io era giunto all'età di circa ventidue anni senza averne punto mai letto, toltone alcuni squarci dell'Ariosto nella prima adolescenza essendo in Accademia, come mi pare di aver detto a suo luogo.

Munito in tal guisa di questi possenti scudi contro l'ozio e la noia (ma invano, poiché sempre ozioso e noioso altrui e a me stesso rimanevami), partii per la Spagna verso il mezzo agosto. E per Orléans, Tours, Poitiers, Bordeaux e Toulouse, attraversata senza occhi la più bella e ridente parte della Francia, entrai in Ispagna per la via di Perpignano; e Barcellona fu la prima città dove mi volli alquanto trattenere da Parigi in poi. In tutto questo lungo tratto di viaggio non facendo per lo più altro che piangere tra me e me soletto in carrozza, ovvero a cavallo, di quando in quando andava pur ripigliando alcun tometto del mio Montaigne, il quale da più di un anno non avea più guardato in viso. Questa lettura spezzata mi andava restituendo un pocolino di senno e di coraggio, ed una qualche consolazione anche me la dava.

Alcuni giorni dopo essere arrivato a Barcellona, siccome i miei cavalli inglesi erano rimasti in Inghilterra, venduti tutti, fuorché il bellissimo lasciato in custodia al marchese Caraccioli; e siccome io senza cavalli non son neppur mezzo, subito comprai due cavalli, di cui uno d'Andalusia della razza dei certosini di Xerez, stupendo animale, castagno d'oro; l'altro un hacha cordovese, più piccolo, ma eccellente, e spiritosissimo[4]. Dacché era nato sempre avea desiderato cavalli di Spagna, che difficilmente si possono estrarre: onde non mi parea vero di averne due sì belli; e questi mi sollevavano assai più che Montaigne. E su questi io disegnava di fare tutto il mio viaggio di Spagna, dovendo la carrozza andare a corte giornate a passo di mula, stante che posta per le carrozze non v'è stabilita, né vi potrebbe essere attese le pessime strade di tutto quel regno affricanissimo[5]. Qualche indisposizionuccia avendomi costretto di soggiornare in Barcellona sino ai primi di novembre, in quel frattempo col mezzo di una grammatica e vocabolario spagnuolo mi era messo da me a leggicchiare quella bellissima lingua, che riesce facile a noi italiani; ed in fatti tanto leggeva il *Don Quixote*, e bastantemente lo intendeva e gustava: ma in ciò molto mi riusciva di aiuto l'averlo già altre volte letto in francese.

Postomi in via per Saragozza e Madrid, mi andava a poco a poco avvezzando a quel nuovissimo modo di viaggiare per quei deserti; dove chi non ha molta gioventù, salute, danari e pazienza, non ci può resistere. Pure io mi vi feci[6] in quei quindici giorni di viaggio sino a Madrid in maniera che poi mi tediava assai meno l'andare, che il soggiornare in qualunque di quelle semibarbare città: ma per me l'andare era sempre il massimo dei piaceri; e lo stare, il massimo degli sforzi; così volendo la mia irrequieta indole. Quasi tutta la strada soleva farla a piedi col mio bell'andaluso accanto, che mi accompagnava come un fedelissimo cane, e ce la discorrevamo fra noi due; ed era il mio gran gusto d'essere solo con lui in quei vasti deserti dell'Arragona; perciò sempre facea precedere la mia gente col legno e le mule, ed io seguitava di lontano. Elia frattanto sovra un muletto andava con lo schioppo a dritta e sinistra della strada cacciando e tirando conigli, lepri, ed uccelli, che quelli sono gli abitatori della Spagna; e precedendomi poi di qualch'ora mi facea trovare di che sfamarmi alla posata[7] del mezzogiorno, e così a quella della sera.

Disgrazia mia (ma forse fortuna d'altri) che io in quel tempo non avessi nessunissimo mezzo né possibilità oramai di stendere in versi i miei diversi pensieri ed affetti; ché in quelle solitudini e moto continuato avrei versato un diluvio di rime, infinite essendo le riflessioni malinconiche e morali, come anche le imagini e terribili, e liete, e miste, e pazze, che mi si andavano affacciando alla mente. Ma non possedendo io allora nessuna lingua, e non mi sognando neppure di dovere né poter mai scrivere nessuna cosa né in prosa né in versi, io mi contentava di ruminar fra me stesso, e di piangere alle volte dirottamente senza saper di che, e nello stesso modo di ridere: due cose che, se non sono poi seguitate da scritto nessuno, son tenute per mera pazzia, e lo sono; se partoriscono scritti, si chiamano poesia, e lo sono.

In questo modo me la passai in quel primo viaggio sino a Madrid; e tanto era il genio che era andato prendendo per quella vita di zingaro, che subito in Madrid mi tediai, e non mi vi trattenni che a stento un mesetto; né ci trattai né conobbivi anima al mondo, eccetto un oriuolaio, giovine spagnuolo che tornava allora di Olanda, dove era andato per l'arte sua. Questo giovinetto era pieno d'ingegno naturale, ed avendo un pocolino visto il mondo si mostrava meco addoloratissimo di tutte le tante e sì diverse barbarie che ingombravano la di lui patria. E qui narrerò brevemente una mia pazza bestialità che mi accadde di fare contro il mio Elia, trovandovisi in terzo codesto giovine spagnuolo. Una sera che questo oriuolaio avea cenato meco, e che ancora si stava discorrendo a tavola dopo cenati, entrò Elia per ravviarmi al solito i capelli, per poi andarcene tutti a letto; e nello stringere col compasso[8] una ciocca di capelli, me ne tirò un pochino più l'uno che l'altro. Io, senza dirgli parola, balzato in piedi più ratto che folgore, di un man rovescio con uno dei candelieri ch'avea impugnato glie ne menai un così fiero colpo su la tempia diritta, che il sangue zampillò ad un tratto come da una fonte sin sopra il viso e tutta la persona di quel giovine, che mi stava seduto in faccia all'altra parte di quella assai ben larga tavola dove si era cenati. Quel giovane, che mi credé (con ragione) impazzito subitamente, non avendo osservato né potendosi dubitare che un capello tirato avesse cagionato quel mio improvviso furore, saltò subito su egli pure come per tenermi. Ma già in quel frattempo l'animoso ed offeso e fieramente ferito Elia, mi era saltato addosso per picchiarmi; e ben fece. Ma io allora snellissimo gli scivolai di sotto, ed era già saltato su la mia spada che stava in camera posata su un cassettone, ed avea avuto il tempo di sfoderarla. Ma Elia inferocito mi tornava incontro, ed io glie l'appuntava al petto; e lo spagnuolo a rattenere ora Elia, ed or me; e tutta la locanda a romore; e i camerieri saliti, e così separata la zuffa tragicomica e scandalosissima per parte mia. Rappaciati alquanto gli animi si entrò negli schiarimenti; io dissi che l'essermi sentito tirar i capelli mi avea messo fuor di me; Elia disse di non essersene avvisto neppure; e lo spagnuolo appurò ch'io non era impazzito, ma che pure savissimo non era. Così finì quella orribile rissa, di cui io rimasi dolentissimo e vergognosissimo e dissi ad Elia ch'egli avrebbe fatto benissimo ad ammazzarmi. Ed era uomo da farlo; essendo egli di statura quasi un palmo più di me che sono altissimo; e di coraggio e forza niente inferiore all'aspetto. La piaga della tempia non fu profonda, ma sanguinò moltissimo, e poco più in su che l'avessi colto, io mi trovava aver ucciso un uomo che amavo moltissimo per via d'un capello più o meno tirato. Inorridii molto di un così bestiale eccesso di collera; e benché vedessi Elia alquanto placato, ma non rasserenato meco, non volli pure né mostrare né nutrire diffidenza alcuna di lui; e un par d'ore dopo, fasciata che fu la ferita, e rimessa in sesto ogni cosa me n'andai a letto, lasciando la porticina che metteva in camera di Elia, aderente alla mia, aperta al solito, e senza voler ascoltare lo spagnuolo che mi avvertiva di non invitare così un uomo offeso e irritato di fresco ad una qualchè vendetta. Ma io anzi dissi forte ad Elia che era già stato posto a letto, che egli poteva volendo uccidermi quella notte se ciò gli tornava comodo, poiché io lo meritava. Ma egli era eroe per lo meno quanto me; né altra vendetta mai volle prendere, che di conservare poi per sempre due fazzoletti pieni zeppi di sangue, coi quali s'era rasciutta da prima la fumante piaga; e di poi mostrarmeli qualche volta, che li serbò per degli anni ben molti. Questo reciproco misto di ferocia e di generosità per parte di entrambi noi, non si potrà facilmente capire da chi non ha esperienza dei costumi e del sangue di noi piemontesi.

Io, nel rendere poi dopo ragione a me stesso del mio orribile trasporto, fui chiaramente convinto, che aggiunta all'eccessivo irascibile della natura mia l'asprezza occasionata dalla continua solitudine ed ozio, quella tiratura di capello avea colmato il vaso, e fattolo in quell'attimo traboccare. Del resto io non ho mai battuto nessuno che mi servisse se non se come avrei fatto un mio eguale; e non mai con bastone né altr'arme, ma con pugni, o seggiole, o qualunque altra cosa mi fosse caduta sotto la mano, come accade quando da giovine altri, provocandoti, ti sforza a menar le mani. Ma nelle pochissime volte che tal cosa mi avvenne, avrei sempre approvato e stimato quei servi che mi avessero risalutato con lo stesso picchiare; atteso che io non intendeva mai di battere il servo come padrone, ma di altercare da uomo ad uomo.

Vivendo così come orso terminai il mio breve soggiorno in Madrid, dove non vidi nessunissima delle non molte cose, che poteano eccitare qualche curiosità; né il palazzo dell'Escurial famosissimo, né Aranjuez, né il palazzo pure del re in Madrid[9], non che vedervi il padrone di esso[10]. E cagione principale di questa straordinaria selvatichezza fu l'essere io mezzo guasto col nostro ambasciator di Sardegna; ch'io avea conosciuto in Londra dal primo viaggio ch'io ci avea fatto nel 1768, dove egli era allora ministro, e non c'eramo niente piaciuti l'un l'altro. Nell'arrivare io a Madrid, saputo ch'egli era con la corte in una di quelle ville reali, colsi subito il tempo ch'egli non v'era, e lasciai il polizzino di visita[11] con una commendatizia della Segreteria di Stato che avea recato meco com'è d'uso. Tornato egli in Madrid fu da me, non mi trovò; né io più mai cercai di lui, né egli di me. E tutto questo non contribuiva forse poco a sempre più inasprire il mio già bastantemente insoave ed irto carattere. Lasciai dunque Madrid verso i primi del dicembre, e per Toledo, e Badajoz, mi avviai a passo a passo verso Lisbona, dove dopo circa venti giorni di viaggio arrivai la vigilia del Natale.

Lo spettacolo di quella città, la quale a chi vi approda, come io, da oltre il Tago, si presenta in aspetto teatrale e magnifico quasi quanto quello di Genova, con maggiore estensione e varietà, mi rapì veramente, massime in una certa distanza. La maraviglia poi e il diletto andavano scemando all'approssimar della ripa, e intieramente poi mi si trasmutavano in oggetto di tristezza e squallore allo sbarcare fra certe strade, intere isole di muriccie[12] avanzi del terremoto, accatastate e spartite allineate a guisa di isole di abitati edifizi. E di cotali strade se ne vedevano ancora moltissime nella parte bassa della città, benché fossero già oramai trascorsi quindici anni dopo quella funesta catastrofe[13].

Quel mio breve soggiorno in Lisbona di circa cinque set- timane, sarà per me un'epoca sempre memorabile e cara, per avervi io imparato a conoscere l'abate Tommaso di Caluso, fratello minore del conte Valperga di Masino allora nostro ministro in Portogallo. Quest'uomo, raro per l'indole, i costumi e la dottrina, mi rendé delizioso codesto soggiorno, a segno che, oltre al vederlo per lo più ogni mattina a pranzo dal fratello, anche le lunghe serate dell'inverno io preferiva pure di passarmele intere da solo a solo con lui, piuttosto che correre attorno pe' divertimenti sciocchissimi del gran mondo. Con esso io imparava sempre qualche cosa, e tanta era la di lui bontà e tolleranza, che egli sapea per così dire alleggerirmi la vergogna ed il peso della mia ignoranza estrema, la quale tanto più fastidiosa e stomachevole gli dovea pur comparire, quanto maggiore ed immenso era in esso il sapere. Cosa che, non mi essendo fin allora accaduta con nessuno dei non molti letterati ch'io avessi dovuti trattare, me li avea fatti tutti prendere a noia. E ben dovea essere così, non essendo in me niente minore l'orgoglio, che l'ignoranza. Fu in una di quelle dolcissime serate, ch'io provai nel più intimo della mente e del cuore un impeto veramente febeo[14], di rapimento entusiastico per l'arte della poesia; il quale pure non fu che un brevissimo lampo, che immediatamente si tornò a spegnere, e dormì poi sotto cenere ancora degli anni ben molti. Il degnissimo e compiacentissimo abate mi stava leggendo quella grandiosa ode del Guidi alla Fortuna[15], poeta, di cui sino a quel giorno io non avea neppur mai udito il nome. Alcune stanze di quella canzone, e specialmente la bellissima di Pompeo, mi trasportarono a un segno indicibile, talché il buon abate si persuase e mi disse che io era nato per far dei versi, e che avrei potuto, studiando, pervenire a farne degli ottimi. Ma io, passato quel momentaneo furore, trovandomi così irrugginite tutte le facoltà della mente, non la credei oramai cosa possibile, e non ci pensai altrimenti.

Intanto l'amicizia e la soave compagnia di quell'uomo unico, che è un Montaigne vivo, mi giovò assaissimo a riassestarmi un poco l'animo; onde, ancorché non mi sentissi del tutto guarito, mi riavvezzai pure a poco a poco a leggicchiare, e riflettere, assai più che non avessi ciò fatto da circa diciotto mesi. Quanto poi alla città di Lisbona, dove non mi sarei trattenuto neppur dieci giorni, se non fosse stato l'abate, nulla me ne piacque fuorché in generale le donne, nelle quali veramente abonda il *lubricus adspici* di Orazio[16]. Ma, essendomi ridivenuta mille volte più cara la salute dell'animo che quella del corpo, io mi studiai e riuscii di sfuggire sempre le oneste.

Verso i primi di febbraio partii alla volta di Siviglia e di Cadice; né portai meco altra cosa di Lisbona, se non se una stima ed amicizia somma pel suddetto abate di Caluso, ch'io sperava di riveder poi, quando che fosse, in Torino. Di Siviglia me ne andò a genio il bel clima, e la faccia originalissima spagnuolissima che tuttavia conservavasi codesta città sovra ogni altra del regno. Ed io sempre ho preferito originale anche tristo ad ottima copia. La nazione spagnuola, e la portoghese, sono in fatti quasi oramai le sole di Europa che conservino i loro costumi, specialmente nel basso e medio ceto. E benché il buono vi sia quasi naufrago in un mare di storture di ogni genere che vi predominano, io credo tuttavia quel popolo una eccellente materia prima per potersi addirizzar facilmente ad operar cose grandi, massimamente in virtù militare; avendone essi in sovrano grado tutti gli elementi; coraggio, perseveranza, onore, sobrietà, obbedienza, pazienza, ed altezza d'animo.

In Cadice terminai il carnevale bastantemente lieto. Ma mi avvidi alcuni giorni dopo esserne partito alla volta di Cordova, che riportato n'avea meco delle memorie gaditane[17], che alcun tempo mi durerebbero. Quelle ferite poco gloriose mi amareggiarono assai quel lunghissimo viaggio da Cadice a Torino, ch'io intrapresi di fare d'un sol fiato così ad oncia ad oncia per tutta la lunghezza della Spagna sino ai confini di Francia, di dove già v'era entrato. Ma pure a forza di robustezza, ostinazione e sofferenza, cavalcando, sfangando a piedi, e strapazzandomi d'ogni maniera, arrivai, assai mal concio, a dir vero, a Perpignano, di dove poi continuando per le poste ebbi a soffrir molto meno. In quel gran tratto di terra i due soli luoghi che mi diedero una qualche soddisfazione, furono Cordova e Valenza: massimamente poi tutto il regno di Valenza, che misurai per lo lungo sul finir di marzo, ed era per tutto una primavera tepida e deliziosissima, di quelle veramente descritte dai poeti. Le adiacenze poi e i passeggi, e le limpide acque, e la posizione locale della città di Valenza, e il bellissimo azzurro del di lei cielo, e un non so che di elastico ed amoroso nell'atmosfera; e donne i di cui occhi protervi mi faceano bestemmiare le gaditane; e un tutto, insomma, sì fatto mi si appresentò in quel favoloso paese, che nessun'altra terra mi ha lasciato un tale desiderio di sé, né mi si riaffaccia sì spesso alla fantasia quanto codesta.

Giunto per la via di Tortosa una seconda volta in Barcellona, e tediatissimo del viaggiare a così lento passo, feci il gran distacco dal mio bellissimo cavallo andaluso, che per essere molto affaticato da quest'ultimo viaggio di trenta e più giorni consecutivi da Cadice a Barcellona, non lo volea strapazzar maggiormente col farmelo trottar dietro il legno quando sarei partito per Perpignano a marcia duplicata. L'altro mio cavallo, il cordovesino, essendomisi azzoppito fra Cordova e Valenza, piuttosto che trattenermi due giorni che forse si sarebbe riavuto, lo avea regalato alle figlie di una ostessa molto belline, raccomandandolo che se lo curavano e gli davano un po' di riposo, rinsanito lo venderebbero benissimo; né mai più ne seppi altro. Quest'ultimo dunque rimastomi, non lo volendo io vendere, perché sono per natura nemicissimo del vendere, lo regalai ad un banchiere francese domiciliato in Barcellona, già mio conoscente sin dalla mia prima dimora in codesta città. E qui, per definire e dimostrare quel che sia il cuore di un pubblicano[18], aggiungerò una particolarità. Essendomi rimaste di più forse un trecento doppie d'oro di Spagna, che attese le severe perquisizioni che si fanno alle dogane di frontiera all'uscire di Spagna, difficilmente forse le avrei potute estrarre[19], sendo cosa proibita; richiesi al su detto banchiere, dopo avergli regalato il cavallo, che mi desse una cambiale di codesta somma pagabile a vista in Monpellieri[20] di dove mi toccava passare. Ed egli, per testificarmi la sua gratitudine, ricevute le mie doppie sonanti, mi concepì la cambiale in tutto quel massimo rigore di cambio che facea in quella settimana; talché poi a Monpellieri riscotendo la somma in luigi, mi trovai aver meno circa il sette per cento di quello ch'io avrei ricavato se vi avessi portate e scambiate le mie doppie effettive. Ma io non avea neppur bisogno di aver provato questa cortesia banchieresca per fissare la mia opinione su codesta classe di gente, che sempre mi è sembrata l'una delle più vili e pessime del mondo sociale; e ciò tanto più, quanto essi si van mascherando da signori, e mentre vi danno un lauto pranzo in casa loro per fasto, vi spogliano per uso d'arte al loro banco; e sempre poi sono pronti ad impinguarsi delle calamità pubbliche. A fretta in furia, facendo con danari bastonare le tardissime mule, mi portai dunque in due giorni soli da Barcellona a Perpignano, dove ce n'avea impiegati quattro al venire. E la fretta poi mi era sì fattamente rientrata addosso, che di Perpignano in Antibo volando per le poste, non mi trattenni mai, né in Narbona, né in Monpellieri, né in Aix. Ed in Antibo subito imbarcatomi per Genova, dove solo per riposarmi soggiornai tre giorni, di lì mi restituiva in patria due altri giorni trattenendomi presso mia madre in Asti; e quindi, dopo tre anni di assenza, in Torino, dove giunsi il dì quinto di maggio dell'anno 1772. Nel passare di Monpellieri io avea consultato un chirurgo di alto grido, su i miei incommodi incettati in Cadice. Costui mi ci volea far trattenere; ma io, fidandomi alquanto su l'esperienza che avea oramai contratta di simili incommodi, e sul parere del mio Elia, che di queste cose intendeva benissimo, e mi avea già altre volte perfettamente guarito in Germania, ed altrove; senza dar retta all'ingordo chirurgo di Monpellieri, avea proseguito, come dissi, il mio viaggio rapidissimamente. Ma lo strapazzo stesso di due mesi di viaggio avea molto aggravato il male. Onde al mio arrivo in Torino, sendo assai mal ridotto, ebbi che fare quasi tutta l'estate per rimettermi in salute. E questo fu il principal frutto dei tre anni di questo secondo mio viaggio.

CAPITOLO DECIMOTERZO

Poco dopo essere rimpatriato, incappo nella terza rete amorosa. Primi tentativi di poesia.

Ma benché agli occhi dei più, ed anche ai miei, nessun buon frutto avessi riportato da quei cinque anni di viaggi, mi si erano con tutto ciò assai allargate le idee, e rettificato non poco il pensare; talché, quando il mio cognato mi volle riparlare d'impieghi diplomatici che avrei dovuto sollecitare, io gli risposi: che avendo veduti un pochino più da presso ed i re, e coloro che li rappresentano, e non li potendo stimare un iota nessuni[1], io non avrei voluto rappresentarne né anche il Gran Mogol[2], non che prendessi mai a rappresentare il più piccolo di tutti i re dell'Europa, qual era il nostro; e che non rimaneva altro compenso a chi si trovava nato in simili paesi, se non se di camparvi del suo, avendovelo, e d'impiegarsi da sé in una qualche lodevole occupazione sotto gli auspici favorevolissimi sempre della beata indipendenza. Questi miei detti fecero torcere moltissimo il muso a quell'ottimo uomo che trovavasi essere uno dei gentiluomini di camera del re; né mai più avendomi egli parlato di ciò, io pure sempre più mi confermai nel mio proposito.

Io mi trovava allora in età di ventitré anni; bastantemente ricco, pel mio paese; libero, quanto vi si può essere; esperto, benché così alla peggio, delle cose morali e politiche, per aver veduti successivamente tanti diversi paesi e tanti uomini; pensatore, più assai che non lo comportasse quell'età; e presumente[3] anche più che ignorante. Con questi dati mi rimaneano necessariamente da farsi molti altri errori, prima che dovessi pur ritrovare un qualche lodevole ed utile sfogo al bollore del mio impetuoso intollerante e superbo carattere.

In fine di quell'anno del mio ripatriamento, provvistomi in Torino una magnifica casa posta su la piazza bellissima di San Carlo, e ammobigliatala con lusso e gusto e singolarità, mi posi a far vita di gaudente con gli amici, che allora me ne ritrovai averne a dovizia. Gli antichi miei compagni d'Accademia, e di tutte quelle prime scappataggini di gioventù, furono di nuovo i miei intimi; e tra quelli, forse un dodici e più persone, stringendoci più assiduamente insieme, venimmo a stabilire una società permanente, con admissione od esclusiva ad essa per via di voti, e regole, e buffonerie diverse, che poteano forse somigliare, ma non erano però, Libera Muratoreria[4]. Né di tal società altro fine ci proponevamo, fuorché divertirci, cenando spesso insieme (senza però nessunissimo scandalo); e del resto nell'adunanze periodiche settimanali la sera, ragionando o sragionando sovra ogni cosa. Tenevansi queste auguste sessioni in casa mia, perché era e più bella e più spaziosa di quelle dei compagni, e perché essendovi io solo si rimanea più liberi. C'era fra questi giovani (che tutti erano ben nati e dei primari della città) un po' d'ogni cosa; dei ricchi e dei poveri, dei buoni, dei cattivucci, e degli ottimi, degli ingegnosi, degli sciocchetti, e dei colti; onde da sì fatta mistura, che il caso la somministrò ottimamente temperata, risultava che io né vi potea, né avrei voluto potendolo, primeggiare in niun modo, ancorché avessi veduto più cose di loro. Quindi le leggi che vi si stabilirono furono discusse e non già dettate; e riuscirono imparziali, egualissime, e giuste; a segno che un corpo di persone come eramo noi, tanto potea fondare una ben equilibrata repubblica, come una ben equilibrata buffoneria. La sorte e le circostanze vollero che si fabbricasse piuttosto questa che quella. Si era stabilito un ceppo[5] assai ben capace, dalla di cui spaccatura superiore vi si introducevano scritti d'ogni specie, da leggersi poi dal presidente nostro elettivo ebdomadario[6], il quale tenea di esso ceppo la chiave. Fra quegli scritti se ne sentivano talvolta alcuni assai divertenti e bizzarri; se ne indovinavano per lo più gli autori, ma non portavano nome. Per nostra comune e più mia particolare sventura, quegli scritti erano tutti in (non dirò lingua), ma in parole francesi. Io ebbi la sorte d'introdurre varie carte nel ceppo, le quali divertirono assai la brigata; ed erano cose facete miste di filosofia e d'impertinenza, scritte in un francese che dovea essere almeno non buono, se pure non pessimo, ma riuscivano pure intelligibili e passabili per un uditorio che non era più dotto di me in quella lingua. E fra gli altri, uno ne introdussi, e tuttavia lo conservo, che fingeva la scena di un Giudizio Universale[7], in cui Dio domandando alle diverse anime un pieno conto di sé stesse, ci aveva rappresentate diverse persone che dipingevano i loro propri caratteri; e questo ebbe molto incontro perché era fatto con un qualche sale, e molta verità; talché le allusioni, e i ritratti vivissimi e lieti e variati di molti sì uomini che donne della nostra città, venivano riconosciuti e nominati immediatamente da tutto l'uditorio.

Questo piccolo saggio del mio poter mettere in carta le mie idee quali ch'elle fossero, e di potere, nel farlo, un qualche diletto recare ad altrui, mi andò poi di tempo in tempo saettando un qualche lampo confuso di desiderio e di speranza di scrivere quando che fosse qualcosa che potesse aver vita; ma non mi sapeva neppur io quale potrebbe mai essere la materia, vedendomi sprovvisto di quasi tutti i mezzi. Per natura mia prima prima, a nessuna altra cosa inclinava quanto alla satira, ed all'appiccicare il ridicolo sì alle cose che alle persone. Ma pure poi riflettendo e pensando, ancorché mi vi paresse dovervi aver forse qualche destrezza, non apprezzava io nell'intimo del cuore gran fatto questo sì fallace genere; il di cui buon esito, spesso momentaneo, è posto e radicato assai più nella malignità e invidia naturale degli uomini, gongolanti sempre allorché vedono mordere i loro simili, che non nel merito intrinseco del morditore.

Intanto per allora la divagazione somma e continua, la libertà totale, le donne, i miei ventiquattro anni, e i cavalli di cui avea spinto il numero sino a dodici e più, tutti questi ostacoli potentissimi al non far nulla di buono, presto spegnevano od assopivano in me ogni qualunque velleità di divenire autore. Vegetando io dunque così in questa vita giovenile oziosissima, non avendo mai un istante quasi di mio, né mai aprendo più un libro di sorte nessuna, incappai (come ben dovea essere) di bel nuovo in un tristo amore; dal quale poi dopo infinite angosce, vergogne, e dolori, ne uscii finalmente col vero, fortissimo, e frenetico amore del sapere e del fare, il quale d'allora in poi non mi abbandonò mai più; e che, se non altro, mi ha una volta sottratto dagli orrori della noia, della sazietà, e dell'ozio; e dirò più, dalla disperazione; verso la quale a poco a poco io mi sentiva strascinare talmente, che se non mi fossi ingolfato poi in una continua e caldissima occupazione di mente, non v'era certamente per me nessun altro compenso che mi potesse impedire prima dei trent'anni dall'impazzire o affogarmi.

Questa mia terza ebrezza d'amore fu veramente sconcia, e pur troppo lungamente anche durò. Era la mia nuova fiamma una donna[8], distinta di nascita, ma di non troppo buon nome nel mondo galante, ed anche attempatetta; cioè maggiore di me di circa nove in dieci anni. Una passeggiera amicizia era già stata tra noi, al mio primo uscire nel mondo, quando ancora era nel Primo Appartamento dell'Accademia. Sei e più anni dopo, il trovarmi alloggiato di faccia a lei, il vedermi da essa festeggiato moltissimo; il non far nulla; e l'esser io forse una di quelle anime di cui dice, con tanta verità ed affetto, il Petrarca:

> So di che poco canape si allaccia
> un'anima gentil, quand'ella è sola,
> e non è chi per lei difesa faccia[9];

ed in somma il mio buon padre Apollo che forse per tal via straordinaria mi volea chiamare a sé; fatto si è, ch'io, benché da principio non l'amassi, né mai poi la stimassi, e neppure molto la di lei bellezza non ordinaria mi andasse a genio; con tutto ciò credendo come un mentecatto al di lei immenso amore per me, a poco a poco l'amai davvero, e mi c'ingolfai sino agli occhi. Non vi fu più per me né divertimenti, né amici; perfino gli adorati cavalli furono da me trascurati. Dalla mattina all'otto fino alle dodici della sera eternamente seco, scontento del-

l'esserci, e non potendo pure non esserci; bizzarro e tormento-
sissimo stato, in cui vissi non ostante (o vegetai, per dir meglio)
da circa il mezzo dell'anno 1773 sino a tutto il febbraio del '75;
senza contar poi la coda di questa per me fatale e ad un tempo
fausta cometa[10].

CAPITOLO DECIMOQUARTO
Malattia e ravvedimento.

Nel lungo tempo che durò questa pratica, arrabbiando io dalla
mattina alla sera, facilmente mi alterai la salute. Ed in fatti nel
fine del '73 ebbi una malattia non lunga, ma fierissima, e
straordinaria a segno che i maligni begl'ingegni, di cui Torino
non manca, dissero argutamente ch'io l'avea inventata esclusivamente per me. Cominciò con lo dar di stomaco per ben trentasei ore continue, in cui non v'essendo più neppur umido da
rigettare, si era risoluto il vomito in un singhiozzo sforzoso,
con una orribile convulsione del diaframma che neppur l'acqua in piccolissimi sorsi mi permettea d'ingoiare. I medici,
temendo l'infiammazione, mi cacciarono sangue dal piede, e
immediatamente cessò lo sforzo di quel vomito asciutto, ma mi
si impossessò una tal convulsione universale, e subsultazione
dei nervi tutti, che a scosse terribili ora andava percuotendo il
capo della testiera del letto, se non me lo teneano, ora le mani e
massimamente i gomiti, contro qualunque cosa vi fosse stata
aderente. Né alcunissimo nutrimento, o bevanda, per nessuna
via mi si poteva far prendere, perché all'avvicinarsi o vaso o
istromento qualunque a qualunque orifizio, prima anche di
toccare la parte era tale lo scatto cagionato dai subsulti nervosi,
che nessuna forza valeva a impedirli; anzi, se mi voleano tener
fermo con violenza era assai peggio, ed io ammalato dopo
anche quattro giorni di totale digiuno, estenuato di forze, con-
servava però un tale orgasmo di muscoli, che mi venivano fatti
allora degli sforzi che non avrei mai potuti fare essendo in piena salute. In questo modo passai cinque giorni interi in cui non

mi vennero inghiottiti forse venti o trenta sorsetti di acqua presi così a contrattempo di volo, e spesso immediatamente rigettati. Finalmente nel sesto la convulsione allentò, mediante le cinque o le sei ore il giorno che fui tenuto in un bagno caldissimo di mezz'olio e mezz'acqua. Riapertasi la via dell'esofago, in pochi giorni col bere moltissimo siere fui risanato. La lunghezza del digiuno e gli sforzi del vomito erano stati tali, che nella forcina dello stomaco, fra quei due ossucci che la compongono, vi si formò un tal vuoto, che un uovo di mezzàna grandezza vi potea capire; né mai poi mi si ripianò come prima. La rabbia, la vergogna, e il dolore, in cui mi facea sempre vivere quell'indegno amore, mi aveano cagionata quella singolar malattia. Ed io, non vedendo strada per me di uscire di quel sozzo laberinto, sperai, e desiderai di morirne. Nel quinto giorno del male, quando più si temeva dai medici che non ne ritornerei[1], mi fu messo intorno un degno cavaliere mio amico, ma assai più vecchio di me, per indurmi a ciò che il suo viso e i preamboli del suo dire mi fecero indovinare prima ch'egli parlasse; cioè a confessarmi e testare[2]. Lo prevenni, col domandar l'uno e l'altro, né questo mi sturbò punto l'animo. In due o tre aspetti mi occorse di rimirare ben in faccia la morte nella mia gioventù; e mi pare di averla ricevuta sempre con lo stesso contegno. Chi sa poi, se quando ella mi si riaffaccerà irremissibile io nello stesso modo la riceverò. Bisogna veramente che l'uomo muoia, perché altri possa appurare, ed ei stesso, il di lui giusto valore.

1774 Risorto da quella malattia, ripigliai tristamente le mie catene amorose. Ma per levarmene pure qualcun'altra d'addosso, non volli più lungamente godermi i lacci militari, che sommamente mi erano sempre dispiaciuti, abborrendo io quell'infame mestiere dell'armi sotto un'autorità assoluta qual ch'ella sia; cosa, che sempre esclude il sacrosanto nome di patria. Non negherò pure, che in quel punto la mia Venere non fosse più assai per me opprobriosa che non era il mio Marte. In somma fui dal colonnello, e allegando la salute domandai dimissione dal servizio, che non avea a dir vero prestato mai; poiché in circa ott'anni che portai l'uniforme, cinque li avea passati fuor del paese; e nei tre altri appena cinque riviste avea passate, che due l'anno se ne passavano sole in quei reggimenti di Milizie Provinciali in cui avea preso servizio. Il colonnello volle ch'io ci pensassi dell'altro prima di chiedere per me codesta dimissione; accettai per civiltà il suo invito e simulando di avervi pensato altri quindici giorni, la ridomandai più fermamente e l'ottenni.

Io frattanto strascinava i miei giorni nel serventismo[3], vergognoso di me stesso, noioso e annoiato, sfuggendo ogni mio conoscente ed amico, sui di cui visi io benissimo leggeva tacitamente scolpita la mia opprobriosa dabenaggine. Avvenne poi nel gennaio del 1774, che quella mia signora si ammalò di un male di cui forse poteva esser io la cagione, benché non intieramente il credessi. E richiedendo il suo male ch'ella stesse in totale riposo e silenzio, fedelmente io le stava a piè del letto seduto per servirla; e ci stava dalla mattina alla sera, senza pure aprir bocca per non le nuocere col farla parlare. In una di queste poco, certo, divertenti sedute, io mosso dal tedio, dato di piglio a cinque o sei fogli di carta che mi caddero sotto mano, cominciai così a caso, e senza aver piano nessuno, a schiccherare una scena di una non so come chiamarla, se tragedia, o commedia, se d'un sol atto, o di cinque, o di dieci; ma insomma delle parole a guisa di dialogo, e a guisa di versi, tra un Photino, una donna, ed una Cleopatra, che poi sopravveniva dopo un lunghetto parlare fra codesti due prima nominati. Ed a quella donna, dovendole pur dare un nome, né altro sovvenendomene, appicciai quel di Lachesi, senza pur ricordarmi ch'ella delle tre Parche era l'una. E mi pare, ora esaminandola, tanto più strana quella mia subitanea impresa, quanto da circa sei e più anni io non avea mai più scritto una parola italiana, pochissimo e assai di rado e con lunghissime interruzioni ne avea letto. Eppure così in un subito, né saprei dire né come né perché, mi accinsi a stendere quelle scene in lingua italiana ed in verso. Ma, affinché il lettore possa giudicar da sé stesso della scarsezza del mio patrimonio poetico in quel tempo, tra-

scriverò qui in fondo di pagina a guisa di nota[4] un bastante
squarcio di codesta composizione, e fedelissimamente lo trascriverò dall'originale che tuttavia conservo, con tutti gli spropositi perfino di ortografia con cui fu scritto: e spero, che se
non altro questi versi potranno far ridere chi vorrà dar loro
un'occhiata, come vanno facendo ridere me nell'atto del tra-
scriverli; e principalmente la scena fra Cleopatra e Photino.
Aggiungerò una particolarità, ed è: che nessun'altra ragione in
quel primo istante ch'io cominciai a imbrattar que' fogli mi
indusse a far parlare Cleopatra piuttosto che Berenice, o Zeno-
bia, o qualunque altra regina tragediabile, fuorché l'esser io
avvezzo da mesi ed anni a vedere nell'anticamera di quella
signora alcuni bellissimi arazzi, che rappresentavano vari fatti
di Cleopatra e d'Antonio.

Guarì poi la mia signora di codesta sua indisposizione; ed io
senza mai più pensare a questa mia sceneggiatura risibile, la
depositai sotto un cuscino della di lei poltroncina, dove ella si
stette obbliata circa un anno; e così furono frattanto, sì dalla
signora che vi si sedeva abitualmente, sì da qualunque altri a
caso vi si adagiasse, covate in tal guisa fra la poltroncina e il
sedere di molti quelle mie tragiche primizie.

Ma, trovandomi vie più sempre tediato ed arrabbiato di far
quella vita serventesca, nel maggio di quello stesso anno '74,
presi subitamente la determinazione di partire per Roma, a
provare se il viaggio e la lontananza mi guarirebbero di quella
morbosa passione. Afferrai l'occasione d'una acerba disputa
avuta con la mia signora (e queste non erano rare), e senza dir
altro, tornato la sera a casa mia, nel giorno consecutivo feci
tutte le mie disposizioni, e passato tutto quell'intero giorno
senza capitar da lei, la mattina dopo per tempissimo me ne
partii alla volta di Milano. Essa non lo seppe che la sera prima
(credo il sapesse da qualcuno di casa mia), e subito quella sera
stessa al tardi mi rimandò, come è d'uso, e lettere e ritratto.
Quest'invio già principiò a guastarmi la testa, e la mia risoluzione già tentennava. Tuttavia, fattomi buon animo, mi avviai,
come dissi, per le poste verso Milano. Giunto la sera a Novara,

saettato tutto il giorno da quella sguaiatissima passione, ecco
che il pentimento, il dolore e la viltà mi muovono un sì feroce
assalto al cuore, che fattasi omai vana ogni ragione, sordo al
vero, repentinamente mi cangio. Fo proseguire verso Milano
un abate francese ch'io m'era preso per compagno, con la carrozza e i miei servi, dicendo loro di aspettarmi in Milano. In
tanto, io soletto, sei ore innanzi giorno salto a cavallo col postiglione per guida, corro tutta la notte, e il giorno poi di buon'o-
ra mi ritrovo un'altra volta a Torino; ma per non mi vi far
vedere, e non esser la favola di tutti, non entro in città; mi
soffermo in un'osteriaccia del sobborgo, e di là supplichevol-
mente scrivo alla mia signora adirata, perch'ella mi perdoni
questa scappata, e mi voglia accordare un po' d'udienza. Ricevo tostamente risposta. Elia, che era rimasto in Torino per
badare alle cose mie durante il mio viaggio che dovea esser
d'un anno; Elia, destinato sempre a medicare, o palliar le mie
piaghe, mi riporta quella risposta. L'udienza mi vien accordata, entro in città, come profugo, su l'imbrunir della notte;
ottengo il mio intero vergognoso perdono, riparto all'alba con-
secutiva verso Milano, rimasti d'accordo fra noi due che in
capo di cinque o sei settimane sotto pretesto di salute me ne
ritornerei in Torino. Ed io in tal guisa palleggiato a vicenda tra
la ragione e l'insania, appena firmata la pace, trovandomi di
bel nuovo soletto su la strada maestra fra i miei pensamenti,
fieramente mi sentiva riassalito dalla vergogna di tanta mia
debolezza. Così arrivai a Milano lacerato da questi rimorsi in
uno stato compassionevole ad un tempo e risibile. Io non sapeva allora, ma provava per esperienza quel profondo ed elegante
bel detto del nostro maestro d'amore, il Petrarca:

Che chi discerne è vinto da chi vuole[5].

Due giorni appena mi trattenni in Milano, sempre fantasticando, ora come potrei abbreviare quel maledetto viaggio, ed ora,
come lo potrei far durare senza tener parola del ritorno; che
libero avrei voluto trovarmi, ma liberarmi non sapea, né potea.
Ma, non trovando mai un po' di pace se non se nel moto e

divagazione del correr la posta, rapidamente per Parma, Modena, e Bologna mi rendei a Firenze; dove né pure potendomi trattener più di due giorni, subito ripartii per Pisa e Livorno. Quivi poi ricevute le prime lettere della mia signora, non potendo più durare lontano, ripartii subito per la via di Lerici e Genova, dove lasciatovi l'abate compagno, e il legno da risarcirsi, a spron battuto a cavallo me ne ritornai a Torino, diciotto giorni dopo esserne partito per fare il viaggio d'un anno. C'entrai anche di notte per non farmi canzonar dalla gente. Viaggio veramente burlesco, che pure mi costò dei gran pianti.

Sotto l'usbergo[6] (non del sentirmi puro) ma del mio viso serio e marmoreo, scansai le canzonature dei miei conoscenti ed amici, che non si attentarono di darmi il ben tornato. Ed in fatti, troppo era mal tornato; e divenuto oramai disprezzabilissimo agli stessi occhi miei, io caddi in un tale avvilimento e malinconia, che se un tale stato fosse lungamente durato, avrei dovuto o impazzire, o scoppiare; come in fatti venni assai presso all'uno ed all'altro.

Ma pure strascinai quelle vili catene ancora dal finir di giugno del '74, epoca del mio ritorno di quel semiviaggio, sino al gennaio del '75, quando alla per fine il bollore della mia compressa rabbia giunto all'estremo scoppiò.

CAPITOLO DECIMOQUINTO
Liberazione vera. Primo sonetto.

1775 Tornato io una tal sera dall'opera (insulso e tediosissimo divertimento di tutta l'Italia) dove per molte ore mi era trattenuto nel palco dell'odiosamata[1] signora, mi trovai così esuberantemente stufo che formai la immutabile risoluzione di rompere sì fatti legami per sempre. Ed avendo io visto per prova che il correre per le poste qua e là non mi avea prestato forza di proponimento, che anzi me l'avea subito indebolita e poi tolta, mi volli mettere a maggior prova, lusingandomi che in uno sforzo più difficile riuscirei forse meglio, stante l'ostinazione naturale del mio ferreo carattere. Fermai dunque in me stesso di non mi muovere di casa mia, che come dissi le stava per l'appunto di faccia; di vedere e guardare ogni giorno le di lei finestre, di vederla passare; di udirne in qualunque modo parlare; e con tutto ciò, di non cedere oramai a nulla, né ad ambasciate dirette o indirette, né alle reminiscenze, né a cosa che fosse al mondo, a vedere se ci creperei, il che poco importavami, o se alla fin fine la vincerei. Formato in me tal proponimento, per legarmivi contraendo con una qualche persona come un obbligo di vergogna, scrissi un bigliettino ad un amico mio coetaneo[2], che molto mi amava, con chi s'era fatta l'adolescenza, e che allora da parecchi mesi non mi vedea più, compiangendomi molto di esser naufragato in quella Cariddi, e non potendomene cavar egli, né volendomi perciò parer d'approvare. Nel bigliettino gli dava conto in due righe della mia immutabile risoluzione, e gli acchiudevo un involtone della lunga e ricca treccia de' miei rossissimi capelli, come un pegno di questo mio subitaneo partito, ed un impedimento quasi che invincibile al mostrarmi in nessun luogo così tosone[3], non essendo allora tollerato un tale assetto, fuorché ne' villani, e marinai. Finiva il biglietto col pregarlo di assistermi di sua presenza e coraggio, per rinfrancare il mio. Isolato in tal guisa in casa mia, proibiti tutti i messaggi, urlando e ruggendo, passai i primi quindici giorni di questa mia strana liberazione. Alcuni amici mi visitavano; e mi parve anco mi compatissero; forse appunto perché io non diceva parola per lamentarmi, ma il mio contegno ed il volto parlavano in vece mia. Mi andava provando di leggere qualche cosuccia, ma non intendeva neppur la gazzetta, non che alcun menomo libro; e mi accadeva di aver letto della pagine intere cogli occhi, e talor con le labbra, senza pure saper una parola di quel ch'avessi letto. Andava bensì cavalcando nei luoghi solitari, e questo soltanto mi giovava un poco sì allo spirito che al corpo. In questo semifrenetico stato passai più di due mesi sino al finir di marzo del '75; finché ad un tratto un'idea nuovamente insortami cominciò finalmente a svolgermi alquanto e la mente ed il cuore da quell'unico e spiacevole e prosciugante pensiero di un sì fatto amore. Fantasticando un tal giorno così fra me stesso, se non sarei forse in tempo ancora di darmi al poetare, me n'era venuto, a stento ed a pezzi, fatto un piccolo saggio in quattordici rime, che io, riputandole un sonetto, inviava al gentile e dotto padre Paciaudi, che trattavami di quando in quando, e mi si era sempre mostrato ben affetto, e rincrescente di vedermi così ammazzare il tempo e me stesso nell'ozio. Trascriverò qui, oltre il sonetto, anche la di lui cortese risposta[4]. Quest'ottimo uomo mi era sempre andato suggerendo delle letture italiane, or questa or quella, e tra l'altre, trovata un giorno su un muricciuolo la *Cleopatra*, ch'egli intitola *eminentissima* per essere del cardinal Delfino, ricordatosi ch'io gli avea detto parermi quello un oggetto di tragedia, e che lo avrei voluto tentare (senza pure avergli mai mostrato quel mio primo aborto, di cui ho mostrato qui addietro il soggetto), egli me la comprò e donò. Io in un momento di lucido intervallo avea avuta la pazienza di leggerla, e di postillarla; e glie l'avea così rimandata, stimandola in me stesso assai peggiore della mia quanto al piano e agli effetti, se io veniva mai a proseguirla, come di tempo in tempo me ne rinasceva il pensiere. Intanto il Paciaudi, per non farmi smarrire d'animo, finse di trovar buono il mio sonetto, benché né egli il credesse, né effettivamente lo fosse. Ed io poi, di lì a pochi mesi ingolfatomi davvero nello studio dei nostri ottimi poeti, tosto imparai a stimare codesto mio sonetto per quel giusto nulla ch'egli valeva. Professo con tutto ciò un grand'obbligo a quelle prime lodi non vere, e a chi cortesemente le mi donò, poiché molto mi incoraggirono a cercare di meritarne delle vere.

Già parecchi giorni prima della rottura con la signora, vedendola io indispensabile ed imminente, mi era sovvenuto di ripescare di sotto al cuscino della poltroncina quella mia mezza *Cleopatra*, stata ivi in macero quasi che un anno. Venne poi dunque quel giorno, in cui, fra quelle mie smanie e solitudine quasi che continua, buttandovi gli occhi su, ed allora soltanto quasi come un lampo insortami la somiglianza del mio stato di cuore con quello di Antonio, dissi fra me stesso: "Va proseguita quest'impresa; rifarla, se non può star così; ma in somma sviluppare in questa tragedia gli affetti che mi divorano, e farla recitare questa primavera dai comici che ci verranno". Appena mi entrò questa idea, ch'io (quasiché vi avessi ritrovata la mia guarigione) cominciai a schiccherar fogli, rappezzare, rimutare, troncare, aggiungere, proseguire, ricominciare, ed in somma a impazzare in altro modo intorno a quella sventurata e mal nata mia *Cleopatra*. Né mi vergognai anco di consultare alcuni de' miei amici coetanei, che non avevano, come io, trascurata tanti anni la lingua e poesia italiana; e tutti ricercava ed infastidiva, quanti mi poteano dar qualche lume su un'arte di cui cotanto io mi trovava al buio. E in questa guisa, null'altro desiderando io allora che imparare, e tentare, se mi poteva riuscire quella pericolosissima e temeraria impresa, la mia casa si andava a poco a poco trasformando in una semiaccademia di letterati. Ma essendo io in quelle date circostanze bramoso d'imparare, e arrendevole, per accidente; ma per natura, ed attesa l'incrostata ignoranza, essendo ad un tempo stesso agli ammaestramenti recalcitrante ed indocile; disperavami, annoiava altrui e me stesso, e quasiché nulla venivami a profitto. Era tuttavia sommo il guadagno dell'andarmi con questo nuovo impulso cancellando dal cuore quella non degna fiamma, e di andare ad oncia ad oncia riacquistando il mio già sì lungamente alloppiato[5] intelletto. Non mi trovava almeno più nella dura e risibile necessità di farmi legare su la mia seggiola, come avea praticato più volte fin allora, per impedire in tal modo me stesso dal poter fuggir di casa, e ritornare al mio carcere. Questo era anche uno dei tanti compensi ch'io aveva ritrovati per rinsavirmi a viva forza. Stavano i miei legami nascosti sotto il mantellone in cui mi avviluppava, ed avendo libere le mani per leggere, o scrivere, o picchiarmi la testa, chiunque veniva a vedermi non s'accorgeva punto che io fossi attaccato della persona alla seggiola. E così ci passava dell'ore non poche. Il solo Elia, che era il legatore, era a parte di questo segreto; e mi scioglieva egli poi, quando io sentendomi passato quell'accesso di furiosa imbecillità, sicuro di me, e riassodato il proponimento, gli accennava di sciogliermi. Ed in tante e sì diverse maniere mi aiutai da codesti fierissimi assalti, che alla fine pure scampai dal ricadere in quel baratro. E tra le strane maniere che in ciò adoperai, fu certo stranissima quella di una mascherata, ch'io feci nel finire di codesto carnevale, al publico ballo del teatro. Vestito da Apollo assai bene, osai di presentarmivi con la cetra, e strimpellando alla meglio, di cantarvi alcuni versacci fatti da me, i quali anche con mia confusione trascriverò qui in fondo di pagina[6]. Una tale sfacciataggine era in tutto contraria alla mia indole naturale. Ma, sentendomi io pur troppo debole ancora a fronte di quella arrabbiata passione, poteva forse meritare un qualche compatimento la cagione che mi movea a fare simili scenate; che altro non era se non se il bisogno ch'io sentiva in me stesso di frapporre come ostacolo per me infrangibile la vergogna del ricadere in quei lacci, che con tante publicità avrei vituperati io medesimo. E in questo modo, senza avvedermene, io per non dovermi vergognar di bel nuovo, in pubblico mi svergognava. Né queste ridicole e insulse colascionate[7] avrei osato trascrivere, se non mi paresse di doverle, come un autentico monumento della mia imperizia in ogni convenienza e decenza, qui tributare alla verità.

Fra queste sì fatte scede[8] io mi andava pure davvero infiammando a poco a poco del per me nuovo bellissimo ed altissimo amore di gloria. E finalmente dopo alcuni mesi di continui consulti poetici, e di logorate grammatiche e stancati vocabolari, e di raccozzati spropositi, io pervenni ad appicciare alla peggio cinque membri ch'io chiamai atti, e il tutto intitolai *Cleopatra tragedia*. E avendo messo al pulito (senza forbirmene) il primo atto, lo mandai al benigno padre Paciaudi, perch'egli me lo spilluzzicasse, e dessemene il di lui parere in iscritto. E qui pure fedelmente trascriverò alcuni versi di esso, con la risposta del Paciaudi[9]. Nelle postille da lui apposte a que' miei versi, alcune eran molto allegre e divertenti, e mi fecero ridere di vero cuore, benché fosse alle spalle mie: e questa tra l'altre. «Verso 184, *il latrato del cor*... Questa metafora è soverchiamente canina. La prego di torla.» Le postille di quel primo atto, ed i consigli che nel paterno biglietto le accompagnavano, mi fecero risolvere a tornar rifare il tutto con più ostinazione ed arrabbiata pazienza. Dal che poi ne uscì la cosidetta tragedia, quale si recitò in Torino a dì 16 giugno 1775; della quale pure trascriverò, per terza ed ultima prova della mia asinità nella età di non poca di anni venzei[10] e mezzo, i primi versi, quanti bastino per osservare i lentissimi progressi, e l'impossibilità di scrivere che tuttavia sussisteva, per mera mancanza dei più triviali studi[11].

E nel modo stesso con cui avea tediato il buon padre Paciaudi per cavarne una censura di quella mia seconda prova, andai anche tediando molti altri, tra i quali il conte Agostino Tana mio coetaneo, e stato paggio del re nel tempo ch'io stava nell'Accademia. L'educazione nostra era perciò stata a un di presso consimile, ma egli dopo uscito di paggio avea costantemente poi applicato alle lettere sì italiane che francesi, ed erasi formato il gusto, massimamente nella parte critica filosofica, e non grammaticale. L'acume, grazia e leggiadria delle di lui osservazioni su quella mia infelice *Cleopatra* farebbero ben bene ridere il lettore, se io avessi il coraggio di mostrargliele; ma elle mi scotterebbero troppo, e non sarebbero anche ben intese, non avendo io ricopiato che i soli primi quaranta versi di quel secondo aborto. Trascriverò bensì la di lui letterina con la quale mi rimandò le postille, e basterà a farlo conoscere[12]. Io frattanto avea aggiunta una farsetta, che si reciterebbe immediatamente dopo la mia *Cleopatra*; e la intitolai *I poeti*. Per dare anco un saggio della mia incompetenza in prosa, ne trascrivo uno squarcio[13]. Né la farsetta però, né la tragedia, erano le sciocchezze d'uno sciocco; ma un qualche lampo e sale qua e là in tutte due traluceva. Nei *Poeti* aveva introdotto me stesso sotto il nome di Zeusippo, e primo io era a deridere la mia *Cleopatra*, la di cui ombra poi si evocava dall'inferno, perch'ella desse sentenza in compagnia d'alcune altre eroine da tragedia, su questa mia composizione paragonata ad alcune altre tragediesse di questi miei rivali poeti, le quali in tutto poteano ben essere sorelle; col divario però, che le tragedie di costoro erano state il parto maturo di una incapacità erudita, e la mia era un parto affrettato di una ignoranza capace.

Furono queste due composizioni recitate con applauso per due sere consecutive[14]; e richieste poi per la terza, essendo io già ben ravveduto e ripentito in cuore di essermi sì temerariamente esposto al pubblico, ancorché mi si mostrasse soverchio indulgente, io quanto potei mi adoprai con gli attori e con chi era loro superiore, per impedirne ogni ulteriore rappresentazione. Ma, da quella fatal serata in poi, mi entrò in ogni vena un sì fatto bollore e furore di conseguire un giorno meritamente una vera palma teatrale, che non mai febbre alcuna di amore mi avea con tanta impetuosità assalito. In questa guisa comparvi io al pubblico per la prima volta. E se le mie tante, e pur troppe, composizioni drammatiche in appresso non si sono gran fatto dilungate da quelle due prime, certo alla mia incapacità ho dato principio in un modo assai pazzo e risibile. Ma se all'incontro poi, verrò quando che sia annoverato fra i non infimi autori sì di tragedie che di commedie, converrà pur dire, chi verrà dopo noi, che il mio burlesco ingresso in Parnasso col socco e coturno[15] ad un tempo, è riuscito poi una cosa assai seria.

Ed a questo tratto fo punto a questa epoca di giovinezza, poiché la mia virilità non poteva da un istante più fausto ripetere il suo cominciamento.

Appendici all'Epoca terza

APPENDICE PRIMA
(cap. XIV, p. 172)

CLEOPATRA PRIMA
Abbozzaccio

SCENA PRIMA   Lachesi, Photino

PHOTINO Della mesta regina i strazi e l'onte
chi nato è in riva al Nilo ormai non puote
di più soffrir, alla vendetta pronte
foran l'Egizie genti, ove il consiglio
destar potesse un negghitoso core
ché alla vendetta non pospone amore;

LACHESI Sconzigliata a te par l'alma regina,
son questi i sensi audaci e generosi
del tuo superbo cuor, ma più pietosi
gira ver ella i lumi, e allora in pianto
forse sciogliendo i detti giusti e amari
vedrai che pria fu donna e poi regina
vedrai

PHOTINO T'accheta, non fu doglia pari
a quella che mi strugge, e mi consuma,
de' Tolomei, l'illustre ceppo ha fine,
con lor rovina il sventurato Egitto,
benché di corte all'aura infida, nato
nome non è per me finto, o sognato
quel bel di patria nome, che nel petto,
invan mi avvampa, qual divino fuoco;
ma de' stati la sorte allor che pende
da un sol, quell'un tutti infelici rende.

LACHESI Inutili riflessi: ora fra' mali
sol fia d'uopo il minor, possenti Dei,

voi che de' miseri mortali[1]
reggete colassù le vite, e i fati
ah pria di me, se l'ire vostre io basto
tutte a placar, il pronto morir sia,
la vittima[2]
dell'infelice Antonio il rio destino
dove mai, ma che vedo, ecco s'avanza
Cleopatra, turbata.

SCENA SECONDA   Cleopatra, Photino, Lachesi

CLEOPATRA Amici ah se albergate ancor pietade,
  nel vostro sen, se fidi non sdegnate,
  voi ch'alle glorie mie parte già aveste,
  esser a mie sciagure ancor compagni,
  deh non v'incresca il gir per mare[3]
  per monti, o piani, o selve meco in traccia
  di chi più della vita ognor io preggio.
  L'incauto piè dal vacillante trono
  rimosse amor, il vincitor già veggio
  alla foce approdar sull'orme audaci
  d'un'ingiusta fortuna, a morte pria
  amor mi meni che a scorno o ad onta ria[4].
  Questi, lo so, son d'infelice amante
  non di altiera Regina, i sensi, e l'opre.
  Forse m'han scelto i Dei per crudo esempio,
  per far toccar alla più rozza gente
  che talor chi li regge, indegno, ed empio
  fanne, per vil passion, barbaro scempio.

PHOTINO Signora, il tuo patir, non che a pietade,
  ma ad insania trarria uomini e fere,
  e qual fra i poli adamantino core[5]

---

[1] Verso brevino [Nota dell'Alfieri; d'ora in poi *N.d.A.*].
[2] Verso abortivo [*N.d.A.*].
[3] *o terra*: rimasto nella penna [*N.d.A.*].
[4] Verso lunghetto. Un dotto lo intitolerebbe *Upercatalectico* [*N.d.A.*].
[5] Nota quel *fra i poli*, che è squisita espressione [*N.d.A.*].

resisterebbe a' tuoi aspri lamenti[1],
il fallo emendi, in confessarlo, e forse
tu se' la prima fralli Ré superbi,
che pieghi alla ragion l'altera fronte,
alla ragione a' vostri par ignota
o non dalla forza ancor distinta:
sozza non fu la lingua mia giammai
dal basso stil d'adulatori iniqui[2],
il ver ti dissi ognor, Regina, il sai,
e tel dirò finché di vita il filo
lasso, terrammi al tuo destino avvinto:
cieco amor, vana gloria, al fin t'han spinto
a duro passo, e non si torce il piede,
altro scampo Photino oggi non vede
fuorché nel braccio e nell'ardir d'Antonio,
di lui si cerchi, a rintracciarlo volo
non men di lui parmi superbo, e fiero
ma assai più ingiusto il fortunato Ottavio,
ah se l'aspre querele, e i torti espressi
sotto cui giace afflitta umanitade,
se vi son noti in ciel, saria pietade
il fulminar color che ingiusti e rei
vonno quaggiù raffigurarvi, o dei. (*Parte*)[3]

SCENA TERZA   Cleopatra, e Lachesi

LACHESI O veridico amico, o raro dono
    del ciel co' Regi di tal dono avari[4].

CLEOPATRA Veri, ma inutil foran i tuoi detti
    se più d'Antonio il braccio invitto a lato
    non veglia in cura della gloria mia[5],
    disperata che fo? dove m'aggiro?

---

[1] Almeno il punto interrogativo ci fosse stato [*N.d.A.*].
[2] Lo scrittore era nemico giurato del punto fermo [*N.d.A.*].
[3] Qui le informi reminiscenze del Metastasio traevano l'autore a rimare senza avvedersene [*N.d.A.*].
[4] È venuto scritto *avari* invece di *avaro* [*N.d.A.*].
[5] Sia maledetto, se mai un punto fermo ci casca [*N.d.A.*].

A infame laccio, a servil catena,
tenderò, dunque umile e supplicante
e collo e braccia, al vincitore altiero?,
Questi che già di sì bel nodo avvinti,
nodo fatal,[1] funesto amor! che pria
tua serva femmi, e poi di tirannia.

LACHESI Signora, ancor della nemica corte
tentati ancor non hai li guadi estremi
forse, chi sà, s'alle nemiche turbe
avesse la Fortuna volto il dorso,
se Antonio coi guerrier fidi ed audaci,
rientrando in sé, dalle lor mani inique,
non strappò la vittoria

CLEOPATRA   Ah nò che fido
solo all'amor, più non curò d'onore:
l'incauta fuga mia tutto perdette,
sol sconsigliata io fui, sola infelice,
almeno del Ciel placar potessi io l'ira
ma se a pubblico scorno ei mi riserva,
saprò con mano generosa, e forte
forse smentire i suoi decreti ingiusti:
non creder già, che sol d'amante il core
alberghi in sen, ch'ancor quel di Regina
nobile, e grande ad alto fin m'invita,
l'infamia ai vil, morte all'ardir si aspetta,
dubbia non è fra questi due la scielta,
ma almen, potessi, ancor di Marco[2],
dimmi, nol rivedrò? per lui rovino,
lassa, morir senza di lui degg'io?

E su questo bell'andare proseguiva questo bel dramma, finché vi fu
carta: e pervenne sino a metà della prima scena dell'atto terzo, dove o
cessasse la cagione che facea scriver l'autore, o non gli venisse più
altro in penna, rimase per allora arrenata la di lui debil barchetta,

[1] Nascea quest'autore con una predilezione smaniosa per le virgole [N.d.A.].
[2] Rimaste due sillabe nella penna, pel troppo delirante affetto [N.d.A.].

troppo anche mal allestita e scema d'ogni carico, perch'ella potesse neppur naufragare.

E parmi che i versi fin qui ricopiati sian anche troppi, per dare un saggio non dubbio del saper fare dell'autore nel gennaio dell'anno 1774.

APPENDICE SECONDA
(cap. XV, p. 176)

PRIMO SONETTO

Ho vinto alfin, sì non m'inganno, ho vinto:
spenta è la fiamma, che vorace ardeva
questo mio cuor da indegni lacci avvinto
i cui moti l'amor cieco reggeva.

Prima d'amarti, o Donna, io ben sapeva
ch'era iniquo tal foco, e tal respinto
l'ho mille fiate, e mille Amor vinceva
sì che vivo non era, e non estinto.

Il lungo duol, e gli affannosi pianti,
li aspri tormenti, e i crudei dubbi amari
«onde s'intesse il viver degli amanti»

fisso con occhi non di pianto avari.
Stolto, che dissi? è la virtù fra' tanti
sogni, la sola i cui pensier sian cari.

Lettera del Padre Paciaudi

Mio Stimat.^{mo} *ed Amat.*^{mo} *S.r Conte.*

Messer Francesco s'accese d'amor per Monna Laura, e poi si disinnamorò, e cantò i suoi pentimenti. Tornò ad imbertonarsi[1] *della sua Diva, e finì i suoi giorni amandola non già filosoficamente, ma come tutti gli uomini hann'usato. Ella, mio gentil.*^{mo} *Sig. Conte, si è dato a poetare: non vorrei che imitasse quel padre de' rimatori italiani in questa amorosa faccenda. Se l'uscir dai ceppi è stato forza di virtù, com'ella scrive, conviene sperare che non andrà ad incepparsi altra volta. Comunque sia per avvenire, il Sonetto è buono, sentenzioso, vibrato, e corretto bastamente. Io auguro bene per lei nella carriera poetica, e pel nostro Parnasso Piemontese, che abbisogna tanto di chi si levi un poco su la turba volgare.*

Le rimando l'eminentissima Cleopatra[2]*, che veramente non è che infima cosa. Tutte le osservazioni ch'ella vi ha aggiunte a mano, sono sensatissime, e vere. Vi unisco i due volumi di Plutarco, e s'ella resta in casa, verrò io stesso a star seco a desco per ricrearmi colla sua dolce società. Sono colla più ferma stima ed osservanza suo ec. Nota manus.*

L'ultimo di Gennaio 1775.

[1] Rincitrullirsi   d'amore.
[2] La *Cleopatra* di cui qui fa menzione, è quella del cardinale Delfino, che il Padre Paciaudi mi avea consigliato di leggere [*N.d.A.*].

COLASCIONATA PRIMA,
sendo mascherato da Poeta sudicio.

Le vicende d'amor strane, ed amare
colla cetra m'appresto a voi cantare;
non vi spiacciale udir dal labro mio
che sincero dirolle affé d'Iddio.
Voi le provaste tutti, o le sentite,
onde se v'ingannassi, mi smentite.

Sventurato è colui ch'ama davvero:
sol felice in amor è il menzognero.
Ingannato è colui che non inganna,
e le frodi donnesche ei si tracanna.

Amor non è che un fanciullesco giuoco,
chi l'apprezza di più, quant'è da poco!
Eppur, miseri noi, la quiete, e pace
c'invola spesso il traditor rapace.

Pria che d'amar, paiono dolci i lacci,
così creder ti fan con finti abbracci.
Cresce dappoi delle catene il peso
a misura che il sciocco resta acceso.
E quando egli è ben bene innamorato,
che dura è la catena ha già scordato:
o se la sente ancor, la scuote invano,
ch'allacciata le vien da accorta mano.

L'innamorato stolto, un uom si crede,
e ch'un uom non è più già non s'avvede.
Delirando sen va sera, e mattina
e da lui la raggion fugge tapina.
Ogni giorno scemando il suo cervello,
già non discerne più, né il buon, né il bello,
va gli amici fuggendo, e ancor se stesso
fugge, per non sentir l'error commesso.
Né l'ardisce emendar, piange, sospira,
contro il perfido amor, stolto, si adira.

La donna, ch'altro vuol ch'aspri lamenti,
con rimproveri accresce i rei tormenti:
e nel fiero contrasto ognor più sciocco
l'innamorato sta, come un alocco.
Legge in viso ad ognun la sua sentenza,
e si rode il suo fren con gran pazienza,
la pazienza, virtù denominata,
ma specialmente all'asino accordata.
L'innamorato almen sembrasse in tutto
al lascivo animal, immondo, e brutto.

Spesso lo muove poi fredda pazzia,
quella nera passion di gelosia.
Non sarebbe geloso, o il fora invano,
se palpasse la fronte con la mano.
Anime de' mariti a me insegnate
per non esser gelose, eh come fate?
Ho capito, di già stufi ne siete,
né sempre invan recalcitrar volete.
Il coniugale amor vien presto a noia,
e nel letto sponsal forza è che muoia,
e stuffarsi pur denno anco gli amanti
di gettare per donna all'aure i pianti.
                    In somma:
l'innamorato fà trista figura,
quando di farla buona ei s'assicura.
Ognun ride di lui, e n'ha ragione,
l'innamorato sempre è un gran beccone.

Io finisco col dirvi, amici cari,

voi ch'inghiottite ancor boccon sì amari,
di spicciarvi al più presto che possiate
delle donne che vosco strascinate.

Io già rider vi ho fatto, e rido adesso
delle donne, di voi, e di me stesso.

COLASCIONATA SECONDA,
sendo mascherato da Apollo.

Cortesi donne, amati cavalieri,
cui non spiacque ascoltar la rauca cetra
di sporchissimo vate, il qual nell'etra
percosse sol, con li suoi detti veri;

voi attendete già dal blando aspetto
ch'io ne venga a smentir quel vil cencioso
ch'ai sciapiti amator fu sì noioso:
no, diverso pensier racchiudo in petto.
Io, ch'Apolline son; ma voi ridete?
E sì lieve menzogna or vi stupisce?
Quando parla di sé ciascun mentisce,
e ciò spesso v'accade, e non ridete.

Io, ch'Apolline son, cantar disdegno
con stucchevoli carmi il rancio amore:
da più strano pensier, più grand'onore
conseguir ne vorrei, se ne son degno.

Io m'accingo a cantar della sciocchezza:
quest'è un vago soggetto, e non cantato
benché spesso dai vati adoperato:
or sentite di lui l'alta bellezza.

Io comincio da voi, donne, e vi chieggio,
se non fossero sciocchi, i dolci sposi:
come fareste poi cogli amorosi?
Ecco che già fra voi sciocchezza è in preggio.

E dirovvi di più, se un scimunito
non scorgeste in chi v'ama al sol parlare,
impazzireste già, per non sfogare
quello di civettar dolce prurito.

Oh quanto giubilate, voi zitelle,
se vi trovate aver le madri sciocche!
La scuola fate lì di filastrocche,
che c'infilzate poi, leggiadre e belle.

Dunque, o donne, negar non mi saprete
che la nostra sciocchezza vi fa liete.

Passo agli uomini adesso, e ben distinti
in moltissime schiere li ravviso.
Oh quanta gioia appar dei figli in viso,
ch'aver stolidi i padri son convinti!

I lor vizi sen vanno nascondendo.
E se avvien ch'un molesto creditore
stufo di passeggiar mova rumore
il buon vecchietto allor paga ridendo.

Ed all'incontro poi li padri avari
quanto godon d'aver figliuoli stolti,
è ver che di questi non son molti,
che lor chiedan consigli e non danari.

Da chi poi la stoltezza è più ch'amata,
la cetra oscuramente quì li addita,
sono que' meschinelli, a cui la vita
la dabenaggin nostra ha già donata.

Che diremo de' brutti bacchettoni:
percotendosi il petto, e lagrimuccie
costor spargon fra gonzi; alle donnuccie
di soppiatto facendo certi occhioni.

E voi ricchi, ed ignari alti Signori
alla volgar stupidità dovete
di comparire ognor quel che non siete.

191

Via ergetele un tempio, e ognun l'adori.

Voi altri Zerbinotti casca-morti,
che nella testa, neppur testa avete,
altro che freddi semi non chiudete,
se non vi fosser stolti, siete morti.

Voi famelici autori, e che fareste?
E se non fosse il volgo ignaro, e stolto
vi si vedria la fame pinta in volto,
chi sa, d'inanizion forse morreste.

Voi d'ogni autor peggiori, che spiate
le faccende d'ognuno, e poi le dite,
ed a chi non le cura le ridite,
della stoltezza voi, quasi abusate.

Voi che inimici al ver, già posto in bando
crudamente l'avete, a chi direste
le sciapite bugiuzze, tacereste
se i stolti non le stessero ascoltando.

Le velenose lingue, e non acute
che di mordere han voglia, e mal lo fanno
cangieriano mestier, se il barbagianno
non le trovasse poi pronte ed argute.

Insomma canterei tre giorni interi,
né del ricco soggetto la bellezza,
né degli ornati suoi la vaga ampiezza
io descriver saprei: voglionvi Oméri.

In due versi però composti a stento
spiegherovvi il fallace mio pensiero.
Dico, e ho inteso a dir che il mondo intiero
da stolidezza è retto a suo talento.

E voi che qui l'orecchie spalancate
per burlarvi di me, Censor severi,
e in vestigar miei carmi falsi e veri,
se lo stolto non fossi, allor che fate?

Ma tu cetra cantasti già di tanti,
e chi strider ti fa vuoi tralasciare,
no che sarebbe ingiusto, hai da cantare;
per la soddisfazion di tutti quanti.

Dirò dunque di me, per mia disgrazia
che senza la stoltezza avrei tacciuto,
e forse molto meglio avria valsuto,
per conservar di voi la buona grazia.

O né poeti innata impertinenza!
Biasimare mi vuò, m'innalzo al cielo,
eppur se penso a me io sudo e gelo
ed abusando vò della pazienza.

Lascio giudici voi: sassi gettate
s'un Poeta vi paio da sassate.

Io confesso pian pian, che vado altero
d'avervi detto scioccamente il vero.

COLASCIONATA TERZA

Apolline già stufo di vagare,
né sapendo che far, s'infinge adesso
che l'ha pregato alcun di ricantare;

ma questo non è ver, se l'ha sognato.
Chi conosce i Poeti ha già capito
ch'Apolline vuol esser corbellato.

M'accingerò de' vizi a voi cantare.
No, che reggono il mondo, e a me potrebbe
da ciò, biasimo e lutto ridondare.

Della virtude adunque: è contrabbando,
e tanti gli han imposta la gabella,
che quasi non si trova anche pagando.

Dirò della bellezza delle donne?
Ah quanto dicon più quei dolci sguardi
che additan che son Angeli fra gonne.

Canterò della vita ogni vicenda,
ma se la vita è un sogno molto breve,
le vicende d'un sogno, e chi le intende?

Dé ricchi canterei se avessi fronte
come l'hanno i poeti tutti quanti,
e poi già tai menzogne a voi son conte.

Dirovvi della morte; oh quanto è trista
non ne vorreste udir neppur parola,
ma nel pensarci mai, nulla s'acquista.

Dirò di quest'alloro qualcosetta
il qual cingemi il crin modestamente.
Zitto, ch'io mel donai, lo strappo in fretta.

Farovvi di miseria un quadro bello.
È ver che non è vizio eppur si fugge,
né se ne parla mai: dov'ho il cervello?

Della felicitade, oh bel soggetto:
la va cercando ognun, chi l'ha trovata
di grazia me lo dica, ch'io l'aspetto.

Tema più bello ancor: volete udirlo?
quest'è la vanità: ma non lo canto
potrei parlar di me senza sentirlo.

Dirò che sono un pazzo, e ben m'avvedo
che lo dite voi tutti anche tacendo.
Finisco, per non dir, ch'anch'io lo credo.

CLEOPATRA SECONDA

SCENA PRIMA   Diomede, Lamia

DIOMEDE E fia pur ver', che neghittosi, e vili
traggon gli Egizi, in ozio imbelle, i giorni
allor che i scorni replicati, e l'onte
dovrian destar l'alme a vendetta, e all'ire?
Cleopatra, d'amor ebra, e d'orgoglio
del suo regno l'onor, cieca, non cura,
o se pure l'apprezza, incauta, giace
di rea fiducia in seno, e forse, ignora
ch'a lieve fil, stà il suo destino appeso.
M'affanna il duolo, a sì funesto aspetto,
e benché avvezzo all'empia corte iniqua,
più cittadin, che servo, oggi compiango
le pubbliche sciagure. Un finto nome
quel di patria non è, che in cuor ben nato
arde, ed avvampa, qual divino fuoco,
ed invano i tiranni, un tanto amore
taccian' di reo delitto: al falso grido
s'oppon natura, e dice, ch'è virtude.

LAMIA Di Diomede son questi i sensi audaci.
Ti diede il Ciel, forse per tua sventura
un'alma forte, generosa, e fiera;
inutil dono a chi fra corti è nato.
Poiché, dei Regi rispettando i falli
spesso adorar li deve: intanto i lumi
volgi men fieri, a mesta donna, inerme;
mira Cleopatra, impietosisci, e in pianto

195

sciöglier ti vedo allor, gli amari detti.
In pianto sì, né rifiutar lo puote
a sì fatte miserie un'alma grande:
e rivendica ognor l'umanitade
gli antichi suoi sacri diritti, e augusti;
son gli infelici di pietà ben degni,
ancor che rei.

DIOMEDE   Da me l'abbiano tutta;
ma quando sol desta pietà, chi impera,
si piange l'uom, ma si disprezza il Rege.
Avvilita in Egitto è da molti anni
la maestà del trono ec. ec.

E basti di questa Seconda, per dimostrare che forse era peggio della Prima.

Lettera del Padre Paciaudi[1]

Pregiat.^mo mio Sig. Conte.

Le rimando il suo originale in cui ho scritte le mie sincere ed amichevoli osservazioni. Parlando in generale io mi sono compiaciuto dei primi tratti della Tragedia. Spicca l'ingegno, l'immaginazione feconda, e il giudizio nella condotta. Ma con eguale schiettezza le dirò, che non sono contento della poesia. I versi sono mal torniti, e non hanno il giro italiano. Vi sono infinite voci, che non son buone, e sempre la ortografia è mancante, e viziosa. Condoni alla mia natural ingenuità, e all'interesse, che prendo a ciò che la risguarda, il presente avviso. Bisogna saper bene la lingua in cui si vuole scrivere. Perché non tiene ella sul tavolino la Ortografia Italiana, *picciol volume in ottavo? Perché non legge prima gli* Avvertimenti Gramaticali, *che vanno aggiunti? Intanto ella osserverà dalle mie molte postille, ch'io non ho voluto risparmiarle il tedio*

---

[1] Come segnalato dal Fassò, nella sua edizione astense della *Vita*, questa lettera è di fatto un falso, essendo il risultato di una contaminazione operata dall'Alfieri su due diverse missive del Paciaudi (una delle quali qui riprodotta nell'Appendice seconda).

delle emendazioni Gramaticali. Sono in Lingua *severo, scrupoloso, forse indiscreto. Ma questa volta il sono stato di più, perché la proprietà della lingua è la sola cosa che manchi al di lei lavoro. Vi sono de' pensieri grandi, degli affetti ben maneggiati, de' caratteri nobilmente sostenuti. Prosiegua con coraggio, ch'è difficile trovare chi scrivendo la prima volta cose tragiche vi sia meglio riuscito. Me ne congratulo seco nell'atto di rassegnarmi*

tutto suo.

CLEOPATRA TERZA
quale fu recitata nel Teatro Carignano

Atto primo

SCENA PRIMA   Cleopatra, Ismene

CLEOPATRA Che farò?... Giusti Dei... Scampo non veggo
ad isfuggire il precipizio orrendo.
Ogni stato, benché meschino e vile,
mi raffiguro in mente; ogni periglio
stolta ravviso, e niun, fra tanti, ardisco
affrontare, o fuggir; dubbi crudeli
squarcianmi il petto, e non mi fan morire,
né mi lasciano pur riposo, e vita.
Raccapriccio d'orror; l'onore, il regno
prezzo non son d'un tradimento atroce;
ambo mi par di aver perduti; e Antonio,
Antonio, sì, vedo talor frall'ombre
gridar vendetta, e strascinarmi seco.
Tanto dunque, o rimorsi, è il poter vostro?

ISMENE Se hai pietà di te stessa, i moti affrena
d'un disperato cuor; d'altro non temi,
che non più riveder quel fido amante?
Ma ignori ancor, se vincitore, o vinto,
se viva, o no...

CLEOPATRA   E s'ei vivesse ancora,
con qual fronte, in qual modo, a lui davanti
presentarmi potrò, se l'ho tradito?
Della virtù qual è forza ignota,
se un reo neppur può tollerarne i guardi?

198

ISMENE No, Regina, non è sì reo quel core,
    che sente ancor rimorsi...

CLEOPATRA   Ah! sì, li sento:
    e notte, e dì, e accompagnata, e sola,
    sieguonmi ovunque, e il lor funesto aspetto
    non mi lascia di pace un sol momento.
    Eppur, gridano invan; nell'alma mia
    servir dovranno a più feroci affetti;
    né scorgi tu questo mio cuor qual sia.
    Mille rivolgo altri pensieri in mente,
    ma il crudel dubbio, d'ogni mal peggiore,
    vietami ognor la necessaria scelta.

ISMENE[1] Cleopatra, perché prima sciogliesti
    l'Egize vele all'aura, allor che d'Azio
    n'ingombravano il mar le navi amiche?
    E allor che il Mondo, alla gran lite intento,
    pendea per darsi al vincitore in preda,
    chi mai t'indusse a così incauta fuga?

CLEOPATRA Amor non è, che m'avvelena i giorni;
    mossemi ognor l'ambizion d'impero.
    Tutte tentai, e niuna in van, le vie,
    che all'alto fin trar mi dovean gloriosa:
    ogni passione in me soggiacque a quella,
    ed alla mia passion le altrui serviro.
    Cesare il primo, il crin mi cinse altero
    del gran diadema: e non al solo Egitto
    leggi dettai, che quanta Terra oppressa
    avea già Roma, e il vincitor di lei,
    vidi talora ai cenni miei soggetta.
    Era il mio cor d'alta corona il prezzo,
    né l'ebbe alcun, fuorché reggesse il Mondo.
    Un trono, a cui da sì gran tempo avea
    la virtude, l'onor, la fé, donata,

---

[1] Codeste interrogazioni d'Ismene, più assai proprie di un giudice fiscale, che non di una dipendente amica, mi hanno pur rallegrato un pochino, e sollevatami col riso la noia di questa copiatura [N.d.A.].

non lo volli affidare al dubbio evento,
e alla sorte inegual dell'armi infide...
serbar lo volli: e lo perdei fuggendo;...
vacilla il piè su questo inerme soglio;
e a disarmare il vincitor nemico,
altro più non mi resta che il mio pianto...
tardi m'affliggo, e non cancella il pianto
un tanto error, anzi lo fa più vile.

ISMENE Regina, il tuo dolor desta pietade
in ogni cor, ma la pietade è vana.
Rientra in te, riasciuga il pianto, e mira
con più intrepido ciglio ogni sventura;
né soggiacer: ch'alma regale è forza
si mostri ognor de' mali suoi maggiore.
I mezzi adopra che parran più pronti
alla salute, od al riparo almeno
del tuo regno.

CLEOPATRA Mezzi non vedo, ignoto[1]
della gran pugna essendo ancor l'evento:
né error novello, ai già commessi errori
aggiunger sò, finché mi sia palese.
D'Azzio lasciai l'instabil mar coperto,
di navi, e d'armi, e d'aguerrita gente,
sì che l'onda in quel dì vermiglia, e tinta
di sangue fu, di Roma a danno ed onta.
Era lo stuol più numeroso, e forte,
quel ch'Antonio reggea, e le sue navi,
ergendo in mar i minaccievol rostri,
parean schernir coll'ampia mole i legni
piccioli, e frali del nemico altero;
sì, questo è ver; ma avea la Sorte, e i Numi
da gran tempo per lui Augusto amici;
e chi amici non gli ha, gli sfida invano.
Or che d'Antonio la fortuna è stanca,

---

[1] Anco un verso falso di accenti, e da non potersi strascinare con sei par di buoi, mi toccò di far recitare nella mia prima comparsa su le scene italiane [N.d.A.].

or che d'Augusto mal conosco i sensi,
or che, tremante, inutil voti io formo,
né sò per chi, della futura sorte
fra i dubbi orror, solo smaniando e in preda
a un mortal dolor, che più sperare
mi lice omai? tutto nel cuor mi addita,
che vinta son, che non si scampa a morte,
e a morte infame.

ISMENE   Non è tempo ancora
di disperare appien del tuo destino.
Chi può saper, s'alle nemiche turbe
non avrà volto la fortuna il tergo;
ovver se Augusto vincitor pietoso
a te non renderà quanto ti diero
un dì, Cesare, e Antonio.

CLEOPATRA   Il cor nutrirmi
potrò di speme, allor che ben distinti
ravviserò dal vincitore il vinto;
ma in fin che ondeggia infra i rivai la sorte
trapasserò miei dì mesti e penosi
in vano pianto; e di dolor non solo
io piangerò, ma ancor di sdegno, e d'onta.
Ma Diomede s'appressa..., il cuor mi palpita.

SCENA SECONDA   Diomede, Cleopatra, Ismene

CLEOPATRA Fedel Diomede, apportator di vita,
o di morte mi sei?... Che rintracciasti?
Si compì il mio destin?... parla –

DIOMEDE   Regina,
i cenni tuoi ad adempir n'andava,
quando scendendo alla marina in riva
vidi affollar l'insana plebe al porto,
confuse grida udii, s'eran di pianto,
di gioia, o di stupor, nulla indagando,
v'andai io stesso, e la cagion funesta
di tal romor, purtroppo a me fu nota.

Poche sdruscite, e fuggitive navi,
miseri avanzi dell'audaci squadre,
eran l'oggetto de' perversi gridi
del basso volgo, che schernisce ognora
quei, che non teme.

CLEOPATRA   E in esse eravi Antonio?

DIOMEDE Canidio, Duce alla fuggiasca gente
credea trovarlo, ec. ec.

E su questo andare proseguiva tutta intera, piuttosto lunghetta,
essendo di versi 1641. Numero al quale poi non sono quasi mai più
arrivato nelle susseguenti tragedie che ho scritte sino in venti[1], allorché forse mi trovava poi aver qualcosa più da dire. Tanto vagliono per
l'esser breve i mezzi del poter dire in un modo piuttosto che in un
altro.

---

[1] In effetti la *Cleopatra* sarebbe stata la più lunga tragedia alfieriana;
oscillando tutte le altre tra i mille (caso limite del testo più breve, l'*Ottavia*), i millecento (il caso della *Sofonisba*), soprattutto i milletrecento, millequattrocento versi (il *Saul*, tragedia più lunga tra le edite in vita dell'autore, avrebbe superato i millecinquecento versi, ma senza arrivare ai mil-
leseicento).

Lettera del Conte Agostino Tana

Aristarco all'Autore.

Voi m'avete scelto per lo vostro Aristarco, io contraccambio l'onore che m'avete fatto, col non ricusarlo. Preparatevi dunque alla più severa inesorabil censura; e quale pochi hanno il coraggio di farla, pochissimi di soffrirla. Io sarò fra i pochi, e voi fra i pochissimi annoverato. La Plebe letteraria, lusinghiera, mendace, e tracotante, non è avvezza certamente a comportarsi in simil guisa: presenti, si lodano senza ritegno; lontani, si biasimano, e si tradiscono senza rossore. Tal cosa non potrà accadere giammai fra l'amico Censore, e l'autore di questa Tragedia.

I POETI

Commedia in un atto
recitata nel Teatro stesso, dopo la Cleopatra

SCENA PRIMA   Zeusippo, solo

ZEUSIPPO Ah misero Zeusippo! e a che ti serve di esserti nell'accademia degli stupidi alteramente denominato, *il Sofocléo*, mentre si avvicina l'ora in cui ti sarà barbaramente discinto il coturno? io sudo e gelo nel pensare all'esito della mia povera tragedia. Ma che diavolo di capriccio fu questo, di voler balzar d'un salto in cima al Parnasso, e scrivere il poema il più difficile a ben eseguirsi, prima quasi d'aver finito d'imparare gli elementi grammaticali della toscana favella? ardir veramente poetico. – Ma queste riflessioni bisognava farle avanti; ora son tarde, e ridicole. – Eppure non mi posso far animo, e tremo come se io avessi fatto una bricconeria: ma è meglio assai di farla, che di scrivere una cattiva tragedia. Non tutti i briconi tremano; è vero poi, che né anche tutti i cattivi poeti. Zeusippo, segui tracotante le orme dei poetastri, e se spiacerà la tragedia, concludi ad esempio loro, che il Publico non ha gusto, non ha discernimento; che giudica per invidia; e che tu sei un eccellente poeta. – Muse, castissime, benché da tanti profanate; biondo Apollo, la di cui cetra è assai miglior della mia; orgoglioso Pegaso, che sì sovente inciampi quando sei carico dal soverchio peso d'un cattivo cavalcatore; tu che sì raramente spieghi per noi le tue ale per innalzarti a volo: tutti, tutti v'imploro in queste penosissime circostanze. Affascinate gli occhi e gli orecchi de' spettatori, sì che l'infelice Cleopatra appaia lor degna almeno di compassione. – Ma voi, barbare Deità, sorde vi mostrate: io vi abbandono, non fo più versi; siete troppo ingrate: dirò del male di voi, farò un madrigale; disonorerò tutta la vostra famiglia: tremate.

Apollo al par di me tristo, e meschino
dal cielo in bando, esule, e ramingo
ti festi pastorello, poverino,
in Tessaglia d'Admeto; e ognor solingo
non ne sapesti pur servare il gregge;
te l'involò Mercurio... te l'involò
Mercurio;... Te l'involò Mercurio...

diavolo, la rima in *egge* m'è mancata, e la non vuol venire. Va, che sei felice, Apollo; che se la rima veniva...

SCENA SECONDA   Orfeo, Zeusippo

ORFEO   Amatissimo Zeusippo, che fai? mi par che tu sii turbato. Sempre nuovi pensieri, eh? componi componi...

ZEUSIPPO   Signore Orfeo straccione, la non mi corbelli. Io già ho rinunziato alla poesia; e stavo facendo qualche rime per vendicarmi d'Apollo; e poi finisco; non ne vo più sapere...

ORFEO   Farete male, male assai. E qual disgrazia v'obbliga a rotolar dal Parnasso? La vostra tragedia credo avrà un ottimo successo. Ho visto moltissima gente affollarsi all'entrata: questo è buon segno. Io ci sarei andato pure, se mi aveste regalato il viglietto; ma ve ne siete scordato. Eppure vi avrei potuto giovar molto, col battere delle mani a proposito, coll'esclamare con entusiasmo: Oh che bella parlata! Che scena! Che sentimenti! Siccome ho ancor io (non fo per dire) un qualche grido nella letteraria repubblica, quei pochi sciocchi che mi avrebbero circondato avrebbero anch'essi caldamente applaudito; e forse, forse...

ZEUSIPPO   No, caro Orfeo; questi son mezzi troppo vili; e, dovendovi regalare, amico, non vi darei un viglietto d'ingresso; non avete bisogno di pascervi lo spirito; sono altre necessità più essenziali a noi poeti; e se fossi ricco, ricompenserei in altro modo la vostra sviscerata amicizia. Ma, credete, che pur troppo l'ingegno non fà fortuna; e nel vederci accoppiati, chiunque ci prenderebbe per la Discordia e l'Invidia, quali si dipingono dai poeti e pittori. Ah duro mestiere in vero è quello, che noi pratichiamo. Come fate voi, Orfeo, per avere una faccia così allegra e gioiosa? credo, che né il Tasso, né il

Petrarca, né alcun altro fra i più celebri poeti d'Italia, avessero mai un viso, un portamento così altero, e così contento di sé medesimo. Io all'incontro poi, pallido, smunto, macilento, ed egro, porto scritti in fronte tutti i più funesti attributi della poesia infelice.

ORFEO Questo a voi stà benissimo. Così dev'essere il poeta tragico; sempre pensieroso, guardar bieco, trattar la fame eroicamente; lodar poco, o di nascosto: domandar mercede nelle dedicatorie; scegliere i più alti signori per indirizzarli i suoi componimenti, sì perché meno degl'altri gli intendono, sì perché più d'ogni altro si mostrano generosi. Io all'incontro, devo aver faccia di Lirico, e questa dev'essere gioviale, allegra, ridente, sardonica, ma non pingue, perché non sarebbe poetica. Io con un sonetto mi rendo amico un innamorato sciapito che vuol lodar la sua Diva, ma che disgraziatamente non ha imparato nei suoi primi anni a leggere. Io con un epitalamio m'invito destramente ad un convito di nozze, e colà poeticamente mi sfamo per parecchi giorni. Io con un madrigaletto, con un epigramma, che sò io, con altre simili bagatelle, mi vò procurando giorni felici, riputazion mediocre; e dal mio basso inalzo ridendo gli sguardi temerari sino alle più alte piume del cimiero de' tragici, e non li invidio.

ZEUSIPPO Ah, non insultare così il coturno. Io, non volendo abbandonar la poesia, preferirei di gran lunga il morir di fame in compagnia de' miei attori al quint'atto di una mia mediocre tragedia, all'arricchirmi componendo madrigali e sonetti. – Ma qualcuno si appressa: io tremo di bel nuovo. Oh cielo! vien l'emulo Leone; egli ha un'aria soddisfatta; la Cleopatra non è piaciuta; io son perduto.

SCENA TERZA   Leone, Zeusippo, Orfeo

LEONE Amici, oh che felice incontro! Zeusippo, vi ho ascoltato con molto piacere: dovete trovarvi anche voi al teatro, avreste fatto sobissar la platea dagli applausi.

ZEUSIPPO Via, signor Leone, voi mi dite troppo; non vi credo; e non ho ancora il viso bastantemente sciacquato da Ippocrene, per presentarmi al pubblico senza arrossire: credo sarei morto d'affanno, se io mi trovava alla rappresentazione.

LEONE Eh, che rossore? questo non è color poetico; scacciate coteste fanciullesche imaginazioni. Componete, rappresentate voi stesso, seguite gl'impulsi del genio Febeo, e non arrossite mai.

ZEUSIPPO Seguirò il consiglio, che voi mi predicate ancor più efficacemente con l'esempio, che colle vostre lusinghiere parole. Ma, alle corte; noi due ci corbelliamo l'un l'altro; siamo entrambi, poeti, tragici entrambi, entrambi forse cattivi: noi non ci possiamo amare, potressimo però giovarci vicendevolmente, se volessimo francamente parlare l'uno dei componimenti dell'altro; e ciò, con quella pietosa fratellevole discrezione, che sogliono aver fra di loro gli autori ec. –

E basta: perché non ce n'entra più; e perché troppo ce n'è entrato fin qui. –

Epoca quarta

VIRILITÀ

Abbraccia trenta e più anni di composizioni, traduzioni,
e studi diversi.

CAPITOLO PRIMO

*Ideate, e stese in prosa francese le due prime tragedie,
il* Filippo, *e il* Polinice. *Intanto un diluvio
di pessime rime.*

1775 Eccomi ora dunque, sendo in età di quasi anni venzette,
entrando nel duro impegno e col pubblico e con me stesso, di
farmi autor tragico. Per sostenere una sì fatta temerità, ecco
quali erano per allora i miei capitali.

Un animo risoluto, ostinatissimo, ed indomito; un cuore
ripieno ridondante di affetti di ogni specie tra' quali predomi-
navano con bizzarra mistura l'amore e tutte le sue furie, ed una
profonda ferocissima rabbia ed abborrimento contra ogni
qualsivoglia tirannide. Aggiungevasi poi a questo semplice
istinto della natura mia, una debolissima ed incerta ricordanza
delle varie tragedie francesi da me viste in teatro molti anni
addietro[1]; che debbo dir per il vero, che fin allora lette non ne
avea mai nessuna, non che meditata; aggiungevasi una quasi
totale ignoranza delle regole dell'arte tragica, e l'imperizia quasi che totale (come può aver osservato il lettore negli addotti
squarci) della divina e necessarissima arte del bene scrivere e
padroneggiare la mia propria lingua. Il tutto poi si ravviluppa-
va nell'indurita scorza di una presunzione, o per dir meglio,
petulanza incredibile, e di un tale impeto di carattere, che non
mi lasciava, se non se a stento e di rado e fremendo, conoscere,
investigare, ed ascoltare la verità. Capitali, come ben vede il

lettore, più adatti assai per estrarne un cattivo e volgare principe, che non un autor luminoso.

Ma pure una tale segreta voce mi si facea udire in fondo del cuore, ammonendomi in suono anche più energico che nol faceano i miei pochi veri amici: "E' ti convien di necessità retrocedere, e per così dir, rimbambire, studiando *ex professo* da capo la grammatica, e susseguentemente tutto quel che ci vuole per saper scrivere correttamente e con arte". E tanto gridò questa voce, ch'io finalmente mi persuasi, e chinai il capo e le spalle. Cosa oltre ogni dire dolorosa e mortificante, nell'età in cui mi trovava, pensando e sentendo come uomo, di dover pure ristudiare, e ricompitare come ragazzo. Ma la fiamma di gloria sì avvampante mi tralucea, e la vergogna dei recitati spropositi sì fortemente incalzavami per essermi quando che fosse tolta di dosso, ch'io a poco a poco mi accinsi ad affrontare e trionfare di codesti possenti non meno che schifosi ostacoli.

La recita della *Cleopatra* mi avea, come dissi, aperto gli occhi, e non tanto sul demerito intrinseco di quel tema per sé stesso infelice, e non tragediabile[2], da chi che si fosse, non che da un inesperto autore per primo suo saggio[3]; ma me gli avea ancor spalancati a segno di farmi ben bene osservare in tutta la sua immensità lo spazio che mi conveniva percorrere all'indietro, prima di potermi, per così dire, ricollocare alle mosse, rientrare nell'aringo, e spingermi con maggiore o minor fortuna verso la meta. Cadutomi dunque pienamente dagli occhi quel velo che fino a quel punto me gli avea sì fortemente ingombrati, io feci con me stesso un solenne giuramento: che non risparmierei oramai né fatica né noia nessuna per mettermi in grado di sapere la mia lingua quant'uomo d'Italia. E a questo giuramento m'indussi, perché mi parve, che se io mai potessi giungere una volta al ben dire, non mi dovrebbero mai poi mancare né il ben ideare, né il ben comporre. Fatto il giuramento, mi inabissai nel vortice grammatichevole, come già Curzio nella voragine, tutto armato, e guardandola[4]. Quanto più mi trovava convinto di aver fatto male ogni cosa sino a quel punto, altrettanto mi andava tenendo per certo di poter col tempo far meglio, e ciò tanto più tenendone quasi una prova evidente nel mio scrigno. E questa prova erano le due tragedie, il *Filippo*[5], ed il *Polinice*[6], le quali già tra il marzo e il maggio di quell'anno stesso 1775, cioè tre mesi circa prima che si recitasse la *Cleopatra*, erano state stese da me in prosa francese; e parimente lette da me ad alcuni pochi, mi era sembrato che ne fossero rimasti colpiti. Né mi era io persuaso di quest'effetto perché me l'avessero più o meno lodate; ma per l'attenzione non finta né comandata, con cui le avevano di capo in fondo ascoltate, e perché i taciti moti dei loro commossi aspetti mi parvero dire assai più che le loro parole. Ma per mia somma disgrazia, quali che si fossero quelle due tragedie, elle si trovavano concepite e nate in prosa francese, onde rimanea loro lunga e difficile via da calcarsi, prima ch'elle si trasmutassero in poesia italiana. E in codesta spiacevole e meschina lingua le aveva io stese, non già perché io la sapessi, né punto ci pretendessi, ma perché in quel gergo da me per quei cinque anni di viaggio esclusivamente parlato, e sentito, io mi veniva a spiegare un po' più, ed a tradire un po' meno il pensiero mio; che sempre pur mi accadeva, per via di non saper nessuna lingua, ciò che accaderebbe ad un volante[7] dei sommi d'Italia, che trovandosi infermo, e sognando di correre a competenza de' suoi eguali o inferiori, null'altro gli mancasse ad ottener la vittoria se non se le gambe.

E questa impossibilità di spiegarmi, e tradurre me stesso, non che in versi ma anche in prosa italiana, era tale, che quando io rileggeva un atto, una scena, di quelle ch'eran piaciute ai miei ascoltatori, nessuno d'essi le riconosceva più per le stesse, e mi domandavano sul serio, perché l'avessi mutate; tanta era l'influenza dei cangiati abiti e panneggiamenti alla stessa figura, ch'ella non era più né conoscibile, né sopportabile. Io mi arrabbiava, e piangeva; ma invano. Era forza pigliar pazienza, e rifare; ed intanto ingoiarmi le più insulse e antitragiche letture dei nostri testi di lingua per invasarmi di modi toscani, e direi (se non temessi la sguaiataggine dell'espressione), in due parole direi che mi conveniva tutto il giorno *spensare* per poi *ripensare*[8].

Tuttavia, l'aver io quelle due tragedie future nello scrigno, mi facea prestare alquanto più pazientemente l'orecchio agli avvisi pedagogici, che d'ogni parte mi pioveano addosso. E parimente quelle due tragedie mi aveano prestato la forza necessaria per ascoltare la recita a' miei orecchi sgradevolissima della *Cleopatra*, che ogni verso che pronunziava l'attore mi risuonava nel core come la più amara critica dell'opera tutta, la quale già fin d'allora era divenuta un nulla ai miei occhi; né la considerava per altro, se non se come lo sprone dell'altre avvenire. Onde, siccome non mi avvilirono punto le critiche (forse giuste in parte, ma più assai maligne ed indotte) che mi furono poi fatte su le tragedie della mia prima edizione di Siena del 1783[9], così per l'appunto nulla affatto m'insuperbirono, né mi persuasero, quegli ingiusti e non meritati applausi che la platea di Torino, mossa forse a compassione della mia giovenile fidanza e baldanza, mi volle pur tributare[10]. Primo passo adunque verso la purità toscana essere doveva, e lo fu, di dare interissimo bando ad ogni qualunque lettura francese[11]. Da quel luglio in poi non volli più mai proferire parola di codesta lingua, e mi diedi a sfuggire espressamente ogni persona o compagnia da cui si parlasse. Con tutti questi mezzi non veniva perciò a capo d'italianizzarmi. Assai male mi piegava agli studi gradati e regolati; ed essendo ogni terzo giorno da capo a ricalcitrare contro gli ammonimenti, io andava pur sempre ritentando di svolazzare coll'ali mie. Perciò, ogni qualunque pensiero mi cadesse nella fantasia, mi provava di porlo in versi; ed ogni genere, ed ogni metro andava tasteggiando, ed in tutti io mi fiaccava le corne e l'orgoglio, ma l'ostinata speranza non mai. Tra l'altre di queste *rimerie* (che poesie non ardirò di chiamarle) una me ne occorse di fare, da essere da me cantata ad un banchetto di liberi muratori[12]. Era questa, o dovea essere un capitolo allusivo ai diversi utensili e gradi e officiali di quella buffonesca società. E benché io nel primo sonetto quassù trascritto avessi rubato un verso del Petrarca dai suoi capitoli[13], con tutto ciò, tanta era la mia disattenzione e ignoranza, che allora cominciai questo mio senza più ricordarmi, e non l'avendo forse mai bene osservata, la regola delle terzine; e così me lo proseguii sbagliando, sino alla duodecima terzina; dove essendomene nato il dubbio, aperto Dante conobbi l'errore, e lo corressi in appresso, ma lasciai le dodici terzine com'elle stavano; e così le cantai al banchetto: ma quei liberi muratori tanto intendevan di rime e di poesia, quanto dell'arte di fabbricare; e il mio capitolo passò. Per ultima prova e saggio degli infruttuosi miei sforzi, trascriverò ancora qui, o gran parte, o tutto forse quel capitolo; secondo che mi basterà la carta, e la pazienza[14].

Verso l'agosto di quell'anno stesso '75, credendomi far vita troppo dissipata stando in città, e non potere perciò studiare abbastanza, me n'andai nei monti che confinano tra il Piemonte e il Delfinato, e passai quasi due mesi in un borguccio, chiamato Cezannes[15] a' piedi del Monginevro, dove è fama che Annibale varcasse l'Alpi. Io benché riflessivo per natura, talvolta pure sconsiderato per impeto, non riflettei nel prendere quella risoluzione, che in quei monti mi tornerebbe fra i piedi la maladettissima lingua francese, che con giusta e necessaria ostinazione io m'era proposto di sfuggire sempre. Ma a questo mi indusse quell'abate, ch'io dissi mi avea accompagnato in quel viaggio ridicolo fatto l'anno innanzi a Firenze. Era quest'abate nativo di Cezannes; chiamavasi Aillaud; era pieno d'ingegno, di una lieta filosofia, e di molta coltura nella letteratura latina e francese. Egli era stato aio di due fratelli coi quali io m'era trovato assai collegato nella prima gioventù, ed allora aveamo fatto amicizia l'Aillaud ed io; e continuatala dappoi. Debbo dire pel vero, che codesto abate ne' miei primi anni avea fatto il possibile per inspirarmi l'amore delle lettere, dicendomi che ci avrei potuto riuscire; ma il tutto invano. E alle volte si era fatto fra noi il seguente risibile patto: ch'egli mi dovrebbe leggere per un'ora intera del romanzo, o novelliere, intitolato *Les Milles et une Nuits*, con che poi io mi sottomettessi a sentirmi leggere per soli dieci minuti uno squarcio delle tragedie di Racine. Ed io me ne stava tutto orecchi nel tempo di quella prima insulsa lettura, e mi addormentava poi al suono dei dolcissimi versi di quel gran tragico; cosa, di cui l'Aillaud arrabbiava, e vituperavami, con gran ragione. Questa era la mia disposizione a diventar tragico, quando stava nel Primo Appartamento della Reale Accademia. Ma neppur dappoi ho potuto ingoiar mai la cantilena metodica muta e gelidissima dei versi francesi, che non mi sono sembrati mai versi; né quando non mi sapea che cosa si fosse un verso, né quando poi mi parve di saperlo[16].

Torno a quel mio ritiro estivo in Cezannes, dove oltre l'abate letterato, aveva anche meco un abate citarista, che m'insegnava suonar la chitarra, stromento che mi parea inspirare poesia, e pel quale una qualche disposizione avea; ma non poi la stabile volontà, che si agguagliasse al trasporto che quel suono mi cagionava. Onde né in questo stromento, né sul cimbalo, che da giovane avea imparato, non ho mai ecceduta la mediocrità, ancorché l'orecchio e la fantasia fossero in me musichevoli nel sommo grado. Passai così quell'estate fra codesti due abati, di cui l'uno mi sollevava dalla angoscia per me sì nuova (dell'applicar seriamente allo studio) col suonarmi la cetra; l'altro poi mi facea dar al diavolo col suo francese. Con tutto ciò deliziosissimi momenti mi furono, ed utilissimi, quelli in cui mi venne pur fatto di raccogliermi in me stesso; e di lavorare efficacemente e disrugginire il mio povero intelletto, e dischiudere nella memoria le facoltà dell'imparare, le quali oltre ogni credere mi si erano oppilate[17] in quei quasi dieci anni continui d'incallimento nel più vituperoso letargico ozio. Subito mi accinsi a tradurre o ridurre in prosa e frase italiana quel *Filippo* o quel *Polinice*, nati in veste spuria. Ma, per quanto mi ci arrovellassi, quelle due tragedie mi rimanevano pur sempre due cose anfibie, ed erano tra il francese e l'italiano senza esser né l'una cosa né l'altra; appunto come dice il Poeta nostro della carta avvampante:

... un color bruno,
che non è nero ancora, e il bianco muore[18].

In quest'angoscia di dover fare versi italiani di pensieri francesi mi era già travagliato aspramente anche nel rifare la terza *Cleopatra*; talché alcune scene di essa, ch'io avea stese e poi lette in francese al mio censor tragico e non grammatico, al conte Agostino Tana, e ch'egli avea trovate forti, e bellissime, tra cui quella d'Antonio con Augusto, allorché poi vennero trasmutate ne' miei versacci poco italiani, slombati, facili, e cantanti, essi gli comparvero una cosa men che mediocre; e me lo disse chiaramente; ed io lo credei; e dirò di più, che lo sentii anche io. Tanto è pur vero che in ogni poesia il vestito fa la metà del corpo, ed in alcune (come nella lirica) l'abito fa il tutto[19]; a segno che alcuni versi

con la lor vanità che par persona[20]

trionfano di parecchi altri in cui

fosser gemme legate in vile anello.

E noterò pure qui, che sì al padre Paciaudi, che al conte Tana, e principalmente a questo secondo, io professerò eternamente una riconoscenza somma per le verità che mi dissero, e per avermi a viva forza fatto rientrare nel buon sentiero delle sane lettere. E tanta era in me la fiducia in questi due soggetti, che il mio destino letterario è stato interamente ad arbitrio loro; ed avrei ad ogni lor minimo cenno buttata al fuoco ogni mia composizione che avessero biasimata, come feci di tante rime, che altra correzione non meritavano. Sicché, se io ne sono uscito poeta, mi debbo intitolare, per grazia di Dio, e del Paciaudi, e del Tana. Questi furono i miei santi protettori nella feroce continua battaglia in cui mi convenne passare ben tutto il primo anno della mia vita letteraria, di sempre dar la caccia alle parole e forme francesi, di spogliar per dir così le mie idee per rivestirle di nuovo sotto altro aspetto, di riunire in somma nello stesso punto lo studio d'un uomo maturissimo con quello di un ragazzaccio alle prime scuole. Fatica indicibile, ingratissima, e da ributtare chiunque avesse avuto (ardirò dirlo) una fiamma minor della mia.

Tradotte dunque in mala prosa le due tragedie, come dissi, mi posi all'impresa di leggere e studiare a verso a verso per ordine d'anzianità tutti i nostri poeti primari, e postillarli in margine, non di parole, ma di uno o più tratticelli perpendicolari ai versi; per accennare a me stesso se più o meno mi andassero a genio quei pensieri, o quelle espressioni, o quei suoni. Ma trovando a bella prima Dante riuscirmi pur troppo difficile, cominciai dal Tasso, che non avea mai neppure aperto fino a quel punto. Ed io leggeva con sì pazza attenzione, volendo osservar tante e sì diverse e sì contrarie cose, che dopo dieci stanze non sapea più quello ch'io avessi letto, e mi trovava essere più stanco e rifinito assai che se le avessi io stesso composte. Ma a poco a poco mi andai formando e l'occhio e la mente a quel faticosissimo genere di lettura; e così tutto il Tasso, la *Gerusalemme*; poi l'Ariosto, il *Furioso*; poi Dante senza commenti, poi il Petrarca, tutti me gli invasai[21] d'un fiato postillandoli tutti, e v'impiegai forse un anno. Le difficoltà di Dante, se erano istoriche, poco mi curava di intenderle, se di espressione, di modi, o di voci, tutto faceva per superarle indovinando; ed in molte non riuscendo, le poche poi ch'io vinceva mi insuperbivano tanto più. In quella prima lettura io mi cacciai piuttosto in corpo un'indigestione che non una vera quintessenza di quei quattro gran luminari; ma mi preparai così a ben intenderli poi nelle letture susseguenti, a sviscerarli, gustarli, e forse anche rassomigliarli. Il Petrarca però mi riuscì ancor più difficile che Dante; e da principio mi piacque meno; perché il sommo diletto dei poeti non si può mai estrarre, finché si combatte coll'intenderli. Ma dovendo io scrivere in verso sciolto, anche di questo cercai di formarmi dei modelli. Mi fu consigliata la traduzione di Stazio del Bentivoglio. Con somma avidità la lessi, studiai, e postillai tutta; ma alquanto fiacca me ne parve la struttura del verso per adattarla al dialogo tragico. Poi mi fecero i miei amici censori capitare alle mani l'*Ossian* del Cesarotti, e questi furono i versi sciolti che davvero mi piacquero, mi colpirono e m'invasarono. Questi mi parvero, con poca modificazione, un eccellente modello pel verso di dialogo[22]. Alcune altre tragedie o nostre italiane, o tradotte dal francese, che io volli pur leggere sperando d'impararvi almeno quanto allo stile, mi cadevano dalle mani per la languidezza, trivialità, e prolissità dei modi e del verso, senza parlare poi della snervatezza dei pensieri. Tra le men cattive lessi e postillai le quattro traduzioni del Paradisi dal francese[23], e la *Merope* originale del Maffei. E questa, a luoghi mi piacque bastantemente per lo stile, ancorché mi lasciasse pur tanto desiderare per adempirne la perfettibilità, o vera, o sognata, ch'io me n'andava fabbricando nella fantasia. E spesso andava interrogando me stesso: or, perché mai questa nostra divina lingua, sì maschia ancor ed energica e feroce in bocca di Dante, dovrà ella farsi così sbiadita ed eunuca nel dialogo tragico? Perché il Cesarotti che sì vibratamente vers-eggia nell'*Ossian*, così fiaccamente poi sermoneggia nella *Semiramide* e nel *Maometto* del Voltaire da esso tradotte? Perché quel pomposo galleggiante scioltista caposcuola, il Frugoni, nella sua traduzione del *Radamisto* del Crebillon, è egli sì immensamente minore del Crebillon e di sé medesimo? Certo, ogni altra cosa ne incolperò che la nostra pieghevole e proteiforme favella. E questi dubbi ch'io proponeva ai miei amici e censori, nissuno me li sciogliea. L'ottimo Paciaudi mi raccomandava frattanto di non trascurare nelle mie laboriose letture la prosa, ch'egli dottamente denominava la nutrice del verso. Mi sovviene a questo proposito, che un tal giorno egli mi portò il *Galateo* del Casa, raccomandandomi di ben meditarlo quanto ai modi, che certo ben pretti toscani erano, ed il contrario d'ogni franceseria. Io, che da ragazzo lo aveva (come abbiam fatto tutti) maledetto, poco inteso, e niente gustatolo, mi tenni quasiché offeso di questo puerile o pedantesco consiglio. Onde, pieno di mal talento contro quel *Galateo*, lo apersi. Ed alla vista di quel primo *Conciossiacosache*, a cui poi si accoda quel lungo periodo cotanto pomposo e sì poco sugoso, mi prese un tal impeto di collera, che scagliato per la finestra il libro, gridai quasi maniaco: «Ella è pur dura e stucchevole necessità, che per iscrivere tragedie in età di venzett'anni mi convenga ingoiare di nuovo codeste baie fanciullesche, e prosciugarmi il cervello con sì fatte pedanterie». Sorrise di questo mio poetico ineducato furore; e mi profetizzò che io leggerei poi il *Galateo*, e più d'una volta. E così fu in fatti; ma parecchi anni dopo, quando poi mi era ben bene incallite le spalle ed il collo a sopportare il giogo grammatico. E non il solo *Galateo*, ma presso che tutti quei nostri prosatori del Trecento, lessi e postillai poi, con quanto frutto, nol so. Ma fatto si è che chi gli avesse ben letti quanto ai lor modi, e fosse venuto a capo di prevalersi con giudizio e destrezza dell'oro dei loro abiti, scartando i cenci delle loro idee, quegli potrebbe forse poi ne' suoi scritti sì filosofici che poetici, o istorici, o d'altro qualunque genere, dare una ricchezza, brevità, proprietà, e forza di colorito allo stile, di cui non ho visto finora nessuno scrittore italiano veramente andar corredato[24]. Forse, perché la fatica è improba; e chi avrebbe l'ingegno e la capacità di sapersene giovare, non la vuol fare; e chi non ha questi dati, la fa invano.

CAPITOLO SECONDO

Rimessomi sotto il pedagogo a spiegare Orazio. Primo viaggio letterario in Toscana.

Verso il principio dell'anno '76, trovandomi già da sei e più [1776] mesi ingolfato negli studi italiani, mi nacque una onesta e cocente vergogna di non più intendere quasi affatto il latino; a segno che, trovando qua e là, come accade, delle citazioni, anco le più brevi e comuni, mi trovava costretto di saltarle a piè pari, per non perder tempo a dicifrarle[1]. Trovandomi inoltre inibita ogni lettura francese, ridotto al solo italiano, io mi vedeva affatto privo d'ogni soccorso per la lettura teatrale. Questa ragione, aggiuntasi al rossore, mi sforzò ad intraprendere questa seconda fatica, per poter leggere le tragedie di Seneca, di cui alcuni sublimi tratti mi aveano rapito; e leggere anche le traduzioni letterali latine dei tragici greci, che sogliono essere più fedeli e meno tediose di quelle tante italiane che sì inutilmente possediamo. Mi presi dunque pazientemente un ottimo pedagogo[2], il quale, postomi Fedro in mano, con molta sorpresa sua e rossore mio, vide e mi disse che non l'intendeva, ancorché l'avessi già spiegato in età di dieci anni; ed in fatti provandomici a leggerlo traducendolo in italiano, io pigliava dei grossissimi granchi, e degli sconci equivoci. Ma il valente pedagogo, avuto ch'egli ebbe così ad un tempo stesso il non dubbio saggio e della mia asinità, e della mia tenacissima risoluzione, m'incoraggì molto, e in vece di lasciarmi il Fedro mi diede l'Orazio, dicendomi: «Dal difficile si viene al facile; e così sarà cosa più degna di lei. Facciamo degli spropositi su questo scabrosissimo principe dei lirici latini, e questi ci appianeran la via per scendere agli altri». E così si fece; e si prese un Orazio senza commenti nessuni; ed io spropositando, costruendo, indovinando, e sbagliando, tradussi a voce tutte l'*Odi* dal principio di gennaio a tutto il marzo. Questo studio mi costò moltissima fatica, ma mi fruttò anche bene, poiché mi rimise in grammatica[3] senza farmi uscire di poesia.

In quel frattempo non tralasciava però di leggere e postillare sempre i poeti italiani, aggiungendone qualcuno dei nuovi, come il Poliziano, il Casa, e ricominciando poi da capo i primari; talché il Petrarca e Dante nello spazio di quattr'anni lessi e postillai forse cinque volte. E riprovandomi di tempo in tempo a far versi tragici, avea già verseggiato tutto il *Filippo*. Ma benché fosse venuto alquanto men fiacco e men sudicio della *Cleopatra*, pure quella versificazione mi riusciva languida, prolissa, fastidiosa e triviale. Ed in fatti quel primo *Filippo*, che poi alla stampa si contentò di annoiare il pubblico con soli millequattrocento e qualche versi, nei due primi tentativi pertinacemente volle annoiare e disperare il suo autore con più di due mila versi, in cui egli diceva allora assai meno cose, che nei millequattrocento dappoi.

Quella lungaggine e fiacchezza di stile, ch'io attribuiva assai più alla penna mia che alla mente mia, persuadendomi finalmente ch'io non potrei mai dir bene italiano finché andava traducendo me stesso dal francese, mi fece finalmente risolvere di andare in Toscana per avvezzarmi a parlare, udire, pensare, e sognare in toscano, e non altrimenti mai più. Partii dunque nell'aprile del '76, coll'intenzione di starvi sei mesi, lusingandomi che basterebbero a disfrancesarmi. Ma sei mesi non disfanno una triste abitudine di dieci e più anni. Avviatomi alla volta di Piacenza e di Parma, me n'andava a passo tardo e lento[4], ora in biroccio, ora a cavallo, in compagnia de' miei poetini tascabili, con pochissimo altro bagaglio, tre soli cavalli, due uomini, la chitarra, e le molte speranze della futura gloria. Per mezzo del Paciaudi conobbi in Parma, in Modena, in Bologna, e in Toscana, quasi tutti gli uomini di un qualche grido nelle lettere. E quanto io era stato non curante di tal mercanzia ne' miei primi viaggi, altrettanto e più era poi divenuto curioso di conoscere i grandi, e i medi in qualunque genere. Allora conobbi in Parma il celebre nostro stampatore Bodoni, e fu quella la prima stamperia in cui io ponessi mai i piedi, benché fossi stato a Madrid[5], e a Birmingham[6], dove erano le due più insigni stamperie d'Europa, dopo il Bodoni. Talché io non aveva mai vista un'*a* di metallo, né alcuno di quei tanti ordigni che mi doveano poi col tempo acquistare o celebrità o canzonatura. Ma certo in nessuna più augusta officina io potea mai capitare per la prima volta, né mai ritrovare un più benigno, più esperto, e più ingegnoso espositore di quell'arte maravigliosa che il Bodoni, da cui tanto lustro e accrescimento ha ricevuto e riceve.

Così a poco a poco ogni giorno più ridestandomi dal mio lungo e crasso letargo, io andava vedendo e imparando (un po' tardetto) assai cose. Ma la più importante si era per me, ch'io andava ben conoscendo appurando e pesando le mie facoltà intellettuali letterarie, per non isbagliar poi, se poteva, nella scelta del genere. Né in questo studio di me medesimo io era tanto novizio come negli altri; atteso che piuttosto precedendo l'età che aspettandola, io fin da anni addietro avea talvolta impreso a diciferare a me stesso la mia morale entità; e l'avea fatto anche con penna, non che col pensiero. Ed ancora conservo una specie di diario[7] che per alcuni mesi avea avuta la costanza di scrivere annoverandovi non solo le mie sciocchezze abituali di giorno in giorno, ma anche i pensieri, e le cagioni intime, che mi faceano operare o parlare: il tutto per vedere, se in così appannato specchio mirandomi, il migliorare d'alquanto mi venisse poi a riuscire. Avea cominciato il diario in francese; lo continuai in italiano; non era bene scritto né in questa lingua, né in quella; era piuttosto originalmente sentito e pensato. Me ne stufai presto, e feci benissimo; perché ci si perdeva il tempo e l'inchiostro, trovandomi essere tuttavia un giorno peggiore dell'altro. Serva questo per prova, ch'io poteva forse ben per l'appunto conoscere e giudicare la mia capacità e incapacità letteraria in tutti i suoi punti. Parendomi dunque ormai discernere appieno tutto quello che mi mancava e quel poco ch'io aveva in proprio dalla natura, io sottilizzava anche più in là per discernere tra le parti che mi mancavano, quali fossero quelle che mi sarei potute acquistar nell'intero, quali a mezzo soltanto, e quali niente affatto. A questo sì fatto studio di me stesso io forse sarò poi tenuto (se non di essere riuscito) di non avere almeno tentato mai nessun genere di composizione al quale non mi sentissi irresistibilmente spinto da un violento impulso naturale; impulso, i di cui getti sempre poi in qualunque bell'arte, ancorché l'opera non riesca perfetta, si distinguono di gran lunga dai getti dell'impulso comandato, ancorché potessero pur procreare un'opera in tutte le sue parti perfetta.

Giunto in Pisa vi conobbi tutti i più celebri professori, e ne andai cavando per l'arte mia tutto quell'utile che si poteva. Nel fregarmi con costoro, la più disastrosa fatica ch'io provassi, ell'era d'interrogarli con quel riguardo e destrezza necessaria per non smascherar loro spiattellatamente la mia ignoranza; ed in somma dirò con fratesca metafora, per parer loro professo[8], essendo tuttavia novizio. Non già ch'io potessi né volessi spacciarmi per dotto; ma era al buio di tante e poi tante cose, che coi visi nuovi me ne vergognava; e pareami, a misura che mi si andavano dissipando le tenebre, di vedermi sempre più gigantessa[9] apparire questa mia fatale e pertinace ignoranza. Ma non meno forse gigantesco era e facevasi il mio ardimento. Quindi, mentr'io per una parte tributava il dovuto omaggio al sapere d'altrui, non mi atterriva punto per l'altra il mio non sapere; sendomi ben convinto che al far tragedie il primo sapere richiesto, si è il forte sentire; il qual non s'impara. Restavami da imparare (e non era certo poco) l'arte di fare agli altri sentire quello che mi parea di sentir io.

Nelle sei o sette settimane ch'io dimorai a Pisa, ideai e distesi a dirittura in sufficiente prosa toscana la tragedia d'*Antigone*[10], e verseggiai il *Polinice* un po' men male che il *Filippo*. E subito mi parve di poter leggere il *Polinice* ad alcuni di quei barbasso-ri dell'Università, i quali mi si mostrarono assai soddisfatti del-la tragedia, e ne censurarono qua e là l'espressioni, ma neppure con quella severità che avrebbe meritata. In quei versi, a luoghi si trovavan dette cose felicemente; ma il totale della pasta ne riusciva ancora languida, lunga, e triviale a giudizio mio; a giu-dizio dei barbassori, riusciva scorretta qualche volta, ma fluida, diceano, e sonante. Non c'intendevamo. Io chiamava languido e triviale ciò ch'essi diceano fluido e sonante; quanto poi alle scorrezioni, essendo cosa di fatto e non di gusto, non ci cadea contrasto. Ma neppure su le cose di gusto cadeva contrasto fra noi, perché io a maraviglia tenea la mia parte di discente, come essi la loro di docenti; era però ben fermo di volere prima d'ogni cosa piacere a me stesso. Da quei signori dunque io mi contentava d'imparare negativamente, ciò che non va fatto; dal tempo, dall'esercizio, dall'ostinazione, e da me, io mi lusingava poi d'imparare quel che va fatto. E s'io volessi far ridere a spese di quei dotti, com'essi forse avran riso allora alle mie, potrei nominar taluno fra essi, e dei più pettoruti, che mi con-sigliava, e portava egli stesso la *Tancia* del Buonarroti[11], non dirò per modello, ma per aiuto al mio tragico verseggiare, dicendomi che gran dovizia di lingua e di modi vi troverei. Il che equivarrebbe a chi proponesse a un pittore di storia di studiare il Callotta[12]. Altri mi lodava lo stile del Metastasio, come l'ottimo per la tragedia. Altri, altro. E nessun di quei dotti era dotto in tragedia.

Nel soggiorno di Pisa tradussi anche la *Poetica* d'Orazio in 1776 prosa con chiarezza e semplicità per invasarmi que' suoi veridici e ingegnosi precetti. Mi diedi anche molto a leggere le tragedie di Seneca, benché in tutto ben mi avvedessi essere quelle il contrario dei precetti d'Orazio. Ma alcuni tratti di sublime vero mi trasportavano, e cercava di renderli in versi sciolti per mio doppio studio di latino e d'italiano, di verseggiare e grandeggiare. E nel fare questi tentativi mi veniva evidentemente sotto gli occhi la gran differenza tra il verso giambo ed il verso epico, i di cui diversi metri bastano per distinguere ampiamente le ragioni del dialogo da quelle di ogni altra poesia; e nel tempo stesso mi veniva evidentemente dimostrato che noi italiani non avendo altro verso che l'endecasillabo per ogni componimento eroico, bisognava creare una giacitura di parole, un rompere sempre variato di suono, un fraseggiare di brevità e di forza, che venissero a distinguere assolutamente il verso sciolto tragico da ogni altro verso sciolto e rimato sì epico che lirico. I giambi di Seneca mi convinsero di questa verità, e forse in parte me ne procacciarono i mezzi. Che alcuni tratti maschi e feroci di quell'autore debbono per metà la loro sublime energia al metro poco sonante, e spezzato. Ed in fatti qual è sì sprovvisto di sentimento e d'udito, che non noti l'enorme differenza che passa tra questi due versi? L'uno, di Virgilio, che vuol dilettare e rapire il lettore:

Quadrupedante putrem sonitu quatit ungula campum[13];

l'altro, di Seneca che vuole stupire, e atterrir l'uditore; e caratterizzare in due sole parole due personaggi diversi:

Concede mortem.
Si recusares, darem[14].

Per questa ragione stessa non dovrà dunque un autor tragico italiano nei punti più appassionati e fieri porre in bocca de' suoi dialogizzanti personaggi dei versi, che quanto al suono in nulla somiglino a quei peraltro stupendi e grandiosissimi del nostro epico:

> Chiama gli abitator dell'ombre eterne
> il rauco suon della tartarea tromba[15].

Convinto io nell'intimo cuore della necessità di questa total differenza da serbarsi nei due stili, e tanto più difficile per noi italiani, quando è giuoco forza crearsela nei limiti dello stesso metro, io dava dunque poco retta ai saccenti di Pisa quanto al fondo dell'arte drammatica, e quanto allo stile da adoprarvisi; gli ascoltava bensì con umiltà e pazienza su la purità toscanesca e grammaticale; ancorché neppure in questo i presenti toscani gran cosa la sfoggino.

Eccomi intanto in meno d'un anno dopo la recita della *Cleopatra*, possessore in proprio del patrimonietto di tre altre tragedie. E qui mi tocca di confessare, pel vero, di quai fonti le avessi tratte. Il *Filippo*, nato francese, e figlio di francese, mi venne di ricordo dall'aver letto più anni prima il romanzo di *Don Carlos*, dell'Abate di San Reale[16]. Il *Polinice*, gallo anch'egli, lo trassi dai *Fratelli nemici*, del Racine. L'*Antigone*, prima non imbrattata di origine esotica, mi venne fatta leggendo il duodecimo libro di Stazio nella traduzione su mentovata, del Bentivoglio. Nel *Polinice* l'avere io inserito alcuni tratti presi nel Racine, ed altri presi dai *Sette prodi* di Eschilo, che leggicchiai nella traduzione francese del padre Brumoy, mi fece far voto in appresso, di non più mai leggere tragedie d'altri prima d'aver fatte le mie, allorché trattava soggetti trattati, per non incorrere così nella taccia di ladro, ed errare o far bene, del mio. Chi molto legge prima di comporre, ruba senza avvedersene, e perde l'originalità, se l'avea. E per questa ragione anche avea abbandonato fin dall'anno innanzi la lettura di Shakespeare (oltre che mi toccava di leggerlo tradotto in francese). Ma quanto più mi andava a sangue quell'autore (di cui però benissimo distingueva tutti i difetti), tanto più me ne volli astenere.

Appena ebbi stesa l'*Antigone* in prosa, che la lettura di Seneca m'infiammò e sforzò d'ideare ad un parto le due gemelle tragedie, l'*Agamennone*, e l'*Oreste*. Non mi parea con tutto ciò, ch'elli mi siano riuscite in nulla un furto fatto da Seneca.

Nel fin di giugno sloggiai da Pisa, e venni in Firenze, dove mi trattenni tutto il settembre. Mi vi applicai moltissimo all'impossessarmi della lingua parlabile; e conversando giornalmente con fiorentini, ci pervenni bastantemente. Onde cominciai da quel tempo a pensare quasi esclusivamente in quella doviziosissima ed elegante lingua; prima indispensabile base per bene scriverla. Nel soggiorno in Firenze verseggiai per la seconda volta il *Filippo* da capo in fondo, senza neppur più guardare quei primi versi, ma rifacendoli dalla prosa. Ma i progressi mi pareano lentissimi, e spesso mi parea anzi di scapitare che di migliorare. Nel corrente di agosto, trovandomi una mattina in un crocchio di letterati, udii a caso rammentare l'aneddoto storico di Don Garzia ucciso dal proprio padre Cosimo I. Questo fatto mi colpì; e siccome stampato non è, me lo procurai manoscritto, estratto dai pubblici archivi di Firenze, e fin d'allora ne ideai la tragedia[17]. Continuava intanto a schiccherare molte rime, ma tutte mi riuscivano infelici. E benché non avessi in Firenze nessun amico censore che equivalesse al Tana e al Paciaudi, pure ebbi abbastanza senno e criterio di non ne dar copia a chi che si fosse, e anche la sobrietà di pochissimo andarle recitando. Il mal esito delle rime non mi scoraggiava con tutto ciò; ma bensì convincevami che non bisognava mai restare di leggerne dell'ottime, e d'impararne a memoria, per invasarmi di forme poetiche. Onde in quell'estate m'inondai il cervello di versi del Petrarca, di Dante, del Tasso, e sino ai primi tre canti interi dell'Ariosto; convinto in me stesso, che il giorno verrebbe infallibilmente, in cui tutte quelle forme, frasi, e parole d'altri mi tornerebbero poi fuori dalle cellule di esso miste e immedesimate coi miei propri pensieri ed affetti.

CAPITOLO TERZO

Ostinazione negli studi più ingrati.

Nell'ottobre tornai in Torino, perché non avea prese le misure necessarie per soggiornare più lungamente fuor di casa, non già perché io mi presumessi intoscanito abbastanza. Ed anche molte altre frivole ragioni mi fecero tornare. Tutti i miei cavalli lasciati in Torino mi vi aspettavano e richiamavano; passione che in me contrastò lungamente con le Muse, e non rimase poi perdente davvero, se non se più d'un anno dopo. Né mi premeva allora tanto lo studio e la gloria, che non mi pungesse anco molto a riprese la smania del divertirmi; il che mi riusciva assai più facile in Torino dove c'avea buona casa, aderenze d'ogni sorta, bestie a sufficienza, divagazioni ed amici più del bisogno. Malgrado tutti questi ostacoli, non rallentai punto lo studio in quell'inverno; ed anzi mi accrebbi le occupazioni e gl'impegni. Dopo Orazio intero, avea letti e studiati ad oncia ad oncia più altri autori, e fra questi Sallustio. La brevità ed eleganza di quest'istorico mi avea rapito talmente, che mi accinsi con molta applicazione a tradurlo; e ne venni a capo in quell'inverno. Molto, anzi infinito obbligo io debbo a quel lavoro; che poi più e più volte ho rifatto, mutato e limato, non so se con miglioramento dell'opera, ma certamente con molto mio lucro sì nell'intelligenza della lingua latina, che nella padronanza di maneggiar l'italiana.

Era frattanto ritornato di Portogallo l'incomparabile abate Tommaso di Caluso; e trovatomi contro la sua aspettativa ingolfato davvero nella letteratura, e ostinato nello scabroso proposito di farmi autor tragico, egli mi secondò, consigliò, e soccorse di tutti i suoi lumi con benignità e amorevolezza indicibile. E così pure fece l'eruditissimo conte di San Raffaele[1], ch'io appresi in quell'anno a conoscere, e altri coltissimi individui, i quali tutti a me superiori di età, di dottrina, e d'esperienza nell'arte mi compativano pure, ed incoraggivano; ancorché non ne avessi bisogno atteso il bollore del mio carattere. Ma la gratitudine che sovra ogni altra professo e sempre professerò a tutti i suddetti personaggi, si è per aver essi umanamente comportata la mia incomportabile petulanza d'allora; la quale, a dir anche il vero, mi andava però di giorno in giorno scemando, a misura che riacquistava lume.

Sul finir di quell'anno '76, ebbi una grandissima e lungamente sospirata consolazione. Una mattina andato dal Tana, a cui sempre palpitante e tremante io solea portare le mie rime, appena partorite che fossero, gli portai finalmente un sonetto al quale pochissimo trovò che ridire, e lo lodò anzi molto come i primi versi ch'io mi facessi meritevoli di un tal nome. Dopo le tante e continue afflizioni ed umiliazioni ch'io avea provate nel leggergli da più d'un anno le mie sconcie rime, ch'egli da vero e generoso amico senza misericordia nessuna censurava, e diceva il perché e il suo perché mi appagava; giudichi ciascuno qual soave nèttare mi giunsero all'anima quelle insolite sincere lodi. Era il sonetto una descrizione del ratto di Ganimede, fatto a imitazione dell'inimitabile del Cassiani sul ratto di Proserpina. Egli è stampato da me il primo tra le mie rime. E invaghito della lode, tosto ne feci anche due altri, tratto il soggetto dalla favola, e imitai anch'essi come il primo, a cui immediatamente anche nella stampa ho voluto poi che seguitassero. Tutti e tre si risentono un po' troppo della loro serva origine imitativa, ma pure (s'io non erro) hanno il merito d'essere scritti con una certa evidenza, e bastante eleganza; quale in somma non mi era venuta mai fin allora. E come tali ho voluto serbarli, e stamparli con pochissime mutazioni molti anni dopo[2]. In seguito poi di quei tre primi sufficienti sonetti, come se mi si fosse dischiusa una nuova fonte, ne scaturii in quell'inverno troppi altri; i più, amorosi; ma senza amore che li dettasse. Per esercizio mero di lingua e di rime avea impreso a descrivere a parte a parte le bellezze palesi d'una amabilissima e leggiadra signora[3]; né per essa io sentiva neppure la minima favilluzza nel cuore; e forse ci si parrà in quei sonetti più descrittivi che affettuosi. Tuttavia, siccome non mal verseggiati, ho voluto quasi che tutti conservarli, e dar loro luogo nelle mie rime; dove agli intendenti dell'arte possono forse andare additando i progressi ch'io allora andava facendo gradatamente nella difficilissima arte del dir bene, senza la quale per quanto sia ben concepito e condotto il sonetto, non può aver vita.

1777 Alcuni evidenti progressi nel rimare, e la prosa del Sallustio ridotta a molta brevità con sufficiente chiarezza (ma priva ancora di quella variata armonia, tutta propria sua, della ben concepita prosa), mi aveano ripieno il cuore di ardenti speranze. Ma siccome ogni altra cosa ch'io faceva, o tentava, tutte aveano sempre per primo ed allora unico scopo, di formarmi uno stile proprio ed ottimo per la tragedia, da quelle occupazioni secondarie di tempo in tempo mi riprovava a risalire alla prima. Nell'aprile del '77 verseggiai perciò l'*Antigone*, ch'io, come dissi, avea ideata e stesa ad un tempo, circa un anno prima, essendo in Pisa. La verseggiai tutta in meno di tre settimane; e parendomi aver acquistata facilità, mi tenni di aver fatto gran cosa. Ma appena l'ebbi io letta in una società letteraria[4], dove quasi ogni sera ci radunavamo, ch'io ravvedutomi (benché lodato dagli altri) con mio sommo dolore mi trovai veramente lontanissimo da quel modo di dire ch'io avea tanto profondamente fitto nell'intelletto, senza pur quasi mai ritrovarmelo poi nella penna. Le lodi di quei colti amici uditori mi persuasero che forse la tragedia quanto agli affetti e condotta ci fosse; ma i miei orecchi e intelletto mi convinsero ch'ella non c'era quanto allo stile. E nessun altri di ciò poteva a una prima lettura esser giudice competente quanto io stesso, perché quella sospensione, commozione, e curiosità che porta con sé una non conosciuta tragedia, fa sì che l'uditore, ancorché di buon gusto dotato, non può e non vuole, né deve, soverchiamente badare alla locuzione. Quindi tutto ciò che non è pessimo, passa inosservato, e non spiace. Ma io che la leggeva conoscendola, fino a un puntino mi dovea avvedere ogni qual volta il pensiero o l'affetto venivano o traditi o menomati dalla non abbastanza o vera, o calda, o breve, o forte, o pomposa espressione.

Persuaso io dunque che non era al punto, e che non ci arrivava, perché in Torino viveva ancor troppo divagato, e non abbastanza solo e con l'arte, subito mi risolvei di tornare in Toscana, dove anche sempre più mi italianizzerei il concetto. Che se in Torino non parlava francese, con tutto ciò il nostro gergaccio piemontese ch'io sempre parlava e sentiva tutto il giorno, in nulla riusciva favorevole al pensare e scrivere italiano.

CAPITOLO QUARTO

*Secondo viaggio letterario in Toscana, macchiato di stoli-
da pompa cavallina. Amicizia contratta col Gandellini.
Lavori fatti o ideati in Siena.*

1777 Partii nei primi di maggio, previa la consueta permissione
che bisognava ottener dal re per uscire dai suoi felicissimi stati.
Il ministro a chi la domandai, mi rispose che io era stato anco
l'anno innanzi in Toscana. Soggiunsi: «E perciò mi propongo
di ritornarvi quest'anno». Ottenni il permesso; ma quella
parola mi fece entrar in pensieri, e bollire nella fantasia il disegno che io poi in meno d'un anno mandai pienamente ad effetto, e per cui non mi occorse d'allora in poi mai più di chiedere
permissione nissuna. In questo secondo viaggio, proponendo-
mi di starvi più tempo, e fra i miei deliri di vera gloria frammi-
schiandone pur tuttavia non pochi di vanagloria, ci volli con-
dur più cavalli e più gente, per recitare in tal guisa le due parti
che di rado si meritano insieme, di poeta e di signore. Con un
treno dunque di otto cavalli, ed il rimanente non discordante
da esso, mi avviai alla volta di Genova. Di là imbarcatomi io col
bagaglio e il biroccino, mandai per la via di terra verso Lerici e
Sarzana i cavalli. Questi arrivarono felicemente avendomi preceduto. Io nella filucca[1] essendo già quasi alla vista di Lerici,
fui rimandato indietro dal vento, e costretto di sbarcare a
Rapallo, due sole poste distante da Genova. Sbarcato quivi, e
tediandomi di aspettare che il vento tornasse favorevole per
ritornare a Lerici, lasciai la filucca con la roba mia, e prese
alcune camicie, i miei scritti (dai quali non mi separava mai
più) ed un sol uomo, per le poste a cavallo a traverso quei
rompicolli di strade del nudo Appennino me ne venni a Sarzana, dove trovai i cavalli, e dovei poi aspettar la filucca più di
otto giorni. Ancorché io ci avessi il divertimento dei cavalli,
pure non avendo altri libri che l'Orazietto e il Petrarchino di
tasca, mi tediava non poco il soggiorno di Sarzana. Da un prete
fratello del mastro di posta mi feci prestare un Tito Livio, autore che (dalle scuole in poi, dove non l'avea né inteso né gusta-

to) non m'era più capitato alle mani. Ancorché io smoderatamente mi fossi appassionato della brevità sallustiana, pure la sublimità dei soggetti, e la maestà delle concioni di Livio mi colpirono assai. Lettovi il fatto di Virginia[2], e gl'infiammati discorsi d'Icilio, mi trasportai talmente per essi, che tosto ne ideai la tragedia; e l'avrei stesa d'un fiato, se non fossi stato sturbato dalla continua espettativa di quella maledetta filucca, il di cui arrivo mi avrebbe interrotto la composizione.

E qui per l'intelligenza del lettore mi conviene spiegare queste mie parole di cui mi vo servendo sì spesso, ideare, stendere, e verseggiare. Questi tre respiri[3] con cui ho sempre dato l'essere alle mie tragedie, mi hanno per lo più procurato il beneficio del tempo, così necessario a ben ponderare un componimento di quella importanza; il quale se mai nasce male, difficilmente poi si raddrizza. Ideare dunque io chiamo, il distribuire il soggetto in atti e scene, stabilire e fissare il numero dei personaggi, e in due paginucce di prosaccia farne quasi l'estratto a scena per scena di quel che diranno e faranno. Chiamo poi stendere, qualora ripigliando quel primo foglio, a norma della traccia accennata ne riempio le scene dialogizzando in prosa come viene la tragedia intera, senza rifiutar un pensiero, qualunque ei siasi, e scrivendo con impeto quanto ne posso avere, senza punto badare al come. Verseggiare finalmente chiamo non solamente il porre in versi quella prosa, ma col riposato intelletto assai tempo dopo scernere tra quelle lungaggini del primo getto i migliori pensieri, ridurli a poesia, e leggibili. Segue poi come di ogni altro componimento il dover successivamente limare, levare, mutare; ma se la tragedia non v'è nell'idearla e distenderla, non si ritrova certo mai più con le fatiche posteriori. Questo meccanismo io l'ho osservato in tutte le mie composizioni drammatiche cominciando dal *Filippo*, e mi son ben convinto ch'egli è per sé stesso più che i due terzi dell'opera. Ed in fatti, dopo un certo intervallo, quanto bastasse a non più ricordarmi affatto di quella prima distribuzione di scene, se io, ripreso in mano quel foglio, alla descrizione di ciascuna scena mi sentiva repentinamente affollarmisi al cuore e alla mente un tumulto di pensieri e di affetti che per così dire a viva forza mi spingessero a scrivere, io tosto riceveva quella prima sceneggiatura per buona, e cavata dai visceri del soggetto. Se non mi si ridestava quell'entusiasmo, pari e maggiore di quando l'avea ideata, io la cangiava od ardeva. Ricevuta per buona la prima idea, l'adombrarla era rapidissimo, e un atto il giorno ne scriveva, talvolta più, raramente meno; e quasi sempre nel sesto giorno la tragedia era, non dirò fatta, ma nata. In tal guisa, non ammettendo io altro giudice che il mio proprio sentire, tutte quelle che non ho potuto scriver così, di ridondanza e furore, non le ho poi finite; o, seppur finite, non le ho mai poi verseggiate. Così mi avvenne di un *Carlo Primo* che immediatamente dopo il *Filippo* intrapresi di stendere in francese; nel quale abbozzo a mezzo il terz'atto mi si agghiacciò sì fattamente il cuore e la mano, che non fu possibile alla penna il proseguirlo. Così d'un *Romeo e Giulietta*, ch'io pure stesi in intero, ma con qualche stento, e con delle pause. Onde più mesi dopo, ripreso in mano quell'infelice abbozzo mi cagionò un tal gelo nell'animo rileggendolo, e tosto poi m'infiammò di tal ira contro me stesso, che senza altrimenti proseguirne la tediosa lettura, lo buttai sul fuoco. Dal metodo ch'io qui ho prolissamente voluto individuare, ne è poi forse nato l'effetto seguente: che le mie tragedie prese in totalità, tra i difetti non pochi ch'io vi scorgo, e i molti che forse non vedo, elle hanno pure il pregio di essere, o di parere ai più, fatte di getto, e di un solo attacco collegate in sé stesse, talché ogni parola e pensiero ed azione del quint'atto strettamente s'immedesima con ogni pensiero parola e disposizione del quarto risalendo sino ai primi versi del primo: cosa, che, se non altro, genera necessariamente attenzione nell'uditore, e calor nell'azione. Quindi è, che stesa così la tragedia, non rimanendo poi all'autore altro pensiere che di pacatamente verseggiarla scegliendo l'oro dal piombo, la sollecitudine che suol dare alla mente il lavoro dei versi e l'incontentabile passione dell'eleganza, non può più nuocer punto al trasporto e furore a cui bisogna ciecamente obbedire nell'ideare e creare cose d'affetto e terribili. Se chi verrà dopo me giudicherà ch'io con questo metodo abbia ottenuto più ch'altri efficacemente il mio intento, la presente disgressioncella potrà forse col tempo illuminare e giovare a qualcuno che professi quest'arte; ove io l'abbia sbagliato, servirà perché altri ne inventi un migliore.

Ripiglio il filo della narrazione. Giunse finalmente a Lerici quella tanto aspettata filucca; ed io, avuta la mia roba, immediatamente partii di Sarzana alla volta di Pisa, accresciuto il mio poetico patrimonio di quella *Virginia* di più; soggetto che mi andava veramente a sangue. Già avea disegnato in me di non trattenermi questa volta in Pisa più di due giorni; sì perché mi lusingava che per la lingua io profitterei assai più in Siena dove si parla meglio, e vi son meno forestieri; sì perché nel soggiorno fattovi l'anno innanzi io mi vi era quasi mezzo invaghito di una bella e nobile signorina[4], la quale anche agiata di beni di fortuna mi sarebbe stata accordata in moglie dai suoi parenti, se io l'avessi chiesta. Ma su tal punto io era allora d'assai migliorato di alcuni anni prima in Torino, allorché avea consentito che il mio cognato chiedesse per me quella ragazza che poi non mi volle. Questa volta non volli io lasciar chiedere per me quella che mi avrebbe pur forse voluto, e che sì per l'indole, che per ogni altra ragione mi sarebbe convenuta, e mi piaceva anche non poco. Ma ott'anni di più ch'io m'aveva, e tutta l'Europa quasi ch'io avea o bene o male veduta, e l'amor della gloria che m'era entrato addosso, e la passion dello studio, e la necessità di essere, o di farmi libero, per poter essere intrepido e veridico autore, tutti questi caldissimi sproni mi facean passar oltre, e gridavanmi ferocemente nel cuore, che nella tirannide basta bene ed è anche troppo il viverci solo, ma che mai, riflettendo, vi si può né si dee diventare marito né padre. Perciò passai l'Arno, e mi trovai tosto in Siena. E sempre ho benedetto quel punto in cui ci capitai, perché in codesta città combinai un crocchietto di sei o sette individui dotati di un senno, giudizio, gusto e cultura, da non credersi in così picciol paese. Fra questi poi primeggiava di gran lunga il degnissimo Francesco Gori Gandellini, di cui più d'una volta cara memoria non mi uscirà mai dal cuore. Una certa somiglianza nei nostri caratteri, lo stesso pensare e sentire (tanto più raro e pregevole in lui che in me, attese le di lui circostanze tanto diverse dalle mie) ed un reciproco bisogno di sfogare il cuore ridondante delle passioni stesse, ci riunirono ben tosto in vera e calda amicizia. Questo santo legame della schietta amicizia era, ed è tuttavia, nel mio modo di pensare e di vivere un bisogno di prima necessità: ma la mia ritrosa e difficile e severa natura mi rende e renderà finch'io viva, poco atto ad inspirarla in altrui, e oltre modo ritenuto nel porre in altri la mia. Perciò nel corso del mio vivere pochissimi amici avrò avuti; ma mi vanto di averli avuti tutti buoni e stimabili assai più di me. Né io mai altro ho cercato nell'amicizia se non se il reciproco sfogo delle umane debolezze, affinché il senno e amorevolezza dell'amico venisse attenuando in me e migliorando le non lodevoli e corroborando all'incontro e sublimando le poche lodevoli, e dalle quali l'uomo può trarre utile per altri ed onore per sé. Tale è la debolezza del volersi far autore. Ed in questa principalmente, i consigli generosi ed ardenti del Gandellini mi hanno certo prestato non piccolo soccorso ed impulso. Il desiderio vivissimo ch'io contrassi di meritarmi la stima di codesto raro uomo, mi diede subito una quasi nuova elasticità di mente, un'alacrità d'intelletto, che non mi lasciava trovar luogo né pace, s'io non procreava prima qualche opera che fosse o mi paresse degna di lui. Né mai io ho goduto dell'intero esercizio delle mie facoltà intellettuali e inventive, se non se quando il mio cuore si ritrovava ripieno e appagato, e l'animo mio per così dire appoggiato o sorretto da un qualche altro ente gradito e stimabile. Che all'incontro quand'io mi vedeva senza un sì fatto appoggio quasi solo nel mondo, considerandomi come inutile a tutti e caro a nessuno, gli accessi di malinconia, di disinganno e disgusto d'ogni umana cosa, eran tali e sì spessi, ch'io passava allora dei giorni interi, e anco delle settimane senza né volere né potere toccar libro né penna.

Per ottenere dunque e meritare la lode di un uomo così stimabile agli occhi miei quanto era il Gori, io mi posi in quell'estate a lavorare con un ardore assai maggiore di prima. Da lui ebbi il pensiero di porre in tragedia la congiura de' Pazzi. Il fatto m'era affatto ignoto, ed egli mi suggerì di cercarlo nel Machiavelli[5] a preferenza di qualunque altro storico. Così, per una strana combinazione, quel divino autore che dovea poi in appresso farmisi una delle mie più care delizie, mi veniva per la seconda volta posto in mano da un altro veracissimo amico, simile in molte cose al già tanto a me caro D'Acunha, ma molto più erudito e colto di lui. Ed in fatti, benché il mio terreno non fosse preparato abbastanza per ricevere e fruttificare un tal seme, pure in quel luglio ne lessi di molti squarci qua e là, oltre la narrazione del fatto della congiura. Quindi, non solo la tragedia ne ideai immediatamente[6], ma invasato di quel suo dire originalissimo e sugoso, di lì a pochi giorni mi sentii costretto a lasciare ogni altro studio, e come inspirato e sforzato a scrivere d'un sol fiato i due libri della *Tirannide*[7]; quasi per l'appunto quali poi molti anni appresso gli stampai[8]. Fu quello uno sfogo di un animo ridondante e piagato fin dall'infanzia dalle saette dell'abborrita e universale oppressione. Se in età più matura io avessi dovuto trattar di nuovo un tal tema, l'avrei forse trattato alquanto più dottamente, corroborando l'opinione mia colla storia. Ma nello stamparlo non ho però voluto, col gelo degli anni e la pedanteria del mio poco sapere, indebolire in quel libro la fiamma di gioventù e di nobile e giusto sdegno, che ad ogni pagina d'esso mi parve avvampare, senza scompagnarsi da un certo vero e incalzante raziocinio che mi vi par dominare. Che se poi vi ho scorti degli sbagli, o delle amplificazioni, come figli d'inesperienza e non mai di mal animo, ce li ho voluti lasciare. Nessun fine secondo, nessuna privata vendetta mi inspirò quello scritto. Forse ch'io avrò o male, o falsamente sentito, ovvero con troppa passione. Ma e quando mai la passione pel vero e pel retto fu troppa, allorché massimamente si tratta di immedesimarla in altrui? Non ho detto che quanto ho sentito, e forse meno che più. Ed in quella bollente età il giudicare e raziocinare non eran fors'altro che un puro e generoso sentire.

CAPITOLO QUINTO

Degno amore mi allaccia finalmente per sempre.

1777 Sgravato in tal guisa l'esacerbato mio animo dal lungo e
traboccante odio ingenito suo contro la tirannide, io mi sentii
tosto richiamato alle opere teatrali; e quel libercoletto, dopo
averlo letto all'amico, ed a pochissimi altri, sigillai e posi da
parte, né più ci pensai per molti anni. Intanto, ripreso il coturno, rapidissimamente distesi ad un tratto l'*Agamennone*, l'*Oreste*, e la *Virginia*. E circa all'*Oreste*, mi era nato un dubbio
prima di stenderlo, ma il dubbio essendo per sé stesso picciolo
e vile, mi venne in magnanima guisa disciolto dall'amico. Questa tragedia era stata da me ideata in Pisa l'anno innanzi, e mi
avea infiammato di tal soggetto la lettura del pessimo *Agamennone* di Seneca. Nell'inverno poi, trovandomi io in Torino,
squadernando un giorno i miei libri, mi venne aperto un volume delle tragedie del Voltaire, dove la prima parola che mi si
presentò fu, *Oreste tragedia*. Chiusi subito il libro, indispettito
di ritrovarmi un tal competitore fra i moderni, di cui non avea
mai saputo che questa tragedia esistesse. Ne domandai allora
ad alcuni, e mi dissero esser quella una delle buone tragedie di
quell'autore; il che mi avea molto raffreddato nell'intenzione
di dar corpo alla mia. Trovandomi io dunque poi in Siena,
come dissi, ed avendo già steso l'*Agamennone*[1], senza più nem-
meno aprire quello di Seneca, per non divenir plagiario, allorché fui sul punto di dovere stender l'*Oreste*[2], mi consigliai col-
l'amico raccontandogli il fatto e chiedendogli in imprestito
quello del Voltaire per dargli una scorsa, e quindi o fare il mio
o non farlo. Il Gori, negandomi l'imprestito dell'*Oreste* francese, soggiunse: «Scriva il suo senza legger quello; e se ella è nato
per fare tragedie, il suo sarà o peggiore o migliore od uguale a
quell'altro *Oreste*, ma sarà almeno ben suo». E così feci. E quel
nobile ed alto consiglio divenne d'allora in poi per me un sistema; onde, ogni qual volta mi sono accinto a trattar poi soggetti
già trattati da altri moderni, non li lessi mai se non dopo avere
steso e verseggiato il mio; e se li aveva visti in palco, cercai di
non me ne ricordar punto; e se mal mio grado me ne ricordava,

cercai di fare, dove fosse possibile, in tutto il contrario di quelli. Dal che mi è sembrato che me ne sia ridondata in totalità una faccia ed un tragico andamento, se non buono, almeno ben mio.

Quel soggiorno di circa cinque mesi in Siena fu dunque veramente un balsamo pel mio intelletto e pel mio animo ad un tempo. Ed oltre tutte le accennate composizioni, vi continuai anche con ostinazione e con frutto lo studio dei classici latini, tra cui Giovenale, che mi fece gran colpo, e lo rilessi poi sempre in appresso non meno di Orazio. Ma approssimandosi l'inverno, che in Siena non è punto piacevole, e non essendo io ancora ben sanato dalla giovanile impazienza di luogo, mi determinai nell'ottobre di andare a Firenze, non ancora ben certo se vi passerei pur l'inverno, o se me ne tornerei a Torino. Ed ecco, che appena mi vi fui collocato così alla peggio per provarmici un mese, nacque tale accidente, che mi vi collocò e inchiodò per molti anni; accidente, per cui determinatomi per mia buona sorte ad espatriarmi per sempre, io venni fra quelle nuove spontanee ed auree catene ad acquistare davvero la ultima mia letteraria libertà, senza la quale non avrei mai fatto nulla di buono, se pur l'ho fatto.

Fin dall'estate innanzi, ch'io avea come dissi passato intero a Firenze, mi era, senza ch'io 'l volessi, occorsa più volte agli occhi una gentilissima e bella signora[3], che per esservi anch'essa forestiera e distinta, non era possibile di non vederla e osservarla; e più ancora impossibile, che osservata e veduta non piacesse ella sommamente a ciascuno. Con tutto ciò, ancorché gran parte dei signori di Firenze, e tutti i forestieri di nascita da lei capitassero, io immerso negli studi e nella malinconia, ritroso e selvaggio per indole, e tanto più sempre intento a sfuggire tra il bel sesso quelle che più aggradevoli e belle mi pareano, io perciò in quell'estate innanzi non mi feci punto introdurre nella di lei casa; ma nei teatri e spasseggi mi era accaduto di vederla spessissimo. L'impression prima me n'era rimasta negli occhi, e nella mente ad un tempo, piacevolissima. Un dolce focoso negli occhi nerissimi accoppiatosi (che raro adiviene) con candidissima pelle e biondi capelli, davano alla di lei bellezza un risalto, da cui difficile era di non rimanere colpito e conquiso. Età di anni venticinque; molta propensione alle bell'arti e alle lettere; indole d'oro; e, malgrado gli agi di cui abondava, penose e dispiacevoli circostanze domestiche, che poco la lasciavano essere, come il dovea, avventurata e contenta. Troppi pregi eran questi, per affrontarli.

In quell'autunno dunque sendomi da un mio conoscente proposto più volte d'introdurmivi, io credutomi forte abbastanza mi arrischiai di accostarmivi; né molto andò ch'io mi trovai quasi senza avvedermene preso. Tuttavia titubando io ancora tra il sì e il no di questa fiamma novella, nel decembre feci una scorsa a Roma per le poste a cavallo; viaggio pazzo e strapazzatissimo, che non mi fruttò altro che d'aver fatto il sonetto di Roma[4], pernottando in una bettolaccia di Baccano, dove non mi riuscì mai di poter chiuder occhio. L'andare, lo stare, e il tornare, furono circa dodici giorni. Rividi nelle due passate da Siena l'amico Gori, il quale non mi sconsigliò da quei nuovi ceppi, in cui già era più che un mezzo allacciato; onde il ritorno in Firenze me li ribadì ben tosto per sempre. Ma l'approssimazione di questa mia quarta ed ultima febbre del cuore si veniva felicemente per me manifestando con sintomi assai diversi dalle tre prime. In quelle io non m'era ritrovato allora agitato da una passione dell'intelletto la quale contrapesando e frammischiandosi a quella del cuore venisse a formare (per esprimermi col poeta) un misto incognito indistinto, che meno d'alquanto impetuoso e fervente, ne riusciva però più profondo, sentito, e durevole. Tale fu la fiamma che da quel punto in poi si andò a poco a poco ponendo in cima d'ogni mio affetto e pensiero, e che non si spegnerà oramai più in me se non colla vita. Avvistomi in capo a due mesi che la mia vera donna era quella, poiché invece di ritrovare in essa, come in tutte le volgari donne, un ostacolo alla gloria letteraria, un disturbo alle utili occupazioni, ed un rimpicciolimento direi di pensieri, io ci ritrovava e sprone e conforto ed esempio ad ogni bell'opera; io, conosciuto e apprezzato un sì raro tesoro, mi diedi allora perdutissimamente a lei. E non errai per certo, poiché più di dodici anni dopo, mentr'io sto scrivendo queste chiacchiere, entrato oramai nella sgradita stagione dei disinganni, vieppiù sempre di essa mi accendo quanto più vanno per legge di tempo scemando in lei quei non suoi pregi passeggieri della caduca bellezza. Ma in lei si innalza, addolcisce, e migliorasi di giorno in giorno il mio animo; ed ardirò dire e creder lo stesso di essa, la quale in me forse appoggia e corrobora il suo.

CAPITOLO SESTO

Donazione intera di tutto il mio alla sorella.
Seconda avarizia.

Cominciai dunque allora a lavorar lietamente, cioè con ani- 1778 mo pacato e securo, come di chi ha ritrovato al fine e scopo ed appoggio. Già era fermo in me stesso di non mi muover più di Firenze, fintanto almeno che ci rimarrebbe la mia donna a dimora. Quindi mi convenne mandare ad effetto un disegno ch'io già da gran tempo avea, direi, abbozzato nella mia mente, e che poi mi si era fatto necessità assoluta dacché avea sì indissolubilmente posto il cuore in sì degno oggetto.

Mi erano sempre oltre modo pesate e spiaciute le catene della mia natia servitù; e quella tra l'altre, per cui, con privilegio non invidiabile, i nobili feudatari sono esclusivamente tenuti a chiedere licenza al re di uscire per ogni minimo tempo dagli stati suoi: e questa licenza si ottenea talvolta con qualche difficoltà, o sgarbetto, dal ministro, e sempre poi si ottenea limitata. Quattro o cinque volte mi era accaduto di doverla chiedere, e benché sempre l'avessi ottenuta, tuttavia trovandola io ingiusta (poiché né i cadetti, né i cittadini di nessuna classe, quando non fossero stati impiegati, erano costretti di ottenerla) sempre con maggior ribrezzo mi vi era piegato, quanto più in quel frattempo mi si era rinforzata la barba. L'ultima poi, che mi era venuta chiesta, e che, come di sopra accennai mi era stata accordata con una spiacevol parola, mi era riuscita assai dura a inghiottirsi. Crescevano, oltre ciò, di giorno in giorno i miei scritti. La *Virginia*, ch'io avea distesa in quella dovuta libertà e forza che richiede il soggetto; l'avere steso quel libro della *Tirannide* come se io fossi nato e domiciliato in paese di giusta e verace libertà; il leggere, gustare, e sentir vivamente e Tacito e il Machiavelli, e i pochi altri simili sublimi e liberi autori; il riflettere e conoscere profondamente quale si fosse il mio vero stato, e quanta l'impossibilità di rimanere in Torino stampando, o di stampare rimanendovi; l'essere pur troppo convinto che anche con molti guai e pericoli mi sarebbe avvenuto di stampar fuori, dovunque ch'io mi trovassi, finché rimaneva pur suddito di una legge nostra, che quaggiù citerò; aggiunto poi finalmente a tutte queste non lievi e manifeste ragioni la passione che di me nuovamente si era, con tanta mia felicità ed utilità, impadronita; non dubitai punto, ciò visto, di lavorare con la maggior pertinacia ed ardore all'importante opera di spiemontizzarmi per quanto fosse possibile; ed a lasciare per sempre, ed anche a qualunque costo il mio mal sortito nido natio.

Più d'un modo di farlo mi si presentava alla mente. Quello, di andar prolungando, d'anno in anno la licenza, chiedendola; ed era forse il più savio, ma rimaneva anche dubbio, né mai mi vi potea pienamente affidare, dipendendo dall'arbitrio altrui. Quello di usar sottigliezze, raggiri, e lungaggini, simulando dei debiti, con vendite clandestine, e altri simili compensi per realizzare il fatto mio, ed estrarlo da quel nobil carcere. Ma questi mezzi eran vili, ed incerti; né mi piacevano punto, fors'anche perché estremi non erano. Del resto, avvezzo io per carattere a sempre presupporre le cose al peggio, assolutamente voleva anticipando schiarire e decidere questo fatto, al quale mi conveniva poi a ogni modo un giorno o l'altro venirci, o rinunziare all'arte e alla gloria di indipendente e veridico autore. Determinato dunque di appurar la cosa, e fissare se avrei potuto salvare parte del mio per campare e stampare fuor di paese, mi accinsi vigorosamente all'impresa. E feci saviamente, ancorché giovine fossi, ed appassionato in tante maniere. E certo, se io mai (visto il dispotico governo sotto cui mi era toccato di nascere) s'io mai mi fossi lasciato avvantaggiare dal tempo, e trovatomi nel caso di avere stampato fuori paese anche i più innocenti scritti, la cosa diveniva assai problematica allora, e la mia sussistenza, la mia gloria, la mia libertà, rimanevano interamente ad arbitrio di quell'autorità assoluta, che necessariamente offesa dal mio pensare, scrivere, ed operare dispettosamente generoso e libero, non mi avrebbe certamente poi favorito nell'impresa di rendermi indipendente da essa.

Esisteva in quel tempo una legge in Piemonte, che dice: «Sarà pur anche proibito a chicchessia di fare stampar libri o altri scritti fuori de' nostri Stati, senza licenza de' revisori, sotto pena di scudi sessanta, od altra maggiore, ed eziandio corporale, se così esigesse qualche circostanza per un pubblico esempio». Alla qual legge aggiungendo quest'altra: «I vassalli abitanti de' nostri Stati non potranno assentarsi dai medesimi senza nostra licenza in iscritto». E fra questi due ceppi si vien facilmente a conchiudere, che io non poteva essere ad un tempo vassallo ed autore. Io dunque prescelsi di essere autore. E, nemicissimo com'io era d'ogni sotterfugio ed indugio, presi per *disvassallarmi* la più corta e la più piana via, di fare una interissima donazione in vita d'ogni mio stabile sì infeudato che libero (e questo era più che i due terzi del tutto) al mio erede naturale, che era la mia sorella Giulia, maritata come dissi col conte di Cumiana. E così feci nella più solenne e irrevocabile maniera, riserbandomi una pensione annua di lire quattordici mila di Piemonte, cioè zecchini fiorentini mille quattrocento, che venivano ad essere poco più in circa della metà della mia totale entrata d'allora. E contentone io rimanevami di perdere l'altra metà, o di comprare con essa l'indipendenza della mia opinione, e la scelta del mio soggiorno, e la libertà dello scrivere. Ma il dare stabile e intero compimento a codest'affare mi cagionò molte noie e disturbi, attese le molte formalità legali, che trattandosi l'affare da lontano per lettere, consumarono necessariamente assai più tempo. Ci vollero oltre ciò le consuete permissioni del re; che in ogni più privata cosa in quel benedetto paese sempre c'entra il re. E fu d'uopo che il mio cognato, facendo per sé e per me, ottenesse dal re la licenza di accettare la mia donazione, e venisse autorizzato a corrispondermene quell'annuale prestazione in qualsivoglia paese mi fosse piaciuto dimorare. Agli occhi pur anche dei meno accorti manifestissima cosa era, che la principal cagione della mia donazione era stata la determinazione di non abitar più nel paese: quindi era necessarissimo di ottenerne la permissione dal governo, il quale ad arbitrio suo si sarebbe sempre potuto opporre allo sborso della pensione in paese estero. Ma, per mia somma fortuna, il re d'allora[1], il quale certamente avea notizia del mio pensare (avendone io dati non pochi cenni) egli ebbe molto più piacere di darmi l'andare che non di tenermi. Onde egli consentì subito a quella mia spontanea spogliazione; ed ambedue fummo contentissimi: egli di perdermi, io di ritrovarmi.

Ma mi par giusto di aggiungere qui una particolarità bastantemente strana, per consolare con essa i malevoli miei, e nello stesso tempo far ridere alle spalle mie chiunque esaminando sé stesso si riconoscerà meno infermo d'animo, e meno bambino ch'io non mi fossi. In questa particolarità, la quale in me si troverà accoppiata con gli atti di forza che io andava pure facendo, si scorgerà da chi ben osserva e riflette, che talvolta l'uomo, o almeno, che io riuniva in me, per così dire, il gigante ed il nano. Fatto sì è, che nel tempo stesso ch'io scriveva la *Virginia*, e il libro della *Tirannide*; nel tempo stesso ch'io scuoteva così robustamente e scioglieva le mie originarie catene, io continuava pure di vestire l'uniforme del re di Sardegna, essendo fuori paese, e non mi trovando più da circa quattr'anni al servizio. E che diran poi i saggi, quand'io confesserò candidamente la ragione perché lo portassi? Perché mi persuadeva di essere in codesto assetto assai più snello e avvenente della persona. Ridi, o lettore, che tu n'hai ben donde. Ed aggiungi del tuo: che io dunque in ciò fare, puerilmente e sconclusionatamente preferiva di forse parere agli altrui occhi più bello, all'essere stimabile ai miei.

La conclusione di quel mio affare andò frattanto in lunga dal gennaio al novembre di quell'anno '78; atteso che intavolai poi e ultimai come un secondo trattato la permuta di lire cinquemila della prestazione annuale in un capitale di lire centomila di Piemonte, da sborsarmisi dalla sorella. E questo soffrì qualche difficoltà più che il primo. Ma finalmente consentì anche il re che mi fosse mandata tal somma; ed io poi con altre la collocai in uno di quei tanti insidiosi[2] vitalizi di Francia. Non già ch'io mi fidassi molto più nel cristianissimo[3] che nel sardo re; ma perché mi pareva intanto che dimezzato così il mio avere tra due diverse tirannidi, ne riuscirei alquanto meno precario, e che salverei in tal guisa, se non la borsa, almeno l'intelletto e la penna.

Di questo passo della donazione, epoca per me decisiva e importante (e di cui ho sempre dappoi benedetto il pensiero e l'esito), io non ne feci parte alla donna mia, se non se dopo che l'atto principale fu consolidato e perfetto. Non volli esporre il delicato suo animo al cimento di dovermi, o biasimare di ciò, e come contrario al mio utile, impedirmelo; ovvero di lodarlo e approvarmelo, come giovevole in qualche aspetto al sempre più dar base e durata al nostro reciproco amore; poiché questa sola determinazione mia potevami porre in grado di non la dovere abbandonare mai più. Quand'essa lo seppe, biasimollo con quella candida ingenuità tutta sua. Ma non potendolo pure più impedire, ella vi si acquetò, perdonandomi d'averglielo taciuto. E tanto più forse mi riamò, né mi stimò niente meno.

Frattanto, mentre io stava scrivendo lettere a Torino, e riscrivendo, e tornando a scrivere, perché si conchiudessero codeste noie e stitichezze reali, legali, e parentevoli; io, risoluto di non dar addietro, qualunque fosse per essere l'esito, avea ordinato al mio Elia che avea lasciato in Torino, di vendere tutti i mobili ed argenti. Egli in due mesi di tempo, lavorando indefessamente a ciò mi avea messi insieme da sei e più mila zecchini, che tosto gli ordinai di farmi sborsare per mezzo di cambiali in Firenze. Non so per qual caso nascesse, che fra l'avermi egli scritto d'aver questa mia somma nelle mani, e l'eseguire poi l'incarico ch'io gli avea dato rispondendogli a posta corrente di mandar le cambiali, corsero più di tre settimane in cui non ricevei più né lettere di lui, né altro; né avviso di banchiere nessuno. Benché io non sia per carattere molto diffidente, tuttavia poteva pur ragionevolmente entrare in qualche sospetto, vedendo in circostanze così urgenti una sì strana tardanza per parte d'un uomo sì sollecito ed esatto come l'Elia. Mi entrò dunque non poca diffidenza nel cuore; e la fantasia (in me sempre ardentissima) mi fabbricò questo danno che era tra i possibili, come se veramente già mi fosse accaduto. Onde io credei fermamente per più di quindici giorni che i miei sei mila zecchini fossero iti all'aria insieme con l'ottima opinione ch'io mi era sempre giustamente tenuta di quell'Elia. Ciò posto io mi trovava allora in due circostanze. L'affare con la sorella non era sistemato ancora; e sempre ricevendo nuove cavillazioni dal cognato, che tutte le sue private obbiezioni me le andava sempre facendo in nome e autorità del re; io gli avea finalmente risposto con ira e disprezzo: che se essi non voleano *Donato*, pigliassero pure *Pigliato*; perché io a ogni modo non ci tornerei mai, e poco m'importava di essi e dei lor danari e del loro re, che si tenessero il tutto e fosse cosa finita. Ed io era in fatti risolutissimo all'espatriazione perpetua, a costo pur anche del mendicare. Dunque per questa parte trovandomi in dubbio d'ogni cosa, e per quella dei mobili realizzati non mi vedendo sicuro di nulla, io me la passai così fantasticando e vedendomi sempre la squallida povertà innanzi agli occhi, finché mi pervennero le cambiali d'Elia, e vistomi possessore di quella piccola somma non dovei più temere per la sussistenza. In quei deliri di fantasia, l'arte che mi si prepresentava come la più propria per farmi campare, era quella del domacavalli, in cui sono o mi par d'essere maestro; ed è certamente una delle meno servili. Ed anche mi sembrava che questa dovesse riuscirmi la più combinabile con quella di poeta, potendosi assai più facilmente scriver tragedie nella stalla che in corte.

Ma già, prima di trovarmi in queste angustie più immaginate che vere, appena ebbi fatta la donazione, io avea congedato tutti i miei servi meno uno per me, ed uno per cucinarmi; che poco dopo anche licenziai. E da quel punto in poi, benché io fossi già assai parco nel vitto, contrassi l'egregia e salutare abitudine di una sobrietà non comune; lasciato interamente il vino, il caffè, e simili, e ristrettomi ai semplicissimi cibi di riso, e lesso, ed arrosto, senza mai variare le specie per anni interi. Dei cavalli, quattro ne avea rimandati a Torino perché si vendessero con quelli che ci avea lasciati partendone; ed altri quattro li regalai ciascuno a diversi signori fiorentini, i quali benché fossero semplicemente miei conoscenti e non già amici, avendo tuttavia assai meno orgoglio di me gli accettarono. Tutti gli abiti parimenti donai al mio cameriere, ed allora poi anche sagrificai l'uniforme; e indossai l'abito nero per la sera, e un turchinaccio per la mattina, colori che non ho poi deposti mai più, e che mi vestiranno fino alla tomba. E così in ogni altro genere mi andai sempre più restringendo anche grettamente al semplicissimo necessario, a tal segno ch'io mi ritrovai ad un medesimo tempo e donator d'ogni cosa ed avaro.

Dispostissimo in questa guisa a tutto ciò che mai mi potrebbe accadere di peggio, non mi tenendo aver altro che quei sei mila zecchini, che subito inabissai in uno dei vitalizi di Francia; ed essendo la mia natura sempre inclinata agli estremi, la mia economia e indipendenza andò a poco a poco tant'oltre, che ogni giorno inventandomi una nuova privazione, caddi nel sordido quasi; e dico *quasi*, perché pur sempre mutai la camicia ogni giorno, e non trascurai la persona; ma lo stomaco, se a lui toccasse di scrivere la mia vita, tolto ogni *quasi*, direbbe ch'io m'era fatto sordidissimo. E questo fu il secondo, e crederei l'ultimo accesso di un sì fastidioso e sì turpe morbo, che degrada pur tanto l'animo, e l'intelletto restringe. Ma benché ogni giorno andassi sottilizzando per negarmi o diminuirmi una qualche cosa, io andava pure spendendo in libri, e non poco. Raccolsi allora quasi tutti i libri nostri di lingua, ed in copia le più belle edizioni dei classici latini. E in tutti l'un dopo l'altro, e replicatamente li lessi, ma troppo presto e con troppa avidità, onde non mi fecero quel frutto che me ne sarebbe ridondato leggendoli pacatamente, e ingoiandomi le note. Cosa alla quale mi son poi piegato tardissimo, avendo sempre da giovane anteposto l'indovinare i passi difficili, o il saltarli a piè pari, all'appianarmeli colla lettura e meditazione dei commenti.

Le mie composizioni frattanto nel decorso di quell'anno borsale[4] 1778, non dirò che fossero tralasciate, ma elle si risentivano dei tanti disturbi antiletterari in cui m'era ingolfato di necessità. E circa poi al punto principale per me, cioè la padronanza della lingua toscana, mi si era aggiunto anche un nuovo ostacolo, ed era, che la mia donna non sapendo allora quasi punto l'italiano, io mi era trovato costretto a ricader nel francese, parlandolo e sentendolo parlare continuamente in casa sua. Nel rimanente del giorno io cercava poi il contravveleno dei gallicismi nei nostri ottimi e noiosi prosatori trecentisti, e feci su questo proposito delle fatiche niente poetiche, ma veramente da asino. A poco a poco pure spuntai, che l'amata imparasse perfettamente l'italiano sì per leggere che per parlare; e vi riuscì quanto e più ch'altra mai forestiera che vi si accingesse; e lo parlò anzi con una assai migliore pronunzia che non lo parlano le donne d'Italia non toscane, che tutte, o sian lombarde, o veneziane o napoletane o anche romane, lacerano quale in un modo quale nell'altro, ogni orecchio che siasi avvezzo al soavissimo, e vibratissimo accento toscano. Ma per quanto la mia donna non parlasse tosto altra lingua con me, tuttavia la casa sua sempre ripiena di oltramontaneria era per il mio povero toscanismo un continuo martirio; talché, oltre parecchie altre, io ebbi anche questa contrarietà, di esser stato presso che tre anni allora in Firenze, e d'avervi assai più dovuto ingoiare dei suoni francesi, che non dei toscani. E in quasi tutto il decorso della mia vita, finora, mi è toccata in sorte questa barbaria di gallicheria; onde, se io pure sarò potuto riuscire a scrivere correttamente, puramente, e con sapore di toscanità (senza però ricercarla con affettazione e indiscrezione), ne dovrò riportar doppia lode, attesi gli ostacoli; e se riuscito non ci sono, ne meriterò ampia scusa.

CAPITOLO SETTIMO

Caldi studi in Firenze.

Nell'aprile del '78, dopo aver verseggiata la *Virginia*, e quasi 1778 che tutto l'*Agamennone*, ebbi una breve ma forte malattia infiammatoria, con un'angina, che costrinse il medico a dissanguarmi; il che mi lasciò una lunga convalescenza, e fu epoca per me di un notabile indebolimento di salute in appresso. L'agitazione, i disturbi, lo studio, e la passione di cuore mi aveano fatto infermare, e benché poi nel finir di quell'anno cessassero interamente i disturbi d'interesse domestico, lo studio e l'amore che sempre andarono crescendo, bastarono a non mi lasciar più godere in appresso di quella robustezza d'idiota ch'io mi era andata formando in quei dieci anni di dissipazione, e di viaggi quasi continui. Tuttavia nel venir poi dell'estate, mi riebbi, e moltissimo lavorai. L'estate è la mia stagione favorita; e tanto più mi si confà, quanto più eccessiva riesce; massimamente pel comporre. Fin dal maggio di quell'anno avea dato principio ad un poemetto in ottava rima, su la uccisione del duca Alessandro da Lorenzino de' Medici[1]; fatto, che essendomi piaciuto molto, ma non lo trovando suscettibile di tragedia, mi si affacciò piuttosto come poema. Lo andava lavorando a pezzi, senza averne steso abbozzo nessuno, per esercitarmi al far rime, da cui gli sciolti delle oramai già tante tragedie mi andavano deviando. Andava anche scrivendo alcune rime d'amore, sì per lodare la mia donna, che per isfogare le tante angustie in cui, attese le di lei circostanze domestiche, mi conveniva passare molt'ore. E hanno cominciamento le mie rime per essa, da quel sonetto (tra gli stampati da me) che dice:

Negri, vivaci, in dolce fuoco ardenti;

dopo il quale tutte le rime amorose che seguono, tutte sono per essa, e ben sue, e di lei solamente, poiché mai d'altra donna per certo non canterò. E mi pare che in esse (siano con più o meno felicità ed eleganza concepite e verseggiate), vi dovrebbe pure per lo più trasparire quell'immenso affetto che mi sforzava di scriverle, e ch'io ogni giorno più mi sentiva crescer per lei; e ciò massimamente, credo, si potrà scorgere nelle rime scritte quando poi mi trovai per gran tempo disgiunto da essa.

Torno alle occupazioni del '78. Nel luglio distesi con una febbre frenetica di libertà la tragedia *de' Pazzi*; quindi immediatamente il *Don Garzia*. Tosto dopo ideai e distribuii in capitoli i tre libri *Del principe e delle lettere*[2], e ne distesi i primi tre capitoli. Poi, non mi sentendo lingua abbastanza per ben esprimere i miei pensamenti, lo differii per non averlo poi a rifonder tutto allorché ci tornerei per correggerlo. Nell'agosto di quell'anno stesso, a suggerimento e soddisfazione dell'amata, ideai la *Maria Stuarda*[3]. Dal settembre in giù verseggiai l'*Oreste*, con cui terminai quell'anno per me travagliatissimo.

1779   Passavano allora i miei giorni in una quasi perfetta calma; e sarebbe stata intera, se non fossi stato spesso angustiato del vedere la mia donna angustiata da continui dispiaceri domestici cagionatile dal querulo, sragionevole, e sempre ebro attempato marito. Le sue pene eran mie; e vi ho successivamente patito dolori di morte. Io non la poteva vedere se non la sera, e talvolta a pranzo da lei; ma sempre presente lo sposo, o al più standosi egli di continuo nella camera contigua. Non già ch'egli avesse ombra di me più che d'altri; ma era tale il di lui sistema; ed in nove anni e più che vissero insieme quei due coniugi, mai e poi mai e poi mai non è uscito egli di casa senza di lei, né ella senz'esso; continuità, che riuscirebbe stucchevole perfino fra due coetanei amanti. Io dunque tutto l'intero giorno me ne stava in casa studiando, dopo aver cavalcato la mattina per un par d'ore un ronzino d'affitto per mera salute. La sera poi io trovava il sollievo della sua vista, ma amareggiato pur troppo dal vederla come dissi quasi sempre afflitta, ed oppressa. Se io non avessi avuta la tenacissima occupazione dello studio, non mi sarei potuto piegare al vederla sì poco, e in tal modo. Ma anche, se io non avessi avuto quell'unico sollievo della sua dolcissima vista per contravveleno all'asprezza della mia solitudine non avrei mai potuto resistere a uno studio così continuo, e così, direi, arrabbiato.

In tutto il '79 verseggiai la *Congiura de' Pazzi*; ideai la

Rosmunda[4], l'*Ottavia*[5], e il *Timoleone*[6]; stesi la *Rosmunda*, e *Maria Stuarda*; verseggiai il *Don Garzia*; terminai il primo canto del poema, e inoltrai non poco il secondo.

In mezzo a sì calde e faticose occupazioni della mente, mi trovava anche soddisfatti gli affetti del cuore, tra l'amata donna presente, e due amici lontani, con cui mi andava sfogando per lettere. Era l'uno di questi, il Gori di Siena, il quale anche due o tre volte era venuto in Firenze a vedermi; l'altro era l'ottimo abate di Caluso, il quale verso la metà di quell'anno '79 venne poi in Firenze, chiamatovi in parte dall'intenzione di godersi per un anno quella beatissima lingua toscana, ed in parte (me ne lusingo) chiamatovi dal piacere di essere con chi gli volea tanto bene quanto io; ed anche per darsi ai suoi studi più quetamente e liberamente che non gli veniva fatto in Torino, dove fra i suoi tanti e fratelli, e nipoti, e cugini, e indiscreti d'altro genere la di lui mansueta e condiscendente natura lo costringeva ad essere assai più d'altri che suo. Un anno presso che intero egli stette dunque in Firenze; ci vedevamo ogni giorno, e si passava insieme di molte ore del dopo pranzo. Ed io nella di lui piacevole ed erudita conversazione imparai senza quasi avvedermene più cose assai che non avrei fatto in molti anni sudando su molti libri. E tra l'altre, quella di cui gli avrò eterna gratitudine, si è di avermi egli insegnato a gustare e sentire e discernere la bella ed immensa varietà dei versi di Virgilio, da me fin allora soltanto letti ed intesi; il che per la lettura di un poeta di tal fatta, e per l'utile che ne dee ridondare a chi legge, viene a dir quanto nulla. Ho tentato poi (non so con quanta felicità) di trasportare nel mio verso sciolto di dialogo quella incessante varietà d'armonia, per cui raramente due versi somigliantisi si accoppino; quelle diverse sedi d'interrompimento[7], e quelle trasposizioni (per quanto l'indole della lingua nostra il concede), dalle quali il verseggiar di Virgilio riesce sì maraviglioso, e sì diverso da Lucano, da Ovidio, e da tutti. Differenze difficili ad esprimersi con parole, e poco concepibili da chi dell'arte non è. Ed era pur necessario ch'io mi andassi aiutando qua e là per far tesoro di forme e di modi, per cui il meccanismo del mio verso tragico assumesse una faccia sua propria, e si venisse a rialzare da per sé, per forza di struttura; mentre non si può in tal genere di composizione aiutare il verso, né gonfiarlo con i lunghi periodi, né con le molte immagini, né con le troppe trasposizioni, né con la soverchia pompa o stranezza dei vocaboli, né con ricercati epiteti: ma la sola semplice e dignitosa sua giacitura di parole infonde in esso la essenza del verso, senza punto fargli perdere la possibile naturalezza del dialogo. Ma tutto questo, ch'io forse qui mal esprimo, e ch'io aveva fin d'allora, e ogni dì più caldamente, scolpito nella mente mia non lo acquistai nella penna se non se molti anni dopo, se pur mai lo acquistai: e forse fu quando poi ristampai le tragedie in Parigi. Che se il leggere, studiare, gustare, e discernere, e sviscerare le bellezze ed i modi del Dante e Petrarca mi poterono infonder forse la capacità di rimare sufficientemente e con qualche sapore; l'arte del verso sciolto tragico (ove ch'io mi trovassi poi d'averla o avuta o accennata) non la ripeterò da altri che da Virgilio, dal Cesarotti, e da me medesimo. Ma intanto, prima che io pervenissi a dilucidare in me l'essenza di questo stile da crearsi, mi toccò in sorte di errare assai lungamente brancolando, e di cadere anche spesso nello stentato ed oscuro, per voler troppo sfuggire il fiacco e il triviale; del che ho ampiamente parlato altrove quando mi occorse di dare ragione del mio scrivere[8].

1780 Nell'anno susseguente, 1780, verseggiai la *Maria Stuarda*; stesi l'*Ottavia* e il *Timoleone*; di cui, questa era frutto della lettura di Plutarco, ch'io avea anche ripigliato; quella, era figlia mera di Tacito, ch'io leggeva e rileggeva con trasporto. Riverseggiai inoltre tutto intero il *Filippo*, per la terza volta, sempre scemandolo di parecchi versi; ma egli era pur sempre quello che si risentiva il più della sua origine bastarda, pieno di tante forme straniere ed impure. Verseggiai la *Rosmunda*, e gran parte dell'*Ottavia*, ancorché verso il finir di quell'anno la dovessi poi interrompere, attesi i fieri disturbi di cuore che mi sopravvennero.

CAPITOLO OTTAVO

Accidente, per cui di nuovo rivedo Napoli, e Roma, dove mi fisso.

La donna mia (come più volte accennai) vivevasi angustiatis- 1780
sima; e tanto poi crebbero quei dispiaceri domestici, e le continue vessazioni del marito si terminarono finalmente in una sì
violenta scena baccanale nella notte di Sant'Andrea[1], ch'ella
per non soccombere sotto sì orribili trattamenti fu alla per fine
costretta di cercare un modo per sottrarsi a sì fatta tirannia, e
salvare la salute e la vita. Ed ecco allora, che io di bel nuovo
dovei (contro la natura mia) raggirare presso i potenti di quel
governo, per indurli a favorire la liberazione di quell'innocente
vittima da un giogo sì barbaro e indegno. Io, assai ben conscio
a me stesso che in codesto fatto operai più pel bene d'altri che
non per il mio; conscio ch'io mai non diedi consiglio estremo
alla mia donna, se non quando i mali suoi divennero estremi
davvero, perché questa è sempre stata la massima ch'io ho
voluta praticare negli affari altrui, e non mai ne' miei propri; e
conscio finalmente ch'era cosa oramai del tutto impossibile di
procedere altrimenti, non mi abbassai allora, né mi abbasserò
mai, a purgarmi delle stolide e maligne imputazioni che mi si
fecero in codesta occorrenza. Mi basti il dire, che io salvai la
donna mia dalla tirannide d'un irragionevole e sempre ubriaco
padrone, senza che pure vi fosse in nessunissimo modo com-
promessa la di lei onestà, né leso nella minima parte il decoro
di tutti. Il che certamente a chiunque ha saputo o viste dap-
presso le circostanze particolari della prigionia durissima in cui
ella di continuo ad oncia ad oncia moriva, non parrà essere
stata cosa facile a ben condursi, e riuscirla, come pure riuscì, a
buon esito.

Da prima dunque essa entrò in un monastero in Firenze[2],
condottavi dallo stesso marito come per visitar quel luogo, e
dovutavela poi lasciare con somma di lui sorpresa, per ordine e
disposizioni date da chi allora comandava in Firenze. Statavi
alcuni giorni, venne poi dal di lei cognato[3] chiamata in Roma,
dove egli abitava; e quivi pure si ritirò in altro monastero[4]. E le

ragioni di sì fatta rottura tra lei e il marito furono tante e sì manifeste, che la separazione fu universalmente approvata.

Partita essa dunque per Roma verso il finir di dicembre, io me ne rimasi come orbo derelitto in Firenze; ed allora fui veramente convinto nell'intimo della mente e del cuore, ch'io senza di lei non rimanea neppur mezzo, trovandomi assolutamente quasi incapace d'ogni applicazione, e d'ogni bell'opera, né mi curando più punto né della tanto ardentemente bramata gloria, né di me stesso. In codesto affare io avea dunque sì caldamente lavorato per l'util suo, e pel danno mio; poiché niuna infelicità mi potea mai toccare maggiore, che quella di non punto vederla. Io non potea decentemente seguitarla sì tosto in Roma. Per altra parte non mi era possibile più di campare in Firenze. Vi stetti tuttavia tutto il gennaio dell'81, e mi parvero quelle settimane, degli anni, né potei poi proseguire nessun lavoro, né lettura, né altro. Presi dunque il compenso di andarmene a Napoli; e scelsi, come ben vede ciascuno, espressamente Napoli, perché ci si va passando di Roma.

Già da un anno e più mi si era di bel nuovo diradata la sozza caligine della seconda accennata avarizia. Avea collocato in due volte più di centosessanta mila franchi nei vitalizi di Francia; il che mi facea tenere sicura oramai la sussistenza indipendentemente dal Piemonte. Onde io era tornato ad una giusta spesa; ed avea ricomperato cavalli, ma soli quattro, che ad un poeta n'avanzano. Il caro abate di Caluso era anche tornato a Torino da più di sei mesi; quindi io senza nessuno sfogo d'amicizia, e privo della mia donna, non mi sentendo più esistere, il bel primo di febbraio mi avviai bel bello a cavallo verso Siena, per abbracciarvi l'amico Gori, e sgombrarmi un po' il cuore con esso. Indi proseguii verso Roma, la di cui approssimazione mi facea palpitare; tanto è diverso l'occhio dell'amante da tutti gli altri. Quella regione vuota insalubre, che tre anni innanzi mi parea quel ch'era, in questo venire mi si presentava come il più delizioso soggiorno del mondo.

Giunsi; la vidi (oh Dio, mi si spacca ancora il cuore pensandovi), la vidi prigioniera dietro una grata, meno vessata però che non l'avea vista in Firenze, ma per altra cagione non la rividi meno infelice. Eramo in somma disgiunti; e chi potea sapere per quanto il saremmo? Ma pure, io mi appagava piangendo, ch'ella si potesse almeno a poco a poco ricuperare in salute; e pensando, ch'ella potrebbe pur respirare un'aria più libera, dormire tranquilli i suoi sonni, non sempre tremare di quella indivisibile ombra dispettosa dell'ebro marito, ed esistere in somma; tosto mi pareano e men crudeli e men lunghi gli orribili giorni di lontananza, a cui mi era pur forza di assoggettarmi.

Pochissimi giorni mi trattenni in Roma; ed in quelli, Amore mi fece praticare infinite pieghevolezze e destrezze, ch'io non avrei poste in opera né per ottenere l'imperio dell'universo: pieghevolezze, ch'io ferocemente ricusai praticare dappoi, quando presentandomi al limitare del tempio della Gloria, ancorché molto dubbio se vi potrei ottenere l'accesso, non ne volli pur mai lusingare né incensare coloro che n'erano, o si teneano, custodi di esso. Mi piegai allora al far visite, al corteggiare per anche il di lei cognato, dal quale soltanto dipendeva oramai la di lei futura total libertà, di cui ci andavamo entrambi lusingando. Io non mi estenderò gran fatto sul proposito di questi due personaggi fratelli, perché furono in quel tempo notissimi a ciascheduno; e sebbene poi verisimilmente l'obblio gli avrà sepolti del tutto col tempo, a me non si aspetta di trarneli, laudare non li potendo né li volendo biasimare. Ma intanto l'aver io umiliato il mio orgoglio a costoro, può riuscire bastante prova dell'immenso mio amore per essa.

Partii per Napoli, come promesso l'avea, e come, delicatamente operando, il dovea. Questa separazione seconda mi riuscì ancor più dolorosa della prima in Firenze. E già in quella prima lontananza di circa quaranta giorni, io avea provato un saggio funesto delle amarezze che mi aspettavano in questa seconda, più lunga ed incerta.

In Napoli la vista di quei bellissimi luoghi non essendo nuova per me, ed avendo io una sì profonda piaga nel cuore, non mi diede quel sollievo ch'io me ne riprometteva. I libri erano quasi che nulla per me; i versi e le tragedie andavan male, o si stavano; ed in somma io non campava che di posta spedita, e di posta ricevuta, a null'altro potendo rivolger l'animo se non se alla mia donna lontana. E me n'andava sempre solitario cavalcando per quelle amene spiagge di Posilipo e Baja, o verso Capova[5] e Caserta, o altrove, per lo più piangendo, e sì fattamente annichilato, che col cuore traboccante d'affetti non mi veniva con tutto ciò neppur voglia di tentare di sfogarlo con rime. Passai in tal guisa il rimanente di febbraio, sin al mezzo maggio.

Tuttavia in certi momenti meno gravosi facendomi forza, qualche poco andai lavorando. Terminai di verseggiare l'*Ottavia*; e riverseggiai più che mezzo il *Polinice*, che mi parve di una pasta di verso alquanto migliorata. Avendo finito l'anno innanzi il secondo canto del poemetto, mi volli accingere al terzo; ma non potei procedere oltre la prima stanza, essendo quello un tema troppo lieto per quel mio misero stato d'allora. Sicché lo scrivere lettere, e il rileggere cento volte le lettere ch'io riceveva di lei, furono quasi esclusivamente le mie occupazioni di quei quattro mesi. Gli affari della mia donna si andavano frattanto rischiarando alquanto, e verso il fin di marzo ella avea ottenuto licenza dal papa di uscire di monastero, e di starsene tacitamente come divisa dal marito in un appartamento che il cognato (abitante sempre fuori di Roma)[6] le rilasciava nel di lui palazzo in città. Io avrei voluto tornar a Roma, e sentiva pure benissimo che per allora non si doveva. I contrasti che prova un cuor tenero ed onorato fra l'amore e il dovere, sono la più terribile e mortal passione ch'uomo possa mai sopportare. Io dunque indugiai tutto l'aprile, e tutto il maggio m'era anche proposto di strascinarlo così, ma verso il dodici d'esso mi ritrovai, quasi senza saperlo, in Roma. Appena giuntovi, addottrinato ed inspirato dalla Necessità e da Amore, diedi proseguimento e compimento al già intrapreso corso di pieghevolezze e astuziole cortigianesche per pure abitare la stessa città e vedervi l'adorata donna. Onde dopo tante smanie, fatiche, e sforzi per farmi libero, mi trovai trasformato ad un tratto in uomo visitante, riverenziante, e piaggiante in Roma, come un candidato che avrebbe postulato inoltrarsi nella prelatura. Tutto feci, a ogni cosa mi piegai, e rimasi in Roma, tollerato da quei barbassori, e aiutato anco da quei pretacchiuoli che aveano o si pigliavano una qualche ingerenza negli affari della donna mia. Ma buon per essa, che non dipendeva dal cognato, e dalla di lui trista sequela, se non se nelle cose di mera convenienza, e nulla poi nelle di lei sostanze, le quali essa aveva in copia per altra parte, ed assai onorevoli, e per allora sicurissime.

CAPITOLO NONO

Studi ripresi ardentemente in Roma. Compimento delle quattordici prime tragedie.

Tosto ch'io un tal poco respirai da codesti esercizi di semiservitù, contento oltre ogni dire di un'onesta libertà per cui mi era dato di visitare ogni sera l'amata, mi restituii tutto intero agli studi. Ripreso dunque il *Polinice*, terminai di riverseggiarlo; e senza più pigliar fiato, proseguii da capo l'*Antigone*, poi la *Virginia*, e successivamente l'*Agamennone*, l'*Oreste*, i *Pazzi*, il *Garzia*; poi il *Timoleone* che non era stato ancor posto in versi; ed in ultimo, per la quarta volta, il renitente *Filippo*. E mi andava tal volta sollevando da quella troppo continuità di far versi sciolti, proseguendo il terzo canto del poemetto; e nel decembre di quell'anno stesso composi d'un fiato le quattro prime lodi dell'*America libera*. A queste m'indusse la lettura di alcune bellissime e nobili odi del Filicaia, che altamente mi piacquero. Ed io stesi le mie quattro in sette soli giorni, e la terza intera in un giorno solo, ed esse con picciole mutazioni sono poi rimaste quali furono concepite. Tanta è la differenza (almeno per la mia penna) che passa tra il verseggiare in rima liricamente, o il far versi sciolti di dialogo.

Nel principio dell'anno '82, vedendomi poi tanto inoltrate 1782 le tragedie, entrai in speranza, che potrei dar loro compimento in quell'anno. Fin dalla prima io mi era proposto di non eccedere il numero di dodici; e me le trovava allora tutte concepite, e distese, e verseggiate; e riverseggiate le più. Senza discontinuare dunque proseguiva a riverseggiare, e limare quelle che erano rimaste; sempre progredendole successivamente nell'ordine stesso con cui elle erano state concepite, e distese.

In quel frattempo, verso il febbraio dell'82, tornatami un giorno fra le mani la *Merope* del Maffei per pur vedere s'io c'imparava qualche cosa quanto allo stile, leggendone qua e là degli squarci mi sentii destare improvvisamente un certo bollore d'indegnazione e di collera nel vedere la nostra Italia in tanta miseria e cecità teatrale che facessero credere o parere quella come l'ottima e sola delle tragedie, non che delle fatte fin allora (che questo lo assento anch'io), ma di quante se ne potrebber far poi in Italia. E immediatamente mi si mostrò quasi un lampo altra tragedia dello stesso nome e fatto, assai più semplice e calda e incalzante di quella. Tale mi si appresentò nel farsi ella da me concepire, direi per forza. S'ella sia poi veramente riuscita tale, lo decideranno quelli che verran dopo noi. Se mai con qualche fondamento chi schicchera versi ha potuto dire *est Deus in nobis*, lo posso certo dir io, nell'atto che io ideai, distesi, e verseggiai la mia *Merope*[1], che non mi diede mai tregua né pace finch'ella non ottenesse da me l'una dopo l'altra queste tre creazioni diverse, contro il mio solito di tutte l'altre, che con lunghi intervalli riceveano sempre queste diverse mani d'opera. E lo stesso dovrò dire pel vero, risguardo al *Saulle*. Fin dal marzo di quell'anno mi era dato assai alla lettura della Bibbia, ma non però regolatamente con ordine. Bastò nondimeno perch'io m'infiammassi del molto poetico che si può trarre da codesta lettura, e che non potessi più stare a segno, s'io con una qualche composizione biblica non dava sfogo a quell'invasamento che n'avea ricevuto. Ideai dunque, e distesi, e tosto poi verseggiai anche il *Saulle*, che fu la decimaquarta, e secondo il mio proposito d'allora l'ultima dovea essere di tutte le mie tragedie[2]. E in quell'anno mi bolliva talmente nella fantasia la facoltà inventrice, che se non l'avessi frenata con questo proponimento, almeno altre due tragedie bibliche[3] mi si affacciavano prepotentemente, e mi avrebbero strascinato; ma stetti fermo al proposito, e parendomi essere le quattordici anzi troppo che poche, lì feci punto. Ed anzi (nemico io sempre del troppo, ancorché ad ogni altro estremo la mia natura mi soglia trasportare) nello stendere la *Merope* e il *Saulle* mi facea tanto ribrezzo l'eccedere il numero che avea fissato, ch'io promisi a me stesso di non le versificare, se non quando avrei assolutamente finite e strafinite tutte l'altre; e se non riceveva da esse in intero l'effetto stessissimo, ed anche maggiore, che avea provato nello stenderle, promisi anche a me di non proseguirle altrimenti. Ma che valsero e freni, e promesse, e propositi? Non potei mai far altro, né ritornar su le prime, innanzi che quelle due ultime avessero ricevuto il loro compimento. Così son nate queste due; spontanee più che tutte l'altre; dividerò con esse la gloria, s'esse l'avranno acquistata e meritata; lascierò ad esse la più gran parte del biasimo, se lo incontreranno; poiché e nascere e frammischiarsi coll'altre a viva forza han voluto. Né alcuna mi costò meno fatica, e men tempo di queste due.

Intanto verso il fin del settembre di quell'anno stesso '82, tutte quattordici furono dettate[4], ricopiate, e corrette; aggiungerei, e limate, ma in capo a pochi mesi m'avvidi e convinsi, che da ciò ell'erano ancor molto lontane. Ma per allora il credei, e mi tenni essere il primo uomo del mondo; vedendomi avere in dieci mesi versificate sette tragedie; inventatene, stese, e versificate due nuove; e finalmente, dettatene quattordici, correggendole[5]. Quel mese di ottobre, per me memorabile, fu dunque dopo sì calde fatiche un riposo non men delizioso che necessario; ed alcuni giorni impiegai in un viaggetto a cavallo sino a Terni per veder quella famosa cascata. Pieno turgido di vanagloria, non lo dicevo però ad altri mai che a me stesso, spiattellatamente, e con un qualche velame di moderazione lo accennava anche alla dolce metà di me stesso; la quale, parendo anch'essa (forse per l'affetto che mi portava) propensa a potermi tenere per un grand'uomo; essa più ch'altra cosa sempre più m'impegnava a tutto tentare per divenirlo. Onde dopo un par di mesi di ebbrezza di giovenile amor proprio, da me stesso mi ravvidi nel ripigliar ad esame le mie quattordici tragedie, quanto ancora di spazio mi rimanesse a percorrere prima di giungere alla sospirata meta. Tuttavia, trovandomi in età di non ancora trentaquattr'anni, e nell'aringo letterario trovandomi giovine di soli otto anni di studio, sperai più fortemente di prima, che acquisterei pure una volta la palma; e di sì fatta speranza non negherò che me n'andasse tralucendo un qualche raggio sul volto, ancorché l'ascondessi in parole.

In diverse occasioni io era andato leggendo a poco a poco tutte codeste tragedie in varie società[6], sempre miste di uomini e donne, di letterati e d'idioti, di gente accessibile ai diversi affetti e di tangheri. Nel leggere io le mie produzioni, avea ricercato (parlando pel vero) non men che la lode il vantaggio. Io conosceva abbastanza e gli uomini ed il bel mondo, per non mi fidare né credere stupidamente in quelle lodi del labro, che non si negano quasi mai ad un autore leggente, che non chiede nulla, e si sfiata in un ceto di persone ben educate e cortesi: onde a sì fatte lodi io dava il loro giusto valore, e non più. Ma molto badava, ed apprezzava le lodi ed il biasimo, ch'io per contrapposto al *labro* le appellerei *del sedere*, se non fosse sconcia espressione; cotanto ella mi par vera e calzante. E mi spiego. Ogniqualvolta si troveranno riuniti dodici o quindici individui, misti come dissi, lo spirito collettivo che si verrà a formare in questa varia adunanza, si accosterà e somiglierà assai al totale di una pubblica udienza teatrale. E ancorché questi pochi non vi assistano pagando, e la civiltà voglia ch'essi vi stiano in più composto contegno; pure, la noia ed il gelo di chi sta ascoltando non si possono mai nascondere, né (molto meno) scambiarsi con una vera attenzione, ed un caldo interesse, e viva curiosità di vedere a qual fine sia per riuscire l'azione. Non potendo dunque l'ascoltatore né comandare al proprio suo viso, né inchiodarsi direi in su la sedia il sedere; queste due indipendenti parti dell'uomo faranno la giustissima spia al leggente autore, degli affetti e non affetti de' suoi ascoltanti. E questo era (quasi esclusivamente) quello che io sempre osservava leggendo. E m'era sembrato sempre (se io pure non travedeva) di avere sul totale di una intera tragedia ottenuto più che i due terzi del tempo una immobilità e tenacità d'attenzione, ed una calda ansietà di schiarire lo scioglimento; il che mi provava bastantemente ch'egli rimaneva, anche nei più noti soggetti di tragedia, tuttavia pendente ed incerto sino all'ultimo. Ma confesserò parimente, che di molte lunghezze, o freddezze, che vi poteano essere qua e là, oltre che io medesimo mi era spesso tediato nel rileggerle ad altri, ne ricevei anche il sincerissimo tacito biasimo, da quei benedetti sbadigli, e involontarie tossi, e irrequieti sederi, che me ne davano, senza avvedersene, certezza ad un tempo ed avviso. E neppur negherò, che anche degli ottimi consigli, e non pochi, mi siano stati suggeriti dopo quelle diverse letture, da uomini letterati, da uomini di mondo, e spezialmente circa gli affetti, da varie donne. I letterati battevano su l'elocuzione e le regole dell'arte; gli uomini di mondo, su l'invenzione, la condotta e i caratteri, e perfino i giovevolissimi tangheri, col loro più o meno russare o scontorcersi; tutti in somma, quanto a me pare, mi riuscirono di molto vantaggio. Onde io, tutti ascoltando, di tutto ricordandomi, nulla trascurando, e non disprezzando individuo nessuno (ancorché pochissimi ne stimassi), ne trassi poi forse e per me stesso e per l'arte quel meglio che conveniva. Aggiungerò a tutte queste confessioni per ultima, che io benissimo mi avvedeva, che quell'andar leggendo tragedie in semi-pubblico, un forestiere fra gente non sempre amica, mi poteva e doveva anzi esporre a esser messo in ridicolo. Non me ne pento però di aver così fatto, se ciò poi ridondò in beneficio mio e dell'arte; il che se non fu, il ridicolo delle letture anderà poi con quello tanto maggiore, dell'averle recitate, e stampate.

*Recita dell'*Antigone *in Roma. Stampa delle prime quattro tragedie. Separazione dolorosissima. Viaggio per la Lombardia.*

1782 Io dunque me ne stava così in un semiriposo, covando la mia tragica fama, ed irresoluto tuttavia se stamperei allora, o se indugierei dell'altro. Ed ecco, che mi si presentava spontanea un'occasione di mezzo tra lo stampare e il tacermi; ed era, di farmi recitare da una eletta compagnia di dilettanti signori. Era questa società teatrale già avviata da qualche tempo a recitare in un teatro privato esistente nel palazzo dell'ambasciatore di Spagna, allora il duca Grimaldi. Si erano fin allora recitate delle commedie e tragedie, tutte traduzioni, e non buone, dal francese; e tra queste assistei ad una rappresentazione del *Conte d'Essex* di Tommaso Corneille[1], messa in verso italiano non so da chi, e recitata la parte di Elisabetta dalla duchessa di Zagarolo, piuttosto male. Con tutto ciò, vedendo io questa signora essere assai bella e dignitosa di personale, ed intendere benissimo quel che diceva, argomentai che con un po' di buona scuola si sarebbe potuta assaissimo migliorare. E così d'una in altra idea fantasticando, mi entrò in capo di voler provare con questi attori una delle troppe mie. Voleva convincermi da me stesso, se potrebbe riuscire quella maniera che io avea preferita a tutt'altre; la nuda semplicità dell'azione; i pochissimi personaggi; ed il verso rotto per lo più su diverse sedi, ed impossibile quasi a *cantilenarsi*[2]. A quest'effetto prescelsi l'*Antigone*, riputandola io l'una delle meno calde tra le mie, e divisando fra me e me, che se questa venisse a riuscire, tanto più il farebbero l'altre in cui si sviluppan affetti tanto più vari e feroci. La proposta di provar quest'*Antigone* fu accettata con piacere dalla nobile compagnia; e fra quei loro attori non si trovando allora alcun altro che si sentisse capace di recitare in tragedia una parte capitale oltre il duca di Ceri, fratello della predetta duchessa di Zagarolo, mi trovai costretto di assumermi io la parte di Creonte, dando al duca di Ceri quella di Emone; e alla di lui consorte, quella di Argia: la parte principalissi-

ma ma dell'Antigone spettando di dritto alla maestosa duchessa di Zagarolo. Così distribuite le quattro parti, si andò in scena; né altro aggiungerò circa all'esito di quelle rappresentazioni, avendo avuto occasione di parlarne assai lungamente in altri
miei scritti[3].

Insuperbito non poco dal prospero successo della recita, 1783
verso il principio del seguente anno 1783 mi indussi a tentare
per la prima volta la terribile prova dello stampare. E per
quanto già mi paresse scabrosissimo questo passo, ben altrimenti poi lo conobbi esser tale, quando imparai per esperienza
cosa si fossero le letterarie inimicizie e raggiri; e gli asti librarii,
e le decisioni giornalistiche, e le chiacchiere gazzettarie, e tutto
in somma il tristo corredo che non mai si scompagna da chi va
sotto i torchi; e tutte queste cose mi erano fin allora state interamente ignote; ed a segno, ch'io neppur sapeva che si facessero giornali letterari, con estratti[4] e giudizi critici delle nuove
opere, sì era rozzo, e novizio, e veramente purissimo di
coscienza nell'arte scrivana.

Decisa dunque la stampa, e visto che in Roma le stitichezze
della revisione eran troppe, scrissi all'amico in Siena[5], di volersi
egli addossar quella briga. Al che ardentissimamente egli *in
capite*, con altri miei conoscenti ed amici, si prestò di vegliarvi
da sé, e fare con diligenza e sollecitudine progredire la stampa.
Non volli avventurare a bella prima che sole quattro tragedie[6];
e di quelle mandai all'amico un pulitissimo manoscritto quanto
al carattere e correzione; ma quanto poi alla lindura, chiarezza,
ed eleganza dello stile, mi riuscì purtroppo difettoso. Innocentemente allora io mi credeva, che nel dare un manoscritto allo
stampatore fosse terminata ogni fatica dell'autore. Imparai poi
dopo a mie spese, che allora quasi si riprincipia.

In quei due e più mesi che durava la stampa di codeste quattro tragedie, io me ne stava molto a disagio in Roma in una
continua palpitazione e quasi febbre dell'animo, e più volte, se
non fosse stata la vergogna mi sarei disdetto, ed avrei ripreso il
mio manoscritto. Ad una per volta mi pervennero finalmente
tutte quattro in Roma, correttissimamente stampate, grazie

all'amico; e sudicissimamente stampate, come ciascun le ha viste, grazie al tipografo[7]: e barbaramente verseggiate (come io seppi poi), grazie all'autore. La ragazzata di andare attorno attorno per le varie case di Roma, regalando ben rilegate quelle mie prime fatiche, affine di accattar voti, mi tenne più giorni occupato, non senza parer risibile agli occhi miei stessi, non che agli altrui. Le presentai, fra gli altri, al papa allora sedente Pio VI, a cui già mi era fatto introdurre fin dall'anno prima, allorché mi posi a dimora in Roma. E qui, con mia somma confusione, dirò di qual macchia io contaminassi me stesso in quella udienza beatissima. Io non molto stimava il papa come papa; e nulla il Braschi come uomo letterato né benemerito delle lettere, che non lo era punto. Eppure, quell'io stesso, previa una ossequiosa presentazione del mio volume, che egli cortesemente accettava, apriva, e riponeva sul suo tavolino, molto lodandomi, e non acconsentendo ch'io procedessi al bacio del piede, egli medesimo anzi rialzandomi in piedi da genuflesso ch'io m'era; nella qual umil positura Sua Santità si compiacque di palparmi come con vezzo paterno la guancia; quell'io stesso, che mi teneva pure in corpo il mio sonetto su Roma, rispondendo allora con blandizia e cortigianeria alle lodi che il pontefice mi dava su la composizione e recita dell'*Antigone*, di cui egli avea udito, disse, maraviglie; io, colto il momento in cui egli mi domandava se altre tragedie farei, molto encomiando un'arte sì ingegnosa e sì nobile; gli risposi che molte altre eran fatte, e tra quelle un *Saul*, il quale come soggetto sacro avrei, se egli non lo sdegnava, intitolato a Sua Santità. Il papa se ne scusò, dicendomi ch'egli non poteva accettar dedica di cose teatrali quali ch'elle si fossero; né io altra cosa replicai su ciò. Ma qui mi convien confessare, ch'io provai due ben distinte, ed ambe meritate, mortificazioni: l'una del rifiuto ch'io m'era andato accattare spontaneamente; l'altra di essermi pur visto costretto in quel punto a stimare me medesimo di gran lunga minore del papa, poiché io avea pur avuto la viltà, o debolezza, o doppiezza (che una di queste tre fu per certo, se non tutte tre, la motrice del mio operare in quel punto) di voler tributare come segno di ossequio e di stima una mia opera ad un individuo ch'io teneva per assai minore di me in linea di vero merito. Ma mi conviene altresì (non per mia giustificazione, ma per semplice schiarimento di tale o apparente o verace contraddizione tra il mio pensare, sentire e operare) candidamente espor la sola e verissima cagione, che m'avea indotto a prostituire così il coturno alla tiara[8]. La cagione fu dunque, che io sentendo già da qualche tempo bollir dei romori preteschi che uscivano di casa il cognato[9] dell'amata mia donna, per cui mi era nota la scontentezza di esso e di tutta la di lui corte circa alla mia troppa frequenza in casa di essa; e questo scontentamento andando sempre crescendo; io cercai coll'adulare il sovrano di Roma, di crearmi in lui un appoggio contro alle persecuzioni ch'io già parea presentire nel cuore, e che poi in fatti circa un mese dopo mi si scatenarono contro. E credo che quella stessa recita dell'*Antigone*, col far troppo parlare di me, mi suscitasse e moltiplicasse i nemici. Io fui dunque allora e dissimulato, e vile, per forza d'amore; e ciascuno in me derida se il può, ma riconosca ad un tempo, sé stesso. Ho voluto di questa particolarità, ch'io poteva lasciar nelle tenebre in cui si stava sepolta, fare il mio e l'altrui pro, disvelandola. Non l'avea mai raccontata a chicchessia in voce, vergognandomene non poco. Alla sola mia donna la raccontai qualche tempo dopo. L'ho scritta anche in parte per consolazione dei tanti altri autori presenti e futuri, i quali per una qualche loro fatal circostanza si trovano, e si troveranno pur troppo sempre i più, vergognosamente sforzati a disonorar le lor opere e sé stessi con dediche bugiarde; ed affinché i malevoli miei possan dire con verità e sapore, che se io non mi sono avvilito con niuna di sì fatte simulazioni non fu che un semplice effetto della sorte, la quale non mi costrinse ad esser vile o parerlo.

Nell'aprile di quell'anno 1783 infermò gravemente in Firenze il consorte della mia donna. Il di lui fratello partì a precipizio, per ritrovarlo vivo. Ma il male allentò con pari rapidità, ed egli lo ritrovò riavutosi, ed affatto fuor di pericolo. Nella convalescenza, trattenendosi il di lui fratello circa quindici giorni in Firenze, si trattò fra i preti venuti con esso di Roma, ed i preti che aveano assistito il malato in Firenze, che bisognava assolutamente per parte del marito persuadere e convincere il cognato, ch'egli non poteva né dovea più a lungo soffrire in Roma nella propria casa la condotta della di lui cognata. E qui, non io certamente farò l'apologia della vita usuale di Roma e d'Italia tutta, quale si suole vedere di presso che tutte le donne maritate. Dirò bensì, che la condotta di quella signora in Roma a riguardo mio era piuttosto molto al di qua, che non al di là degli usi i più tollerati in quella città. Aggiungerò, che i torti, e le feroci e pessime maniere del marito con essa, erano cose verissime, ed a tutti notissime. Ma terminerò con tutto ciò, per amor del vero e del retto, col dire, che il marito, e il cognato, e i loro rispettivi preti aveano tutte le ragioni di non approvare quella mia troppa frequenza, ancorché non eccedesse i limiti dell'onesto. Mi spiace soltanto, che quanto ai preti (i quali furono i soli motori di tutta la macchina), il loro zelo in ciò non fosse né evangelico, né puro dai secondi fini, poiché non pochi di essi coi lor tristi esempi faceano ad un tempo l'elogio della condotta mia, e la satira della loro propria. La cosa era dunque, non figlia di vera religione e virtù, ma di vendette e raggiri. Quindi, appena ritornò in Roma il cognato, egli per l'organo de' suoi preti intimò alla signora: che era cosa oramai indispensabile, e convenuta tra lui e il fratello, che s'interrompesse quella mia assiduità presso lei; e ch'egli non la sopporterebbe ulteriormente. Quindi codesto personaggio, impetuoso sempre ed irriflessivo, quasi che s'intendesse con questi modi di trattare la cosa più decorosamente, ne fece fare uno scandaloso schiamazzìo per la città tutta, parlandone egli stesso con molti, e inoltrandone le doglianze sino al papa. Corse allora grido, che il papa su questo riflesso mi avesse fatto o persuadere o ordinare di uscir di Roma; il che non fu vero; ma facilmente avrebbe potuto farlo, mercé la libertà italica. Io però, ricordatomi allora, come tanti anni prima essendo in Accademia, e portando, com'io narrai, la parrucca, sempre aveva antivenuto i nemici sparruccandomi da me stesso, prima ch'essi me la levasser di forza; antivenni allora l'affronto dell'esser forse fatto partire, col determinarmivi spontaneamente. A quest'effetto io fui dal ministro nostro di Sardegna, pregandolo di far partecipe il segretario di Stato, che io informato di tutto questo scandalo, troppo avendo a cuore il decoro, l'onore, e la pace di una tal donna, aveva immediatamente presa la determinazione di allontanarmene per del tempo, affine di far cessare le chiacchiere; e che verso il principio del prossimo maggio sarei partito. Piacque al ministro, e fu approvata dal segretario di Stato, dal papa e da tutti quelli che seppero il vero, questa mia spontanea, e dolorosa risoluzione. Onde mi preparai alla crudelissima dipartenza. A questo passo m'indusse la trista ed orribile vita alla quale prevedeva di dover andare incontro, ove io mi fossi pure rimasto in Roma, ma senza poter continuare di vederla in casa sua, ed esponendola ad infiniti disgusti e guai, se in altri luoghi con affettata pubblicità, ovvero con inutile e indecoroso mistero, l'avessi assiduamente combinata. Ma il rimaner poi entrambi in Roma senza punto vederci, era per me un tal supplizio, ch'io per minor male, d'accordo con essa, mi elessi la lontananza aspettando migliori tempi.

Il dì quattro di maggio dell'anno 1783, che sempre mi sarà ed è stato finora di amarissima ricordanza, io mi allontanai adunque da quella più che metà di me stesso. E di quattro o cinque separazioni che mi toccarono da essa, questa fu la più terribile per me, essendo ogni speranza di rivederla pur troppo incerta e lontana.

Questo avvenimento mi tornò a scomporre il capo per forse due anni, e m'impedì, ritardò e guastò anche notabilmente sotto ogni aspetto i miei studi. Nei due anni di Roma io aveva tratto una vita veramente bella. La Villa Strozzi, posta alle Terme Diocleziane, mi avea prestato un delizioso ricovero. Le lunghe intere mattinate io ve le impiegava studiando, senza muovermi punto di casa se non se un'ora o due cavalcando per quelle solitudini immense che in quel circondario disabitato di Roma invitano a riflettere, piangere, e poetare. La sera scendeva nell'abitato, e ristorato dalle fatiche dello studio con l'amabile vista di quella per cui sola io esisteva e studiava, me ne ritornava poi contento al mio eremo, dove al più tardi all'undici della sera io era ritirato. Un soggiorno più gaio e più libero e più rurale, nel recinto d'una gran città, non si potea mai trovare; né il più confacente al mio umore, carattere ed occupazioni. Me ne ricorderò, e lo desidererò, finch'io viva.

Lasciata dunque in tal modo la mia unica donna, i miei libri, la villa, la pace, e me stesso in Roma, io me n'andava dilungando in atto d'uomo quasi stupido ed insensato. M'avviai verso Siena, per ivi lagrimare almeno liberamente per qualche giorni in compagnia dell'amico. Né ben sapeva ancora in me stesso, dove anderei, dove mi starei, quel che mi farei. Mi riuscì d'un grandissimo sollievo il conversar con quell'uomo incomparabile; buono, compassionevole, e con tanta altezza e ferocia[10] di sensi, umanissimo. Né mai si può veramente ben conoscere il pregio e l'utilità d'un amico verace, quanto nel dolore. Io credo, che senz'esso sarei facilmente impazzato. Ma egli, vedendo in me un eroe così sconciamente avvilito e minor di sé stesso; ancorché ben intendesse per prova i nomi e la sostanza di fortezza e virtù, non volle con tutto ciò crudelmente ed inopportunamente opporre ai deliri miei la di lui severa e gelata ragione; bensì seppe egli scemarmi, e non poco, il dolore, col dividerlo meco. Oh rara, oh celeste dote davvero; chi sappia ragionare ad un tempo, e sentire!

Ma io frattanto, menomate o sopite in me tutte le mie intellettuali facoltà, altra occupazione, altro pensiero non ammetteva, che lo scrivere lettere[11], e in questa terza lontananza che fu la più lunga, scrissi veramente dei volumi, né quello ch'io mi scrivessi, il saprei: io sfogava il dolore, l'amicizia, l'amore, l'ira e tutti in somma i cotanti e sì diversi, e sì indomiti affetti d'un cuor traboccante, e d'un animo mortalmente piagato. Ogni cosa letteraria mi si andava ad un tempo stesso estinguendo nella mente, e nel cuore; a tal segno, che varie lettere ch'io avea ricevute di Toscana nel tempo de' miei disturbi in Roma, le quali mi mordeano non poco su le stampate tragedie, non mi fecero la minima impressione per allora, non più che se delle tragedie d'un altro mi avessero favellato. Erano queste lettere, qualcuna scritta con sale e gentilezza, le più insulsamente e villanamente; alcune firmate, altre no; e tutte concordavano nel biasimare quasi che esclusivamente il mio stile, tacciandomelo di *durissimo, oscurissimo, stravagantissimo*, senza però volermi, o sapermi, individuare gran fatto il come, il dove, il perché. Giunto poi in Toscana, l'amico per divagarmi dal mio unico pensamento, mi lesse nei foglietti di Firenze e di Pisa, chiamati *Giornali*, il commento delle predette lettere, che mi erano state mandate in Roma. E furono codesti i primi così detti giornali letterari che in qualunque lingua mi fossero capitati mai agli orecchi né agli occhi. E allora soltanto penetrai nei recessi di codesta rispettabile arte, che biasima o loda i diversi libri con eguale discernimento, equità, e dottrina, secondo che il giornalista è stato prima o donato, o vezzeggiato, o ignorato, o sprezzato dai rispettivi autori. Poco m'importò, a dir vero, di codeste venali censure, avendo io allora l'animo interamente preoccupato da tutt'altro pensiero.

Dopo circa tre settimane di soggiorno in Siena, nel qual tempo non trattai né vidi altri che l'amico, la temenza di rendermi troppo molesto a lui, poiché tanto pur l'era a me stesso; l'impossibilità di occuparmi in nulla, e la solita impazienza di luogo che mi dominava tosto di bel nuovo al riapparire della noia e dell'ozio: tutte queste ragioni mi fecero risolvere di muovermi viaggiando. Si avvicinava la festa solita dell'Ascensa[12] in Venezia, che io avea già veduta molti anni prima; e là mi avviai. Passai per Firenze di volo, ché troppo mi accorava l'aspetto di quei luoghi che mi aveano già fatto beato, e che ora mi rivedevano sì angustiato ed oppresso. Il moto del cavalcare massimamente, e tutti gli altri strapazzi e divagazioni del viaggio, mi giovarono, se non altro, alla salute moltissimo, la quale molto mi era andata alterando da tre mesi in poi pe' tanti travagli d'animo, d'intelletto, e di cuore. Di Bologna mi deviai per visitare in Ravenna il sepolcro del Poeta, e un giorno intero vi passai fantasticando, pregando, e piangendo. In questo viaggio di Siena a Venezia mi si dischiuse veramente una nuova e copiosissima vena delle rime affettuose, e quasi ogni giorno uno o più sonetti mi si facean fare, affacciandosi con molto impeto e spontaneità alla mia agitatissima fantasia. In Venezia poi, allorché sentii pubblicata e assodata la pace[13] tra gli americani e l'Inghilterra, pattuitavi la loro indipendenza totale, scrissi la quinta ode dell'*America libera*, con cui diedi compimento a quel lirico poemetto. Di Venezia venuto a Padova, questa volta non trascurai come nelle due altre anteriori, di visitare la casa e la tomba del nostro sovrano maestro d'amore in Arquà[14]. Quivi parimente un giorno intero vi consecrai al pianto, e alle rime, per semplice sfogo del troppo ridondante mio cuore. In Padova poi imparai a conoscere di persona il celebre Cesarotti, dei di cui modi vivaci e cortesi non rimasi niente men soddisfatto, che il fossi stato sempre della lettura de' suoi maestrevolissimi versi nell'*Ossian*. Di Padova ritornai a Bologna, passando per Ferrara, affine di quivi compiere il mio quarto pellegrinaggio poetico, col visitarvi la tomba, e i manoscritti dell'Ariosto. Quella del Tasso più volte l'avea visitata in Roma; così la di lui culla in Sorrento, dove nell'ultimo viaggio di Napoli, mi era espressamente portato ad un tale effetto. Questi quattro nostri poeti, erano allora, e sono, e sempre saranno i miei primi, e direi anche soli, di questa bellissima lingua: e sempre mi è sembrato che in essi quattro vi sia tutto quello che umanamente può dare la poesia; meno però il meccanismo del verso sciolto di dialogo, il quale si dee però trarre dalla pasta di questi quattro, fattone un tutto, e maneggiatolo in nuova maniera. E questi quattro grandissimi, dopo sedici anni oramai ch'io li ho giornalmente alle mani, mi riescono sempre nuovi, sempre migliori nel loro ottimo, e direi anche utilissimi nel loro pessimo; ché io non asserirò con cieco fanatismo, che tutti e quattro a luoghi non abbiano e il mediocre ed il pessimo; dirò bensì che assai, ma assai, vi si può imparare anche dal loro cattivo; ma da chi ben si addentra nei loro motivi e intenzioni: cioè da chi, oltre l'intenderli pienamente e gustarli, li sente.

Di Bologna, sempre piangendo e rimando, me n'andai a Milano; e di là, trovandomi così vicino al mio carissimo abate di Caluso, che allora villeggiava co' suoi nipoti nel bellissimo loro castello di Masino poco distante da Vercelli, ci diedi una scorsa di cinque o sei giorni. E in uno di quelli, trovandomi anche tanto vicino a Torino, mi vergognai di non vi dare una scorsa per abbracciar la sorella. V'andai dunque per una notte sola coll'amico, e l'indomani sera ritornammo a Masino. Avendo abbandonato il paese mio colla donazione, in aspetto di non lo voler più abitare, non mi vi volea far vedere così presto, e massime dalla corte. Questa fu la ragione del mio apparire e sparire in un punto. Onde questa scorsa così rapida che a molti potrebbe parere bizzarra, cesserà d'esserlo saputane la ragione. Erano già sei e più anni, ch'io non dimorava più in Torino; non mi vi parea essere né sicuro, né quieto, né libero; non ci voleva, né doveva, né potea rimanervi lungamente.

Di Masino, tosto ritornai a Milano, dove mi trattenni ancora quasi tutto luglio; e ci vidi assai spesso l'originalissimo autore del *Mattino*, vero precursore della futura satira italiana[15]. Da questo celebre e colto scrittore procurai d'indagare, con la massima docilità, e con sincerissima voglia d'imparare, dove consistesse principalmente il difetto del mio stile in tragedia. Il Parini con amorevolezza e bontà mi avvertì di varie cose, non molto a dir vero importanti, e che tutte insieme non poteano mai costituire la parola stile, ma alcune delle menome parti di esso. Ma le più, od il tutto di queste parti che doveano costituire il vero difettoso nello stile, e che io allora non sapeva ancor ben discernere da me stesso, non mi fu mai saputo o voluto additare né dal Parini, né dal Cesarotti, né da altri valenti uomini ch'io col fervore e l'umiltà d'un novizio visitai ed interrogai in quel viaggio per la Lombardia. Onde mi convenne poi dopo il decorso di molti anni con molta fatica ed incertezza andar ritrovando dove stesse il difetto, e tentare di emendarlo da me. Sul totale però, di qua dell'Appennino le mie tragedie erano piaciute assai più che in Toscana; e vi s'era anche biasimato lo stile con molto minore accanimento e qualche più lumi. Lo stesso era accaduto in Roma ed in Napoli, presso quei pochissimi che l'aveano volute leggere. Egli è dunque un privilegio antico della sola Toscana, di incoraggire in questa maniera gli scrittori italiani, allorché non iscrivono delle cicalate[16].

CAPITOLO UNDECIMO

Seconda stampa di sei altre tragedie. Varie censure delle quattro stampate prima. Risposta alla lettera del Calsabigi.

Verso i primi d'agosto, partito di Milano, mi volli restituire in Toscana. Ci venni per la bellissima e pittoresca via nuova di Modena, che riesce a Pistoia. Nel far questa strada, tentai per la prima volta di sfogare anche alquanto il mio ben giusto fiele poetico, in alcuni epigrammi. Io era intimamente persuaso, che se degli epigrammi satirici, taglienti, e mordenti, non avevamo nella nostra lingua, non era certo colpa sua; ch'ella ha ben denti, ed ugne, e saette, e feroce brevità, quanto e più ch'altra lingua mai l'abbia, o le avesse. I pedanti fiorentini, verso i quali io veniva scendendo a gran passi nell'avvicinarmi a Pistoia, mi prestavano un ricco soggetto per esercitarmi un pochino in quell'arte novella. Mi trattenni alcuni giorni in Firenze, e visitai alcuni di essi, mascheratomi da agnello, per cavarne o lumi, o risate. Ma essendo quasi impossibile il primo lucro, ne ritrassi in copia il secondo. Modestamente quei barbassori mi lasciarono, anzi mi fecero chiaramente intendere: che se io prima di stampare avessi fatto correggere il mio manoscritto da loro, avrei scritto bene. Ed altre sì fatte mal confettate impertinenze mi dissero. M'informai pazientemente, se circa alla purità ed analogia[1] delle parole, e se circa alla sacrosanta grammatica, io avessi veramente solecizzato[2], o barbarizzato, o *smetrizzato*. Ed in questo pure, non sapendo essi pienamente l'arte loro, non mi seppero additare niuna di queste tre macchie nel mio stampato, individuandone il luogo; abbenché pur vi fossero qual-

che sgrammaticature; ma essi non le conoscevano. Si appaga-
rono dunque di appormi delle parole, dissero essi, antiquate; e
dei modi insoliti, troppo brevi, ed oscuri, e duri all'orecchio.
Arricchito io in tal guisa di sì peregrine notizie, addottrinato e
illuminato nell'arte tragica da sì cospicui maestri, me ne ritornai a Siena. Quivi mi determinai, sì per occuparmi sforzatamente, che per divagarmi dai miei dolorosi pensieri, di prose-
guirvi sotto i miei occhi la stampa delle tragedie. Nel riferire io
poi all'amico le notizie ed i lumi ch'io era andato ricavando dai
nostri diversi oracoli italiani, e massimamente dai fiorentini e
pisani, noi gustammo un pocolino di commedia, prima di
accingerci a far di nuovo rider coloro a spese delle nostre ulteriori tragedie. Caldamente, ma con troppa fretta, mi avviai a
stampare, onde in tutto settembre, cioè in meno di due mesi,
uscirono in luce le sei tragedie[3] in due tomi, che giunti al primo
di quattro, formano il totale di quella prima edizione. E nuova
cosa mi convenne allora conoscere per dura esperienza. Siccome pochi mesi prima io avea imparato a conoscere i giornali ed
i giornalisti; allora dovei conoscere i censori di manoscritti, i
revisori delle stampe, i compositori, i torcolieri, ed i proti[4].
Meno male di questi tre ultimi, che pagandoli si possono
ammansire e dominare: ma i revisori e censori, sì spirituali che
temporali[5], bisogna visitarli, pregarli, lusingarli, e sopportarli,
che non è picciol peso. L'amico Gori per la stampa del primo
volume si era egli assunto in Siena queste noiose brighe per
me. E così forse avrebbe anche potuto proseguire egli per la
continuazione dei du' altri volumi. Ma io, volendo pure, per
una volta almeno, aver visto un poco di tutto nel mondo, volli
anche in quell'occasione aver veduto un sopracciglio censorio,
ed una gravità e petulanza di revisore. E vi sarebbe stato di
cavarne delle barzellette non poche, se io mi fossi trovato in
uno stato di cuore più lieto che non era il mio.

E allora anche per la prima volta abbadai io stesso alla correzione delle prove; ma essendo il mio animo troppo oppresso,
ed alieno da ogni applicazione, non emendai come avrei dovuto e potuto, e come feci poi molti anni dopo ristampando in

Parigi, la locuzione di quelle tragedie; al qual effetto riescono utilissime le prove dello stampatore, dove leggendosi quegli squarci spezzatamente e isolati dal corpo dell'opera, vi si presentano più presto all'occhio le cose non abbastanza ben dette; le oscurità; i versi mal torniti; e tutte in somma quelle mendarelle, che moltiplicate e spesseggianti fanno poi macchia. Sul totale però queste sei tragedie stampate seconde, riuscirono, anche al dir dei malevoli, assai più piane che le quattro prime. Stimai bene per allora di non aggiungere alle dieci stampate le quattro altre tragedie che mi rimanevano, tra le quali sì la *Congiura de' Pazzi*, che la *Maria Stuarda*, potevano in quelle circostanze accrescere a me dei disturbi, ed a chi assai più mi premea che me stesso[6]. Ma intanto quel penoso lavoro del riveder le prove, e sì affollatamente tante in sì poco spazio di tempo, e per lo più rivedendole subito dopo pranzo, mi cagionò un accesso di podagra assai gagliardetto, che mi tenne da quindici giorni zoppo e angustiato, non avendo voluto covarla in letto. Quest'era il secondo accesso; il primo l'avea avuto in Roma un anno e più innanzi, ma leggerissimo. Con questo secondo mi accertai, che mi toccherebbe quel passatempo assai spesso per lo rimanente della mia vita. Il dolor d'animo, e il troppo lavoro di mente erano in me i due fonti di quell'incommodo; ma l'estrema sobrietà nel vitto l'andò sempre poi vittoriosamente combattendo; tal che finora pochi e non forti sono sempre stati gli assalti della mia mal pasciuta podagra. Mentr'io stava quasi per finire la stampa, ricevei dal Calsabigi di Napoli una lunghissima lettera, piena zeppa di citazioni in tutte le lingue, ma bastantemente ragionata, su le mie prime quattro tragedie[7]. Immediatamente, ricevutala, mi posi a rispondergli, sì perché quello scritto mi pareva essere stato fin allora il solo che uscisse da una mente sanamente critica e giusta ed illuminata; sì perché con quell'occasione io poteva sviluppare le mie ragioni, e investigando io medesimo il come e il perché fossi caduto in errore, insegnare ad un tempo a tutti i tant'altri inetti miei critici a criticare con frutto e discernimento, o tacersi. Quello scritto mio, che dal ritrovarmi io allora pienissimo di quel soggetto, non mi costò quasi punto fatica, poteva poi anche col tempo servire come di prefazione a tutte le tragedie, allorché l'avessi tutte stampate; ma me lo tenni in corpo per allora, e non lo volli apporre alla stampa di Siena, la quale non dovendo essere altro per me che un semplice tentativo, io voleva uscire del tutto nudo d'ogni scusa, e ricevere così da ogni parte e d'ogni sorte saette; lusingandomi forse che n'avrei così ricevuto più vita che morte; niuna cosa più ravvivando un autore, che il criticarlo inettamente. Né questo mio orgoglietto avrei dovuto rivelare, s'io non avessi fin dal principio di queste chiacchiere impreso e promesso di non tacer quasi che nulla del mio, o di non dare almeno mai ragione del mio operare, la quale non fosse la schiettissima verità. Finita la stampa, verso il principio d'ottobre pubblicai il secondo volume; e riserbai il terzo a sostener nuova guerra, tosto che fosse sfogata e chiarita la seconda.

Ma intanto, ciò che mi premeva allora sopra ogni cosa, il rivedere la donna mia, non potendosi assolutamente effettuare per quell'entrante inverno, io disperatissimo di tal cosa, e non ritrovando mai pace, né luogo che mi contenesse, pensai di fare un lungo viaggio in Francia ed in Inghilterra, non già che me ne fosse rimasto né desiderio né curiosità, che me n'era saziato d'entrambi dal secondo viaggio, ma per andare; che altro rimedio o sollievo al dolore non ho saputo ritrovar mai. Coll'occasione di questo nuovo viaggio mi proponeva poi anche di comprare dei cavalli inglesi quanti più potrei. Questa era, ed è tuttavia, la mia passione terza; ma sì fattamente sfacciata ed audace, e sì spesso rinascente, che i bei destrieri hanno molte volte osato combattere, e vinto anche talvolta, sì i libri che i versi; ed in quel punto di scontentezza di cuore, le Muse aveano pochissimo imperio su la mente mia. Onde di poeta ripristinatomi cavallaio, me ne partii per Londra con la fantasia ripiena ed accesa di belle teste, be' petti, altere incollature, ampie groppe, o nulla o poco pensando oramai alle uscite e non uscite tragedie. Ed in sì fatte inezie consumai ben otto e più mesi, non facendo più nulla, né studiando, né quasi pure leggendo, se non se a squarcetti i miei quattro poeti, che or l'uno or l'altro io mi andava a vicenda intascando, compagni indivisibili miei nelle tante e tante miglia ch'io faceva; e non pensando ad altro che alla lontana mia donna, per cui di tempo in tempo alcune rime di piagnisteo andava pur anche raccozzando alla meglio.

CAPITOLO DUODECIMO

Terzo viaggio in Inghilterra, unicamente per comperarvi cavalli.

Verso la metà d'ottobre lasciai dunque Siena, e partendo alla volta di Genova, per Pisa e Lerici, l'amico Gori mi fece compagnia sino a Genova. Quivi dopo due o tre giorni ci separammo; egli ripartì per la Toscana, io m'imbarcai per Antibo. Rapidissimamente e con qualche pericolo feci quel tragitto in poco più di diciott'ore. Né senza un qualche timore passai quella notte. La filucca era piccola; c'aveva imbarcata la carrozza, la quale faceva *squilibrio*; il vento ed il mare gagliardissimi; ci stetti assai male. Sbarcato, ripartii per Aix, dove non mi trattenni, né mi arrestai sino in Avignone, dove mi portai con trasporto a visitare la magica solitudine di Valchiusa, e Sorga ebbe assai delle mie lagrime, non simulate e imitative, ma veramente di cuore e caldissime. Feci in quel giorno nell'andare e tornare di Valchiusa in Avignone quattro sonetti; e fu quello per me l'un dei giorni i più beati e nello stesso tempo dolorosi, ch'io passassi mai. Partito d'Avignone volli visitare la celebre Certosa di Grenoble, e per tutto spargendo lagrime andava raccogliendo rime non poche, tanto ch'io pervenni per la terza volta in Parigi; e sempre lo stessissimo effetto mi fece questa immensissima fogna; ira e dolore. Statovi circa un mese, che mi parve un secolo, ancorché vi avessi recate varie lettere per molti letterati d'ogni genere, mi disposi nel decembre a passare in Inghilterra. I letterati francesi son quasi tutti presso che interamente digiuni della nostra letteratura italiana, né oltrepassano l'intelligenza del Metastasio. Ed io poi non intendendo nulla né volendo saper della loro, non avea luogo discorso tra noi. Bensì arrabbiatissimo io in me stesso di essermi rimesso nel caso di dover riudire e riparlare quell'antitoscanissimo gergo nasale, affrettai quanto più potei il momento di allontanarmene. Il fanatismo ebdomadario[1] di quel poco tempo ch'io mi vi trattenni, era allora il pallon volante; e vidi due delle prime e più felici esperienze delle due sorti di esso, l'uno di aria rarefatta ripieno[2]; l'altro, d'aria infiammabile[3] ed entrambi portanti per aria due persone ciascuno. Spettacolo grandioso e mirabile; tema più assai poetico che storico, e scoperta, a cui per ottenere il titolo di sublime, altro non manca finora che la possibilità o verisimiglianza di essere adattata ad una qualche utilità. Giunto in Londra, non trascorsero otto giorni, ch'io comin- 1784 ciai a comprar dei cavalli; prima un di corsa, poi due di sella, poi un altro, poi sei da tiro, e successivamente essendomene o andati male o morti vari polledri, ricomprandone due per un che morisse, in tutto il marzo dell'anno '84, me ne trovai rimanere quattordici. Questa rabidissima passione, che in me avea covato sotto cenere oramai quasi sei anni, mi si era per quella lunga privazione totale, o parziale, sì dispettosamente riaccesa nel cuore e nella fantasia, che recalcitrando contro gli ostacoli, e vedendo che di dieci compratine, cinque mi eran venuti meno in sì poco tempo, arrivai a quattordici; come pure a quattordici avea spinte le tragedie, non ne volendo da prima che sole dodici. Queste mi spossarono la mente; quelli la borsa; ma la divagazione dei molti cavalli mi restituì la salute e l'ardire di fare poi in appresso altre tragedie ed altr'opere. Furono dunque benissimo spesi quei molti danari, poiché ricomprai anche con essi il mio impeto e brio, che a piedi languivano. E tanto più feci bene di buttar quei danari, poiché me li trovava aver sonanti. Dalla donazione in poi, avendo io vissuti i primi quasi tre anni con sordidezza, ed i tre ultimi con decente ma moderata spesa; mi ritrovava allora una buona somma di risparmio, tutti i frutti dei vitalizi di Francia, cui non avea mai toccati. Quei quattordici amici me ne consumarono gran parte nel farsi comprare e trasferire in Italia; ed il rimanente poi me ne consumarono in cinque anni consecutivi nel farsi mantenere; che usciti una volta dalla loro isola, non vollero più morire nessuno, ed io affezionatomi ad essi non ne volli vender nessuno. Incavallatomi dunque sì pomposamente, dolente nell'animo per la mia lontananza dalla sola motrice d'ogni mio savio ed alto operare, io non trattava né cercava mai nessuno; o me ne stava co' miei cavalli, o scrivendo lettere su lettere su lettere. In questo modo passai circa quattro mesi in Londra; né alle tragedie pensava altrimenti che se non l'avessi né pure ideate mai. Soltanto mi si affacciava spesso fra me e me quel bizzarro rapporto di numeri fra esse e le mie bestie: e ridendo mi dicea: "Tu ti sei guadagnato un cavallo per ogni tragedia"; pensando ai cavalli che a suono di sferza ci somministrano i nostri Orbili[4] pedagogi, quando facciamo nelle scuole una qualche trista composizione[5].

Così vissi io vergognosamente in un ozio vilissimo per mesi e mesi; smettendo ogni dì più anche il leggere i soliti poeti, e insterilita anco affatto la vena delle rime; tal che in tutto il soggiorno di Londra non feci che un solo sonetto, e due poi al partire. Avviatomi nell'aprile con quella numerosa carovana, venni a Calais, poi a Parigi di nuovo, poi per Lione e Torino mi restituii in Siena. Ma molto è più facile e breve il dire per iscritto tal gita, che non l'eseguirla, con tante bestie. Io provava ogni giorno, ad ogni passo, e disturbi e amarezze, che troppo mi avvelenavano il piacere che avrei avuto della mia cavalleria. Ora questo tossiva, or quello non volea mangiare: l'uno zoppicava, all'altro si gonfiavan le gambe, all'altro si sgretolavan gli zoccoli, e che so io; egli era un oceano continuo di guai, ed io n'era il primo martire. E quel passo di mare, per trasportarli di Douvres, vedermeli tutti come pecore in branco posti per zavorra della nave, avviliti, sudicissimi da non più si distinguere neppure il bell'oro dei loro vistosi mantelli castagni; e tolte via alcune tavole che li facean da tetto, vederli poi in Calais, prima che si sbarcassero, servire i loro dossi di tavole ai grossolani marinai che camminavan sopra di loro come se non fossero stati vivi corpi, ma una vile continuazione di pavimento; e poi vederli tratti per aria da una fune con le quattro gambe spenzolate, e quindi calati nel mare, perché stante la marea non poteva la nave approdare sino alla susseguente mattina; e se non si sbarcavano così quella sera, conveniva lasciarli poi tutta la notte in quella sì scomoda positura imbarcati; insomma vi patii pene continue di morte. Ma pure tanta fu la sollecitudine, e l'antivedere, e il rimediare, e l'ostinatamente sempre badarci da me, che fra tante vicende, e pericoli, ed incommoducci, li condussi senza malanni importanti tutti salvi a buon porto.

Confesserò anche pel vero, che io passionatissimo su questo fatto, ci aveva anche posta una non meno stolta che stravagante vanità; talché quando in Amiens, in Parigi, in Lione, in Torino, e altrove que' miei cavalli erano trovati belli dai conoscitori, io me ne rimpettiva e teneva come se li avessi fatti io. Ma la più ardua ed epica impresa mia con quella carovana fu il passo dell'Alpi fra Laneborgo[6], e la Novalesa. Molta fatica durai nel ben ordinare ed eseguire la marcia loro, affinché non succedesse disgrazia nessuna a bestie sì grosse, e piuttosto gravi, in una strettezza e malagevolezza sì grande di quei rompicolli di strade. E siccome assai mi compiacqui nell'ordinarla, mi permetta anco il lettore ch'io mi compiaccia alquanto in descriverla. Chi non la vuole, la passi; e chi la vorrà pur leggere, badi un po' s'io meglio sapessi distribuire la marcia di quattordici bestie fra quelle Termopili, che non i cinque atti d'una tragedia.

Erano que' miei cavalli, attesa la lor giovinezza, e le mie cure paterne, e la moderata fatica, vivaci e briosi oltre modo; onde tanto più scabro riusciva il guidarli illesi per quelle scale. Io presi dunque in Laneborgo un uomo per ciascun cavallo, che lo guidasse a piedi per la briglia cortissimo. Ad ogni tre cavalli, che l'uno accodato all'altro salivano il monte bel bello, coi loro uomini, ci avea interposto uno dei miei palafrenieri che cavalcando un muletto invigilava su i suoi tre che lo precedevano. E così via via di tre in tre. In mezzo poi della marcia stava il maniscalco di Laneborgo con chiodi e martello, e ferri e scarpe posticce per rimediare ai piedi che si venissero a sferrare, che era il maggior pericolo in quei sassacci. Io poi, come capo dell'espedizione, veniva ultimo, cavalcando il più piccolo e il più leggiero de' miei cavalli, Frontino, e mi tenea alle due staffe due aiutanti di strada, pedoni sveltissimi, ch'io mandava dalla coda al mezzo o alla testa, portatori de' miei comandi. Giunti in tal guisa felicissimamente in cima dei Monsenigi, quando poi fummo allo scendere in Italia, mossa in cui sempre i cavalli si sogliono rallegrare, e affrettare il passo, e sconsideratamente anco saltellare, io mutai di posto, e sceso di cavallo mi posi in testa di tutti, a piedi, scendendo ad oncia ad oncia; e per maggiormente anche ritardare la scesa, avea posti in testa i cavalli i più gravi e più grossi; e gli aiutanti correano intanto su e giù per tenerli tutti insieme senza intervallo nessuno, altro che la dovuta distanza. Con tutte queste diligenze mi si sferrarono nondimeno tre piedi a diversi cavalli, ma le disposizioni eran sì esatte, che immediatamente il maniscalco li poté rimediare, e tutti giunsero sani e salvi alla Novalesa, coi piedi in ottimo essere, e nessunissimo zoppo. Queste mie chiacchiere potranno servire di norma a chi dovesse passare o quell'Alpe, o altra simile, con molti cavalli. Io, quant'a me, avendo sì felicemente diretto codesto passo, me ne teneva poco meno che Annibale per averci un poco più verso il mezzogiorno fatto traghettare i suoi schiavi ed elefanti. Ma se a lui costò molt'aceto[7], a me costò del vino non poco, che tutti coloro, e guide, e maniscalchi, e palafrenieri, e aiutanti, si tracannarono.

Col capo ripieno traboccante di queste inezie cavalline, e molto scemo di ogni utile e lodevole pensamento, arrivai in Torino in fin di maggio, dove soggiornai circa tre settimane, dopo sette e più anni che vi avea smesso il domicilio. Ma i cavalli, che per la troppa continuità cominciavano talvolta a tediarmi, dopo sei, o otto giorni di riposo, li spedii innanzi alla volta della Toscana, dove li avrei raggiunti. Ed intanto voleva un poco respirare da tante brighe, e fatiche, e puerilità, poco in vero convenevoli ad un autor tragico in età di anni trentacinque suonati. Con tutto ciò quella divagazione, quel moto, quell'interruzione totale d'ogni studio mi aveva singolarmente giovato alla salute; ed io mi trovava rinvigorito, e ringiovenito di corpo, come pur troppo ringiovenito anche di sapere e di senno, i cavalli mi aveano a gran passi ricondotto all'asino mio primitivo. E tanto mi era già di bel nuovo irrugginita la mente, ch'io mi riputava ora mai nella totale impossibilità di nulla più ideare, né scrivere.

CAPITOLO DECIMOTERZO
Breve soggiorno in Torino. Recita uditavi
della Virginia.

In Torino ebbi alcuni piaceri, e alcuni più dispiaceri. Il rivedere gli amici della prima gioventù, ed i luoghi che primi si son conosciuti, ed ogni pianta, ogni sasso, in somma ogni oggetto di quelle idee e passioni primitive, ell'è dolcissima cosa. Per altra parte poi, l'avere io ritrovati non pochi di quei compagnoni d'adolescenza, i quali vedendomi ora venire per una via, di quanto potean più lontano mi scantonavano; ovvero, presi alle strette, gelidamente appena mi salutavano, od anche voltavano il viso altrove; gente, a cui io non aveva fatto mai nulla, se non se amicizia e cordialità; questo mi amareggiò non poco; e più mi avrebbe amareggiato, se non mi fosse stato detto da altri pochi e benevoli, che gli uni mi trattavan così perché io aveva scritto tragedie; gli altri, perché avea viaggiato tanto; gli altri, perché ora io era ricomparito in paese con troppi cavalli: piccolezze in somma; scusabili però, e scusabilissime presso chiunque conosce l'uomo esaminando imparzialmente sé stesso: ma cose da scansarsi per quanto è possibile, col non abitare fra i suoi nazionali, allorché non si vuol fare quel che essi fanno o non fanno; allorché il paese è piccolo, ed oziosi gli abitanti; ed allorché finalmente si è venuto ad offenderli involontariamente, anche col solo tentare di farsi dappiù di loro, qualunque sia il genere e il modo in cui l'uomo abbia tentato tal cosa.

Un altro amarissimo boccone che mi convenne inghiottire in Torino, fu di dovermi indispensabilmente presentare al re, il quale per certo si teneva offeso da me, per averlo io tacitamente rinnegato coll'espatriazione perpetua. Eppure, visti gli usi del paese, e le mie stesse circostanze, io non mi poteva assolvere dal fargli riverenza, ed ossequio, senza riportarne la giusta taccia di stravagante e insolente e scortese. Appena io giunsi in Torino, che il mio buon cognato, allora primo gentiluomo di camera, ansiosamente subito mi tastò per vedere se io mi presenterei a corte, o no. Ma io immediatamente lo acquetai e racconsolai col dirgli positivamente di sì; ed egli insistendo sul quando, non volli differire. Fui il giorno dopo dal ministro. Il mio cognato già mi avea prevenuto, che in quel punto le disposizioni di quel governo erano ottime per me; onde sarei molto ben ricevuto; ed aggiunse anco che si avea voglia d'impiegarmi. Questo non meritato né aspettato favore mi fece tremare; ma l'avviso mi servì assai, per tener tal contegno e discorso da non mi fare né prendere né invitare. Io dissi dunque al ministro, che passando per Torino credeva del mio dovere di visitare lui ministro, e di richiedere per mezzo suo di rassegnarmi[1] al re, semplicemente per inchinarmegli. Il ministro con blande maniere mi accolse, e direi quasi che mi festeggiò. E di una parola in un'altra mi venne lasciato travedere da prima, e poi mi disse apertamente: che al re piacerebbe ch'io mi volessi fissare in patria; che si varrebbe volentieri di me; ch'io mi sarei potuto distinguere; e simili frasche. Tagliai a dirittura nel vivo, e senza punto tergiversare risposi: che io ritornava in Toscana per ivi proseguire le mie stampe e i miei studi; ch'io mi trovava avere trentacinque anni, età in cui non si dee oramai più cangiare di proposito; che avendo io abbracciata l'arte delle lettere, o bene o male la praticherei per tutto il rimanente di vita mia. Egli soggiunse: che le lettere erano belle e buone, ma che esistevano delle occupazioni più grandi e più importanti, di cui io era e mi dovea sentir ben capace. Ringraziai cortesemente, ma persistei nel no; ed ebbi anche la moderazione e la generosità di non dare a quel buon galantuomo l'inutile mortificazione, ch'egli si sarebbe pur meritata; di lasciargli cioè intendere, che i loro dispacci e diplomazie mi pareano, ed eran per certo, assai meno importante ed alta cosa che non le tragedie mie o le altrui. Ma questa specie di gente è, e dev'essere, inconvertibile. Ed io, per natura mia, non disputo mai, se non se raramente con quelli con cui concordiamo di massima; agli altri ogni cosa io la do vinta alla prima. Mi contentai dunque di non acconsentire. Questa mia resistenza negativa verisimilmente poi passò sino al re pel canal del ministro; onde il giorno dopo, ch'io vi fui a inchinarlo, il re non mi parlò punto di questo, e del rimanente mi accolse colla massima affabilità e cortesia, che gli è propria. Questi era (ed ancora regna) Vittorio Amedeo II[2], figlio di Carlo Emanuele, sotto il cui regno io nacqui. Ancorché io non ami punto i re in genere, e meno i più arbitrari, debbo pur dire ingenuamente che la razza di questi nostri principi è ottima sul totale, e massime paragonandola a quasi tutte l'altre presenti d'Europa. Ed io mi sentiva nell'intimo del cuore piuttosto affetto per essi, che non avversione; stante che sì questo re che il di lui predecessore, sono di ottime intenzioni, di buona e costumata ed esemplarissima indole e fanno al paese loro più bene che male. Con tutto ciò quando si pensa e vivamente si sente che il loro giovare o nuocere pendono dal loro assoluto volere, bisogna fremere, e fuggire. E così feci io dopo alcuni giorni, quanti bastarono per rivedere i miei parenti e conoscenti in Torino, e trattenermi piacevolmente e utilmente per me le più ore di quei pochi giorni coll'incomparabile amico, l'abate di Caluso, che un cotal poco mi riassestò anche il capo, e mi riscosse dal letargo in cui la stalla mi avea precipitato, e quasi che sepellito.

Nel trattenermi in Torino mi toccò di assistere (senza ch'io n'avessi gran voglia) ad una recita pubblica della mia *Virginia*, che fu fatta su lo stesso teatro, nove anni dopo quella della *Cleopatra*, da attori a un bel circa della stessa abilità. Un mio amico già d'Accademia avea preparata questa recita già prima ch'io arrivassi a Torino, e senza sapere ch'io ci capiterei. Egli mi chiese di volermi adoprare nell'addestrare un tal poco gli attori; come avea fatto già per la *Cleopatra*. Ma io, cresciuto forse alquanto di mezzi, e molto più di orgoglio, non mi ci volli prestare in nulla, conoscendo benissimo quel che siano finora ed i nostri attori, e le nostre platee[3]. Non mi volli dunque far complice a nessun patto della loro incapacità, che senza averli sentiti ella mi era già cosa dimostratissima. Sapeva, che avrebbe bisognato cominciare dall'impossibile; cioè dall'insegnar loro a parlare e pronunziar italiano, e non veneziano; a recitar essi, e non il rammentatore; ad intendere (troppo sarebbe pretendere, s'io dicessi a sentire), ma ad intendere semplicemente quello che volean far intendere all'uditorio[4]. Non era poi dunque sì irragionevole il mio niego, né sì indiscreto il mio orgoglio. Lasciai dunque che l'amico ci pensasse da sé, e condiscesi soltanto col promettergli a mal mio grado d'assistervi. Ed in fatti ci fui, già ben convinto in me stesso, che di vivente mio non v'era da raccogliere per me in nessunissimo teatro d'Italia, né lode né biasimo. La *Virginia* ottenne per l'appunto la stessa attenzione, e lo stessissimo esito che avea già ottenuta la *Cleopatra*; e fu richiesta per la sera dopo, né più né meno di quella; ed io, come si può credere, non ci tornai. Ma da quel giorno cominciò in gran parte quel mio disinganno di gloria, in cui mi vo di giorno in giorno sempre più confermando. Con tutto ciò non mi rimoverò io dall'abbracciato proposito di tentare ancora per altri dieci o quindici anni all'incirca, sin sotto ai sessanta cioè, di scrivere in due o tre altri generi delle nuove composizioni, quanto più accuratamente e meglio il saprò; per avere, morendo o invecchiando, la intima consolazione di aver soddisfatto a me stesso, ed all'arte quant'era in me. Che quanto ai giudizi degli uomini presenti, atteso lo stato in cui si trova l'arte critica in Italia, ripeto piangendo, che non v'è da sperare né ottenere per ora, né lode né biasimo. Che io non reputo lode, quella che non discerne, e motivando sé stessa inanima l'autore; né biasimo chiamo, quello che non t'insegna a far meglio.

Io patii morte a codesta recita della *Virginia*, più ancora che a quella di *Cleopatra*, ma per ragioni troppo diverse. Né più esattamente le voglio allegare ora qui; poiché a chi ha ed il gusto e l'orgoglio dell'arte, elle già sono notissime; per chi non l'ha, elle riuscirebbero inutili ed inconcepibili.

Partito di Torino, mi trattenni tre giorni in Asti presso l'ottima rispettabilissima mia madre. Ci separammo poi con gran lagrime, presagendo ambedue che verisimilmente non ci saremmo più riveduti. Io non dirò che mi sentissi per lei quanto affetto avrei potuto e dovuto; atteso che dall'età di nov'anni in poi non mi era mai più trovato con essa, se non se alla sfuggita per ore. Ma la mia stima, gratitudine, e venerazione per essa e per le di lei virtù è stata sempre somma, e lo sarà finch'io vivo. Il Cielo le accordi lunga vita, poich'ella sì bene la impiega in edificazione e vantaggio di tutta la sua città. Essa poi è oltre ogni dire sviscerata per me, più assai ch'io non abbia mai meritato. Perciò il di lei vero ed immenso dolore nell'atto della nostra dipartenza grandemente mi accorò, ed accora.

Appena uscito io poi dagli stati del re sardo, mi sentii come allargato il respiro: cotanto mi pesava tuttavia tacitamente sul collo anche l'avanzo stesso di quel mio giogo natio, ancorché infranto lo avessi. Talché il poco tempo ch'io vi stetti, ogni qualvolta mi dovei trovare con alcuno dei barbassori governanti di quel paese, io mi vi teneva piuttosto in aspetto di liberto che non d'uomo libero; sempre rammentandomi quel bellissimo detto di Pompeo nello scendere in Egitto alla discrezione ed arbitrio d'un Fotino: «Chi entra in casa del tiranno, s'egli schiavo non era si fa»[5]. Così, chi per mero ozio e vaghezza rientra nel già disertato suo carcere, vi si può benissimo ritrovar chiuso all'uscirne, finché pur carcerieri rimangonvi.

Inoltrandomi intanto verso Modena, le nuove ch'io avea ricevute dalla mia donna mi andavano riempiendo or di dolore, ora di speranza, e sempre di molta incertezza. Ma l'ultime ricevute in Piacenza mi annunziavano finalmente la di lei liberazione[6] di Roma, il che mi empiva d'allegrezza; poiché Roma era per allora il sol luogo dove non l'avrei potuta vedere, ma per altra parte la convenienza con catene di piombo mi vietava assolutamente, anche in quel punto, di seguitarla. Ella aveva con mille stenti, e con dei sacrifici pecuniari non piccioli verso il marito, ottenuto finalmente dal cognato, e dal papa, la licenza di portarsi negli Svizzeri all'acque di Baden; trovandosi per i molti disgusti la di lei salute considerabilmente alterata. In quel giugno dunque dell'anno 1784 ell'erasi partita di Roma, e bel bello lungo la spiaggia dell'Adriatico, per Bologna e Mantova e Trento, si avviava verso il Tirolo, nel tempo stesso che io partitomi di Torino, per Piacenza, Modena e Pistoia me ne ritornava a Siena. Questo pensiero, di essere allora così vicino a lei, per tosto poi di bel nuovo rimanere così disgiunti e lontani, mi riusciva ad un tempo e piacevole e doloroso. Avrei benissimo potuto mandar per la diritta in Toscana il mio legno e la mia gente, ed io a traverso per le poste a cavallo soletto l'avrei potuta presto raggiungere, e almen l'avrei vista. Desiderava, temeva, sperava, voleva, disvoleva: vicende tutte ben note ai pochi e veraci amatori; ma vinse pur finalmente il dovere, e l'amore di essa e del di lei decoro, più che di me. Onde, bestemmiando e piangendo, non mi scartai punto dalla strada mia. Così sotto il peso gravissimo di questa mia dolorosa vittoria giunsi in Siena dopo dieci mesi in circa di viaggio; e ritrovai nell'amico Gori l'usato mio necessarissimo conforto, onde andarvi pure strascinando la vita, e stancando oramai le speranze.

CAPITOLO DECIMOQUARTO

Viaggio in Alsazia. Rivedo la donna mia. Ideate tre nuove tragedie. Morte inaspettata dell'amico Gori in Siena.

Erano frattanto giunti in Siena pochi giorni dopo di me i miei quattordici cavalli, ed il decimoquinto ve l'avea lasciato io in custodia all'amico; ed era il mio bel falbo[1], il Fido; quello stesso che in Roma avea più volte portato il dolce peso della donna mia, e che perciò mi era egli solo più caro assai che tutta la nuova brigata. Tutte queste bestie mi tenevano scioperato e divagato ad un tempo; aggiuntavi poi la scontentezza di cuore, io andava invano tentando di ripigliare le occupazioni letterarie. Parte di giugno, e tutto luglio ch'io stetti senza muovermi di Siena, mi si consumarono così, senza ch'io facessi altro che qualche rime. Feci anche alcune stanze che mancavano a terminare il terzo canto del poemetto², e vi cominciai il quarto ed ultimo. Quell'opera, benché lavorata con tante interruzioni, in così lungo tempo, e sempre alla spezzata, e senza ch'io avessi alcun piano scritto, mi stava con tutto ciò assai fortemente fitta nel capo; e l'avvertenza ch'io vi osservava il più, era di non l'allungare di soverchio; il che, se io mi fossi lasciato andare agli episodi o ad altri ornamenti, mi sarebbe riuscito pur troppo facile. Ma a volerla far cosa originale e frizzante d'un agro-dolce terribile, il pregio di cui più abbisognava si era la brevità. Perciò da prima io l'aveva ideata di tre soli canti; ma la rassegna dei consiglieri mi avea rubato quasi che un canto, perciò furon quattro. Non sono però ben certo in me stesso che quei tanti interrompimenti non abbiano influito sul totale del poema, dandogli un non so che di sconnesso.

Mentre io stava dunque tentando di proseguire quel quarto canto, io andava sempre ricevendo e scrivendo gran lettere; queste a poco a poco mi riempirono di speranza, e vieppiù m'infiammarono del desiderio di rivederla tra breve. E tanto andò crescendo questa possibilità, che un bel giorno non potendo io più stare a segno, detto al solo amico Gori dove io fossi per andare, e finto di fare una scorsa a Venezia, io mi avviai verso la Germania il dì quattro d'agosto. Giorno, oimè, di sempre amara ricordanza per me. Che mentre io baldo e pieno di gioia mi avviava verso la metà di me stesso, non sapeva io che nell'abbracciare quel caro e raro amico, che per sei settimane sole mi credea di lasciarlo, io lo lascerei per l'eternità. Cosa, di cui non posso parlare, né pur pensarci, senza prorompere in pianto, anche molti anni dopo. Ma tacerò di questo pianto, poiché altrove³ quanto meglio il seppi v'ho dato sfogo.

Eccomi dunque da capo per viaggio. Per la solita mia dilettissima e assai poetica strada di Pistoia a Modena, me ne vo rapidissimamente a Mantova, Trento, Inspruck, e quindi per la Soavia⁴ a Colmar, città dell'Alsazia superiore alla sinistra del Reno. Quivi presso ritrovai finalmente quella ch'io andava sempre chiamando e cercando, orbo di lei da più di sedici mesi. Io feci tutto questo cammino in dodici giorni né mai mi pareva di muovermi, per quanto i' corressi. Mi si riaprì in quel viaggio più abbondante che mai si fosse la vena delle rime, e chi potea in me più di me mi facea comporre sino a tre e più sonetti quasi ogni giorno; essendo quasi fuor di me dal trasporto di calcare per tutta quella strada le di lei orme stesse, e per tutto informandomi, e rilevando ch'ella vi era passata circa due mesi innanzi. E col cuore alle volte gioioso, mi rivolsi anche al poetare festevole; onde scrissi cammin facendo un capitolo al Gori, per dargli le istruzioni necessarie per la custodia degli amati cavalli, che pure non erano in me che la passione terza: troppo mi vergognerei se avessi detto, seconda; dovendo, come è di ragione, al Pegaso[5] preceder le Muse.

Quel mio lunghetto capitolo, che poi ho collocato fra le rime, fu la prima e quasi che la sola poesia ch'io mai scrivessi in quel genere bernesco, di cui, ancorché non sia quello al quale la natura m'inclini il più, tuttavia pure mi par di sentire tutte le grazie e il lepore. Ma non sempre il sentirle basta ad esprimerle. Ho fatto come ho saputo. Giunto il dì 16 agosto presso la mia donna, due mesi in circa mi vi sfuggirono quasi un baleno. Ritrovatomi così di bel nuovo interissimo di animo di cuore e di mente, non erano ancor passati quindici giorni dal dì ch'io era ritornato alla vita rivedendola, che quell'istesso io il quale da due anni non avea mai più neppure sognato di scrivere oramai altre tragedie; quell'io, che anzi avendo appeso il coturno al *Saul*, mi era fermamente proposto di non lo spiccare mai più; mi ritrovai allora, senza accorgermene quasi, ideate per forza altre tre tragedie ad un parto: *Agide*[6], *Sofonisba*[7], e *Mirra*. Le due prime, mi erano cadute in mente altre volte, e sempre l'avea discacciate; ma questa volta poi mi si erano talmente rifitte nella fantasia, che mi fu forza di gettarne in carta l'abbozzo, credendomi pure e sperando che non le potrei poi distendere. A Mirra non avea pensato mai; ed anzi, essa non meno che Bibli[8], e così ogni altro incestuoso amore, mi si erano sempre mostrate come soggetti non tragediabili. Mi capitò alle mani nelle *Metamorfosi* di Ovidio[9] quella caldissima e veramente divina allocuzione di Mirra alla di lei nutrice, la quale mi fece prorompere in lagrime, e quasi un subitaneo lampo mi destò l'idea di porla in tragedia; e mi parve che toccantissima ed originalissima tragedia potrebbe riuscire, ogni qual volta potesse venir fatto all'autore di maneggiarla in tal modo che lo spettatore scoprisse da sé stesso a poco a poco tutte le orribili tempeste del cuore infuocato ad un tempo e purissimo della più assai infelice che non colpevole Mirra, senza che ella neppure la metà ne accennasse, non confessando quasi a sé medesima, non che ad altra persona nessuna, un sì nefando amore. In somma l'ideai a bella prima, ch'ella dovesse nella mia tragedia operare quelle cose stesse, ch'ella in Ovidio descrive; ma operarle tacendole. Sentii fin da quel punto l'immensa difficoltà ch'io incontrerei nel dover far durare questa scabrosissima fluttuazione dell'animo di Mirra per tutti gl'interi cinque atti, senza accidenti accattati d'altrove. E questa difficoltà che allora vieppiù m'infiammò, e quindi poi nello stenderla, verseggiarla, e stamparla sempre più mi fu sprone a tentare di vincerla, io tuttavia dopo averla fatta, la conosco e la temo quant'ella s'è; lasciando giudicar poi dagli altri s'io l'abbia saputa superare nell'intero, od in parte, od in nulla[10].

Questi tre nuovi parti tragici mi raccesero l'amor della gloria, la quale io non desiderava per altro fine oramai, se non se per dividerla con chi mi era più caro di essa. Io dunque allora da circa un mese stava passando i miei giorni beati, e occupati, e da nessunissima amarezza sturbati, fuorché dall'anticipato orribile pensiero che al più al più fra un altro mesetto era indispensabile il separarci di nuovo. Ma, quasi che questo sovrastante timore non fosse bastato egli solo a mescermi infinita amarezza al poco dolce brevissimo ch'io assaporava, la fortuna nemica me ne volle aggiungere una dose non piccola per farmi a caro prezzo scontare quel passeggero sollievo. Lettere di Siena mi portarono nello spazio di otto giorni, prima la nuova della morte del fratello minore del mio Gori, e la malattia non indifferente di esso; successivamente le prossime nuove mi portarono pur anche la morte di esso in sei soli giorni di malattia. Se io non mi fossi trovato con la mia donna al ricevere questo colpo sì rapido ed inaspettato, gli effetti del mio giusto dolore sarebbero stati assai più fieri e terribili. Ma l'aver con chi piangere menoma il pianto d'assai. La mia donna conosceva essa pure e moltissimo amava quel mio Francesco Gori; il quale l'anno innanzi, dopo avermi accompagnato, come dissi, a Genova, tornato poi in Toscana erasi quindi portato a Roma quasi a posta per conoscerla, e soggiornatovi alcuni mesi l'aveva continuamente trattata, ed aveala giornalmente accompagnata nel visitare i tanti prodotti delle bell'arti di cui egli era caldissimo amatore e sagace conoscitore. Essa perciò nel piangerlo meco non lo pianse soltanto per me, ma anche per sé medesima, conoscendone per recente prova tutto il valore. Questa disgrazia turbò oltre modo il rimanente del breve tempo che si stette insieme; ed approssimandosi poi il termine, tanto più amara ed orribile ci riuscì questa separazione seconda. Venuto il temuto giorno, bisognò obbedire alla sorte, ed io dovei rientrare in ben altre tenebre, rimanendo questa volta disgiunto dalla mia donna senza sapere per quanto, e privo dell'amico colla funesta certezza ch'io l'era per sempre. Ogni passo di quella stessa via, che al venire mi era andato sgombrando il dolore ed i tetri pensieri, me li facea raddoppiati ritrovare al ritorno. Vinto dal dolore, poche rime feci, ed un continuo piangere sino a Siena dove mi restituii ai primi di novembre. Alcuni amici dell'amico, che mi amavano di rimbalzo, ed io così loro, mi accrebbero in quei primi giorni smisuratamente il dolore troppo bene servendomi nel mio desiderio di sapere ogni particolarità di quel funesto accidente; ed io tremando pur sempre e sfuggendo di udirle, le andava pur domandando. Non tornai più ad alloggio (come ben si può credere) in quella casa del pianto, che anzi non l'ho rivista mai più. Fin da quando io era tornato di Milano l'anno innanzi, io avea accettato dall'ottimo cuor dell'amico un molto gaio e solitario quartierino nella di lui casa, e ci vivevamo come fratelli.

Ma il soggiorno di Siena senza il mio Gori, mi si fece immediatamente insoffribile. Volli tentare di indebolirne alquanto il dolore senza punto scemarmene la memoria, col cangiare e luoghi ed oggetti. Mi trasferii perciò nel novembre in Pisa, risolutomi di starvi quell'inverno; ed aspettando che un miglior destino mi restituisse a me stesso; che privo d'ogni pascolo del cuore, veramente non mi potea riputar vivo.

CAPITOLO DECIMOQUINTO

Soggiorno in Pisa. Scrittovi il Panegirico
a Traiano *ed altre cose.*

La mia donna frattanto era per le Alpi della Savoia rientrata 1785 anch'essa in Italia; e per la via di Torino venuta a Genova, quindi a Bologna, in quest'ultima città si propose di passare l'inverno; combinandosi in questo modo per lei di stare negli Stati Pontificii, senza pure rimettersi in Roma nell'usato carcere. Sotto il pretesto dunque della stagione troppo inoltrata, sendo giunta a Bologna in dicembre, non ne partì altrimenti. Eccoci dunque, io a Pisa, ed essa in Bologna, col solo Apennino di mezzo, per quasi cinque mesi, di nuovo disgiunti e pur vicinissimi. Questo m'era ad un tempo stesso una consolazione e un martirio; ne ricevea le nuove freschissime ogni tre o quattro giorni, e non potea pure né doveva in niun modo tentar di vederla, atteso il gran pettegolezzo delle città piccole d'Italia, dove chi nulla nulla esce dal volgo, è sempre minutamente osservato dai molti oziosi e maligni. Io mi passai dunque in Pisa quel lunghissimo inverno, col solo sollievo delle di lei spessissime lettere, e perdendo al solito il mio tempo fra i molti cavalli, e quasi nulla servendomi dei pochi ma fidi miei libri. Sforzato pure dalla noia, e nell'ore che cavalcare ed aurigare non si poteva, tanto e tanto qualcosa andava pur leggicchiando, massime la mattina in letto, appena sveglio. In queste semi-letture avea scorse le lettere di Plinio il Minore[1], e molto mi avean dilettato sì per la loro eleganza, sì per le molte notizie su le cose e costumi romani che vi si imparano; oltre poi il purissimo animo, e la bella ed amabile indole che vi va sviluppando l'autore. Finite l'epistole, impresi di leggere il *Panegirico a Traiano*, opera che mi era nota per fama, ma di cui non avea mai letta parola. Inoltratomi per alcune pagine, e non vi ritrovando quell'uomo stesso dell'epistole, e molto meno un amico di Tacito, qual egli si professava, io sentii nel mio intimo un certo tal moto d'indegnazione; e tosto, buttato là il libro saltai a sedere sul letto, dov'io giaceva nel leggere; ed impugnata con ira la penna, ad alta voce gridando dissi a me stesso: «Plinio mio, se tu eri davvero e l'amico, e l'emulo, e l'ammiratore di Tacito, ecco come avresti dovuto parlare a Traiano». E senza più aspettare, né riflettere, scrissi d'impeto, quasi forsennato, così come la penna buttava, circa quattro gran pagine del mio minutissimo scritto; finché stanco, e disebriato dallo sfogo delle versate parole, lasciai di scrivere, e quel giorno non vi pensai più. La mattina dopo, ripigliato il mio Plinio, o per dir meglio, quel Plinio che tanto mi era scaduto di grazia nel giorno innanzi, volli continuar di leggere il di lui *Panegirico*. Alcune poche pagine più, facendomi gran forza, ne lessi; poi non mi fu possibile di proseguire. Allora volli un po' rileggere quello squarcione del mio *Panegirico*, ch'io avea scritto delirando la mattina innanzi. Lettolo, e piaciutomi, e rinfiammato più di prima, d'una burla ne feci, o credei farne, una cosa serissima; e distribuito e diviso alla meglio il mio tema, senza più ripigliar fiato, scrivendone ogni mattina quanto ne potevan gli occhi, che dopo un par d'ore di entusiastico lavoro non mi fanno più luce; e pensandovi poi e ruminandone tutto l'intero giorno, come sempre mi accade allorché non so chi mi dà questa febbre del concepire e comporre; me lo trovai tutto steso nella quinta mattina, dal dì 13 al 17 di marzo; e con pochissima varietà, toltone l'opera della lima, da quello che va dattorno stampato.

Codesto lavoro mi avea riacceso l'intelletto, ed una qualche tregua avea pur anche data ai miei tanti dolori. Ed allora mi convinsi per esperienza, che a voler tollerare quelle mie angustie d'animo, ed aspettarne il fine senza soccombere, mi era più che necessario di farmi forza, e costringer la mente ad un qualche lavoro. Ma siccome la mente mia, più libera e più indipendente di me, non mi vuole a niun conto obbedire; tal che, se io mi fossi proposto, prima di leggere il Plinio, di voler fare un panegirico a Traiano, non avrebbe essa forse voluto raccozzar due idee; per ingannare ad un tempo e il dolore e la mente, trovai il compenso di violentarmi in una qualche opera di pazienza, e di schiena come si suol dire. Perciò tornatomi fra mani quel Sallustio che circa dieci anni prima aveva tradotto in Torino per semplice studio, lo feci ricopiare col testo accanto, e mi posi seriamente a correggerlo, coll'intenzione e speranza ch'egli riuscisse una cosa. Ma neppure per questo pacifico lavoro io sentiva il mio animo capace di continua e tranquilla applicazione; onde non lo migliorai di gran fatto, anzi mi avvidi, che nel bollore e deliri d'un cuore preoccupato e scontento, riesce forse più possibile il concepire e creare una cosa breve e focosa, che non il freddamente limare una cosa già fatta. La lima è un tedio, onde facilmente si pensa ad altro, adoprandola. La creazione è una febbre, durante l'accesso, non si sente altro che lei. Lasciato dunque il Sallustio a tempi più lieti, mi rivolsi a continuar quella prosa *Del principe e delle lettere*, da me ideata, e distribuita più anni prima in Firenze. Ne scrissi allora tutto il primo libro, e due o tre capitoli del secondo.

Fin dall'estate antecedente, al mio tornare d'Inghilterra in Siena, io aveva pubblicato il terzo volume delle tragedie, e mandatolo, come a molti altri valentuomini d'Italia, anche all'egregio Cesarotti, pregandolo di darmi un qualche lume sovra il mio stile e composizione e condotta. Ne ricevei in quell'aprile una lettera critica su le tre tragedie del terzo volume[2], alla quale risposi allora brevemente, ringraziandolo, e notando le cose che mi pareano da potersi ribattere; e ripregandolo di indicarmi o darmi egli un qualche modello di verso tragico[3]. È da notarsi su ciò, che quello stesso Cesarotti, il quale aveva concepiti ed eseguiti con tanta maestria i sublimi versi dell'*Ossian*, essendo stato richiesto da me, quasi due anni prima, di volermi indicare un qualche modello di verso sciolto di dialogo, egli non si vergognò di parlarmi d'alcune sue traduzioni dal francese, della *Semiramide* e del *Maometto* di Voltaire, stampate già da molti anni; e di tacitamente propormele per modello. Queste traduzioni del Cesarotti essendo in mano di chiunque le vorrà leggere, non occorre ch'io aggiunga riflessioni su questo particolare; ognuno se ne può far giudice e paragonare quei versi tragici con i miei; e paragonarli anche con i versi epici dello stesso Cesarotti nell'*Ossian*, e vedere se paiano della stessa officina. Ma questo fatto servirà pure a dimostrare quanto miserabil cosa siamo noi tutti uomini, e noi autori massimamente, che sempre abbiam fra le mani e tavolozza e pennello per dipingere altrui, ma non mai lo specchio per ben rimirarci noi stessi e conoscerci.

Il giornalista di Pisa[4], dovendo poi dare o inserire nel suo giornale un giudizio critico su quel mio terzo tomo delle tragedie, stimò più breve e più facil cosa il trascrivere a dirittura quella lettera del Cesarotti, con le mie note che le servono di risposta. Io mi trattenni in Pisa sino a tutto l'agosto di quell'anno 1785; e non vi feci più nulla da quelle prose in poi, fuorché far ricopiare le dieci tragedie stampate, ed apporvi in margine molte mutazioni, che allora mi parvero soverchie; ma quando poi venni a ristamparle in Parigi, elle mi vi parvero più che insufficienti, e bisognò per lo meno quadruplicarle. Nel maggio di quell'anno godei in Pisa del divertimento del Giuoco del Ponte, spettacolo bellissimo, che riunisce un non so che di antico e d'eroico. Vi si aggiunse anco un'altra festa bellissima d'un altro genere, la luminara di tutta la detta città, come si costuma ogni due anni per la festa di San Ranieri[5]. Queste feste si fecero allora riunitamente, all'occasione della venuta del re e regina di Napoli in Toscana per visitarvi il gran duca Leopoldo, cognato del suddetto re. La mia vanaglorietta in quelle feste rimase bastantemente soddisfatta, essendomi io fatto molto osservare a cagione de' miei be' cavalli inglesi, che vincevano in mole, bellezza e brio quanti altri mai cavalli vi fossero capitati in codest'occasione. Ma in mezzo a quel mio fallace e pueril godimento, mi convinsi con sommo dolore ad un tempo stesso, che nella fetida e morta Italia ella era assai più facil cosa il farsi additare per via di cavalli, che non per via di tragedie.

Secondo viaggio in Alsazia, dove mi fisso. Ideativi, e ste-si i due Bruti, *e l'*Abele. *Studi caldamente ripigliati.*

In questo frattempo era ripartita di Bologna la mia donna, ed 1785 avviatasi verso Parigi nel mese di aprile. Non volendo essa tornare a Roma, in nessun altro luogo ella potea più convenientemente fissarsi che in Francia, dove avea parenti, aderenze, e interessi. Trattenutasi in Parigi sino all'agosto inoltrato, ella ritornò in Alsazia in quella stessa villa¹ dove c'eramo incontrati l'anno innanzi. Onde io ai primi di settembre con infinita gioia e premura mi vi avviai per la solita strada dell'Alpi tirolesi. Ma l'aver perduto l'amico di Siena, e l'essersi oramai la mia donna trapiantata fuori d'Italia, mi fece anche risolvere di non dimorarci più neppur io. E benché per allora né volessi, né convenisse ch'io mi fissassi a dimora dove ella, io cercai pure di starle il meno lontano ch'io potessi, e di toglierci almeno l'Alpi di mezzo. Feci dunque muovere anche tutta la mia cavalleria, che sana e salva arrivò un mese dopo di me in Alsazia, dove allora ebbi raccolto ogni mia cosa, fuorché i libri, che i più gli avea lasciati in Roma. Ma la mia felicità derivata da questa seconda riunione non durò né potea durare altro che due mesi in circa, dovendosi la mia donna restituire in Parigi nell'inverno. Nel decembre l'accompagnai sino a Strasborgo, dove, con mio sommo dolore costretto di lasciarla, me ne separai per la terza volta; ella continuò la sua strada per Parigi, io ritornai nella nostra villa. Ancorché io fossi scontento, pure la mia afflizione riusciva ora assai minore della passata, trovandoci più vicini, potendo senza ostacolo, e senza pericolo di nuocerle dare una scorsa per vederla, ed avendo in somma fra noi la certezza di rivederci nella prossima estate. Tutte queste speranze mi posero un tal balsamo in corpo, e mi rischiararono talmente l'intelletto, che di bel nuovo intieramente mi diedi in braccio alle Muse. In quel solo inverno, nella quiete e libertà della villa, feci assai più lavoro che non avessi fatto mai in così breve spazio di tempo; cotanto la continuità del pensare ad una stessa cosa, e il non aver divagazioni né dispiaceri, abbreviandoci l'ore ad un tempo ce le moltiplica. Appena tornato nel mio ritiro, da prima finii di stendere l'*Agide*, che fin dal decembre precedente avea cominciato in Pisa; poi infastidito del lavoro (cosa che non mi accadeva mai nel creare) non lo avea più potuto proseguire. Finitolo ora felicemente, senza pigliar più respiro stesi in quello stesso decembre la *Sofonisba* e la *Mirra*. Quindi in gennaio finii interamente di stendere il secondo e terzo libro *Del principe e delle lettere*; ideai e stesi il dialogo *Della virtù sconosciuta*; tributo che da gran tempo mi rimproverava di non aver pagato alla adorata memoria del degnissimo amico Gori; e ideai inoltre, e distesi tutta, e versaggiai la parte lirica dell'*Abele* tramelogedia[2]; genere di cui mi occorrerà di parlare in appresso, se avrò vita e mente e mezzi da effettuare quanto mi propongo di eseguire. Postomi quindi al far versi, non abbandonai più quel mio poemetto[3] ch'io non l'avessi interamente terminato col quarto canto; e quindi dettati, ricorretti, e riannestati insieme i tre altri, che nello spazio di dieci anni essendo stati scritti a pezzi, aveano (e forse tuttora serbano) un non so che di sconnesso; il che tra i miei molti difetti non suole però avvenirmi nelle altre composizioni. Appena era finito il poema, mi accadde che in una delle tante e sempre a me graditissime lettere della mia donna, essa come a caso mi accennava di aver assistito in teatro ad una recita del *Bruto* di Voltaire, e che codesta tragedia le era sommamente piaciuta. Io, che l'avea veduta recitare forse dieci anni prima, e che non me ne ricordava punto, riempiutomi istantaneamente di una rabida e disdegnosa emulazione sì il cuor che la mente, dissi fra me: "Che Bruti, che Bruti di un Voltaire? io ne farò dei Bruti, e li farò tutt'e due: il tempo dimostrerà poi, se tali soggetti di tragedia si addicessero meglio a me, o ad un francese nato plebeo, e sottoscrittosi nelle sue firme per lo spazio di settanta e più anni: *Voltaire gentiluomo ordinario del re*". Né altro dissi, né di questo toccai pur parola nel rispondere alla mia donna; ma subitamente d'un lampo ideai ad un parto i due *Bruti*[4], quali poi li ho eseguiti. In questo modo uscii per la terza volta dal mio proposito di non far più tragedie; e da dodici ch'essere doveano, son arrivate a diciannove. Su l'ultimo *Bruto* rinnovai poi il giuramento ad Apolline più solenne ch'io non l'avessi fatto mai, e questo io son quasi certo di non l'aver più ad infrangere. Gli anni che mi si vanno ammontando sul tergo me n'entrano quasi mallevadori; e le tante altre cose di altro genere che mi restan da fare, se pure farle potrò e saprò.

Dopo aver passati cinque e più mesi in villa in un continuo bollore di mente, poiché appena sveglio la mattina per tempissimo io scriveva cinque o sei pagine alla mia donna; poi lavorava fino alle due o le tre dopo mezzogiorno; poi andando o a cavallo, o in biroccio per un par d'ore, in vece di divagarmi e riposarmi, pel continuo pensare ora a quel verso, ora a quel personaggio, ora ad altro, mi affaticava assai più l'intelletto che non lo sollevassi; mi ritrovai perciò nell'aprile una fierissima podagra a ridosso, la quale m'inchiodò per la prima volta in letto, e mi vi tenne immobile e addoloratissimo per quindici giorni almeno, e pose così una spiacevole interruzione ai miei studi sì caldamente avviati. Ma troppo avea impreso, di vivere solitario e occupato, né ci avrei potuto resistere senza i cavalli che tanto mi sforzavano a pigliar l'aria aperta, e far moto. Ma anche coi cavalli, non la potei durare quella perpetua incessante tensione delle fibre del cervello; e se la gotta, più savia di me, non mi vi facea dar tregua, avrei finito o col delirar d'intelletto, o col soccombere delle forze fisiche, sendomi ridotto a quasi nulla cibarmi, e pochissimo dormire. Nel maggio tuttavia, mercè la gran dieta, e il riposo, mi trovai bastantemente riavuto di forze; ma alcune circostanze particolari avendo impedito per allora la mia donna di venire in villa, e dovendo differire la consolazione unica per me, del vederla; entrai in un turbamento di spirito, che mi offuscò per più di tre mesi la mente, talché poco e male lavorai, fino al fin d'agosto, quanto al riapparire dell'aspettata donna tutti questi miei mali di accesa e scontenta fantasia sparirono.

Appena riavutomi di mente e di corpo, dati all'oblio i dolori di questa lontananza, che per mia buona sorte fu l'ultima, tosto mi rimisi al lavoro con ardore e furore. A segno che verso il mezzo decembre, che si partì poi insieme per Parigi, io mi trovai aver verseggiate l'*Agide*, la *Sofonisba*, e la *Mirra*; mi trovai stesi i due *Bruti*; e scritta la prima satira. Questo nuovo genere, di cui avea già ideato e distribuiti i soggetti fin da nove anni prima in Firenze, l'aveva anche tentato allora in esecuzione; ma scarso ancora troppo di lingua e di padronanza di rima, mi ci era rotto le corna; talché dubbio del potervi riuscire quanto allo stile e verseggiatura, ne avea quasi deposto il pensiere. Ma il raggio vivificante della donna mia, mi ebbe allora restituito l'ardire e baldanza necessari da ciò; e postomi al tentativo, mi vi parve esser riuscito, a principiare almeno l'aringo, se non a percorrerlo. E così pure, avendo prima di partir per Parigi fatta una rassegna delle mie rime, e dettate e limate gran parte, me ne trovai in buon numero, e forse troppe.

CAPITOLO DECIMOSETTIMO

Viaggio a Parigi. Ritorno in Alsazia, dopo aver fissato col Didot in Parigi la stampa di tutte le diciannove tragedie. Malattia fierissima in Alsazia, dove l'amico Caluso era venuto per passare l'estate con noi.

1787 Dopo quattordici e più mesi non interrotti di soggiorno in Alsazia, partii insieme con la signora alla volta di Parigi; luogo a me per natura sua e mia sempre spiacevolissimo, ma che mi si facea allor paradiso poiché lo abitava la mia donna. Tuttavia, essendo incerto se vi rimarrei lungamente, lasciai gli amati cavalli nella villa di Alsazia, e munito soltanto di alcuni libri, e di tutti i miei scritti mi ritrovai in Parigi. Alla prima, il rumore e la puzza di quel caos dopo una sì lunga villeggiatura, mi rattristarono assai. La combinazione poi del ritrovarmi alloggiato assai lontano dalla mia donna, oltre mill'altre cose che di quella Babilonia mi dispiaceano sommamente, mi avrebbero fatto ripartirne ben tosto se io avessi vissuto in me stesso e per me; ma ciò non essendo da tanti anni oramai, con molta malinconia mi adattai alla necessità; e cercai di cavarne almeno qualche utile coll'impararvi qualche cosa. Ma quanto all'arte del verseggiare non v'essendo in Parigi nessuno dei letterati che intenda più che mediocremente la lingua nostra, non c'era niente da impar.arvi per me; quanto poi all'arte drammatica in massa, ancorché i francesi vi si accordino essi stessi esclusivamente il primato, tuttavia i miei princìpi non essendo gli stessi che han praticato i loro autori tragici, molta e troppa flemma mi ci volea per sentirmi dettare magistralmente continue sentenze, di cui molte vere, ma assai male eseguite da essi. Pure, essendo il mio metodo di poco contradire, e non mai disputare, e moltissimo e tutti ascoltare, e non credere poi quasiché mai in nessuno; io tanto e tanto imparava da quei ciarlieri la sublime arte del tacere.

Quel primo soggiorno, di sei e più mesi in Parigi, mi giovò, se non altro, alla salute moltissimo. Prima del mezzo giugno si ripartì per la villa d'Alsazia. Ma intanto stando in Parigi avea verseggiato il *Bruto primo*, e per un accidente assai comico mi era toccato di rimpasticciare tutta intera la *Sofonisba*. La volli leggere ad un francese già mio conoscente in Torino, dove aveva soggiornato degli anni; persona intelligente di cose drammatiche; e che più anni prima mi avea ben consigliato sul *Filippo*, quando glie lo aveva letto in prosa francese, di trasporvi il consiglio dal quarto atto dov'era, nel terzo dove poi è rimasto, e dove nuoce assai meno alla progressione dell'azione, di quel che dianzi nuoceva nel quarto. Sicché leggendo io quella *Sofonisba* ad un giudice competente, mi immedesimava in lui quant'io più potea, per argomentare dal di lui contegno più che dai di lui detti, qual fosse il suo schietto parere. Egli mi stava ascoltando senza batter palpebra; ma io, che altresì mi stava ascoltando per due, incominciai da mezzo il second'atto a sentirmi assalire da una certa freddezza, che talmente mi andò crescendo nel terzo ch'io non lo potei pur finire; e preso da un impeto irresistibile la buttai sul fuoco, ché stavamo al camminetto noi due solissimi; e parea che quel fuoco mi fosse come un tacito invito a quella severa e pronta giustizia. L'amico, sorpreso di quell'inaspettata stranezza (stante che io non avea neppur detto una parola fino a quel punto, che l'accennasse neppure), si buttò colle mani su lo scartario[1] per estrarlo dal fuoco, ma io già colle molle che aveva rapidissimamente impugnate, inchiodai sì stizzosamente la povera *Sofonisba* fra i due o tre pezzi che ardevano, che le convenne ardere anch'essa; né abbandonai, da esperto carnefice, le molle, se non se quando la vidi ben avvampante e abbronzita andarsi sparpagliando su per la gola del camminetto. Questo moto frenetico fu fratello carnale di quello di Madrid contro il povero Elia, ma ne arrossisco assai meno, e mi riuscì d'un qualche utile. Mi confermai allora nell'opinione ch'io aveva più volte concepita su quel soggetto di tragedia; ch'egli era sgradito, traditore, apparentante alla prima un falso aspetto tragico, e non lo mantenendo poi saldo; e feci quasi proposito di non vi pensar altrimenti. Ma i propositi d'autore son come gli sdegni materni. Mi ricadde due mesi dopo quell'infelice prosa della giustiziata *Sofonisba* fra mani, e rilettala, trovandovi pure qualche cosa di buono, la ripigliai a verseggiare, abbreviandola assai, e tentando con lo stile di supplire e mascherare le mende inerenti al soggetto. E benché io sapessi, e sappia, ch'ella non era né sarebbe mai tragedia di prim'ordine, non ebbi con tutto ciò il coraggio di porla da parte, perché era il solo soggetto in cui si potessero opportunamente sviluppare gli altri sensi delle sublimi Cartagine e Roma. Onde di varie scene di quella debole tragedia, io mi pregio non poco.

Ma la totalità delle mie tragedie parendomi a quell'epoca essersi fatta oramai cosa matura per una stampa generale, mi proposi allora di voler almeno cavar questo frutto dal mio soggiorno che sarei per fissare d'allora in poi in Parigi, di farne una edizione bella, accurata, a bell'agio, senza risparmio nessuno né di spesa né di fatica. Prima dunque di decidermi per questo o per quello degli stampatori volli fare una prova dei caratteri, e proti, e maneggi tipografici parigini, trattandosi di una lingua forestiera. Trovandomi sin dall'anno innanzi dettato e corretto il *Panegirico a Traiano*, lo stampai a quest'effetto, ed essendo cosa breve, in un mesetto fu terminato. E saviamente feci di tentar quella prova, avendo poi cambiato lo stampatore assai in meglio per tutti i versi. Onde, accordatomi con Didot Maggiore[2], uomo intendentissimo ed appassionato dell'arte sua, ed oltre ciò accurato molto, e sufficientemente esperto nella lingua italiana, io cominciai sin dal maggio di quell'anno 1787 a stampare il primo volume delle tragedie. Ma incominciai per impegnare me e lui, più che per altro; sapendo benissimo, che dovendo io partire nel giugno per trattenermi in Alsazia fino all'inverno, la stampa in quel frattempo non progredirebbe gran fatto; ancorché si prendessero le misure per farmi avere settimanalmente le prove da correggersi in Alsazia, e rimandarsi in Parigi. In questo modo io mi legai da me stesso doppiamente a dover ritornare l'inverno in Parigi, cosa alla quale sentiva ripugnanza non poca; volli perciò, che mi vi dovessero costringere parimente e la gloria e l'amore. Lasciai al Didot il manoscritto delle prose che precedono, e quello delle tre prime tragedie, ch'io stupidamente credei ridotte, limate, e accurate quanto potessero essere; me n'avvidi poi, quando fu posto mano a stamparle, quanto io mi fossi ingannato.

Oltre l'amor della quiete, l'amenità della villa, l'essere quivi più lungamente con la mia donna, alloggiato sotto lo stesso tetto; l'avervi i miei libri, e gli amati cavalli; tutti questi oggetti erano caldissimi sproni al farmi ritornare con delizia in Alsazia. Ma un'altra ragione vi si aggiunse anche allora, che me ne dovea duplicare il diletto. L'amico Caluso mi aveva insperanzito, ch'egli verrebbe in Alsazia a passar quell'estate con noi; ed era questi l'ottimo degli uomini da me conosciuti, e l'ultimo amico rimastomi dopo la morte del Gori. Dopo alcune settimane del nostro arrivo in Alsazia, verso il fin di luglio la mia donna ed io partimmo dunque espressamente per andare ad incontrare l'amico fino a Ginevra; indi ce ne ritornammo con esso per tutta la Svizzera sino alla nostra villa presso a Colmar; dove ebbi allora riunite tutte le mie più care cose. Il primo discorso ch'io ebbi a tener con l'amico, fu, oltre ogni mia aspettazione, di affari domestici. Egli avea avuto dalla mia ottima madre un'incombenza assai strana, visto l'età mia, ed occupazioni, e il pensare mio. Quest'era una proposizione di matrimonio. Egli me la fece ridendo; ed io pure ridendo gliela negai: e si combinò la risposta da farsi alla mia amorosissima madre, che ci scusasse ambedue. Ma per dare un saggio dell'affetto e semplice costume di quella rispettabil donna, porrò qui in fondo di pagina la di lei lettera su questo soggetto[3].

Finito il trattato del matrimonio, ci sfogammo reciprocamente il cuore, l'amico ed io, coi discorsi delle amatissime lettere. Io mi sentiva veramente necessità di conversare su l'arte, di parlar italiano, e di cose italiane; tutte privazioni che da due anni mi si faceano sentire non poco; e ciò con assai grande mio scapito, nell'arte principalmente del verseggiare. E certo, se questi ultimi famosi uomini francesi, come Voltaire e Rousseau, avessero dovuto gran parte della loro vita andarsene erranti in diversi paesi in cui la loro lingua fosse stata ignota o negletta, e non avessero neppur trovato con chi parlarla, essi non avrebbero forse avuto la imperturbabilità e la tenace costanza di scrivere per semplice amor dell'arte e per mero sfogo, come faceva io, ed ho fatto poi per tanti anni consecutivi, costretto dalle circostanze di vivere e conversare sempre con barbari; che tale si può francamente denominare tutta l'Europa da noi, quanto alla letteratura italiana; come lo è pur troppo tuttavia, e non poco, una gran parte della stessa Italia, *sui nescia*[4]. Che se si vuole anche per gl'italiani scrivere egregiamente, e che si tentino versi in cui spiri l'arte del Petrarca e di Dante, chi oramai in Italia, chi è che veramente e legga ed intenda e gusti e vivamente senta Dante e il Petrarca? Uno in mille, a dir molto. Con tutto ciò, io immobile nella persuasione del vero e del bello, antepongo d'assai (ed afferro ogni occasione di far tal protesta) di gran lunga antepongo di scrivere in una lingua quasi che morta, e per un popolo morto, e di vedermi anche sepolto prima di morire, allo scrivere in codeste lingue sorde e mute, francese ed inglese, ancorché dai loro cannoni ed eserciti elle si vadano ponendo in moda. Piuttosto versi italiani (purché ben torniti) i quali rimangano per ora ignorati, non intesi, o scherniti; che non versi francesi mai, od inglesi, o d'altro simil gergo prepotente, quando anche ne dovessi immediatamente esser letto, applaudito, ed ammirato da tutti. Troppa è la differenza dal suonare la nobile e soave arpa ai propri orecchi, ancorché nessuno ti ascolti, al suonare la vil cornamusa, ancorché un volgo intero di orecchiuti ascoltanti ti faccia pur plauso solenne.

Torno all'amico, con cui di questi e simili sfoghi mi occorreva spesso di fare, il che mi riusciva di sommo sollievo. Ma poco durò quella mia nuova ed intera felicità, di passare quei beati giorni tra così amate e degne persone. Un accidente occorso all'amico venne a sturbare la nostra quiete. Cavalcando egli meco fece una caduta, in cui si slogò il pugno. Da prima credei rotto il braccio, e anche peggio; onde me ne rimescolai fortemente, e tosto al di lui male si aggiunse il mio proprio, ma di gran lunga maggiore. Mi assalì due giorni dopo una dissenteria ferocissima, che andò sì ostinatamente crescendo, che al decimoquinto giorno, non essendo più entrato nel mio stomaco altro che acqua gelata, e le pestilenziali evacuazioni oltrepassando il numero di ottanta nelle ventiquattro ore, mi ritrovai ridotto presso che in fine, senza pure aver quasi punto febbre. La mancanza del calor naturale era tale, che certe fomente di vino aromatizzato che mi facevano su lo stomaco e ventricolo per rendere una qualche attività a quelle parti spossate, ancor che esse fomente fossero bollenti a segno che i famigliari nel maneggiarle vi si pelassero le mani, ed io il corpo nell'applicarmele, con tutto ciò che mi parean sempre pochissimo calde, e d'altro non mi doleva che della loro freddezza. Non v'era più vita nel mio individuo, altro che nel capo, il quale indebolito sì, ma chiarissimo rimanevami. Dopo i quindici giorni il male allentò e adagio adagio retrocedendo, verso il trentesimo giorno le evacuazioni erano però ancora oltre venti nelle ventiquattro ore. Mi trovai finalmente libero dopo sei settimane, ma ischeletrito e annichilato in tal modo, che per altre quattro settimane in circa, quando mi si dovea rifar il letto, mi levavano di peso per traspormi in un altro finché fossi riportato nel primo.

Io veramente non credei di poterla superare. Doleami assai di morire, lasciando la mia donna, l'amico, ed appena per così dire abbozzata quella gloria, per cui da dieci e più anni io aveva tanto delirato, e sudato; che io benissimo sentiva che di tutti quegli scritti ch'io lascierei in quel punto, nessuno era fatto e finito come mi parea di poterlo fare e finire, avendone il dovuto tempo. Mi confortava per altra parte non poco, giacché morir pur dovea, di morire almen libero, e fra le due più amate persone ch'io m'avessi, di cui mi pareva d'avere e di meritare l'amore e la stima, e di morir finalmente innanzi di aver provato tanti altri mali sì fisici che morali, a cui si va incontro invecchiando. Io aveva comunicato all'amico tutte le mie intenzioni circa alla stampa già avviata delle tragedie, e le avrebbe fatte continuare egli in mia vece. Mi sono poi ben convinto in appresso, quando io fui all'atto pratico di quella stampa che durò poi quasi tre anni, che atteso l'assiduo, e lunghissimo, e tediosissimo lavoro che mi vi convenne di farvi sopra le prove, se poco era il fatto sino a quel punto, ove fossi mancato io, quello che lasciava sarebbe veramente stato un nulla, ed ogni fatica precedente a quella dello stampare era intieramente perduta, se quest'ultima non sopravveniva per convalidarla. Cotanto il colorito e la lima si fanno parte assolutamente integrante d'ogni qualunque poesia.

Piacque al destino, ch'io scampassi per allora, e che le mie tragedie ricevessero da me poi quel compimento ch'io era in grado di dar loro; e di cui forse (s'elle hanno gratitudine) potranno contraccambiarmi col tempo non lasciando totalmente perire il mio nome.

Guarii, come dissi, ma a stento; e rimasi così indebolito anche della mente, che tutte le prove delle tre prime tragedie, che successivamente nello spazio di circa quattro mesi in quell'anno mi passarono sotto gli occhi, non ricevettero da me né la decima parte delle emendazioni ch'avrei dovuto farvi. Il che fu poi in gran parte cagione, che due anni dopo, finito di stamparle tutte, ricominciai da capo a ristampar quelle prime tre; a solo fine di soddisfare all'arte e a me stesso; e forse a me solo;

che pochissimi al certo vorranno o sapranno badare alle mutazioni fattevi quanto allo stile; le quali, ciascuna per sé sono
inezie; tutte insieme, son molte e importanti, se non per ora,
col tempo.

CAPITOLO DECIMOTTAVO

*Soggiorno di tre e più anni in Parigi. Stampa di tutte le
tragedie. Stampa nel tempo stesso di molte altre opere in
Kehl.*

Appena io cominciava alquanto a riavermi, che l'amico
(anch'egli molto prima guarito della slogatura del pugno),
avendo delle occupazioni letterarie in Torino, dove era segretario dell'Accademia delle Scienze, volle far una scorsa a Strasborgo prima di ripartir per l'Italia. Io, benché ancora infermiccio, per goder più lungamente di lui ce lo volli accompagnare.
Ed anche la signora ci venne, e fu nell'ottobre. Si andò fra
l'altre cose a vedere la famosa tipografia stabilita in Kehl gran-
diosamente dal signor di Beaumarchais[1], coi caratteri di
Baskerville comprati da esso, e destinato il tutto alle molte e
varie edizioni di tutte l'opere di Voltaire. La bellezza di quei
caratteri, la diligenza degli artefici, e l'opportunità che mi somministrava l'essere io molto conoscente del suddetto Beaumarchais dimorante in Parigi, m'invogliarono di prevalermene per
colà stampare tutte l'altre mie opere che tragedie non erano;
ed alle quali avrebbero potuto essere d'intoppo le solite stitichezze censorie, le quali esistevano allora anche in Francia, e
non picciole. Sempre ha ripugnato moltissimo all'indole mia di
dover subire revisione per poi stampare. Non già ch'io creda,
né voglia, che s'abbia a stampare ogni cosa; ma per me ho
adottata nell'intero la legge d'Inghilterra, ed a quella mi atten-
go; né fo mai nessuno scritto, che non potesse liberissimamen-
te e senza biasimo nessuno dell'autore essere stampato nella
beata e veramente sola libera Inghilterra. Opinioni, quante se
ne vuole; individui offesi, nessuni; costumi, rispettati sempre.

Queste sono state, e saran sempre le sole mie leggi; né altre se ne può ragionevolmente ammettere, né rispettare.

Ottenuta io dunque direttamente dal Beaumarchais di Parigi la permissione di prevalermi in Kehl della di lui ammirabile stamperia, con quell'occasione d'esservi capitato io stesso, lasciai a que' suoi ministri il manoscritto delle mie cinque odi, che intitolate avea *L'America libera*, affine che quest'operetta mi servisse come di saggio. Ed in fatti ne riuscì così bella e corretta la stampa, ch'io poi per due e più anni consecutivi vi andai successivamente stampando tutte quelle altre opere, che si son viste o che si vedranno. E le prove me ne venivano settimanalmente spedite a rivedere in Parigi; ed io continuamente andava sempre mutando e rimutando i bei versi interi; a ciò invitandomi, oltre la smisurata voglia del far meglio, anche la singolare compiacenza e docilità di quei proti di Kehl, dei quali non mai abbastanza mi potrei lodare; diversissimi in ciò dai proti, compositori, e torcolieri del Didot in Parigi, che mi hanno sì lungamente fatto fare il sangue verde, e cotanto mi hanno taglieggiato nelle borsa, facendomi a peso d'oro arbitrariamente ricomprare ogni mutazion di parola ch'io facessi; tal che se si suole talvolta nella vita ottenere ricompensa dell'emendarsi, io ho dovuto all'incontro pagare per emendare i miei spropositi, o per barattarli.

Si tornò d'Argentina[2] nella villa di Colmar, e pochi giorni dopo, verso il finir d'ottobre, l'amico se ne partì per Torino, lasciandomi sempre più desiderio di sé, e della sua dotta e piacevole compagnia. Si stette ancora tutto il novembre, e parte del decembre in villa, nel qual tempo mi andai rimettendo adagino della grande scossa avuta negli intestini; e così mezzo impotente tanto verseggiai alla meglio, o alla peggio, il *Bruto secondo*, che dovea esser l'ultima tragedia ch'io mai farei; e quindi dovendo venir l'ultima a stamparsi, non mi potea mancar poi tempo di limarla e ridurla a bene.

1788 Arrivati in Parigi, dove atteso l'impegno della intrapresa stampa, era indispensabile ch'io mi fissassi a dimora, cercai casa, ed ebbi la sorte di trovarne una molto lieta e tranquilla, posta isolata sul baluardo nuovo nel sobborgo di San Germano, in cima d'una strada detta del Monte Parnasso[3], luogo di bellissima vista, d'ottima aria, e solitario come in una villa; compagno della villa di Roma ch'io aveva abitata due anni alle Terme. Si portò con noi a Parigi tutti i cavalli, di cui presso che metà cedei alla signora, sì pel di lei servizio, che per diminuirne a me la troppa spesa e divagazione. Così collocatomi, a bell'agio potei attendere a quella difficile e noiosa briga dello stampare; occupazione in cui rimasi sepolto per quasi tre anni consecutivi.

Venuto intanto il febbraio del 1788, la mia donna ricevé la nuova della morte del di lei marito seguita in Roma, dove egli da più di due anni si era ritirato, lasciando Firenze. E benché questa morte fosse preveduta già da un pezzo, attesi i replicati accidenti che da più mesi l'aveano percosso; e lasciasse la vedova interamente libera di sé, e non venisse a perdere nel marito un amico; con tutto ciò io fui con mia maraviglia testimonio oculare, ch'ella ne fu non poco compunta, e di dolore certamente non finto, né esagerato; che nessun'arte mai entrava in quella schiettissima ed impareggiabile indole. E certo quel suo marito, malgrado la molta disparità degli anni, avrebbe trovato in lei un'ottima compagna, ed un'amica se non un'amante donna, soltanto che non l'avesse esacerbata con le continue acerbe e rozze ed ebre maniere. Io doveva questa testimonianza alla pura verità.

Continuata tutto l'88 la stampa, e vedendomi oramai al 1789 fine del quarto volume, io stesi allora il mio parere su tutte le tragedie, per poi inserirlo in fine dell'edizione. Mi trovai in quell'anno stesso finito di stampare in Kehl le odi, il dialogo[4], l'*Etruria* e le *Rime*. Onde ostinato sempre più nel lavoro, e per vedermene una volta libero, nel susseguente anno continuai con maggior fervore, e verso l'agosto il tutto fu terminato, sì in Parigi i sei volumi delle tragedie, che in Kehl le due prose, del *Principe e delle lettere*, e della *Tirannide*, che fu l'ultima cosa ch'io vi stampassi. Ed essendomi in quell'anno tornato sotto gli occhi il *Panegirico* prima stampato nell'87, e trovatovi molte piccole cose che potrei emendare, lo volli ristampare; anche per aver tutte le opere egualmente ben stampate. Con gli stessi caratteri ed opera del Didot lo feci dunque eseguire; e v'aggiunsi l'ode di *Parigi sbastigliato*, fatta per essermi trovato testimonio oculare del principio di quei torbidi, e tutto il volumetto terminai con una favoluccia[5], adattata alle correnti peripezie. E così, vuotato il sacco, mi tacqui; nessuna altra mia opera avendo tralasciato di stampare, fuorché la tramelogedia d'Abele, perché in questo nuovo genere facea disegno di eseguirne varie altre; e la traduzion di Sallustio, perché non mi pensava mai di entrare nel disastroso e inestricabile labirinto del traduttore.

CAPITOLO DECIMONONO

Principio dei tumulti di Francia, i quali sturbandomi in più maniere, di autore mi trasformano in ciarlatore. Opinione mia sulle cose presenti e future di questo regno.

Dall'aprile dell'anno 1789 in appresso, io era vissuto in molte angustie d'animo, temendo ogni giorno che un qualche di quei tanti tumulti che insorgevano ogni giorno in Parigi dopo la convocazione degli Stati Generali, non mi impedisse di terminare tutte quelle mie edizioni tratte quasi al fine, e che non dovessi dopo tante e sì improbe spese e fatiche affondare alla vista del porto. Mi affrettava quanto più poteva; ma così non facevano gli artefici della tipografia del Didot, che tutti travestitisi in politici e liberi uomini, le giornate intere si consumavano a leggere gazzette e far leggi, in vece di comporre, correggere, e tirare le dovute stampe. Credei d'impazzarvi di rimbalzo. Fu dunque immensa la mia soddisfazione, quando pure arrivò quel giorno, in cui finite, imballate, e spedite sì in Italia che altrove, furono le tanto sudate tragedie. Ma non fu lunga quella contentezza, perché le cose andando sempre peggio, scemando ogni giorno la sicurezza e la quiete in questa Babilonia, e accrescendosi ogni giorno il dubbio, e i sinistri presagi per l'avvenire, chi ci ha che fare con questi scimiotti, come disgraziatamente siamo nel caso sì la mia donna che io, è costretto di temer sempre, non potendo mai finir bene.

Io dunque oramai da più d'un anno vo tacitamente veden- do e osservando il progresso di tutti i lagrimevoli effetti della dotta imperizia di questa nazione, che di tutto può sufficientemente chiacchierare, ma nulla può mai condurre a buon esito, perché nulla intende il maneggio degli uomini pratico; come acutamente osservò già e disse il nostro profeta politico, Machiavelli. Laonde io addolorato profondamente, sì perché vedo continuamente la sacra e sublime causa della libertà in tal modo tradita, scambiata, e posta in discredito da questi semifilosofi; stomacato del vedere ogni giorno tanti mezzi lumi, tanti mezzi delitti, e nulla in somma d'intero se non se l'imperizia d'ogni parte; atterrito finalmente dal vedere la prepotenza militare, e la licenza e insolenza avvocatesca posate stupidamente per basi di libertà; io null'altro oramai desidererei, che di poter uscire per sempre di questo fetente spedale, che riunisce gli incurabili e i pazzi. E già fuor ne sarei, se la miglior parte di me stesso non vi si trovasse disgraziatamente per lei intralciata dalle sue circostanze[1]. Istupidito dunque io pure dal perenne dubitare e temere, da quasi un anno che son finite le tragedie, piuttosto vegetando che vivendo, strascino assai male i miei giorni; ed isterilitomi anche non poco il cervello con quasi tre anni di continuo correggere e stampare, a nessuna lodevole occupazione mi so, né posso rivolgere. Ho intanto ricevuto, e vo ricevendo da molte parti notizia, esservi giunta l'edizione delle mie tragedie; e pare che trovino smercio, e non dispiacciano. Ma siccome le nuove mi sono date da persone piuttosto amiche mie, o benevole, non me ne lusingo gran fatto. Ed in fine mi sono proposto fra me e me, di non accettare né lode, né biasimo, se non mi recano e l'uno e l'altro il loro perché; e voglio dei *perché* luminosi, che ridondino in utile dell'arte mia e di me. Ma di questi *perché* pur troppo pochi se ne raccapezza, e nessuno finora me n'è pervenuto. Onde tutto il rimanente reputo per non accaduto. Queste cose, benché io le sapessi già prima benissimo, non mi hanno però fatto mai risparmiare né la fatica, né il tempo, per fare il meglio quant'era in me. Tanto più lode ne riceveranno forse le mie ossa col tempo, poiché io con tale tristo disinganno innanzi agli occhi, ho pure sì ostinatamente persistito a far bene più assai che a far presto, non mi piegando a corteggiare mai altri che il vero.

Quanto poi alle sei mie diverse opere stampate in Kehl, non voglio pubblicare per ora altro che le due prime, cioè l'*America libera*, e la *Virtù sconosciuta*; riserbando l'altre a tempi men burrascosi, ed in cui non mi possa esser data la vile taccia, che non mi par meritare, di aver io fatto coro con i ribaldi, dicendo quel ch'essi dicono, e che pur mai non fanno, né fare saprebbero né potrebbero. Con tutto ciò ho stampate quelle opere, perché l'occasione, come dissi, mi v'invitò; e perché son convinto, che chi lascia dei manoscritti non lascia mai libri, nessun libro essendo veramente fatto e compiuto s'egli non è con somma diligenza stampato, riveduto, e limato sotto il torchio, direi, dall'autore medesimo. Il libro può anche non esser fatto né compito, a dispetto di tutte queste diligenze; pur troppo è così; ma non lo può certo essere veramente, senz'esse.

Il non aver dunque per ora altro che fare; l'aver molti tristi presentimenti; e il credermi (lo confesserò ingenuamente) di avere pur fatto qualche cosa in questi quattordici anni; mi hanno determinato di scrivere questa mia vita, alla quale per ora fo punto in Parigi, dove l'ho stesa in età di quarantuno e mesi, e ne termino il presente squarcio, che sarà certo il maggiore, il dì 27 maggio dell'anno 1790. Né penso di rileggere più né guardare queste mie ciarle, fin presso agli anni sessanta, se ci arriverò, età in cui avrò certamente terminata la mia carriera letteraria. Ed allora, con quella freddezza maggiore che portano seco i molti anni, rivedrò poi questo scritto, e vi aggiungerò il conto di quei dieci o quindici anni all'incirca, che avrò forse ancora impiegati in comporre, o applicare. Se io verrò ad eseguire i due o tre diversi generi in cui fo disegno di provare le mie ultime forze, aggiungerò allora quegli anni in ciò impiegati, a questa quarta epoca della virilità; se no, nel ripigliare questa mia confession generale, incomincierò da quegli anni miei sterili la quinta epoca; della mia vecchiaia e rimbambimento, la quale, se punto avrò senno ancora e giudizio, brevissimamente, siccome cosa inutile sotto ogni aspetto, la scriverò.

Ma se io poi in questo frattempo venissi a morire, che è il più verisimile; io prego fin d'ora un qualche mio benevolo, nelle cui mani venisse a capitar questo scritto, di farne quell'uso che glie ne parrà meglio. S'egli lo stamperà tal quale, vi si vedrà, spero, l'impeto della veracità e della fretta ad un tempo; cose che portan seco del pari la semplicità e l'ineleganza nello stile. Né, per finire la mia vita, quell'amico vi dovrà aggiunger altro di suo, se non se il tempo il luogo ed il modo in cui sarò morto. E quanto alle disposizioni dell'animo mio in quel punto, l'amico potrà accertare arditamente in mio nome il lettore, che troppo conoscendo questo fallace e vuoto mondo, nessuna altra pena avrò provato lasciandolo, se non se quella di abbandonarvi la donna mia; come altresì fin ch'io vivo, in lei sola e per lei sola vivendo oramai, nessun pensiero veramente mi scuote e atterrisce, fuorché il timore di perderla: né d'altra cosa io supplico il cielo, che di farmi uscir primo di queste mondane miserie.

Ma se poi l'amico qualunque a cui capitasse questo scritto, stimasse bene di arderlo, egli farà anche bene. Soltanto prego, che se diverso da quel ch'io l'ho scritto gli piacesse di farlo pubblico, egli lo raccorcisca e lo muti pure a suo piacimento quanto all'eleganza e lo stile, ma dei fatti non ne aggiunga nessuni, né in verun modo alteri i già descritti da me. Se io, nello stendere questa mia vita, non avessi avuto per primo scopo l'impresa non volgarissima di favellar di me con me stesso, di specchiarmi qual sono in gran parte, e di mostrarmi seminudo a quei pochi che mi voleano o vorranno conoscere veramente; avrei saputo verisimilmente anch'io restringere il sugo, se alcun ve n'ha, di questi miei quarantun anni di vita in due o tre pagine al più, con istudiata brevità ed orgoglioso finto disprezzo di me medesimo taciteggiando. Ma io allora avrei voluto in ciò più assai ostentare il mio ingegno, che non disvelare il mio cuore, e costumi. Siccome dunque all'ingegno mio (o vero o supposto ch'ei sia) ho ritrovato bastante sfogo in tante altre mie opere, in questa mi son compiaciuto di darne uno più semplice, ma non meno importante, al cuor mio, diffusamente a guisa di vecchio su me medesimo, e di rimbalzo su gli uomini quali soglion mostrarsi in privato, chiacchierando.

Parte seconda

Continuazione della quarta epoca

PROEMIETTO

Avendo riletto circa tredici anni dopo, trovandomi fisso in Firenze[1], tutto quello ch'io aveva scritto in Parigi concernente la mia vita sino all'età di anni quarantuno, a poco a poco lo andai ricopiando, e un pocolino ripulendo, perché riuscisse chiaro e pianissimo lo stile. Dopo averlo ricopiato, giacché mi trovava ingolfato nel parlar di me, pensai di continuare a descrivere questi tredici anni, nei quali mi pare anche di aver fatto pur qualche cosa che meriti d'essere saputa. E siccome gli anni crescono, le forze fisiche e morali scemano, e verisimilmente oramai ho finito di fare, mi lusingo che questa seconda parte, che sarà assai più breve della prima, sarà anche l'ultima; poiché entrato nella vecchiaia, di cui i miei cinquantacinque anni vicini mi hanno già introdotto nel limitare, e atteso il gran logoro che ho fatto di corpo e di spirito, ancorché io viva dell'altro, nulla oramai facendo, pochissimo mi si presterà da dire.

CAPITOLO VIGESIMO
Finita interamente la prima mandata delle stampe, mi do a tradurre Virgilio e Terenzio; e con qual fine il facessi.

Continuando dunque la quarta epoca, dico che ritrovando-1790 mi in Parigi, come io dissi, ozioso e angustiato, ed incapace di crear nulla, benché molte cose mi rimanessero, che avea disegnato di fare; verso il giugno del 1790 cominciai così per baloc-

311

co a tradurre qua e là degli squarci dell'*Eneide*, quelli che più mi rapivano; poi vedendo che mi riusciva utilissimo studio, e dilettevole, lo cominciai da capo, per mantenermi anche nell'uso del verso sciolto. Ma tediandomi di lavorare ogni giorno la stessa cosa, per variare e rompere, e sempre più imparar bene il latino, pigliai anche a tradurre il Terenzio da capo; aggiuntovi lo scopo di tentare su quel purissimo modello di crearmi un verso comico, per poi scrivere (come da gran tempo disegnava) delle commedie di mio; e comparire anche in quelle con uno stile originale e ben mio, come mi pareva di aver fatto nelle tragedie. Alternando dunque, un giorno l'*Eneide*, l'altro il Terenzio, in quell'anno '90, e fino all'aprile del '91, che partii di Parigi, ne ebbi tradotto dell'*Eneide* i primi quattro libri; e di Terenzio, l'*Andria*, l'*Eunuco*, e l'*Eautontimoromeno*. Oltre ciò, per sempre più divagarmi dai funesti pensieri, che mi cagionavano le circostanze, volli disrugginirmi di nuovo la memoria, che nel comporre e stampare avea trasandata affatto, e m'inondai di squarci d'Orazio, Virgilio, Giovenale, e di nuovo dei Dante, Petrarca, Tasso, e Ariosto, talché migliaia e migliaia di versi altrui mi collocai nel cervello. E queste occupazioni di second'ordine sempre più mi insterilirono il cervello, e mi tolsero di non far più nulla del mio. Talché, di quelle tramelogedie, di cui doveano essere sei almeno, non vi potei mai aggiungere nulla alla prima, l'*Abele*; e sviato poi da tante cose, perdei il tempo, la gioventù, e il bollore necessario per una tal creazione, e non lo ritrovai poi mai più. Sicché in quell'ultimo anno, ch'io stetti allora in Parigi, e così poi nei due e più seguenti altrove, null'altro più scrissi del mio, fuorché qualche epigrammi e sonetti, per isfogare la mia giustissima ira contro gli schiavi padroni, e dar pascolo alla mia malinconia. E tentai anche di scrivere un *Conte Ugolino*, dramma misto, e da unirsi poi anche alle tramelogedie, se l'avessi eseguite. Ma dopo averlo ideato, lo lasciai, né vi potei più pensare, non che lo stendessi. L'*Abele* in tanto era finito, ma non limato. Nell'ottobre di quell'anno stesso '90, si fece con la mia donna un viaggietto di quindici giorni nella Normandia sino a Caen, L'Havre, e Roa-

no; bellissima e ricca provincia, ch'io non conosceva; e ne
rimasi molto soddisfatto, ed anche un poco sollevato. Perché
quei tre anni fissi di stampa, e di guai continui, mi aveano
veramente prosciugato il corpo e l'intelletto. L'aprile poi
vedendo sempre più imbrogliarsi le cose in Francia, e volendo
almeno tentare se più pace e sicurezza si potrebbe altrove trovare; oltreciò la mia donna spirandosi[1] di vedere l'Inghilterra,
quella sola terra un po' libera, e tanto diversa dall'altre tutte, ci
determinammo di andarvi.

CAPITOLO VIGESIMOPRIMO

*Quarto viaggio in Inghilterra e in Olanda. Ritorno a
Parigi dove ci fissiamo davvero, costrettivi dalle dure
circostanze.*

Si partì dunque verso il fine d'aprile del '91, ed avendo intenzione di starvi del tempo, ci portammo i nostri cavalli, e si
licenziò la casa in Parigi. Vi si arrivò in pochi giorni, e il paese
piacque molto alla mia donna per certi lati, per altri no. Io
invecchiato non poco dalle due prime volte in poi che ci era
stato, lo ammirai ancora (ma un poco meno), quanto agli effetti
morali del governo, ma me ne spiacque sommamente, e più
che nel terzo viaggio, sì il clima, che il modo corrotto di vivere;
sempre a tavola, vegliare fin alle due o tre della mattina; vita in
tutto opposta alle lettere, all'ingegno, e alla salute. Passata
dunque la novità degli oggetti per la mia donna, ed io tormen-
tatovi molto dalla gotta vagante, che in quella benedetta isola è
veramente indigena, presto ci tediammo di essere in Inghilterra. Succedé nel giugno di quell'anno la famosa fuga del re di
Francia, che ripreso in Varennes, come ciascun seppe, fu
ricondotto più che mai prigioniero in Parigi. Quest'avvenimento abbuiò sempre più gli affari di Francia; e noi vi ci trovavamo
impicciatissimi per la parte pecuniaria, avendo l'uno e l'altro i
due terzi delle nostre entrate in Francia, dove la moneta spari-
ta, e datovi luogo alla carta ideale[1], e sfiduciata ogni dì più,

settimanalmente uno si vedeva scemare in mano il suo avere, che prima d'un terzo, poi mezzo, poi due terzi, andava di carriera verso il bel nulla. Contristati ambedue e costretti da questa necessità irrimediabile, ci determinammo di obbedirvi, e di ritornare in Francia, dove solo con la nostra cartaccia potevamo campare per allora; ma con la trista perspettiva del peggio. Nell'agosto dunque, prima di lasciar l'Inghilterra, si fece un giro per l'isola a Bath, Bristol, e Oxford, e tornati a Londra, pochi giorni dopo ci rimbarcammo a Douvres.

Quivi mi accadde un accidente veramente di romanzo, che brevemente narrerò. Nel mio terzo viaggio in Inghilterra nell'83 e '84 non aveva punto più saputo né cercato nulla di quella famosa signora[2], che nel mio secondo viaggio mi avea fatto pericolare per tanti versi. Solamente sentii dire ch'ella non abitava più Londra, che il marito, da cui s'era divorziata, era morto, e che si credeva ne avesse sposato un altro, oscuro ed ignoto. In questo quarto viaggio, nei quattro e più mesi ch'io era stato a Londra non ne avea mai sentito far parola né cercatone notizia, e non sapeva neppure s'ella fosse ancor viva, o no. Nell'atto di imbarcarmi a Douvres, precedendo io la donna mia di forse un quarto d'ora alla nave, per vedere se il tutto era in ordine, ecco, che nell'atto, che dal molo stava per entrare nella nave, alzati gli occhi alla spiaggia dove era un certo numero di persone, la prima che i miei occhi incontrano, e distinguono benissimo per la molta prossimità, si è quella signora; ancora bellissima, e quasi nulla mutata da quella ch'io l'avea lasciata vent'anni prima appunto nel 1771. Credei a prima di sognare, guardai meglio, e un sorriso ch'ella mi schiuse guardandomi, mi certificò della cosa. Non posso esprimere tutti i moti, e diversi affetti contrari che mi cagionò questa vista. Tuttavia non le dissi parola, entrai nella nave, né più ne uscii; e nella nave aspettai la mia donna, che un quarto d'ora dopo giuntavi, si salpò. Essa mi disse che dei signori, che l'accompagnarono alla nave, gli avean indicata quella signora; e nominateglila, e aggiuntovi un compendiuccio della di lei vita passata e presente. Io le raccontai come mi era occorsa agli occhi, e come andò il fatto. Tra noi non v'era mai né finzione, né diffidenza, né disistima, né querele. Si arrivò a Calais; di dove io molto colpito di quella vista così inaspettata, le volli scrivere per isfogo del cuore, e mandai la mia lettera al banchiere di Douvres, che glie la rimettesse in proprie mani, e me ne trasmettesse poi la risposta a Bruxelles, dove sarei stato fra pochi giorni. La mia lettera, di cui mi spiace di non aver serbato copia[3], era certamente piena d'affetti; non già d'amore, ma di una vera e profonda commozione di vederla ancora menare una vita errante e sì poco decorosa al suo stato e nascita, e il dolore, ch'io ne sentiva tanto più, pensando di esserne io stato, ancorché innocentemente, o la cagione o il pretesto. Che senza lo scandalo succeduto per causa mia, forse avrebbe potuto occultare o tutto o gran parte le sue dissolutezze, e cogli anni poi emendarsene. Ritrovai poi in Brusselles circa quattro settimane dopo la di lei risposta, che fedelmente trascrivo qui in fondo di pagina, per dare un'idea del di lei nuovo, ed ostinato mal inclinato carattere, che in quel grado ella è cosa assai rara, massime nel bel sesso[4]. Ma tutto serve al grande studio della specie bizzarra degli uomini.

Intanto dunque noi imbarcati per Francia, sbarcati a Calais, prima di rimprigionarci in Parigi, pensammo di fare un giro in Olanda, perché la donna mia vedesse quel raro monumento d'industria, occasione, che forse non se le presenterebbe poi più. Si andò dunque per la spiaggia fino a Bruges e Ostenda, di là per Anversa e Rotterdam, Amsterdamo, la Haja, e la Nort-Hollanda, in circa tre settimane, e in fin di settembre fummo di ritorno in Brusselles, dove la signora avendovi le sorelle e la madre, ci si stette qualche settimana; e finalmente dentro l'ottobre, verso il fine, fummo rientrati nella cloaca massima, dove le dure nostre circostanze ci ritraevano malgrado nostro; e ci costrinsero a pensare seriamente di fissarvici la nostra permanenza.

Fuga di Parigi, donde per le Fiandre e tutta la Germania tornati in Italia ci fissiamo in Firenze.

1792 Impiegati, o perduti circa due mesi in cercare, ed ammobiliare una nuova casa, nel principio del '92 ci tornammo ad abitare; ed era bellissima e comodissima. Si sperava ogni giorno, che verrebbe quello di un qualche sistema di cose soffribile; ma più spesso ancora si disperava che omai sorgesse un tal giorno. In questo stato di titubazione, la mia donna ed io (come anche tutti, quanti n'erano allora in Parigi ed in Francia, o ci aveano che fare pe' loro interessi), andavamo strascinando il tempo. Io fin da due anni e più innanzi, avea fatto venir di Roma tutti i miei libri lasciativi nell'83, e da allora in poi li avea anche molto accresciuti sì in Parigi, che in quest'ultimo viaggio di Inghilterra, e d'Olanda. Onde per questa parte poco mi mancava ad avere ampiamente tutti i libri, che mi potessero esser utili o necessari nella ristretta mia sfera letteraria. Onde tra i libri, e la cara compagna, nessuna consolazione domestica mi mancava; solamente mancavaci la speranza viva, e la verisimiglianza che ciò potesse durare. Questo pensiero mi sturbava da ogni occupazione, e mi tiravo innanzi per traduttore nel Virgilio e Terenzio, non potendo far altro. Frattanto, né in quest'ultimo, né all'anteriore mio soggiorno in Parigi io non volli mai né trattare, né conoscere pur di vista nessuno di quei tanti facitori di falsa libertà, per cui mi sentiva la più invincibile ripugnanza, e ne aveva il più alto disprezzo. Quindi anche sino a questo punto, in cui scrivo da più di quattordici anni che dura questa tragica farsa, io mi posso gloriare di esser vergine di lingua di orecchi, e d'occhi perfino, non avendo mai né visto, né udito, né parlato con qualunque di codesti schiavi dominanti francesi, né con nessuno dei loro schiavi serventi.

Nel marzo di quell'anno ricevei lettere di mia madre, che furon l'ultime: ella vi esprimeva con caldo e cristiano affetto molta sollecitudine di vedermi, diceva, «in paese, dove sono tanti torbidi; dove non è più libero l'esercizio della cattolica religione, e dove tutti tremano sempre, ed aspettano continui disordini e disgrazie». Pur troppo bene diceva, e presto si avverò; ma quando mi ravviai verso l'Italia, la degnissima e veneranda matrona non esisteva più. Passò di questa vita il dì 23 aprile 1792, in età di anni settanta compiuti.

Erasi frattanto rotta la guerra coll'imperatore[1], che poi divenne generale e funesta. Venuto il giugno, in cui si tentò già di abbattere intieramente il nome del re, che altro più non rimaneva; la congiura di quel giorno 20 giugno essendo andata fallita, le cose strascinarono ancora malamente sino al famoso dieci d'agosto, in cui la cosa scoppiò come ognuno sa.

Accaduto quest'avvenimento, io non indugiai più neppure un giorno, e il mio primo ed unico pensiero essendo di togliere da ogni pericolo la mia donna, già dal dì 12 feci in fretta in fretta tutti i preparativi per la nostra partenza. Rimaneva la somma difficoltà dell'ottenere passaporti per uscir di Parigi, e del regno. Tanto c'industriammo in quei due o tre giorni, che il dì 15, o 16, già gli avevamo ottenuti come forestieri, prima dai ministri di Venezia io, e di Danimarca la signora, che erano quasi che i soli ministri esteri rimasti presso quel simulacro di re. Poi con molto più stento si ottenne dalla sezione nostra comunitativa[2] detta *du Montblanc* degli altri passaporti, uno per ciascheduno individuo, sì per noi due, che ogni servitore, e cameriera, con la pittura di ciascuno, di statura, pelo, età, sesso, e che so io. Muniti così di tutte queste schiavesche patenti, avevamo fissato la partenza nostra pel lunedì 20 agosto; ma un giusto presentimento, trovandoci allestiti, mi fece anticipare, e si partì il dì 18, sabato, nel dopo pranzo. Appena giunti alla *Barrière Blanche*, che era la nostra uscita la più prossima per pigliar la via di San Dionigi per Calais, dove ci avviavamo per uscire al più presto di quell'infelice paese; vi ritrovammo tre o quattro soli soldati di guardie nazionali, con un uffiziale, che visti i nostri passaporti, si disponeva ad aprirci il cancello di quell'immensa prigione, e lasciarci ire a buon viaggio. Ma v'era accanto alla Barriera una bettolaccia, di dove sbucarono fuori ad un tratto una trentina forse di manigoldi della plebe, scamisciati, ubriachi, e furiosi. Costoro, viste due carrozze che tante n'avevamo, molto cariche di bauli, e imperiali[3], ed una comitiva di due donne di servizio, e tre uomini, gridarono che tutti i ricchi se ne voleano fuggir di Parigi, e portar via tutti i loro tesori, e lasciarli essi nella miseria e nei guai. Quindi ad altercare quelle poche e tristi guardie con quei molti e tristi birbi, esse per farci uscire, questi per ritenerci. Ed io balzai di carrozza fra quelle turbe, munito di tutti quei sette passaporti, ad altercare, e gridare, e schiamazzar più di loro; mezzo col quale sempre si vien a capo dei francesi. Ad uno ad uno si leggevano, e facevano leggere da chi di quelli legger sapeva, le descrizioni delle nostre rispettive figure. Io pieno di stizza e furore, non conoscendo in quel punto, o per passione sprezzando l'immenso pericolo, che ci soprastava, fino a tre volte ripresi in mano il mio passaporto, e replicai ad alta voce: «Vedete, sentite; Alfieri è il mio nome; italiano e non francese; grande, magro, sbiancato; capelli rossi, son io quello, guardatemi; ho il passaporto; l'abbiamo avuto in regola da chi lo può dare; e vogliamo passare, e passeremo per Dio». Durò più di mezz'ora questa piazzata, mostrai buon contegno, e quello ci salvò. Si era frattanto ammassata più gente intorno alle due carrozze, e molti gridavano: «Diamogli il fuoco a codesti legni». Altri: «Pigliamoli a sassate». Altri: «Questi fuggono; son dei nobili e ricchi, portiamoli indietro al Palazzo della Città, che se ne faccia giustizia». Ma insomma il debole aiuto delle quattro guardie nazionali, che tanto qualcosa diceano per noi, ed il mio molto schiamazzare, e con voce di banditore replicare e mostrare i passaporti, e più di tutto la mezz'ora e più di tempo, in cui quei scimiotigri si stancarono di contrastare, rallentò l'insistenza loro; e le guardie accennatomi di salire in carrozza, dove avea lasciato la signora, si può credere in quale stato, io rientratovi, rimontati i postiglioni a cavallo si aprì il cancello, e di corsa si uscì, accompagnati da fischiate, insulti e maledizioni di codesta genia. E buon per noi che non prevalse di essere ricondotti al Palazzo di Città, che arrivando così due carrozze in pompa stracariche, con la taccia di fuggitivi, in mezzo a quella plebaglia si rischiava molto; e saliti poi innanzi ai birbi della Munici-

palità, si era certi di non poter più partire, d'andare anzi pri-
gioni, dove se ci trovavano nelle carceri il dì 2 settembre, cioè
quindici giorni dopo, ci era fatta la festa insieme con tanti altri
galantuomini che crudelmente vi furono trucidati. Sfuggiti di
un tale inferno, in due giorni e mezzo arrivammo a Calais,
mostrando forse quaranta e più volte i nostri passaporti; ed
abbiamo saputo poi che noi eramo stati i primi forestieri usciti
di Parigi, e del regno dopo la catastrofe del 10 agosto. Ad ogni
Municipalità per istrada dove ci conveniva andare e mostrare i
nostri passaporti, quei che li leggevano, rimanevano stupefatti
ed attoniti alla prima occhiata che ci buttavan sopra, essendo
quelli stampati, e cassatovi il nome del re. Poco, e male erano
informati di quel che fosse accaduto in Parigi, e tutti tremava-
no. Sono questi gli auspici, sotto cui finalmente uscii della
Francia, con la speranza, ed il proponimento di non capitarvi
più mai. Giunti a Calais, dove non ci fecero difficoltà di proseguire sino alle frontiere della Fiandra per Gravelina[4], preferim-
mo di non c'imbarcare, e di renderci subito a Brusselles. Ci
eramo diretti a Calais, perché non essendo ancora guerra cogli
inglesi, si pensò che si potea più facilmente andare in Inghilterra, che in Fiandra dove la guerra si facea vivamente. Giunti a
Brusselles, la signora volle rimettersi un poco dalle paure sof-
ferte con lo stare un mesetto in villa colla sorella, e il degnissimo suo cognato. Là poi si ricevettero lettere di Parigi dalla
nostra gente lasciatavi, che quello stesso lunedì che avevamo
destinato al partire, 20 agosto, ma che io fortunatamente avea
anticipato due giorni, era venuta in corpo quella nostra stessa
sezione che ci avea dati i passaporti (vedi stupidità, e pazzia),
per arrestare la signora e condurla in prigione. Già si sa, perché era nobile, ricca, ed illibata. A me, che sempre ho valuto
meno di essa, non faceano per allora quell'onore. Ma insomma, non ci ritrovando aveano confiscato i nostri cavalli, mobili,
libri, e ogni cosa. Poi sequestrate le entrate, e dichiaratici
amendue emigrati. E così pure poi ci fu scritta la catastrofe e
gli orrori ecc. seguiti in Parigi il dì 2 settembre, e si ringraziò e
benedì la Provvidenza che ce n'avea scampati.

Visto poi sempre più oscurarsi il cielo di quel paese, e nata nel terrore e nel sangue quella sedicente repubblica, noi saviamente ascrivendo a guadagno tutto quello che ci potea rimanere altrove, ci posimo in via per l'Italia il dì 1° ottobre; e per Aquisgrana, Francfort, Augusta ed Inspruch, venuti all'Alpi e lietamente varcatele, ci parve di rinascere il dì che ci ritrovammo nel bel paese *qui* dove il sì suona[5]. Il piacere di esser fuori di carcere, e di ricalcare con la mia donna quelle stesse vie, che più volte avea fatte per gire a trovarla; la soddisfazione di potere liberamente godere la sua santa compagnia, e sotto l'ombra sua di potere ripigliare i miei cari studi, mi tranquillizzarono, e serenarono a segno, che da Augusta sino in Toscana mi si riaprì la fonte delle rime, e ne venni seminando e raccogliendo in gran copia. Si arrivò finalmente il dì 3 novembre in Firenze, di donde non ci siamo più mossi, e dove ritrovai il vivo tesoro della lingua, che non poco mi compensò delle tante perdite d'ogni sorte che dovei sopportare in Francia.

CAPITOLO VIGESIMOTERZO

A poco a poco mi vo rimettendo allo studio. Finisco le traduzioni. Ricomincio a scrivere qualche coserella di mio, trovo casa piacentissima in Firenze; e mi do al recitare.

Appena giunto in Firenze, ancorché per quasi un anno non vi si potesse trovar casa che ci convenisse, tuttavia il sentir di nuovo parlare quella sì bella, e a me sì preziosa lingua, il trovar gente qua e là che mi andava parlando delle mie tragedie, il vederle qua e là (benché male), pure frequentemente recitate, mi ridestò qualche spirito letterario, che nei due ultimi decorsi anni mi si era presso che spento nel core. La prima coserella, che mi venne ideata e fatta di mio (dopo quasi tre anni che non avea più composto nulla fuorché qualche rime) fu l'*Apologia del re Luigi XVI*, che scrissi nel decembre di quell'anno. Successivamente poi riprese caldamente le due traduzioni che sempre camminavan di fronte, il Terenzio e l'*Eneide*, nel seguente anno '93 le portai al fine, non però limate, né perfette. Ma il Sallustio, che era stata quasi che la sola cosa a cui un pochino avessi atteso nel viaggio d'Inghilterra e d'Olanda (oltre tutte le opere di Cicerone, che avea caldamente lette, e rilette), e che avea moltissimo corretto e limato, lo volli anche ricopiare intero in quell'anno '93, e così mi credei avergli dato l'ultimo pulimento. Stesi anche una prosa storico-satirica su gli affari in Francia, compendiatamente, la quale poi, ritrovatomi un diluvio di composizioni poetiche, sonetti, ed epigrammi su quelle risibili e dolorose vertenze, ed a tutti que' membri sparsi volendo dar corpo e sussistenza, volli che quella prosa servisse come di prefazione all'opera che intitolerei *Il misogallo*; e verrebbe essa a dare quasi ragione dell'opera.

Ravviatomi così a poco a poco allo studio, ancorché forte 1793 spennacchiati nell'avere, sì la mia donna che io, tuttavia rimanendoci pur da campare decentemente; ed amandola io sempre più, e quanto più bersagliata dalla sorte, tanto più riuscendomi ella una cosa e carissima e sacra, il mio animo si andava acquetando, e più ardente che mai l'amor del sapere mi ribolliva nella mente. Ma allo studio vero quale avrei voluto intraprendere, mi mancavano i libri, avendo definitivamente perduti tutti i miei in Parigi, né mai più pure richiestili a chi che si fosse, e salvatine soli un 150 volumi circa di picciole edizioncelle di classici che portai meco. Quanto poi al comporre, benché io avessi il mio piano ideato per altre cinque almeno tramelogedie, sorelle dell'*Abele*, attese le passate ed anche le presenti angustie dell'animo, mi si era spento il bollore giovenile inventivo, la fantasia accasciata, e gli anni preziosi ultimi della gioventù spuntati ed ottusi, direi, dalla stampa ed i guai che per più di cinque anni mi avean sepolto l'animo, non me la sentivo più; ed in fatti dovei abbandonarne il pensiero, non mi trovando più il robusto furore necessario ad un tale pazzo genere. Smessa dunque quell'idea, che pur tanto mi era stata cara, mi volli rivolgere alle satire, di cui fatto avea sol là prima che poi serve all'altre di prologo; bastantemente mi era andato esercitando in quest'arte negli squarci diversi del *Misogallo*, onde non disperava di riuscirvi; e ne scrissi la seconda, ed in parte la terza; ma non era ancora abbastanza raccolto in me stesso; male alloggiato, senza libri, non avea quasi il cuore a nulla.

Questo mi fece entrare in un nuovo perditempo, quello del recitare. Trovati in Firenze alcuni giovani, e una signora, che mostravano genio e capacità da ciò, si imparò il *Saul*, e si recitò in casa privata, e senza palco, a ristrettissima udienza, con molto incontro, nella primavera del '93. In fine poi di quell'anno, si ritrovò presso il Ponte Santa Trinità una casa graziosissima benché piccola, posta al Lung'Arno di mezzogiorno[1], casa dei Gianfigliazzi, dove tornammo in novembre, e dove ancora mi trovo, e verisimilmente, se non mi saetta altrove la sorte, ci morrò. L'aria, la vista, ed il comodo di questa casa mi restituì gran parte delle mie facoltà intellettuali e creative, meno le tramelogedie, cui non mi fu più possibile mai d'innalzarmi. Tuttavia, avviatomi l'anno prima al balocco del recitare, volli
1794 ancora perdere in questa primavera del '94 altri tre buoni mesi; e si recitò da capo in casa mia, il *Saul*, di cui io faceva la parte; poi il *Bruto primo*, di cui pure faceva la parte. Tutti dicevano, e pareva anche a me di andar facendo dei progressi non piccoli in quell'arte difficilissima del recitare; e se avessi avuto più gioventù, e nessun altro pensiero, mi parea di sentire in me crescere ogni volta ch'io recitava, la capacità, e l'ardire, e la riflessione e la gradazione dei tuoni, e la importantissima varietà continua dei presto e adagio, piano e forte, pacato e risentito, che alternate sempre a seconda delle parole vengono a colorir la parola, e scolpire direi il personaggio, ed incidere in bronzo le cose ch'ei dice. Parimente la compagnia addestrata al mio modo migliorava di giorno in giorno; e tenni allora per cosa più che certa, che se io avessi avuto danari tempo e salute da sprecare, avrei in tre o quattr'anni potuto formare una compagnia di tragici, se non ottima, almeno assai e del tutto diversa da quelle che in Italia si van chiamando tali, e ben diretta su la via del vero e dell'ottimo.

Questo perditempo mi tenne ancora molto indietro nelle mie occupazioni per tutto quell'anno, e quasi anche il seguente

'95, in cui poi feci la mia ultima strionata, recitando in casa mia il *Filippo*, in cui feci alternativamente le due così diverse parti di Filippo, e di Carlo; e poi da capo il *Saul*, che era il mio personaggio più caro, perché in esso vi è di tutto, di tutto assolutamente. Ed essendovi in Pisa in casa particolare di signori una altra compagnia di dilettanti, che vi recitavano pure il *Saul*, io invitato da essi di andarvi per la luminara, ebbi la pueril vanaglia di andarvi, e là recitai per una sola volta, e per l'ultima la mia diletta parte del Saul, e là rimasi, quanto al teatro, morto da re[2].

Intanto, nel decorso di quei due e più anni ch'io era già stato in Toscana, mi era dato a poco a poco a ricomprar libri, e riacquistati quasi che tutti i libri di lingua toscana che già aveva avuti, e riacquistati ed accresciuti anche di molto tutti i classici latini, vi aggiunsi anche, non so allora perché, tutti i classici greci di edizioni ottime greco-latine tanto per averli, e saperne se non altro i nomi.

CAPITOLO VIGESIMOQUARTO

La curiosità e la vergogna mi spingono a leggere Omero, ed i tragici greci nelle traduzioni letterali. Proseguimento tepido delle satire, ed altre cosarelle.

Meglio tardi che mai. Trovandomi dunque in età di anni quarantasei ben suonati, ed aver bene o male da venti esercitata e professata l'arte di poeta lirico e tragico, e non aver pure mai letto né i tragici greci, né Omero, né Pindaro, né nulla insomma, una certa vergogna mi assalì, e nello stesso tempo anche una lodevole curiosità di vedere un po' cosa aveano detto quei padri dell'arte. E tanto più cedei volentieri a questa curiosità e vergogna, quanto da più e più anni, mediante i viaggi, i cavalli, la stampa, la lima, le angustie d'animo, e il tradurre, mi trovava rinminchionito a tal segno, che avrei ben potuto oramai aspirare all'erudito, che non è poi insomma altro che buona memoria di suo, e roba d'altri. Ma disgraziatamente anche la memoria, ch'io avea già avuta ottima, mi si era assai indebolita. Con tutto ciò per isfuggire l'ozio, cavarmi dallo strione ed uscire un po-colin più dall'asino, mi accinsi all'impresa. E successivamente Omero, Esïodo, i tre tragici, Aristofane, ed Anacreonte lessi ad oncia ad oncia studiandoli nelle traduzioni letterali latine, che sogliono porsi a colonna col testo. Quanto a Pindaro, vidi ch'e-gli era tempo perduto; perché le alzate liriche tradotte letteral-mente troppo bestial cosa riuscivano; e non potendolo leggere nel testo, lo lasciai stare. Così in questo assiduo studio ingratis-simo, e di poco utile oramai per me, che spossato non produ-cea più quasi nulla, c'impiegai quasi che un anno e mezzo.

Alcune rime intanto andava anche scrivendo, e le satire crebbero in tutto il '96, fino a sette di numero. Quell'anno '96 funesto all'Italia per la finalmente eseguita invasione dei francesi che da tre anni tentavano, mi abbuiò sempre più l'intel-letto, vedendomi rombar sovra il capo la miseria e la servitù. Il Piemonte straziato, già già mi vedea andare in fumo l'ultima mia sussistenza rimastami. Tuttavia preparato a tutto, e ben risoluto in me stesso di non accattar mai né servire, tutto il di meno di queste due cose lo sopportava con forte animo, e tanto più mi ostinava allo studio, come sola degna diversione a sì sozzi e noiosi fastidi. Nel *Misogallo*, che sempre andava crescendo, e che anche ornai d'altre prose, io aveva riposto la mia vendetta e quella della mia Italia; e porto tuttavia ferma speranza, che quel libricciuolo col tempo gioverà all'Italia, e nuocerà alla Francia non poco. Sogni e ridicolezze d'autore, finché non hanno effetto; profezie di inspirato vate, allorché poi l'ottengono.

CAPITOLO VIGESIMOQUINTO

Per qual ragione, in qual modo, e con quale scopo mi risolvessi finalmente a studiare da radice seriamente da me stesso la lingua greca.

Fin dall'anno 1778, quando si trovava meco in Firenze il caris-simo amico Caluso, io così per ozio, e curiosità leggierissima, mi era fatto scrivere da lui sur un foglio volante il semplice alfabeto greco, maiuscolo, e minuscolo, e così alla peggio imparato a conoscere le lettere, ed anche a nominarle, e non altro. Non ci avea poi badato mai più per tanti anni. Ora due anni addietro, quando mi posi a leggere le traduzioni letterali, come dissi, ripescai quel mio alfabeto fra i fogli, e trovatolo, mi rimisi a raffigurar quelle lettere, e dirne il nome; col solo pensiero di gettare di quando in quando gli occhi, su la colonna del greco, e vedere se mi veniva fatto di raccapezzare il suono di una qualche parola, di quelle che per essere composte e straordinarie, dalla traduzione letterale mi destavano curiosità del testo. Ed io veramente guardava di tempo in tempo quei caratteri posti a colonna, con occhio bieco, e fremente, appunto come la volpe della favola guardava i proibiti grappoli invano sospirati. Mi si aggiungeva un fortissimo ostacolo fisico; che le mie pupille non volean saper niente di quel maledetto carattere; e foss'egli grande o piccolo, sciolto o legato, mi venivano le traveggole tosto ch'io lo fissava, e con molta pena compitando ne portava via una parola per volta, delle brevi; ma un verso intero non lo poeta né leggere, né fissare, né pronunziare, né molto meno ritenerne materialmente la romba[1] a memoria.

Oltre ciò, per natura nemico[2] e non dotato di nessuna facilità per le lingue (avendo tentato due volte e tre l'inglese, né mai venutone a capo; ed ultimamente in Parigi nel '90 prima d'ire in Inghilterra la quarta volta; e tradussi allora di Pope il *Windsor* e cominciai il *Saggio su l'uomo*) non assuefatto, e oramai incapace di applicazione servile di occhio e di mente grammaticale; venuto a tale età senza aver mai saputa una grammatica qualunque, neppur l'italiana, nella quale non errava forse oramai, ma per abitudine del leggere non per poter dare né ragione né nomi dell'operato; con questo bel corredo d'impedimenti fisici e morali, tediato dal leggere quelle traduzioni, presi con me stesso l'impegno di voler tentare di superarli da me; ma non ne volli parlare con chi che sia, neppure con la mia donna, che è tutto dire. Consumati avendo dunque già due anni su i confini della Grecia, senza mai essermivi potuto introdurre altro che colla coda dell'occhio, mi irritai, e la volli vincere.

Comprate dunque grammatiche a iosa, prima nelle greco-latine, poi nelle greche sole, per far due studi in uno, intendendo e nor: intendendo, ripetendo tutti i giorni il *tupto*[3], e i verbi circonflessi[4], e i verbi in *mi* (il che presto svelò il mio arcano alla signora, che vedendomi sempre susurrar fra le labbra, volle finalmente sapere, e seppe quel ch'era); ostinandomi sempre più, sforzando e gli occhi, e la mente, e la lingua, pervenni in fine dell'anno 1797 a poter fissare qualunque pagina di greco, qualunque carattere prosa o verso, senza che gli occhi mi traballassero più; ad intendere sempre benissimo il testo, facendo il contrario su la colonna latina, di quel che avea fatto dianzi sul greco, cioè gittando rapidamente l'occhio su la parola latina corrispondente alla greca, se non l'avea mai vista prima, o se me ne fossi scordato; e finalmente a leggere ad alta voce speditamente, con pronunzia sufficiente, rigorosa per gli spiriti, e accenti, e dittonghi come sta scritto, e non come stupidamente pronunziano i greci moderni, che si son fatti senza avvedersene un alfabeto con cinque iota[5], talché quel loro greco è un continuo iotacismo, un nitrir di cavalli più che un parlare del più armonico popolo che già vi fosse. Ed aveva vinto questa difficoltà del leggere, e pronunziare, col mettermi in gola, ed abbaiare ad alta voce, oltre la lezione giornaliera di quel classico che studiava, anche ad altre ore, per due ore continue, ma senza intendere quasi che nulla, attesa la rapidità della lettura, e la romba della sonante alta pronunzia, tutto Erodoto, due volte Tucidide con lo scoliaste[6] suo, Senofonte, tutti gli oratori minori, e due volte il Proclo[7] sovra il *Timeo* di Platone, non per altra ragione, fuorché per essere di stampa più scabra a leggersi, piena di abbreviature.

Né una tale improba fatica mi debilitò come avrei creduto e temuto, l'intelletto. Che anzi ella mi fece per così dire, risorgere dal letargo di tanti anni precedenti. In quell'anno '97, portai le satire al numero di diciassette come sono. Feci una nuova rassegna delle molte e troppe rime, che fatte ricopiare limai. E finalmente, cominciatomi ad invaghire del greco quanto più mi pareva d'andarlo intendicchiando, cominciai anche a tradurre;

prima l'*Alceste* d'Euripide, poi il *Filottete* di Sofocle, poi i *Persiani* di Eschilo, ed in ultimo per avere, o dare un saggio di tutti, le *Rane* di Aristofane. Né trascurai il latino, perché del greco[8], che anzi in quell'anno stesso '97 lessi e studiai Lucrezio e Plauto, e lessi il Terenzio, il quale[9] per una bizzarra combinazione io mi trovava aver tradotto tutte le sei commedie a minuto, senza però averne mai letta una intera. Onde se sarà poi vero ch'io l'abbia tradotto, potrò barzellettare col vero, dicendo d'averlo tradotto, prima d'averlo letto, o senza averlo letto.

Imparai anche oltre ciò i metri diversi d'Orazio, spinto dalla vergogna di averlo letto, studiato, e saputo direi a memoria, senza saper nulla de' suoi metri; e così parimente presi una sufficiente idea dei metri greci nei cori, e di quei di Pindaro, e d'Anacreonte. Insomma in quell'anno '97, mi raccorcii le orecchie di un buon palmo almeno ciascuna; né altro scopo m'era prefisso da tanta fatica, che di scuriosirmi, disasinirmi, e tormi il tedio dei pensieri dei Galli, cioè disceltizzarmi[10].

CAPITOLO VIGESIMOSESTO
Frutto da non aspettarsi dallo studio serotino della lingua greca: io scrivo (spergiuro per l'ultima volta ad Apollo) l'Alceste seconda.

Non aspettando dunque, né desiderando altro frutto che i 1798 sopraddetti, ecco, che il buon padre Apollo me ne volle egli spontaneamente pure accordar uno, e non piccolo, per quanto mi pare. Fin dal '96 quando stava leggendo, com'io dissi, le traduzioni letterali, avendo già letto tutto Omero, ed Eschilo, e Sofocle, e cinque tragedie di Euripide, giunto finalmente all'*Alceste*, di cui non avea avuta mai notizia nessuna, fui sì colpito, e intenerito, e avvampato dai tanti affetti di quel sublime soggetto, che dopo averla ben letta, scrissi su un fogliolino, che serbo, le seguenti parole. «Firenze 18 gennaio 1796. Se io non avessi giurato a me stesso di non più mai comporre tragedie, la lettura di questa *Alceste* di Euripide mi ha talmente toccato e infiammato che così su due piedi mi accingerei caldo caldo a distendere la sceneggiatura d'una nuova *Alceste*, in cui mi prevarrei di tutto il buono del greco, accrescendolo se sapessi, e scarterei tutto il risibile che non è poco nel testo. E da prima così creerei i personaggi diminuendoli.» E vi aggiunsi i nomi dei personaggi quali poi vi ho posto; né più pensai a quel foglio. E proseguii tutte l'altre di Euripide, di cui non più che le precedenti, nessuna mi destò quasi che niun affetto. Tornando poi in volta l'Euripide da rileggersi, come praticava di leggere ogni cosa due volte almeno, venuta l'*Alceste*, stesso effetto, stesso trasporto, stesso desiderio, e nel settembre dell'anno stesso '96 ne stesi la sceneggiatura, coll'intenzione di non farla mai. Ma intanto aveva intrapresa a tradurre la prima di Euripide, ed in tutto il '97 l'ebbi condotta a termine: ma non intendendo allora, come dissi, punto il greco, l'ebbi per allora tradotta dal latino. Tuttavia quell'aver tanto che fare con codesta *Alceste* nel tradurla, sempre di nuovo mi andava accendendo di farla di mio; finalmente venne quel giorno, nel maggio '98, in cui mi si accese talmente la fantasia su questo soggetto che giunto a casa dalla passeggiata, mi posi a stenderla, e scrissi d'un fiato il primo atto, e ci scrissi in margine: «Steso con furore maniaco, e lagrime molte»; e nei giorni susseguenti stesi con eguale impeto gli altri quattr'atti, e l'abbozzo dei cori, ed anche quella prosa che serve di schiarimento, e il tutto fu terminato il dì 26 maggio, e così sgravatomi di quel sì lungo e sì ostinato parto, ebbi pace; ma non per questo disegnava io di verseggiarla, né di ridurla a termine.

Ma nel settembre del '98 continuando, come dissi, lo studio vero del greco, con molto fervore, mi venne pensiero di andare sul testo riscontrando la mia traduzione dell'*Alceste prima*, per così rettificarla, e sempre imparar qualche cosa di quella lingua, che nulla insegna quanto il tradurre, a chi s'ostina di rendere, o di almeno accennare ogni parola, imagine, e figura del testo. Rimpelagatomi dunque nell'*Alceste prima*, mi si riaccese per la quarta volta il furor della mia, e presala, e rilettala, e pianto assai, e piaciutami, il dì 30 settembre '98 ne cominciai i versi, e furon finiti anche coi cori verso il dì 21 ottobre. Ed ecco in qual modo io mi spergiurai dopo dieci anni di silenzio. Ma tuttavia, non volendo io essere né plagiario né ingrato, e riconoscendo questa tragedia esser pur sempre tutta di Euripide, e non mia, fra le traduzioni l'ho collocata, e là dee starsi, sotto il titolo di *Alceste seconda*, al fianco inseparabile dell'*Alceste prima* sua madre[1]. Di questo mio spergiuro non avea parlato con chi che sia, neppure alla metà di me stesso. Onde mi volli prendere un divertimento, e nel decembre invitate alcune persone la lessi come traduzione di quella di Euripide, e chi non l'avea ben presente, ci fu colto fin passato il terz'atto; ma poi chi se la rammentava svelò la celia, e cominciatasi la lettura in Euripide, si terminò in me. La tragedia piacque; ed a me come cosa postuma non dispiacque; benché molto ci vedessi da torre e limare. Lungamente ho narrato questo fatto, perché se quell'*Alceste* sarà col tempo tenuta per buona, si studi in questo fatto la natura spontanea dei poeti d'impeto, e come succede che quel che vorrebbero fare talvolta non riescono, e quel che non vorrebbero si fa fare e riesce. Tanto è da valutarsi e da obbedirsi l'impulso naturale febeo. Se poi non è buona, riderà il lettore doppiamente a mie spese sì nella *Vita* che nell'*Alceste*, e terrà questo capitolo come un'anticipazione su l'epoca quinta da togliersi alla virilità, e regalarsi alla vecchiaia.

Queste due *Alcesti* saputesi da alcuni in Firenze, svelarono anche il mio studio di greco, che avea sempre occultato a tutti; perfino all'amico Caluso; ma egli lo venne a sapere nel modo che dirò. Aveva mandato verso il maggio di quest'anno un mio ritratto, bel quadro molto ben dipinto dal pittore Saverio Fabre, nato in Montpalieri, ma non perciò punto francese. Dietro a quel mio ritratto, che mandava in dono alla sorella, aveva scritto due versetti di Pindaro. Ricevuto il ritratto, graditolo molto, visitatolo per tutti i lati, e visti da mia sorella que' due scarabocchini greci, fece chiamare l'amico anche suo Caluso, che glie li interpretasse. L'abate conobbe da ciò che io aveva almeno imparato a formare i caratteri; ma pensò bene che non avrei fatta quella boriosa pedanteria e impostura di scrivere un'epigrafe che non intendessi. Onde subito mi scrisse per tacciarmi di dissimulatore, di non gli aver mai parlato di questo mio nuovo studio. Ed io allora replicai con una letterina in lingua greca, che da me solo mi venne raccozzata alla meglio, di cui darò qui sotto il testo e la traduzione[2], e ch'egli non trovò cattiva per uno studente di cinquant'anni, che da un anno e mezzo circa s'era posto alla grammatica; ed accompagnai con la epistoluzza greca, quattro squarci delle mie quattro traduzioni, per saggio degli studi fatti sin a quel punto. Ricevuto così da lui un po' di lode, mi confortai a proseguire sempre più caldamente. E mi posi all'ottimo esercizio, che tanto mi avea insegnato sì il latino che l'italiano, di imparare delle centinaia di versi di più autori a memoria.

Ma in quello stess'anno '98, mi toccò in sorte di ricevere e scrivere qualche lettera da persona ben diversa in tutto dall'amico Caluso. Era, come dissi, e come ognun sa, invasa la Lombardia dai francesi, fin dal '96, il Piemonte vacillava, una trista tregua sotto nome di pace avea fatta l'imperatore a Campoformio col dittator francese; il papa era traballato, ed occupata e schiavi-democrizzata la sua Roma; tutto d'ogni intorno spirava miseria, indegnazione, ed orrore. Era allora ambasciatore di Francia in Torino, un Ginguené, della classe, o mestiere dei letterati in Parigi, il quale lavorava in Torino sordamente alla sublime impresa di rovesciare un re vinto e disarmato[3]. Di costui ricevei inaspettatamente una lettera, con mio grande stupore, e rammarico; sì la proposta che la risposta; e la replica e controreplica inserisco qui a guisa di nota[4], affinché sempre più si veda, chi ne volesse dubitare, quanto siano state e pure e rette le mie intenzioni ed azioni in tutte codeste rivoluzioni di schiaveria.

Pare dall'andamento di queste due lettere del Ginguené che avendo egli ordine dai suoi despoti di asservire alla libertà francese il Piemonte, e cercando di sì fatta iniquità dei vili ministri, egli mi volesse tastar me per vedere se mi potevan anco disonorare, come mi aveano impoverito. Ma i beni mondani stanno a posta[5] della tirannide, e l'onore sta a posta di ciascuno individuo che ne sia possessore. Quindi dopo la mia seconda replica non ne sentii più parlare; ma credo che costui si servisse poi della notizia che l'abate Caluso gli diede per parte mia, circa alle balle mie di libri non pubblicati, per farne ricerca, e valersene come in appresso si vedrà. La nota dei miei libri ch'egli dicea volermi far restituire e ch'io credo che già tutti se li fosse appropriati a sé, sarebbe risibile se io qui la mostrassi. Ella era di circa cento volumi di tutti gli scarti delle più infime opere italiane; e questa era la mia raccolta lasciata in Parigi sei anni prima, di circa mille seicento volumi almeno; scelti tutti i classici italiani, e latini. Ma nessuno se ne stupirebbe di una tal nota, quando sapesse ch'ella dovea essere una restituzione francese.

CAPITOLO VIGESIMOSETTIMO

Misogallo *finito. Rime chiuse colla* Teleutodia. *L'*Abele *ridotto; così le due* Alcesti*, e l'*Ammonimento. *Distribuzione ebdomadaria di studi. Preparato così, e munito delle lapidi sepolcrali, aspetto l'invasion dei francesi, che segue nel marzo '99.*

Cresceva frattanto ogni dì più il pericolo della Toscana, stan- te la leale amicizia che le professavano i francesi. Già fin dal decembre del '98 aveano essi fatta la splendida conquista di Lucca, e di là minacciavano continuamente Firenze, onde ai primi del '99 parea imminente l'occupazione. Io dunque volli preparare tutte le cose mie, ad ogni qualunque accidente fosse per succedere. Fin dall'anno prima avea posto fine per tedio al *Misogallo*, e fatto punto all'occupazione di Roma, che mi pareva la più brillante impresa di codesta schiaveria. Per salvare dunque quest'opera per me cara ed importante, ne feci fare sino in dieci copie, e provvisto che in diversi luoghi non si potessero né annullare, né smarrire, ma al suo debito tempo poi comparissero. Quindi, non avendo io mai dissimulato il mio odio e disprezzo per codesti schiavi malnati, volli aspettarmi da loro ogni violenza, ed insolenza, cioè prepararmi bene al solo modo che vi sarebbe di non le ricevere. Non provocato, tacerei; ricercato in qualunque maniera, darei segno di vita, e di libero. Disposi dunque tutto per vivere incontaminato, e libero, e rispettato, ovvero per morir vendicato se fosse bisognato. La ragione che mi indusse a scrivere la mia vita, cioè perché altri non la scrivesse peggio di me, mi indusse allora altresì a farmi la mia lapide sepolcrale, e così alla mia donna, e le apporrò qui in nota[1], perché desidero questa e non altra, e quanto ci dico è il puro vero, sì di me, che di lei, spogliato di ogni fastosa amplificazione.

Provvisto così alla fama, o alla non infamia, volli anco provvedere ai lavori, limando, copiando, separando il finito dal no, e ponendo il dovuto termine a quello che l'età e il mio proposto volevano. Perciò volli col compiere degli anni cinquanta frenare, e chiudere per sempre la soverchia fastidiosa copia delle rime, e ridottone un altro tometto purgato consistente in sonetti settanta, capitolo uno, e trentanove epigrammi, da aggiungersi alla prima parte di esse già stampate in Kehl, sigillai la lira, e la restituii a chi spettava, con una ode sull'andare di Pindaro, che per fare anche un po' il grecarello intitolai *Teleutodìa*[2]. E con quella chiusi bottega per sempre; e se dopo ho fatto qualche sonettuccio o epigrammuccio, non l'ho scritto; se l'ho scritto non l'ho tenuto, e non saprei dove pescarlo, e non lo riconosco più per mio. Bisognava finir una volta e finire in tempo, e finire spontaneo, e non costretto. L'occasione dei dieci lustri spirati, e dei barbari antilirici soprastantimi non potea esser più giusta ed opportuna; l'afferrai, e non ci pensai poi mai più.

Quanto alle traduzioni, il Virgilio mi era venuto ricopiato e corretto tutto intero nei due anni anteriori, onde lo lasciava sussistere; ma non come cosa finita. Il Sallustio mi parea potere stare; e lasciavalo. Il Terenzio no, perché una sola volta lo avea fatto, né rivistolo, né ricopiatolo; come non lo è adesso neppure. Le quattro traduzioni dal greco, che condannarle al fuoco mi doleva, e lasciarle come cosa finita pur non poteva, poiché non l'erano, ad ogni rischio del se avrei il tempo o no, intrapresi di ricopiarle sì il testo che la traduzione, e prima di tutto l'*Alceste* per ritradurla veramente dal greco, che non mi sapesse poi di traduzione di traduzione. Le tre altre bene o male, erano state direttamente tradotte dal testo, onde mi dovean costar poi meno tempo e fatica a correggerle. L'*Abele*, che era ormai destinata ad essere (non dirò unica) ma sola, senza le concepite, e non mai eseguite compagne, l'avea fatta copiare, e limata, e mi parea potere stare. Vi si era pure aggiunto alle opere di mio, negli anni precedenti una prosuccia brevina politica, intitolata *Ammonimento alle potenze italiane*; questa pure l'avea limata, e fatta copiare, e lasciavala. Non già che io avessi la stolida vanagloria di voler fare il politico, che non è l'arte mia; ma si era fatto fare quello scritto dalla giusta indegnazione che mi aveano inspirata le politiche certo più sciocche della mia, che in questi due ultimi anni avea visto adoprare dalla impotenza dell'imperatore, e dalle impotenze italiane. Le satire finalmente, opera ch'io avea fatta a poco a poco, ed assai corretta, e limata, le lasciava pulite, e ricopiate in numero di diciassette quali sono; e quali pure ho fissato e promesso a me di non più oltrepassare.

Così disposto, e appurato del mio secondo patrimonio poetico, smaltatomi il cuore, aspettava gli avvenimenti. Ed affinché al mio vivere d'ora in poi se egli si dovea continuare venissi a dare un sistema più confacente all'età in cui entrava, ed ai disegni ch'io mi era già da molto tempo proposti, fin dai primi del '99 mi distribuii un modo sistematico di studiare regolarmente ogni settimana, che tuttora costantemente mantengo, e manterrò finch'avrò salute e vita per farlo. Il lunedì e martedì destinati, le tre prime ore della mattina appena svegliatomi, alla lettura, e studio della Sacra Scrittura; libro che mi vergognava molto di non conoscere a fondo, e di non averlo anzi mai letto sino a quell'età. Il mercoledì e giovedì, Omero, secondo fonte d'ogni scrivere. Il venerdì, sabato, e domenica, per quel prim'anno e più li consecrai a Pindaro, come il più difficile e scabro di tutti i greci, e di tutti i lirici di qualunque lingua, senza eccettuarne Giobbe, e i profeti. E questi tre ultimi giorni mi proponeva poi, come ho fatto, di consecrarli successivamente ai tre tragici, ad Aristofane, Teocrito, ed altri sì poeti che prosatori, per vedere se mi era possibile di sfondare questa lingua, e non dico saperla (che è un sogno), ma intenderla almeno quanto fo il latino. Ed il metodo che a poco a poco mi andai formando, mi parve utile; perciò lo sminuzzo, che forse potrà anche giovare così, o rettificato, a qualch'altri che dopo me intraprendesse questo studio. La Bibbia la leggeva prima in greco, versione dei Settanta, testo vaticano, poi la raffrontava col testo alessandrino; quindi gli stessi due, o al più tre capitoli di quella mattina, li leggeva nel Diodati[3] italiani, che erano fedelissimi al testo ebraico; poi li leggeva nella nostra volgata latina, poi in ultimo nella traduzione interlineare fedelissima latina dal testo ebraico; col quale bazzicando così più anni, ed avendone imparato l'alfabeto, veniva anche a poter leggere materialmente la parola ebraica, e raccapezzarne così il suono, per lo più bruttissimo, ed i modi strani per noi, e misti di sublime e di barbaro.

Quanto poi ad Omero, leggeva subito nel greco solo ad alta voce, traducendo in latino letteralmente, e non mi arrestando mai, per quanti spropositi potessero venirmi detti, quei sessanta, o ottanta, o al più più cento versi che volea studiare in quella mattina. Storpiati così quei tanti versi, li leggeva ad alta voce prosodicamente in greco. Poi ne leggeva lo scoliaste greco, poi le note latine del Barnes, Clarch[4], ed Ernesto[5]; poi pigliando per ultima la traduzione letterale làtina stampata, la rileggeva sul greco di mio, occhiando la colonna, per vedere dove, e come, e perché avessi sbagliato nel tradurre da prima. Poi nel mio testo greco solo, se qualche cosa era sfuggita allo scoliaste di dichiararla, la dichiarava io in margine, con altre parole greche equivalenti, al che mi valeva molto di Esichio[6], dell'Etimologico[7], e del Favorino[8]. Poi le parole, o modi, o figure straordinarie, in una colonna di carta le annotava a parte, e dichiaravale in greco. Poi leggeva tutto il commento di Eustazio[9] su quei dati versi, che così m'erano passati cinquanta volte sotto gli occhi, loro, e tutte le loro interpretazioni, e figure. Parrà questo metodo noioso, e duretto; ma era duretto anch'io, e la cotenna di cinquanta anni ha bisogno di ben altro scarpello per iscolpirvi qualcosa, che non quella di venti.

Sopra Pindaro poi, io aveva già fatto gli anni precedenti uno studio più ancora di piombo, che i sopradetti. Ho un Pindaretto, di cui non v'è parola, su cui non esista un mio numero aritmetico notatovi sopra, per indicare, coll'un due e tre, fino talvolta anche a quaranta, e più, qual sia la sede che ogni parola ricostruita al suo senso deve occupare in que' suoi eterni e labirintici periodi. Ma questo non mi bastava, ed intrapresi allora nei tre giorni ch'io gli destinai, di prendere un altro Pindaro greco solo, di edizione antica, e scorrettissimo, e mal punteggiato, quel del Calliergi di Roma, primo che abbia gli scolii[10], e su quello leggeva a prima vista, come dissi dell'Omero, subito in latino letteralmente sul greco, e poi la stessa progressione che su l'Omero; e di più poi in ultimo una dichiarazione marginale mia in greco dell'intenzione dell'autore; cioè il pensiero spogliato del figurato. Così poi praticai su l'Eschilo e Sofocle, quando sottentrarono ai giorni di Pindaro; e con questi sudori, e pazze ostinazioni, essendomisi debilitata da qualch'anni assai la memoria, confesso che ne so poco, e tuttavia prendo alla prima lettura dei grossissimi granchi. Ma lo studio mi si è venuto facendo sì caro, e sì necessario, che già dal '96 in poi, per nessuna ragione mai ho smesso, o interrotto le tre ore di prima svegliata, e se ho composto qualche cosa di mio, come l'*Alceste*, le satire, e rime, ed ogni traduzione, l'ho fatto in ore secondarie, talché ho assegnato a me stesso l'avanzo di me, piuttosto che le primizie del giorno; e dovendo lasciare, o le cose mie, o lo studio, senza nessun dubbio lascio le mie.

Sistemato dunque in tal guisa il mio vivere, incassati tutti i miei libri, fuorché i necessari, e mandatili in una villa fuori di Firenze, per vedere se mi riusciva di non perderli una seconda volta, questa tanto aspettata ed abborrita invasione dei francesi in Firenze ebbe luogo il dì 25 marzo del '99, con tutte le particolarità, che ognuno sa, e non sa, e non meritano d'essere saute, sendo tutte le operazioni di codesti schiavi di un solo colore ed essenza. E quel giorno stesso, poche ore prima ch'essi v'entrassero, la mia donna ed io ce n'andammo in una villa fuor di Porta San Gallo presso a Montughi, avendo già prima vuotata interamente d'ogni nostra cosa la casa che abitavamo in Firenze per lasciarla in preda agli oppressivi alloggi militari.

CAPITOLO VIGESIMOTTAVO

Occupazioni in villa. Uscita dei francesi. Ritorno nostro in Firenze. Lettere del Colli. Dolore mio nell'udire la ristampa prepararsi in Parigi delle mie opere di Kehl, non mai pubblicate.

In tal maniera io oppresso dalla comune tirannide, ma non perciò soggiogato, me ne stetti in quella villa con poca gente di servizio, e la dolce metà di me stesso, ambedue indefessamente occupati nelle lettere, che anch'essa sufficientemente perita nella lingua inglese e tedesca, ed egualmente poi franca nell'italiano che nel francese, la letteratura di queste quattro nazioni conosce quant'è, e dell'antica non ignora l'essenza per mezzo delle traduzioni in queste quattro lingue. Di tutto dunque potendo io favellare con essa, soddisfatto egualmente il core che la mente, non mi credeva più felice, che quando mi toccava di vivere solo a solo con essa, disgiunti da tutti i tanti umani malanni. E così eramo in quella villa, dove pochissimi dei nostri conoscenti di Firenze ci visitavano, e di rado, per non insospettire la militare e avvocatesca tirannide, che è di tutti i guazzabugli politici il più mostruoso, e risibile, e lagrimevole ed insopportabile, e mi rappresenta perfettamente un tigre guidato da un coniglio.

Subito arrivato in villa, mi posi a lavorare di fronte la ricopiatura e limatura delle due *Alcesti*, non toccando però le ore dello studio mattutino, onde poco tempo mi avanzava da pensare a nostri guai e pericoli, essendo sì caldamente occupato. Ed i pericoli erano molti, né accadea dissimularceli, o lusingarci di non v'essere; ogni giorno mi avvisava; eppure con simile spina nel cuore, e dovendo temere per due, mi facea pure animo, e lavorava. Ogni giorno si arrestava arbitrariamente, al solito di codesto sgoverno, la gente; anzi sempre di notte. Erano così stati presi sotto il titolo di ostaggi, molti dei primari giovani della città; presi in letto di notte, dal fianco delle loro mogli, spediti a Livorno come schiavi, ed imbarcativi alla peggio per l'isole di S. Margarita. Io, benché forestiere, dovea temere a questo, e più, dovendo essere loro noto come disprezzatore e nemico. Ogni notte poteva essere quella che mi venissero a cercare; avea provvisto per quanto si potea per non lasciarmi sorprendere, né malmenare. Intanto si proclamava in Firenze la stessa libertà ch'era in Francia, e tutti i più vili e rei schiavi trionfavano. Intanto io verseggiava, e grecizzava, e confortava la mia donna. Durò questo infelice stato dai 25 marzo ch'entrarono, fino al dì 5 luglio, che essendo battuti, e perdenti in tutta la Lombardia, se ne fuggirono per così dir di Firenze la mattina per tempissimo, dopo aver, già s'intende, portato via in ogni genere tutto ciò che potevano. Né io né la mia donna in tutto questo frattempo abbiamo mai messo piede in Firenze, né contaminati i nostri occhi né pur con la vista di un solo francese. Ma il tripudio di Firenze in quella mattina dell'evacuazione, e giorni dopo nell'ingresso di duecento ussari austriaci, non si può definir con parole[1].

Avvezzi a quella quiete della villa, ci volemmo stare ancora un altro mese, prima di tornare in Firenze, e riportarvi i nostri mobili, e libri. Tornato in città, il mutar luogo non mi fece mutar in nulla l'intrapreso sistema degli studi, e continuava anzi con più sapore, e speranza, poiché per tutto quel rimanente dell'anno '99, essendo disfatti per tutto i francesi, risorgeva alcuna speranza della salute dell'Italia, ed in me risorgeva la privata speranza, che avrei ancor tempo di finir tutte le mie più che ammezzate opere. Ricevei in quell'anno, dopo la battaglia di Novi, una lettera del marchese Colli, mio nipote, cioè marito di una figlia di mia sorella, che non m'era noto di persona, ma di fama, come ottimo ufiziale ch'egli era stato, e distintosi in quei cinque e più anni di guerra, al servizio del re di Sardegna suo sovrano naturale, sendo egli d'Alessandria. Mi scrisse dopo essere stato fatto prigioniero, e ferito gravemente, sendo allora passato al servizio dei francesi, dopo la deportazione del re di Sardegna fuori dei di lui stati, seguita nel gennaio di quell'anno '99. La di lui lettera, e la mia risposta ripongo qui fra le note[2]. E dirò qui per incidenza quello che mi scordai di dir prima, che anzi l'invasion dei francesi, io avea veduto in Firenze il re di Sardegna[3], e fui a inchinarlo, come il doppio dover mio, sendo egli stato il mio re, ed essendo allora infelicissimo. Egli mi accolse assai bene; la di lui vista mi commosse non poco, e provai in quel giorno quel ch'io non avea provato mai, una certa voglia di servirlo, vedendolo sì abbandonato, e sì inetti i pochi, che gli rimanevano; e me gli sarei profferto, se avessi creduto di potergli esser utile; ma la mia abilità era nulla in tal genere di cose, ed ad ogni modo era tardi. Egli andò in Sardegna; variarono poi intanto le cose, egli tornò di Sardegna, ristette dei mesi molti in Firenze al Poggio Imperiale, tenendo gli austriaci allora la Toscana in nome del granduca; ma anche allora mal consigliato, non fece nulla di quel che doveva o poteva per l'utile suo e del Piemonte; onde di nuovo poi tornate al peggio le cose, egli si trovò interamente sommerso. Lo inchinai pure di nuovo al ritorno di Sardegna, e vistolo in migliori speranze, molto meno mi rammaricai meco stesso di non potergli esser utile in nulla.

Appena queste vittorie dei difensori dell'ordine, e delle proprietà mi aveano rimesso un poco di balsamo nel sangue, che mi toccò di provare un dolore acerbissimo, ma non inaspettato. Mi capitò alle mani un manifesto del libraio Molini italiano di Parigi, in cui diceva di aver intrapreso di stampare tutte le mie opere (diceva il manifesto, filosofiche, sì in prosa che in versi) e ne dava il ragguaglio, e tutte purtroppo le mie opere stampate in Kehl, come dissi, e da me non mai pubblicate, vi si trovavano per esteso. Questo fu un fulmine, che mi atterrò per molti giorni, non già che io mi fossi lusingato, che quelle mie balle di tutta l'edizione delle quattro opere *Rime*, *Etruria*,

Tirannide e *Principe*, potessero non essere state trovate da chi mi aveva svaligiato dei libri, e d'ogni altra cosa da me lasciata in Parigi, ma essendo passati tant'anni, sperava ancora dilazione. Fin dall'anno '93 in Firenze, quando vidi assolutamente perduti i miei libri, feci pubblicare un avviso in tutte le gazzette d'Italia, ove diceva essermi stati presi, confiscati, e venduti i miei libri, e carte, onde io dichiarava già fin d'allora non riconoscer per mia nessun'altra opera, fuorché le tali, e tali pubblicate da me. Le altre, e alterate, o supposte, e certamente sempre surrepitemi[4], non le ammetteva. Ora nel '99 udendo questo manifesto del Molini, il quale prometteva per l'800 venturo la ristampa delle sudette opere, il mezzo più efficace di purgarmi agli occhi dei buoni e stimabili, sarebbe stato di fare un contromanifesto, e confessare i libri per miei, dire il modo con cui m'erano stati furati, e pubblicare per discolpa totale del mio sentire e pensare, il *Misogallo*, che certo è più atto e bastante da ciò. Ma io non era libero, né il sono; poiché abito in Italia; poiché amo, e temo per altri che per me; onde non feci questo che avrei dovuto fare in altre circostanze; per esentarmi una volta per sempre dall'infame ceto degli schiavi presenti, che non potendo imbiancare sé stessi, si compiacciono di sporcare gli altri, fingendo di crederli e di annoverarli tra i loro; ed io per aver parlato di libertà sono un di quelli, ch'essi si associano volentieri, ma me ne dissocierà ampiamente poi il *Misogallo* agli occhi anche dei maligni e degli stupidi, che son i soli che mi posson confondere con codestoro; ma disgraziatamente, queste due categorie sono i due terzi e mezzo del mondo. Non potendo io dunque fare ciò, che avrei saputo e dovuto, feci soltanto quel pochissimo che poteva per allora; e fu di ripubblicare di nuovo in tutte le gazzette d'Italia il mio avviso del '93, aggiungendovi la poscritta, che avendo udito che si pubblicava in Parigi delle opere in prosa e in versi, sotto il mio nome, rinnovava quel protesto fatto sei anni innanzi.

Ma il fatto si era, che quell'onesto letterato dell'ambasciator Ginguené, che mi avea scritto le lettere surriferite, e che io poi avea fatto richiedere in voce dell'abate di Caluso, giacché egli voleva pure ad ogni costo fare di me, ch'io non richiedeva i miei libri, né altro, ma che solamente avrei desiderato raccapezzar quelle sei balle dell'edizioni non pubblicate, ad impedire ogni circolazione: fatto si è, dico (a quel ch'io mi penso) che il Ginguené ritornato poi a Parigi avrà frugato tra i miei libri di nuovo, e trovatavi una ballottina contenente quattro soli esemplari di quelle quattro opere, se le appropriò; ne vendé forse al Molini un esemplare perché si ristampassero, e le altre si tenne, e tradusse le prose in francese per farne bottega e donò, non sendo sue, alla Biblioteca Nazionale, ed...[5] come sta scritto nella prefazione stessa del quarto volume ristampato dal Molini, che dice non essere reperibile l'edizion prima, altro che quattro esemplari, ch'egli individua così come ho detto, e che tornano per l'appunto con la piccola balla da me lasciata fra i libri altri miei.

Quanto poi alle sei balle, contenenti più di cinquecento esemplari di ciascun'opera non posso congetturare cosa ne sia avvenuto. Se fossero state trovate ed aperte, circolerebbero, e si sarebbero vendute piuttosto che ristampate, sendo sì belle l'edizioni, la carta, e i caratteri, e la correzione. Il non essere venute in luce mi fa credere che ammontate in qualche di quei sepolcri di libri che tanti della roba perduta ne rimangono infatti a putrefarsi in Parigi, non siano stati aperti; perché ci avea fatto scrivere su le balle di fuori *Tragedie italiane*. Comunque sia, il doppio danno ne ho avuto di perdere la mia spesa e fatica nella proprietà di quelle stampate da me, e di acquistare (non dirò l'infamia) ma la disapprovazione e la taccia di far da corista a que' birbi, nel vedermele pubblicate per mezzo delle stampe d'altrui.

CAPITOLO VIGESIMONONO

Seconda invasione. Insistenza noiosa del general letterato. Pace tal quale, per cui mi scemano d'alquanto le angustie. Sei commedie ideate ad un parto.

1800 Appena per qualche mesi aveva l'Italia un poco respirato dal giogo, e ruberie francesi, quando la favolosa battaglia di

Marengo nel giugno del 1800, diede in poche ore l'Italia tutta in preda di costoro, chi sa per quanti anni. Io la sentiva quanto e più ch'altri, ma piegando il collo alla necessità, tirava a finire le cose mie senza più punto curare per così dire un pericolo, dal quale non m'era divezzato ancora, né oramai, visto l'instabilità di codeste sozzure politiche, me ne divezzerò mai più. Assiduamente dunque lavorando sempre a ben ridurre e limare le mie quattro traduzioni greche, e null'altro poi facendo che proseguire ardentemente gli studi troppo tardi intrapresi, strascinava il tempo. Venne l'ottobre, e il dì 15 d'esso, ecco di nuovo inaspettatamente in tempo di tregua fissata con l'imperatore, invadono i francesi di nuovo la Toscana, che riconoscevano tenersi pel granduca, col quale non erano in guerra. Non ebbi tempo questa volta di andare in villa come la prima, e bisognò sentirli e vederli, ma non mai altro, s'intende, che nella strada. Del resto la maggior noia e la più oppressiva, cioè l'alloggio militare[1], venni a capo presso il comune di Firenze di farmene esentare come forestiere, ed avendo una casa ristretta e incapace. Assoluto di questo timore che era il più incalzante e tedioso, del resto mi rassegnai a quel che sarebbe. Mi chiusi per così dire in casa, e fuorché due ore di passeggiata a me necessarie, che faceva ogni mattina nei luoghi più appartati e soletto, non mi facea mai vedere, né desisteva dalla più ostinata fatica.

Ma se io sfuggiva costoro, non vollero essi sfuggire me, e per mia disgrazia il loro generale comandante in Firenze[2], pizzicando del letterato, volle conoscermi, e civilmente passò da me una, e due volte, sempre non mi trovando, che già avea provvisto di non essere repperibile mai; né volli pure rendere garbo per garbo col restituir per polizza[3] la visita. Alcuni giorni dopo egli mandò ambasciata a voce, per sapere in che ore mi si potrebbe trovare. Io vedendo crescere l'insistenza, e non volendo commettere ad un servitor di piazza la risposta in voce, che potea venire o scambiata o alterata, scrissi su un fogliolino; che Vittorio Alfieri, perché non seguisse sbaglio nella risposta da rendersi dal servo al signor generale, mettea per iscritto: che se il generale in qualità di comandante di Firenze intimavagli di esser da lui, egli ci si sarebbe immediatamente costituito, come non resistente alla forza imperante, qual ch'ella si fosse; ma che se quel volermi vedere era una mera curiosità dell'individuo, Vittorio Alfieri, di sua natura molto selvatico non rinnovava oramai più conoscenza con chicchesia, e lo pregava quindi di dispensarnelo. Il generale rispose direttamente a me due parole in cui diceva che dalle mie opere gli era nata questa voglia di conoscermi, ma che ora vedendo questa mia indole ritrosa, non ne cercherebbe altrimenti. E così fece; e così mi liberai di una cosa per me più gravosa e accorante, che nessun altro supplizio che mi si fosse potuto dare.

In questo frattempo il già mio Piemonte, celtizzato anch'egli, scimmiando ogni cosa dei suoi servipadroni, cambiò l'Accademia sua delle Scienze, già detta Reale, in un Istituto Nazionale a norma di quel di Parigi, dove avean luogo, e le belle lettere, e gli artisti. Piacque a coloro, non so quali si fossero (perché il mio amico Caluso si era dimesso del segretariato della già Accademia), piacque dico a coloro di nominarmi di codesto Istituto, e darmene parte con lettera diretta. Io prevenuto già dall'abate, rimandai la lettera non apertala, e feci dire in voce dall'abate che io non riceveva tale aggregazione; che non voleva essere di nessuno, e massimamente d'una donde recentemente erano stati esclusi con animosa sfacciataggine, tre così degni soggetti, come il cardinale Gerdil, il conte Balbo, ed il cavalier Morozzo, come si può vedere dalle qui annesse lettere dell'amico Caluso[4], non adducendo di ciò altra cagione, fuorché questi erano troppo realisti. Io non sono mai stato, né sono realista, ma non perciò son da essere misto con tale genìa; la mia repubblica non è la loro, e sono, e mi professerò sempre d'essere in tutto quel ch'essi non sono. E qui pure pien d'ira pel ricevuto affronto, mi spergiurai rimando quattordici versi su tal fatto, e li mandai all'amico; ma non ne tenni copia, né questi né altri che l'indegnazione od altro affetto mi venisse a strappar dalla penna, non registrerò oramai più fra le mie già troppe rime.

Non così aveva io avuto la forza di resistere nel settembre dell'anno avanti ad un nuovo (o per dir meglio) ad un rinnovato impulso naturale fortissimo, che mi si fece sentire per più giorni, e finalmente, non lo potendo cacciare, cedei. E ideai in iscritto sei commedie[5], si può dire ad un parto solo. Sempre avea avuto in animo di provarmi in quest'ultimo arringo, ed avea fissato di farne dodici, ma i contrattempi, le angustie d'animo, e più d'ogni cosa lo studio prosciugante continuo di una sì immensamente vasta lingua, qual è la greca, mi aveano sviato e smunto il cervello, e credeva oramai impossibile ch'io concepissi più nulla, né ci pensava neppure. Ma, non saprei dir come nel più tristo momento di schiavitù, e senza quasi probabilità, né speranza di uscirne, né d'aver tempo io più, né mezzi per eseguire, mi si sollevò ad un tratto lo spirito, e mi riaccese faville creatrici. Le prime quattro commedie adunque, che son quasi una divisa in quattro, perché tendenti ad uno scopo solo, ma per mezzi diversi, mi vennero ideate insieme in una passeggiata, e tornando ne feci l'abbozzo al solito mio. Poi il giorno dopo fantasticandovi, e volendo pur vedere se anche in altro genere ne potrei fare, almeno una per saggio, ne ideai altre due, di cui la prima[6] fosse di un genere anche nuovo per l'Italia, ma diverso dalle quattro, e la sesta[7] poi fosse la commedia mera italiana dei costumi d'Italia quali sono adesso; per non aver taccia di non saperli descrivere. Ma appunto perché i costumi variano, chi vuol che le commedie restino, deve pigliar a deridere, ed emendar l'uomo; ma non l'uomo d'Italia, più che di Francia o di Persia; non quello del 1800, più che quello del 1500, o del 2000, se no perisce con quegli uomini e quei costumi, il sale della commedia e l'autore. Così dunque in sei commedie io ho creduto, o tentato di dare tre generi diversi di commedie. Le quattro prime adattabili ad ogni tempo, luogo, e costume; la quinta fantastica, poetica, ed anche di largo confine, la sesta nell'andamento moderno di tutte le commedie che si vanno facendo, e delle quali se ne può far a dozzina imbrattando il pennello nello sterco che si ha giornalmente sotto gli occhi: ma la trivialità d'esse è molta; poco, a parer mio, il diletto, e nessunissimo utile. Questo mio secolo, scarsetto anzi che no d'invenzione, ha voluto pescar la tragedia dalla commedia, praticando il dramma urbano[8], che è come chi direbbe l'epopea delle rane. Io all'incontro che non mi piego mai se non al vero, ho voluto cavare (con maggiore verisimiglianza mi credo) dalla tragedia la commedia; il che mi pare più utile, più divertente, e più nel vero; poiché dei grandi e potenti che ci fan ridere si vedono spesso; ma dei mezzani[9], cioè banchieri avvocati, o simili, che si facciano ammirare non ne vediamo mai; ed il coturno assai male si adatta ai piedi fangosi. Comunque sia l'ho tentato; il tempo, ed io stesso rivedendole giudicherò poi se debbano stare, o bruciarsi.

CAPITOLO TRIGESIMO

Stendo un anno dopo averle ideate la prosa delle sei commedie; ed un altr'anno dopo le verseggio; l'una e l'altra di queste due fatiche con gravissimo scapito della salute. Rivedo l'abate di Caluso in Firenze.

1801 Passò pure anche quell'anno lunghissimo dell'800, la di cui seconda metà era stata sì funesta, e terribile a tutti i galantuomini; e nei primi mesi del seguente '801 non avendo fatto gli alleati altro che spropositi, si venne finalmente a quella orribil sedicente pace, che ancora dura, e tiene tutta l'Europa in armi, in timore, ed in schiavitù, cominciando dalla Francia stessa, che a tutte l'altre dando legge, la riceve poi essa da un perpetuo console[1] più dura ed infame, che non la dà.

Ma io oramai pel troppo sentire queste pubbliche italiane sventure fatto direi quasi insensibile, ad altro più non pensava, che a terminare la mia già troppo lunga e copiosa carriera letteraria. Perciò verso il luglio di quest'anno mi rivolsi caldamente a provare le mie ultime forze nello stendere tutte quelle sei commedie. E così pure di un fiato come le aveva ideate mi vi posi a stenderle senza intermissione, circa sei giorni al più per ognuna; ma fu tale il riscaldamento e la tensione del capo, che non potei finire la quinta, ch'io mi ammalai gravemente d'un'accensione al capo, e d'una fissazione di podagra al petto, che terminò col farmi sputare del sangue. Dovei dunque smettere quel caro lavoro, ed attendere a guarirmi. Il male fu forte, ma non lungo; lunga fu la debolezza della convalescenza in appresso; e non mi potei rimettere a finir la quinta, e scrivere tutta la sesta commedia, fino al fin di settembre; ma ai primi di ottobre tutte erano stese; e mi sentii sollevato di quel martello che elle mi aveano dato in capo da tanto tempo.

Sul fin di quest'anno ebbi di Torino una cattiva nuova; la morte del mio unico nipote di sorella carnale, il conte di Cumiana², in età di trent'anni appena; in tre giorni di malattia, senza aver avuto né moglie, né figli. Questo mi afflisse non poco, benché io appena l'avessi visto ragazzo; ma entrai nel dolore della madre (il di lui padre era morto due anni innanzi), ed anche confesserò che mi doleva di veder passare tutto il mio, che aveva donato alla sorella, in mano di estranei. Che eredi saranno della mia sorella, e cognato, tre figlie, che le rimangono tutte tre accasate; una come dissi col Colli d'Alessandria³, l'altra con un Ferreri di Genova⁴, e l'altra⁵ con il conte di Cellano⁶ d'Aosta. Quella vanitaduzza, che si può far tacere, ma non si sradica mai dal cuore di chi è nato distinto, di desiderare una continuità del nome, o almeno della famiglia, non mi s'era neppure totalmente sradicata in me, e me ne rammaricai più che non avrei creduto; tanto è vero, che per ben conoscer sé stessi, bisogna la viva esperienza, e ritrovarsi nei dati casi, per poter dire quel che si è. Questa orfanità di nipote maschio, mi indusse poi a sistemare amichevolmente con mia sorella altri mezzi per l'assicurazione della mia pensione in Piemonte, caso mai (che nol credo) ch'io dovessi sopravvivere a lei, per non ritrovarmi all'arbitrio di codeste nipoti, e dei loro mariti che non conosco.

Ma intanto quella quantunque pessima pace avea pure ricondotto una mezza tranquillità in Italia, e dal despotismo francese essendosi annullate le cedole monetarie sì in Piemonte, che in Roma, tornati dalla carta all'oro sì la signora che io, ella di Roma, io di Piemonte cavando, ci ritrovammo ad un tratto fuori quasi dell'angustia, che avevamo provato negli interessi da più di cinque anni, scapitando ogni giorno più dell'avere. Perciò sul finire del suddetto '801 ricomprammo cavalli, ma non più che quattro, di cui solo uno da sella per me, che da Parigi in poi non avea mai più avuto cavallo, né altra carrozza che una pessima d'affitto. Ma gli anni, le disgrazie pubbliche, tanti esempi di sorte peggior della nostra, mi aveano reso moderato e discreto; onde i quattro cavalli furono oramai anche troppi, per chi per molti anni appena si era contentato di dieci, e di quindici.

Del rimanente poi bastantemente sazio e disingannato delle cose del mondo, sobrio di vitto, vestendo sempre di nero, nulla spendendo che in libri, mi trovo ricchissimo, e mi pregio assai di morire di una buona metà più povero, che non son nato. Perciò non attesi alle offerte che il mio nipote Colli mi fece fare dalla sorella, di adoperarsi in Parigi, dove egli andava a fissarsi, presso quei suoi amici, ch'egli senza vergogna mi annovera e nomina nella sua seconda lettera che ho pure trascritta, di adoperarsi, dico, presso coloro per farmi rendere il mio confiscatomi in Francia, l'entrate ed i libri, ed il rimanente. Dai ladri non ripeto mai nulla; e da una risibil tirannide in cui l'ottener giustizia è una grazia, non voglio né l'una né l'altra. Onde non ho altrimenti neppure fatto rispondere al Colli nulla su di ciò; come neppure nulla avea replicato alla di lui seconda lettera, in cui egli dissimula di aver ricevuta la mia risposta alla prima; ed in fatti permanendo egli general francese, dovea dissimular la mia sola risposta. Così io permanendo libero e puro uomo italiano dovea dissimulare ogni sua ulteriore lettera, e offerta, che per qualunque mezzo pervenir mi facesse.

1802 Venuto appena l'estate dell'802 (che l'estate, come le cicale io canto), subito mi posi a verseggiare le stesse commedie, e ciò con lo stesso ardore e furore, con cui già le avea stese e ideate. E quest'anno pure risentii, ma in altra maniera, i funesti effetti del soverchio lavoro, perché, come dissi, tutte queste composizioni erano in ore prese su la passeggiata, o su altro, non volendo mai toccare alle tre ore di studio ebdomadario di svegliata[7]. Sicché quest'anno, dopo averne verseggiate due e mezza, nell'ardor dell'agosto fui assalito dal solito riscaldamento di capo, e più da un diluvio di fignoli qua e là per tutto il corpo; dei quali mi sarei fatto beffe, se uno, il re di tutti, non mi si fosse venuto ad innestare nel piede manco, fra la noce esterna dello stinco ed il tendine, che mi tenne a letto più di quindici giorni con dolori spasmodici, e risipola di rimbalzo, che il maggior patimento non l'ho avuto mai a' miei giorni. Bisognò dunque smettere anche quest'anno le commedie, e soffrire in letto. E doppiamente soffersi, perché si combinò in quel settembre, che il caro Caluso che da molti anni ci prometteva una visita in Toscana, poté finalmente capitarci quest'anno, e non ci si poteva trattenere più di un mesetto, perché ci veniva per ripigliare il suo fratello primogenito, che da circa due anni si era ritirato a Pisa, per isfuggire la schiavitù di Torino celtizzato. Ma in quell'anno una legge di quella solita libertà costringeva tutti i piemontesi a rientrare in gabbia per il dì tanti settembre, a pena al solito di confiscazione, e espulsione dai felicissimi stati di quella incredibil repubblica. Sicché il buon abate, venuto così a Firenze, e trovatomi per fatalità in letto, come mi ci avea lasciato quindici anni prima in Alsazia, che non c'eramo più visti, mi fu dolce, ed amarissimo il rivederlo essendo impedito, e non mi potendo né alzare, né muovere, né occupare di nulla. Gli diedi però a leggere le mie traduzioni dal greco, le satire, ed il Terenzio, e il Virgilio, ed in somma ogni cosa mia fuorché le commedie, che a persona vivente non ho ancora né lette, né nominate, finché non le vedo a buon termine. L'amico si mostrò sul totale contento dei miei lavori, mi diede in voce, e mi pose anche per iscritto dei fratellevoli e luminosi avvisi su le traduzioni dal greco, di cui ho fatto mio pro, e sempre più lo farò nel dare loro l'ultima mano. Ma intanto sparitomi qual lampo dagli occhi l'amico dopo soli ventisette giorni di permanenza, ne rimasi dolente, e male l'avrei sopportata, se la mia incomparabile compagna non mi consolasse di ogni privazione. Guarii nell'ottobre, ripigliai

347

subito a verseggiar le commedie, e prima dei...[8] decembre, le ebbi terminate, né altro mi resta che a lasciarle maturare, e limarle.

CAPITOLO TRIGESIMOPRIMO

Intenzioni mie su tutta questa seconda mandata di opere inedite. Stanco, esaurito, pongo qui fine ad ogni nuova impresa; atto più a disfare, che a fare, spontaneamente esco dall'epoca quarta virile, ed in età di anni cinquanta- quattro e mezzo mi do per vecchio, dopo ventotto anni di quasi continuo inventare, verseggiare, tradurre, e stu- diare – Invanito poi bambinescamente dell'avere quasi che spuntata la difficoltà del greco, invento l'ordine di Omero, e me ne creo αὐτοχεῖᾳ *cavaliero.*

1803   Ed eccomi, s'io non erro, al fine oramai di queste lunghe e noiose ciarle. Ma se io avea fatte o bene o male tutte le surri- ferite cose, mi conveniva pur dirle. Sicché se io sono stato *nimio*[1] nel raccontare, la cagione n'è stata l'essere stato troppo fecondo nel fare. Ora le due anzidette malattie in queste due ultime estati, mi avvisano ch'egli è tempo di finire e di fare e di raccontare. Onde qui pongo termine all'epoca quarta, essendo ben certo che non voglio più, né forse potrei volendo, creare più nulla. Il mio disegno si è di andare sempre limando e le produzioni, e le traduzioni, in questi cinque anni e mesi che mi restano per giungere agli anni sessanta, se Iddio vuole che ci arrivi. Da quelli in poi, se li passo, mi propongo, e comando a me stesso di non fare più nulla affatto, fuorché continuare (il che farò finché ho vita), i miei studi intrapresi. E se nulla ritor- nerò su le mie opere, sarà per disfare, o rifare (quanto all'ele- ganza), ma non mai per aggiungere cosa che fosse. Il solo trat- tato aureo *Della vecchiaia* di Cicerone, tradurrò ancora dopo i sessanta anni; opera adattata all'età, e la dedicherò alla mia indivisibile compagna, con cui tutti i beni o mali di questa vita ho divisi da venticinque e più anni, e sempre più dividerò.

Quanto poi allo stampare tutte queste cose che mi trovo, e troverò fatte, ai sessanta anni, non credo oramai più di farlo; sì perché troppa è la fatica; e sì perché stando come fo in governo non libero, mi toccherebbe a soffrire delle revisioni, e a questo non mi assoggetterei mai. Lascierò dunque dei puliti e corretti manoscritti, quanto più potrò e saprò, di quell'opere che vorrò lasciare credendole degne di luce; brucierò l'altre; e così pure farò della vita ch'io scrivo, riducendola a pulimento, o bruciandola. Ma per terminare oramai lietamente queste serie filastrocche, e mostrare come già ho fatto il primo passo dell'epoca quinta di rimbambinare, non nasconderò al lettore per farlo ridere, una mia ultima debolezza di questo presente anno 1803. Dopo ch'ebbi finito di verseggiare le commedie, credutele in salvo e fatte, mi sono sempre più figurato e tenuto di essere un vero personaggio nella posterità. Dopo poi che continuando con tanta ostinazione nel greco, mi son visto, o creduto vedere, in un certo modo padrone di interpretare da per tutto a prima rivista, sì Pindaro, che i tragici, e più di tutti il divino Omero, sì in traduzione letterale latina, che in traduzione sensata italiana, son entrato in un certo orgoglio di me di una sì fatta vittoria riportata dai quarantasette ai cinquantaquattro anni. Onde mi venne in capo, che ogni fatica meritando premio, io me lo dovea dare da me, e questo dovea essere decoro, ed onore, e non lucro. Inventai dunque una collana, col nome incisovi di ventitré poeti sì antichi che moderni, pendente da essa un cammeo rappresentante Omero, e dietrovi inciso (ridi o lettore) un mio distico greco; il quale pongo qui per nota ultima, colla traduzione in un distico italiano[2]. Sì l'uno che l'altro li ho fatti prima vedere all'amico Caluso, il greco, per vedere se non v'era barbarismo, solecismo, od errore di prosodia; l'italiano, perch'ei vedesse se avea temperato nel volgare la forse troppa impertinenza del greco; che già si sa, nelle lingue poco intese l'autore può parlar di sé più sfacciatamente che nelle volgari. Approvati l'uno e l'altro dall'amico, li registro qui, perché non si smarriscano. Quanto poi alla collana effettiva, l'eseguirò quanto prima, e la farò il più ricca che potrò, sì in gioielli, che in oro, e in pietre dure. E così affibbiatomi questo nuovo ordine, che meritatolmi o no, sarà a ogni modo l'invenzione ben mia, s'egli non ispetterà a me, l'imparziale posterità lo assegnerà poi ad altri che più di me se lo sia meritato. A rivederci, o lettore, se pur ci rivedremo, quando io barbogio, sragionerò anche meglio, che fatto non ho in questo capitolo ultimo della mia agonizzante virilità.

A dì 14 maggio 1803. Firenze.

VITTORIO ALFIERI

Lettera del signor abate di Caluso

qui aggiunta a dar compimento all'opera col racconto
della morte dell'autore.

Alla Preclarissima Signora Contessa d'Albany

Pregiatissima signora Contessa.

In corrispondenza al favore compartitomi di darmi a leggere le carte, dove l'incomparabile nostro amico avea preso a scrivere la propria vita, debbo palesargliene il mio parere, e il fo colla penna perché favellando potrei con molte più parole dir meno. Conoscendo l'ingegno e l'animo di quell'uomo unico, io ben m'aspettava di trovare ch'egli avesse vinta in qualche modo suo proprio la difficultà somma di parlar di sé lungamente senza inezie stucchevoli, né menzogne; ma egli ha superata ogni mia espettazione coll'amabile sua schiettezza e sublime semplicità. Felicissima n'è la naturalezza del quasi negletto stile; e maravigliosamente rassomigliante e fedele riesce l'immagine, ch'egli ne lascia di sé scolpita, colorita, parlante. Vi si scorge eccelso qual era, e singolare, ed estremo, come per naturali disposizioni, così per opera posta in ogni cosa, che sembrata gli fosse non indegna de' generosi affetti suoi. Che se perciò spesso egli andava al troppo, si osserverà facilmente che da qualche lodevole sentimento ne procedevano sempre gli eccessi, come dall'amicizia quello ch'io scorgo dov'ei mi commenda.

Però a tanti motivi, che abbiamo di dolerci che la morte ce l'abbia rapito sì tosto, si aggiunge che sia questa sua Vita fra i molti scritti di lui rimasti bisognosi più o meno della sua lima, che non sarebbele mancata s'egli giungeva al sessantesimo anno, in cui s'era proposto di ripigliarla in mano e *ridurla a pulimento*, o *bruciarla*. Ma bruciata non l'avrebb'egli; come non possiamo aver cuore di bruciarla ora noi, che abbiamo in essa lui ritratto sì al vivo, e di tanti suoi fatti e particolarità sì certo ed unico documento.

Lodo pertanto, ch'Ella prosegua, Signora Contessa, a custodirne questi fogli gelosamente, mostrandoli solo a qualche persona molto amica e discreta, che ne ritragga le notizie opportune a tesser la storia di quel grand'uomo. La quale non ardisco imprendere a scriver io, e me ne duole assai: ma non tutti possiamo ogni cosa, ed io debbo ristringermi a notar qui comunque, ciò che sembrami convenire a compimento ed a scusa della narrazione lasciata imperfetta dall'amico. Ne sono le ultime righe dei 14 Maggio 1803. Trarrò il seguito da quanto Ella me ne ha scritto, Signora Contessa, la quale avendo ad ogni cosa, che lui riguardava, tenuti ognora intenti non gli occhi solo e le orecchie, ma la mente e il cuore, ne ha presentissima pur troppo la ricordanza.

Stava adunque a quel tempo il Conte Alfieri attendendo a recar a buon termine le sue Commedie, e per sollievo e balocco talor pensando al disegno, ai motti, all'esecuzione della collana, ch'ei volea farsi, di Cavalier d'Omero. Ma già la podagra, com'ella solea nel mutar delle stagioni, eragli in Aprile sopravvenuta, e più molesta, perché il trovava per l'assiduo studio quasi esausto di vegeto e salutar vigore, che la respingesse, e fissasse in alcuna delle parti esterne. Onde a reprimerla, o infievolirla almeno, considerando egli che già da alcun anno gli riusciva la digestione sul finire penosa e grave, si fisse in capo che ottimo partito fosse lo scemarsi il cibo, ch'egli usava pur modichissimo. Pensava che la podagra così non nutrita avesse a cedere; mentre lo stomaco non mai ripieno gli lasciava libera e chiara la mente all'applicazione sua ostinatissima. Invano la Signora Contessa amichevolmente ammonivalo, importunavalo, perché più mangiasse, mentre egli a occhio veggente più e più immagrendo manifestava il bisogno di maggior nutrimento. Egli saldo nel suo proposito tutta quella state in eccessiva astinenza persisteva a lavorare con sommo impegno alle sue Commedie ogni giorno parecchie ore, temendo che non gli venisse meno la vita prima di averle perfezionate, senza voler perciò tralasciare alcun dì mai d'impiegarne su gli altrui libri non poche all'acquisto di maggior dottrina. Così via via distruggendosi con tanto più risoluti sforzi quanto più sentivasi venir manco, svogliato di ogni altra cosa che dello studio, omai sola dolcezza della stanca e penosa vita, ei pervenne ai 3 di Ottobre, nel qual dì alzatosi in apparenza di miglior salute e più lieto che da gran tempo non solea, uscì dopo il quotidiano suo studio mattutino a fare una passeggiata in *faeton*. Ma poco andò che il prese un freddo estremo, cui volendo scuotere e riscaldarsi camminando a piedi, gli fu vietato da dolori di viscere. Onde a casa tornossene colla febbre, che fu gagliarda alcune ore, ma declinò sulla sera; e sebbene da principio da stimoli di vomito fosse molestato, passò la notte senza gran patimento, e il dì seguente non solo vestissi, ma fuori del suo quarto discese alla saletta solita per desinare. Né però quel dì poté mangiare; ma dorminne gran parte. Quindi passò inquieta la notte. Pur venuto il mattino dei 5, fattasi la barba, voleva uscir a prender aria; ma la pioggia glie l'impedì. La sera con piacere pigliò, come soleva, la cioccolata. Ma la notte, che veniva su i 6, fierissimi dolori di viscere gli sopraggiunsero, e come il dottore ordinò, gli furono posti a' piedi senapismi, i quali, quando incominciavano ad operare, egli si strappò via, temendo che impiagandogli le gambe gli togliessero per più giorni il poter camminare. Tuttavia pareva la sera seguente star meglio, senza però porsi a letto; che nol credeva poter soffrire. Quindi la mattina dei 7 il medico suo ordinario ne volle chiamato un altro a consulta, il quale ordinò bagni e vescicatori alle gambe. Ma questi l'infermo non volle per non venir impedito dal poter camminare. Gli fu dato dell'oppio, che i dolori calmò, e gli fe' passare una notte assai tranquilla. Ma non però si pose a letto, né la quiete, che gli dava l'oppio, era senza qualche molestia d'immagini concitate in capo gravoso, cui nella veglia involontarie, come in sogno, si presentavano le ricordanze delle passate cose le più vivamente impresse nella fantasia. Onde in mente gli ricorrevano gli studi e lavori suoi di trent'anni, e quello, di che più si maravigliava, un buon numero di versi greci del principio d'Esiodo, ch'egli aveva letti una sola volta, gli venivano allora di filo ripetuti a memoria. Questo ei diceva alla Signora Contessa, che gli sedeva a lato. Ma non pare che per tutto ciò gli venisse in pensiero che la morte, la quale da lungo tempo egli era uso figurarsi vicina, allora imminente gli soprastasse. Certo almeno che niun motto a Lei ne fece, benché Ella nol lasciasse che al mattino, in cui alle sei ore egli prese, senza il parere dei medici, olio e magnesia, la quale dovette anzi nuocergli, imbarazzandogli gl'intestini, poiché verso le 8 fu scorto già già pericolare, e richiamata la Signora Contessa il trovò in ambascia, che il soffocava. Nondimeno alzatosi di sulla sedia andò ancora ad appressarsi al letto, e vi si appoggiò, e poco stante gli si oscurò il giorno, perdé la vista e spirò. Non si erano trascurati i doveri e conforti della Religione. Ma non si credeva il male così precipitoso, né alcuna fretta necessaria, onde il confessore chiamato non giunse a tempo. Ma non perciò dobbiamo credere che non fosse il Conte apparecchiato a quel passo, il cui pensiero avea sì frequente, che spessissimo ancora ne facea parola. Così la mattina del sabato 8 di Ottobre 1803 cotant'uomo ci fu tolto, oltrepassata di non molto la metà dell'anno cinquantesimo quinto dell'età sua.

Fu seppellito, dove tanti uomini celebri, in Santa Croce presso all'altare dello Spirito Santo, sotto a una semplice lapida, intanto che la Signora Contessa D'Albany, gli fa lavorare un condegno mausoleo da innalzarsi non lontano da quello di Michelangiolo. Già il Signor Canòva vi ha posto mano, e l'opera di sì egregio scultore sarà certamente egregia. Quali sieno stati i miei sentimenti sulla sua tomba l'ho espresso nei seguenti sonetti.

SONETTO I

Cuor, che al tuo strazio aneli, occhi bramosi
di vista, che già già vi stempra in pianto,
ecco il marmo cercato, e i non fastosi
caratteri, che son pur sommo vanto.

QUI POSTO È ALFIERI. Oimè!... Quant'uomo! e quanto
d'amor, di fede in lui godetti, e posi!
Qual ne sperai da lui funebre canto,
quando tosto avverrà che spento io posi!

Io vecchio, stanco, e senza voce omai

in Pindo, ove mal noto in basso scanno
spirarvi a gloria pochi giorni osai.

E inutil sopravvivo a tanto affanno.
Oh crudel Morte, che lasciato m'hai
per ferir prima, ove sol tutto è il danno!

SONETTO II

Umile al piano suolo or l'ossa asconde
lapide scarsa, che ha il gran nome inscritto;
ma, quali invan li brameresti altronde,
marmi dal Tebro qua faran tragitto;

e mole sorgerà, che d'ognidonde
s'accorra ad ammirarla miglior dritto,
che non colà sulle Niliache sponde
le altere tombe de' Sovran d'Egitto.

Già lo scarpel del gran Canova, e l'arte
benedir odo, e te, che scelto all'opra,
Donna Reale, hai sì maestra mano,

acciò con degno onor per te si copra
chi tanto te onorò con degne carte:
e piangi pur, come se oprassi invano.

SONETTO III

Qua pellegrini nell'età future
verran devoti i più gentili amanti:
poiché non fia che prima il tempo oscure,
che le Scene d'Alfieri, i minor canti,

da cui tue rare doti, e le venture
sapran dell'alto amor, Donna, onde avanti
vita avevi in due vite, or solo a cure

di te, non vivi, ma prolunghi i pianti.

E alcun dirà: qual fra cotante, state
chiare, può al par di questa andare altera
d'esimio, ardente amico, eccelso vate?

O qual servo d'Amor mai ebbe, o spera
più adorno oggetto, non che di beltate,
ma d'ogni laude più splendente, o vera?

Più direi per mostrare qual amico ei fosse, qual perdita abbiam
noi fatta, e l'Italia. Ma pietà vuole ch'io soprima le lagrime per
non concitarnele più dolorose, consolandole piuttosto col rammentare che ne' suoi scritti ci resta immortale il suo ingegno, e
l'immagine viva di quella grand'anima, la quale assai chiaramente
effigiata risplende già pur ne' libri da lui pubblicati. Ond'anche
meno ci dee rincrescere ch'ei non abbia potuto ripulire questa sua
storia e che, anzi ne sia la Seconda Parte soltanto un primo getto
della materia minutata con frettolosa mano e con postille e richiami, cosicché non è facile porvi a luogo ogni cosa, e leggerla retta-
mente.

Ma non v'è pericolo che perciò alcuno faccia della facoltà di
scrivere del Conte Alfieri minor concetto. Onde quello, che dianzi ho accennato, di voler qui soggiungere alcuna scusa, non
riguarda la dettatura, ma le cose. Alfieri in queste carte si è dipinto
qual era; né chi scevro d'ogni rugginoso affetto leggeralle, altra
idea ne trarrà che la verace. Ma l'acerbità del suo disegno in più
d'un tratto può molti offendere. La quale se non si scorgesse in
alcun altro suo scritto, basterebbe, come ho detto, e la Signora
Contessa fa, non lasciar veder questi fogli che a qualche sicuro
amico. Ma poiché i motivi che hanno a rendergli avversi molti animi, già sono pubblici in altri suoi libri, e lo splendore della sua
gloria già basta a concitargli contro gran fiel d'invidia, e po' poi
queste carte, comunque custodite, pur possono venire in mano di
men benevoli, sarà bene apporvi un poco di contravveleno.

Dico adunque distinguersi due ragioni di lode, quella di sommo, e quella d'irreprensibile, delle quali essendo la seconda in questo misero mondo rarissima eziandio nella mediocrità, nel sommo non v'è richiesta. Ora al sommo sempre sospingevasi Alfieri, e fra i più nobili affetti, che l'amor di gloria in quel gran cuore incendeva, fu sommo l'amore di due cose, ch'ei non sapea distinguere, patria e libertà civile. Vero è che un filosofo disimpegnato nella monarchia è più libero assai che il monarca; né io mai altra libertà ho per me bramata, né avuti a sdegno i doveri di suddito fedele. Ma quando ai sovrani piace venir chiamati padroni dai sudditi tutti, pur troppo è facile che taluno si cacci in capo fortemente non potervi essere libertà civile, dove il diritto di volere è d'un solo. Con questo inganno avvampava Alfieri dell'amore di patria libera, il quale, dalla parte al tutto passando, egli stendeva a incensissimo desiderio dell'italica libertà, la quale ei non voleva disperare che possa ancora, quando che sia, gloriosamente risorgere. Però sembrando allora che nulla più fosse in grado di ostarvi che la potenza francese, contro ai Francesi abbandonossi a un odio politico, ch'ei credé poter giovar all'Italia, quanto più fosse reso universale. Voleva inoltre sceverarsi da quegl'infami, che mostratisi per la libertà come lui caldissimi, ne han fatto con le più abbominevoli scelleratezze detestare il partito. A chi meno ha passione egli è chiaro ch'ei non dovea così generalmente parlare senza distinzioni di buoni e rei; né ragionevole al giudizio di un freddo filosofo è mai l'odio di nazione alcuna. Ma si vuole Alfieri considerare come un amante passionatissimo, che non può esser giusto cogli avversari dell'idolo suo, come un italiano Demostene, che infiammate parole contrappone a forze maggiori assai dei Macedoni. Né perciò il discolpo; né mi abbisognava per mantenergli la dovuta lode di sommo. Bastami che non si nieghi convenevole indulgenza a trascorsi provenienti da eccesso di sì commendabile affetto qual si è l'amor della patria.

Faccia la signora Contessa di questa mia carta quell'uso, che le parrà bene, gradendo colla solita sua bontà, se non altro, il buon volere, e l'ossequio con cui mi pregio di essere

Suo devotiss. servo di tutto cuore
Tommaso Valperga Caluso

Firenze i 21 Luglio 1804.

Appendici all'Epoca quarta

APPENDICE PRIMA
(cap. I, p. 212)

CAPITOLO PRIMO

Cetra, che a mormorar soltanto avvezza,
indagasti finor spietatamente
i vizi, e n'hai dimostra la laidezza:

tu che in mano ad un vate impertinente
che le publiche risa nulla apprezza,
benché stolta, credesti esser sapiente,

e di che canterai, e con qual fronte?
infra uno stuol sì venerando e augusto?
tu che neppur vedesti il sacro fonte.

O temeraria cetra, e vuoi dar gusto
cicalando di cose a te mal conte
sacre al gelido Scita e al Libio adusto?

Chi condottier ti fòra all'alta impresa?
Nelle Muse non spera, a te già sorde
s'armerebbero invan per tua difesa.

Rompi, stritola, o abbrucia le tue corde
se da fuoco divin non vieni accesa;
deluderai così le Parche ingorde.

Quanti Numi in inferno, o in cielo, o in onda
i favolosi Greci un dì crearo,
tutti fòrano vani, ognun si asconda.

Tu, chi invocar non sai; io te l'imparo:
inalza il vol dalla terrena sponda,
scorgi un Nume maggior, e a noi più caro.

Il supremo Fattor dell'orbe intero
rimira, e poi impallidisci, e trema,
e se tant'osi, a lui richiedi il vero.

Per lui fia in te già l'ignoranza scema,
egli ti additi il murator primiero,
del grand'Ordine infin l'origo estrema.

E se pur ti svelasse un tanto arcano,
avresti tu sì nobili concetti
e ad inalzare il vol bastante mano?

Ah scusatela sì, fratei diletti,
non ragiona l'insana, oppur delira
quando canta di voi con versi inetti.

Cetra, di già tu m'hai destato all'ira.
Taci, rispetta, credi, e umil t'inchina,
tanto e non più concede or chi t'inspira.

Tu cantar de' misteri, tu meschina?
che la semplice Loggia, e quanto acchiude,
mal descriver sapresti, ahi poverina!

Di quel raggio d'angelica virtude,
che in viso al Venerabile sfavilla,
come cantar con le tue voci crude?

Come, quella di noi dolce pupilla,
il Primo Vigilante, in cui s'arresta
quando emana dal trono ogni scintilla?

Come il Secondo, che la Loggia assesta
colla fida presenza, ed implorato
di avvicinarsi al Trono, a ciò s'appresta?

Come di quei che al gran Maestro a lato
siedono maestosi Consiglieri,
che il tempo infra i Misteri han consumato?

Come, di quei ch'armato il braccio, e fieri
ai Profani vietando ognor l'ingresso,
giustamente sen van di tanto altieri?

Come, di quel che all'opra sì indefesso,
necessario Censor, vi molce e accheta,
e sì nobile esempio dà lui stesso?

Come, di quel che nella steril meta
di vane Cerimonie a cui presiede
n'adempisce il dover con faccia lieta?

Come, di quel, cui l'instancabil piede,
(a noi non Servo, ma Fratel diletto)
la lautissima mensa oggi provvede?

Come di quel che con sì dolce affetto
serve e v'illustra con la penna arguta
secretaro gentile, a tutti accetto? –

Cetra, ti veggo già stupida e muta,
se intraprendi parlar del Sacro Quadro
che i Profani in Fratelli ci commuta,

che diresti tu poi di quel leggiadro
baldacchin del Maestro, il quale al cielo
di coprirlo divieta, invido ladro?

Fora inutile, e stolto anche il tuo zelo,
se t'accingessi a dir dell'alma Stella,
cui più lucido il Mastro oggi dà velo.

L'emblematica ancor Trina Facella,
e le Sante Colonne, e il Tempio antico,
richiederian più nobile favella.

Dunque taci, balorda, io tel ridico;
e tel dicono pure a un tempo istesso
color che l'Architetto han per amico.

Se d'arrossir ti fora ancor concesso,
pensando solo alla scabrosa impresa,
cetra, davver tu arrossiresti adesso.

E qui finiva questa eterna invocazione alla cetra, la quale rispondeva da par sua. Strano è che fatti tanti versi inutili, non ve ne aggiunges-
si uno in fine necessario, per chiudere il capitolo con la rima secondo
le regole. Ma niuna regola mi s'era ancor fitta in capo.

Lettera della madre dell'autore

Carissimo, ed amatissimo figlio,

Li 8 corrente scrissi al Sig. Abate di Caluso acciò vi facesse una proposizione di matrimonio avvantaggioso, che vi si offre con una figlia di famiglia distintissima per padre e madre, ed erede della maggior parte del bene paterno; il qual padre, per essere stato molto amico del vostro, desidererebbe di dare a voi la sua figlia a preferenza di ogni altro, per il desiderio di far rivivere la casa Alfieri in questa città. Vi ho fatto fare questa proposizione per mezzo del vostro amico, sperando che egli forse avrebbe avuto il dono di persuadervi; ed anche, acciò con lui foste più in libertà, senza timore di contristarmi, di dare il vostro sentimento perché Dio sa quanto vi amo, e se io potessi mai idearmi niente in questo mondo di mia maggior consolazione e conforto, che di rivedervi e ristabilito nel paese e nella stessa vostra città; ma pure non vorrei contribuire ad una vostra risoluzione che non fosse di vostro genio o di vostra convenienza, perché io ci son più per poco in questo mondo; e però non vi è da aver riguardo a me per un tal vincolo. Però sto aspettando la vostra definitiva determinazione per dare la risposta a chi si interessa per la Damigella, e spero di averla o da voi medesimo, o per mezzo del Sig. Abate di Caluso, al quale vi prego di porgere i miei complimenti. Mio marito vi saluta caramente.

Ed abbracciandovi con tutto l'affetto, sono

Vostra affezionatissima Madre.

Asti, 22 agosto 1787.

Essendo io per natura poco curioso, non ho mai poi ricercato né saputo, né indovinato chi potesse essere questa mia destinata sposa: né credo che l'amico lo sapesse egli stesso, non glie lo domandai, né mostrò di saperlo.

APPENDICE TERZA
(cap. XXI, p. 315)

Monsieur.

Vous ne deviez poin douter que la Marque de Votre Souvenir, et de linteret que Vous avez la bonté de prendre a mon Sort, ne me soit sensible et reçu avec reconnoissance, d'autant plus que je ne puis Vous regarder comme l'auteur de mon Malheur puis qui je ne suis poin Malheureuse quoique la Sensibilité et la droiture de Votre Ame Vous le fasse craindre. Vous éte au contraire la cause de ma deliverance d'un Monde dans le quel je nettoit aucunnement formé pour exister et que je n'ai jamais seule Instant regretté. Je ne sais si en cela j'ai tort ou si un degré de fermeté ou de fierté blamable me fait Illiusion; mais Voila comme jai constamment vu ce qui m'est arrivé et je remercie la providence de m'avoir placé dans une situation plus heureuse peut etre que je n'ai mérité. Je jouis d'une santé parfaite que la Liberte et la tranquilite augmènte, je ne cherche que la Societé des personnes Simples et Honnetes qui ne pretendent ny a trop de génie ny a trop de connoissances acquises, qui embrouille quelque fois la Cause, et au deffaut des quelles je me suffit a moimême par le moyen des Livres, du Dessin, de la musique etc., mais ce qui massure le plus le fond d'un bonheur et d'une Satisfaction réel, et L'amitie et L'affection inmuable d'un Frère que j'ai toujours aimé par desus tout le monde, et qui possede le meilleur des coeurs.

C'est pour me confermer a Votre Volonté que je vous ai fait un detaille aussi long de ma Situation et permetté moi a mon tour de Vous assurer du plaisir sensible que me cause la connoissance du bonheur dont vous Jouissais et que je suis persuade que Vous avez toujours merité. Jai souvent depuis deux ans entendu parler de Vous avec Plaisir, a Paris comme a Londre, ou l'on admire et estime Vos ecrits que je n'ai poin pu parvenir à Voir. Lon dit que Vous éte attaché a la Princesse avec laquelle Vous voyagé, qui par sa Phisionomie Ingenue et Sensé paroit bien faite pour faire le bonheur dune ame aussi Sensible et delicate que la Votre: l'on dit aussi quelle Vous craint, je vous reconnois bien la, sens le desirer ou peut etre vous en apercevoir Vous avez Iresistablement cet assendant sur tous ceux qui Vous aime.

Je vous desire du fond de mon Coeur la continuation des biens et des plaisir réel de ce monde, et si le hasard fait que nous nous recontrions encore j'aurai la plus grande satisfaction à lapprendre de Votre Main. Adieu.

Penelope

Douvres ce 26 aoust.

Τῷ Πανσόφῳ
ΘΩΜΑι ΚΑΛΟΥΣΙΩι

ταύτας πεντηκονταετοῦς νεανίσκου
πρωθυστέρας παιδιάς

'ΟΥΙΚΤΟΡΙΟΣ 'ΑΛΦΗΡΙΟΣ
ὁ τῶν μαθητῶν ἐλάχιστος
εἰς τὰς Ἑλληνικὰς εἰσαγωγὰς τῇ διετίᾳ
αὐτοδίδακτος ἔπεμπεν ἔτει αψςζ'.

Ἐπειδή, ὦ φίλτατε, ἀρχόντων πανταχοῦ, ὀλίγου δεῖ, τῶν δούλων
δημίων τῶν ἀγαθῶν ἑκάστῳ ἐπάνω τῆς κεφαλῆς ἀεὶ ἐπίκειται ὁ
πέλεκυς· τοῦ τε Πινδάρου παραινέσαντος, ὅτι

. . . . . δόλιος αἰών
'Ἐπ' ἀνδράσι κρέμαται
Ἑλίσσων βιότου πόρον

ἐμοὶ δέδοκται τῶν ἕως τῆς σήμερον πάντων μου συγγραμμάτων,
ἐφ' οἷς ἡ ὅλη ἀληθῶς (εἴ γε μίαν ἕξομαί ποτε) ἐμή ἐστιν οὐσία,
ἀλλὰ μὴν τὸν πίνακα πρὸς σέ, ὥσπερ ἐν ἱερῷ σωθησόμενον, παρα-
δοῦναι. Ἔρρωσο.

Al Dottissimo
TOMMASO CALUSO

questi preposteri trastulli di giovinetto
quinquagenario

VITTORIO ALFIERI
il menomo de' discepoli
agli elementi greci in un biennio per sé stesso
ammaestrato mandava l'anno 1797.

Poiché, o carissimo, dominando presso che per tutto gli schiavi boia, sul capo a ciascun buono sempre sovrasta la scure, e ci ammonisce Pindaro, che

> L'età ingannevol pende
> sugli uomini, volgendo della vita
> il corso e la partita:

ho risoluto di tutte l'opere mie sino al dì d'oggi, che sono il totale avere (se alcun saranno mai) veramente mio, almeno l'indice de' titoli deporre presso di te quasi in tempio, che il salvi. Sta sano.

Monsieur le Comte.

Un Français ami des lettres, pénétré depuis long-temps d'admiration pour votre génie et vos talents, est assez heureux pour pouvoir remettre entre vos mains un dépôt très précieux que le hasard a fait tomber dans les siennes.

Il habite en ce moment une partie de l'Italie qui se glorifie de vous avoir vu naître, et une ville où vous avez laissé des souvenirs, des admirateurs, et sans doute aussi des amis. Veuillez écrire à l'un de ces derniers, et le charger de venir conférer avec lui sur cet objet. Le premier signe de votre accession à la correspondance qu'il désire ouvrir avec vous, Monsieur le Comte, lui permettra de vous exprimer avec plus d'étendue et de liberté, les sentiments dont il fait profession pour l'un des hommes qui, sans distinction de pays, honorent le plus aujourd'hui la république des lettres.

*Turin, le 25 Floréal an 6 de la République Française
(4 Mai 1798. v. st.)*

*Ambassadeur de la Rép. Franç.
à la Cour de Sardaigne,
Membre de l'Institut N. Ginguené de France.*

Sig. Ambasciatore
Padron mio Stimatissimo,

Le rendo quante so più grazie per le gentilissime espressioni della di lei lettera, e per la manifesta intenzione ch'ella mi vi dimostra di volermi prestare un segnalato servigio, non conoscendomi. Per adattarmi dunque pienamente ai mezzi ch'ella mi propone, scrivo per questo stesso Corriere al Sig. Abate di Caluso, Segretario di codesta Accademia delle Scienze, pregandolo di conferire sul vertente affare col Sig. Ambasciatore qualora egli ne venga richiesto. Questi è persona degnissima, e certamente le sarà noto per fama: egli è mio specialissimo ed unico amico, e come ad un altro me stesso ella può sicuramente affidare qualunque cosa mi spetti.

Non so qual possa essere codesto prezioso deposito ch'ella si compiace di accennarmi: so, che la più cara mia cosa e la sola oramai preziosa ai miei occhi, ell'è la mia totale indipendenza privata, e questa anche a dispetto dei tempi, io la porto sempre con me in qualunque luogo o stato piaccia alla sorte di strascinarmi.

Non è perciò di nulla minore la gratitudine ch'io le professo per la di lei spontanea e generosa sollecitudine dimostratami. E con tutta la stima passo a rassegnarmele

Firenze dì 28 Maggio 1798.   Suo Devotiss. Servo
                                                    Vittorio Alfieri

Turin le 16 Prairial an 6 de la Rép. Franç.
(4 Juin 1798. v. st.)

Monsieur le Comte.

Vous ne pouviez choisir, pour recevoir la confidence que j'avois à vous faire; aucun intermédiaire qui me fût plus agréable que Mr. l'Abbé de Caluso, dont je connois et apprécie la science, les talens, et l'amabilité. Je lui ai fait ma confession et lui ai remis le précieux dépôt dont je m'étois chargé. Vous reverrez des enfans qui ont fait, qui font encore, et feront de plus en plus du bruit dans le monde. Vous les reverrez dans l'état où ils étoient avant de sortir de la maison paternelle, avec leurs premiers défauts, et les traces intéressantes des triples soins qui les en ont corrigés.

Je remets donc entre les mains de votre ami, ou plutôt dans les vôtres, Monsieur le Comte, toute votre illustre famille.

Ne me parlez point, je vous prie, de reconnoissance. Je fais ce que tout autre homme de lettres eût sans doute fait à ma place, et nul certainement ne l'eût fait avec autant de plaisir, ni par conséquence avec moins de mérite. Mr. l'Abbé de Caluso vous dira la seule condition que je prenne la liberté de vous prescrire, et j'y compte comme si j'en avois reçu votre parole.

Je joins ici, Monsieur le Comte, la liste de vos livres laissés à Paris, tels qu'ils se sont trouvés dans un des dépôts publics, et tels qu'on les y conserve. J'ignore comment ils y ont été placés sous le faux pretexte d'émigration. Tout cela s'est fait dans un tems dont il faut gémir, et où j'étois plongé dans un de ces antres dont la tyrannie tiroit chaque jour ses victimes. Jété depuis dans les fonctions publiques qui ne sont pour moi qu'une autre captivité, j'ai eu le bonheur de découvrir dans un des établissements dont j'avois la surveillance générale, vos livres, dont j'ai fait dresser la liste. Veuillez, Monsieur le Comte, reconnoître si ce sont à peu près tous ceux que vous aviez laissés. S'il en manquoit d'importans, faites-en la note, autant que vous le pourrez, de mémoire, ou ce qui voudroit mieux, recherchez si vous n'en auriez point quelque part le catalogue.

Je ne demande ensuite que votre permission pour réclamer le tout en mon propre nom et sans que vous soyez pour rien dans cette affaire. Je conçois tous les motifs qui peuvent vous faire désirer que cela se traite ainsi, et je les respecte.

Je vous préviens, Monsieur le Comte, que parmi vos livres imprimés, il s'en trouvera un de moins: ce sont vos oeuvres. Dans l'étude assidue que je fais de votre belle langue, la lecture de vos tragédies est une de celles où je trouve le plus de fruit et de plaisir. Je n'avois que votre première édition: je me suis emparé de la seconde (celle de Didot). L'exemplaire que j'ai a pourtant deux défauts pour moi, celui d'être trop richement relié, trop magnifique, et celui de ne m'être pas donné par vous. Si vous avez à votre disposition un exemplaire broché, de la même édition, ou d'une édition postérieure faite en Italie, je le recevrai de vous avec un plaisir bien vif, comme un témoignage de quelque part dans votre estime, et je remettrai à Mr. l'Abbé de Caluso l'exemplaire trop riche, mais unique, qui reste chez moi, et qui n'y reste pas oisif.

Le sort a voulu que de tous les Français envoyés presque en même temps dans les diverses résidences d'Italie, celui qui aime le plus ce beau pays, sa langue, ses arts, qui eût mis le plus de prix à le parcourir et en eût peut-être d'après ses études antérieures rétiré le plus de fruit littéraire, a été fixé dans le péristyle du temple, sans savoir s'il sera permis d'y entrer.

J'ai maintenant une raison de plus pour désirer bien ardemment d'aller au moins jusqu'à Florence. Je m'estimerois infiniment heureux, Monsieur le Comte, de pouvoir m'y rendre auprès de vous, et de faire personnellement connoissance avec un homme qui honore sa nation et son siècle, par son génie, et par l'élévation des sentimens qui respirent dans ses ouvrages.

Agréez, je vous prie, l'assurance de ma profonde estime, de mon admiration et de mon entier dévouement.

Ginguené
Membre de l'Institut N. de France,
Ambassadeur de la Rép. Française
près S.M. le roi de Sardaigne.

Padrone mio stimatiss.

Poich'ella ha letto e legge qualche volta alcune delle mie opere, certamente è convinta, che il mio carattere non è dissimulare. Le asserisco dunque candidamente, che quanto mi è costato di dover pure rispondere alla prima sua lettera, altrettanto con ridondanza di cuore io replico a questa seconda; poiché in una certa maniera senza essere né impudente né indiscreto, separando il Sig. Ginguené letterato dall'Ambasciator di Francia, io posso rispondere al figlio d'Apollo soltanto. Le grazie ch'io le rendo per il servigio segnalatissimo da lei prestatomi, saran molto brevi; appunto perché il beneficio è tale da non ammettere parole. Le dico dunque soltanto che il di lei procedere a mio riguardo è stato per l'appunto quello che io in simili circostanze avrei voluto praticare verso lei, non poco pregiandomi di poterlo pur fare. Circa poi al segreto su di ciò, che per via del degnissimo Abate di Caluso mi viene inculcato, e che a lei fu promesso in mio nome dall'amico, io lo prometto di bel nuovo per ora, e lo debbo osservare: ma non glie lo prometto certamente per dopo noi, e mutati i tempi. L'esser vinto in generosità non mi piace. Onde se mai le mie tragedie avran vita, non è giusto che chi generosamente salvava la loro deformità primitiva dall'essere forse appalesata e derisa, non ne riporti quel testimonio solenne di lealtà meritato. Intanto a quell'esemplare di esse, ch'ella mi dice di aver presso sé, coi due soli difetti di essere troppo pomposamente legate, e non donatele da me stesso, già gli vien tolto il secondo difetto da questo punto, in cui mi fo un vero pregio di tributargliele; ed ella mi mortificherebbe veramente se non si degnasse accettarle; correggerò poi il primo difetto, con ispedirgliene altra copia ed aggiungervi alcune altre mie operette, che tutte più umilmente legate, avranno così un abito più conforme alla loro persona.

Quanto poi a quella nota de' miei libri ch'ella si è compiaciuta di trasmettermi; offrendomi con delicatezza degna di lei d'intromettersi per la restituzione di essi, senza ch'io ci apparisca in nessuna maniera; le dirò pure sinceramente, che non lo gradirei, ed eccogliene le ragioni. I libri da me lasciati in Parigi erano assai più di 1500 volumi, fra' quali erano tutti i principali Classici Greci, Latini e Italiani. La lista mandatami non contiene che circa 150 volumi e tutti quanti libri di nessun conto. Onde vedo chiaramente che il totale de' miei libri è stato o disperso, o tolto via, o riposto in diversi luoghi. Il rintracciarlo dunque riuscirebbe cosa od impossibile, o difficilissima, penosissima, e fors'anche pericolosa; o almeno di gran disturbo per lei, quando io avessi la docilità indiscreta di acconsentire alle sue esibizioni. È chiaro che non si può riaver cosa tolta, senza ritorglierla a qualch'altro; e le restituzioni volontarie son rare; le sforzate sono odiose, e non senza pericoli. Aggiunga poi che gran parte di quei libri stessi io gli ho poi successivamente ricomprati in questi sei anni dopo la mia partenza di Parigi; tutte queste considerazioni m'inducono a ringraziarla senza prevalermi dell'offerta: oltre che poi meglio d'ogni altra cosa si confà col mio animo il non chieder mai nulla né direttamente né indirettamente, da chi che sia.

Desidero di potere, quando che sia, in qualche maniera testimoniarle la mia gratitudine, e la stima con la quale me le professo.

Suo Devotiss. Servo
Vittorio Alfieri

QVIESCIT . HIC . TANDEM
VICTORIVS . ALFERIVS . ASTENSIS

MVSARVM . ARDENTISSIMVS . CVLTOR
VERITATI . TANTVMMODO . OBNOXIVS
DOMINANTIBVS . IDCIRCO . VIRIS
PERÆQVE . AC . INSERVIENTIBVS . OMNIBVS
INVISVS . MERITO
MVLTITVDINI
EO . QVOD . NVLLA . VNQVAM . GESSERIT
PVBLICA . NEGOTIA
IGNOTVS
OPTIMIS . PERPAVCIS . ACCEPTVS
NEMINI
NISI . FORTASSE . SIBIMET . IPSI
DESPECTVS
VIXIT . ANNOS .... MENSES.... DIES....
OBIIT .... DIE .... MENSIS....
ANNO . DOMINI . MDCCC ....

HIC . SITA . EST

ALOYSIA . E . STOLBERGIS

ALBANIÆ . COMITISSA
GENERE . FORMA . MORIBVS
INCOMPARABILI . ANIMI . CANDORE
PRÆCLARISSIMA
A . VICTORIO . ALFERIO
IVXTA . QVEM . SARCOPHAGO . VNO[1]
TVMVLATA . EST
ANNORVM ... SPATIO
VLTRA . RES . OMNES . DILECTA
ET . QVASI . MORTALE . NVMEN
AB . IPSO . CONSTANTER . HABITA
ET . OBSERVATA
.... DIES ....
IN . HANNONIA . MONTIBVS . NATA
OBIIT .... DIE .... MENSIS ....
ANNO . DOMINI . MDCCC ....

---

[1] Sic inscribendum, me, ut opinor et opto, praemoriente: sed, aliter jubente Deo, aliter inscribendum. QVI . IVXTA . EAM . SARCOPHAGO . VNO / CONDITVS . ERIT . QVAM . PRIMVM [*N.d.A.*].

Veneratissimo Sig. Zio.

Sul punto di abbandonare l'Italia, per forse tornarvi mai più, mi permetta, Sig. Zio veneratiss., ch'io le parli del sommo rincrescimento che provo nel dovere rinunciare alla speranza che da tempo nudrivo di conoscerla una volta personalmente. Questa mia determinazione, che a me pare dettata da delicatezza, dai molti è nommata eccesso d'amor proprio, e dai più pregiudizio ridicolo. Forse han ragione; ma non posso far forza alla mia natura che così mi dice; e quando mi fosse stato possibile, le minaccie di esiglio perpetuo, di confisca de' miei beni, mi fa in questo punto il Governo Piemontese se non rientro subito; queste sole minaccie basterebbero a riffrancarmi nella già presa determinazione. – Pugnai contro i Francesi quando erano vittoriosi; comminciai a pugnar per essi quando furon vinti, e non posso assolutamente determinarmi a lasciarli perdenti.

Credo che non anderà guari ch'io sarò cambiato. Non so quando le numerose ferite ultimamente rilevate mi permetteranno di ritrattar l'armi, certo se guerreggerò non sarà mai in Italia. – Desidero la pace (non la credo prossima), affine di chiamare a me l'amata mia Consorte, virtuosissima Nipote di lei, e l'unico mio Figlio; infinito duolo provo in separarmene; oh, quanto desidererei che lei la conoscesse! Donna più dolce, più tenera, di anima più alta, più nobile, di sensi più sublimi, non seppi mai neppure immaginarla.

Parto domani alla volta di Gratz, e provo una vera consolazione nell'avere aperto il mio cuore a Lei, non già ch'io creda che la mia condotta possa venir approvata, ma forse qualcuno fra i Piemontesi capitati a Firenze, mi avrà dipinto a lei come un fanatico, o un uomo di smisurata ambizione; non sono né l'uno né l'altro, ero forse nato per viver in un altro secolo, fra altri uomini; sono veramente ridicolo in questo secolo, mi trovavo tale fra i Piemontesi, mi vedo tale fra i Francesi.

Spero da lei, veneratissimo Sig. Zio, compatimento se erro, e spero pure vorrà accettare l'assicuranza dei sentimenti di verace stima, e d'ossequioso attaccamento co' quali mi pregio essere

Di V.S. Veneratiss.

Dev.mo ed Obb.mo Serv. ed Aff.no Nipote,
Luigi Colli

Treviso li 2 Novembre 1799.

Firenze dì 16 Novembre 1799.

Nipote mio.

Ad un uomo di alto e di forte animo, quale vi reputo e siete, o queste poche mie veracissime e cordiali parole basteranno, o nessune.

Già l'onor vostro avete leso voi stesso e non poco, dal punto in cui voi, per somma vostra fortuna non nato Francese, spontaneamente pure indossaste la livrea della Francese Tirannide. Risarcirlo potete forse ancora voi stesso, volendo; ma egli sarà pur troppo in tutto perduto, e per sempre, se voi persistete in una così obbrobriosa servitù. Né io già vi dico di cedere alle minaccie di confisca, o d'esiglio, fattevi dal Governo Piemontese; ma di cedere bensì alle ben altre incessanti minaccie che vi fanno senza dubbio la propria vostra coscienza, e l'onore, e l'inevitabile Tribunale terribile di chi dopo noi ci accorda, o ci toglie con imparziale giudizio la fama. La vostra era stata finora, non che intatta, gloriosa; non uno dei Piemontesi che ho visti mi ha parlato di voi, che non stimasse e ammirasse i vostri militari talenti. Riassumetela dunque, col confessare sì ai Francesi medesimi, che ai vostri, che voi avete errato servendo gli oppressori e i Tiranni della nostra Italia. Ed ove pure vi possa premere la stima di una gente niente stimabile, sappiate che gli stessi Francesi vi stimeranno assai più se li abbandonate, di quello che vi stimeranno anche valorosamente servendoli.

Del resto, quand'anche codesti vostri schiavi parlanti di libertà trionfassero, e venissero a soggiogare tutta l'Europa; o quand'anche voi perveniste fra essi all'apice dei massimi loro vergognosissimi onori, non già per questo mai rimarreste voi pago di voi medesimo, né con sicura e libera fronte ardireste voi inalzare nei miei occhi i vostri occhi, incontrandomi. La mendicità dunque, e la più oscura vita nella vostra patria (il che pur non vi può toccar mai) vi farebbero e meno oppresso, e men vile, e meno schiavo d'assai, che non il sedervi su l'uno dei cinque troni direttoriali in Parigi. Più oltre non potreste ascender voi mai; né maggiormente contaminarvi.

Ed in ultimo vi fo riflettere, che voi non potete la degnissima vostra Consorte ad un tempo stesso amare come mi dite e stimare, e macchiarla.

Finisco, sperando, che una qualche impressione vi avran fatta nell'animo questi miei duri ma sincerissimi ed affettuosi sentimenti, ai quali se voi non non prestate fede per ora, son certo che il giorno verrà in cui pienissima la presterete poi loro; ma invano.

Son tutto Vostro
Vittorio Alfieri

Riveritiss. Sig. Zio.

Ebbi l'onore richiamarmi alla di lei ricordanza nel partire d'Italia; non so se la mia lettera le sarà giunta. Vi ritorno, e la prima mia premura si è di ripetere quest'atto che mi vien commandato dalla stima, e (mi permetta di dirlo) dal rispettoso attaccamento che le professo.

Ritorno in Italia coll'obbligo stretto di convincere il Governo Francese (o per dir meglio i miei amici Moreau, Desolles, Bonaparte, Grouchi, Grénier) della mia riconoscenza per le non dubbie, reiterate, ostinate prove di vivo interessamento a mio favore dimostrate. – Combatterò dunque ancora; l'amicizia, la gratitudine mi faran combattere... Chi sa, forse l'ambizione si maschera così.

Non starò più in Piemonte, se il re di Sardegna vi rientra non devo decentemente starvi. Se il Piemonte si democratizza vi sono troppo amato dai Contadini per potere starvi senza correre il rischio d'ingelosire i debolissimi Governanti della nascente Repubblica. Non so ancora dove mi fisserò. Forse in Francia, ma non mi vi decido ancora. Vado a Milano, dovrò starvi circa 15 giorni; se l'armistizio durerà, anderò poi a Parigi; ma prima, se me lo permette, avrò l'onore di personalmente assicurarla degli ossequiosi sentimenti co' quali mi pregio essere.

Di V.S. Reveritiss.

Dev^{mo} ed Obb^{mo} Serv. ed Affe^{mo} Nipote,
Colli

Bologna li 31 Ottobre 1800.

Firenze li 6 Marzo 1801.

Amico carissimo.

Ho ricevuto per mezzo di D'Albarey le due vostre, di cui l'ultima de' 25 Febbraio mi ha molto angustiato per la notizia che mi vi date di esser io stato nominato non so da chi per essere aggregato a codesta adunanza letteraria. Veramente io mi lusingava che la vostra amicizia per me, e la pienissima conoscenza che avete del mio carattere indipendente, ritroso, orgoglioso, ed intero, vi avrebbero impegnato a distornare da me codesta nomina; il che era facilissimo prima, se voi aveste pregato i Nominanti di sospenderla finché me ne aveste prevenuto; ovvero se con quella schiettezza e libertà che si può sempre adoprare quando si parla per altri, voi aveste addotto il mio modo invariabile di sentire e pensare come un ostacolo assoluto ad una tale aggregazione del mio individuo. Comunque sia, già che non lo avete fatto prima, vi prego caldissimamente di farlo dopo, e di liberarmene ad ogni costo; e voi lo potete far meglio di me, stante la dolcezza del vostro aureo carattere. Sicché, restiamo così: che io non avendo finora ricevuto lettera nessuna di avviso, caso mai la ricevessi, la dissimulerò come non ricevuta, finché voi abbiate risposto a questa mia, ed annunziatomi il disimpegno accettato. E questo vi sarà facile, perché io consento volentieri, che i Nominanti e i Proponenti per conservare il loro decoro si ritrattino dell'avermi aggregato, e mi disnominino per così dire con la stessa plenipotenza con cui mi hanno creato; e dicano o che fu sbaglio, o che a pensier maturato non me ne reputan degno. Io non ci metto vanità nessuna nel rifiuto, ma metto importanza moltissima nel non v'essere in nessuna maniera inscritto, e se già lo sono stato ad esserne assolutamente cassato. Io non cerco come ben sapete gli onori, né veri, né falsi: ma io per certo non mi lascierò addossare mai vergogna nessuna. E questa per me sarebbe massima, non già per il ritrovarmi io in compagnia di tanti rispettabili soggetti come avete fra voi, ma per l'esservi in tali circostanze, in tal modo; ed in somma non soffrirei mai di essere intruso in una Società Letteraria, dalla quale sono espulse delle persone come il Conte Balbo, e il Cardinal Gerdil. Sicché le tante altre e validissime ragioni che avrei, e che voi conoscete e sentite quanto me, reputandole inutili, a voi non le scrivo; ma mi troverei poi costretto a metterle in tutta la loro evidenza e pubblicità, quando per mezzo vostro non ottenessi il mio intento. Se dunque voi mi cavate da questo impiccio, e se siete in tempo a risparmiarmi la lettera d'avviso, sarà il meglio. Se poi la riceverò, e sarò costretto a darne discarico, con risposta diretta, mi spiacerà di dovermene cavar fuori io stesso con mezzi o parole spiacenti non meno che inutili, quando se ne potea fare a meno.

Passo ad altro, e mi dico ec.

Torino li 18 Marzo 1801.

Amico carissimo.

Io non pensava che v'avesse certo a piacer molto la nomina e aggregazion vostra a questa Accademia, ma neppure avrei creduto che vi desse tanto fastidio, e ad ogni modo non sarebbe stato conveniente che quando siete stato proposto nell'assemblea di tanti accademici più della metà ora nuovi, e molti di niuna mia confidenza, io senza espressa vostra commissione mi fossi voluto far interprete delle vostre intenzioni, e dire: che non si passasse a votare per voi come per gli altri proposti si faceva. Ma questo non vi pone in impiccio alcuno; ché già v'ho sbrogliato. Subito ricevuta la vostra sono andato a parlare a uno de' nostri Presidenti e al Segretario che vi dovevano scrivere, per vedere se fossi a tempo che non vi si spedisse la lettera. Ma essendo essa partita, sono rimasto con essi, e quindi con l'altro Presidente, Segretari, e Accademici della classe delle Belle Lettere ec., adunata ieri sera, che si tenga l'Accademia per ringraziata da voi senza che sia necessario che voi rispondiate. Ho detto che voi m'avevate incaricato di scusarvi e ringraziare, desiderando per mio mezzo essere disimpegnato senza scrivere. E ciò è fatto; e non sarete posto nell'elenco che si sta stampando degli Accademici. E resto abbracciandovi con tutto il cuore.

Firenze, 28 Marzo 1801.

Amico carissimo.

La vostra ultima che mi annunzia la mia liberazione da codesta iscrizione letteraria, mi ha consolato molto. La settimana passata soltanto ho ricevuto (o per dir meglio avuta, poiché non la ricevo) la lettera accademica; ella è intatta, e ve la rimando pregandovi caldamente di farla riavere a chi me l'ha scritta. Questo solo manca alla mia intera purificazione di questo affare, che la lettera ritorni al suo fonte intatta, con quel suo rispettabil sigillo; che se ad essa avessi voluto rispondere, l'avrei fatto scrivendo intorno al non infranto sigillo queste quattro sole parole, laconizzando: τί μοι σὺν δούλοις; ma per non comprometter voi, né eccedere senza bisogno, mi basta che la lettera sia restituita intatta, perché conoscano che io non l'ho tenuta per diretta a me. E senza tergiversar vi dico anche, che io non ingozzo a niun patto quell'infangato titolo di *Cittadino*, non perché io voglia esser *Conte*, ma perché sono Vittorio Alfieri libero da tant'anni in qua, e non liberto. Mi direte che quello è lo stile consueto per ora costà nello scrivere, ma io risponderò; che costà codestoro non doveano mai né pensare a me, né nominarmi mai né in bene né in male; ma che se pure lo faceano, doveano conoscermi, e non mi sporcare con codesta denominazione stupida non meno, che vile e arrogante: poiché se non v'è conti senza contea, molto meno v'è cittadini senza città. Ma basti; perché non la finirei mai; e dico cose note *lippis et tonsoribus*. Sicché se mai voi non poteste, o non giudicaste congruo a voi di restituire la lettera, fatemi il piacer di serbarla, finché io ritrovo chi la restituisca. E intanto datemi riscontro d'averla ricevuta intatta quale per mezzo del carissimo nipote ve la rimando. La Signora vi risponderà essa su l'articolo de' suoi libri; ed io ora finisco per non vi tediar di soverchio con le mie frenesie. Ma sappiate che la mi bolle davvero davvero, e che se non avessi cinquantadue anni, stravaserei. Inutilmente, direte; ma non è mai inutile la parola che dura nei secoli, ed ha per base il vero ed il giusto. Son vostro.

Αὐτὸν ποιήσας ᾿Αλφήριος ἱππέ᾿ ῾Ομήρου
Κοιρανικῆς τιμὴν ἤλφανε θειοτέραν.

Forse inventava Alfieri un Ordin *vero*
Nel farsi ei stesso Cavalier di Omero.

Note

PARTE PRIMA

Introduzione

[1] «I più ritennero che narrare della propria vita fosse piuttosto un segno di fiducia nei propri costumi che di arroganza.» Opportunamente Arnaldo Di Benedetto, nel suo commento alla *Vita*, che è tra i più ampi, puntuali e moderni (Alfieri, *Opere I*, Milano-Napoli, Ricciardi, 1977), osserva, a proposito dell'epigrafe tacitiana, che la stessa citazione dalla *Vita di Agricola* era stata premessa dal Bettinelli a giustificazione della *Mia vita letteraria* (cfr. l'edizione a cura di G. Finzi, Milano, Rizzoli, 1962); e nota i parallelismi tra l'*incipit* alfieriano e le dichiarazioni iniziali di Bettinelli, di Goldoni, dello stesso Rousseau.
[2] Dilungarsi troppo, in apertura, sul problema teorico e astratto.
[3] Ai quali.
[4] È esplicita l'allusione alfieriana alla moda autobiografica del Settecento.
[5] Smorzare la passione di sé, nel tentativo di raggiungere una qualche oggettività di analisi e di scrittura.
[6] L'Alfieri pensò in realtà di scrivere un libro di *Chiacchiere*, di cui ci resta la sola prefazione.
[7] Obiettivo, questo, di marca tipicamente illuminista.
[8] Ma un proposito e una confessione di tal fatta non sono da prendere troppo sul serio, stante l'abitudine degli autori di schermirsi sull'importanza della loro opera, e visto poi che nel caso alfieriano la *Vita* fu a lungo elaborata sullo stesso piano della scrittura (come ben dimostra il confronto tra le due redazioni rimasteci – pubblicate dal Fassò rispettivamente nei volumi I e II della *Vita* nell'edizione astense – e come sempre più tendono a sottolineare gli studi recenti).

Epoca prima

Capitolo primo

[1] In realtà l'Alfieri nacque, nel Palazzo Alfieri (oggi sede del Centro nazionale di studi alfieriani), il 16 gennaio 1749; quella del 17 fu soltanto la data del battesimo.
[2] Ovvero stranieri, francesi. Sarà costante nell'Alfieri la polemica contro la barbarie gallica.
[3] Impiego di corte.
[4] Giulia, la sorella prediletta.

[5] In realtà il padre (che visse dal 1695 al 1749) morì prima dei 55 anni, a causa di una pleurite. Ma questa sia pur minima inesattezza non è l'unica alfieriana in materia familiare.

[6] Giuseppe Maria.

[7] In realtà dal primo marito Monica aveva avuto solo una femmina (Angela Maria Eleonora) e un maschio (Vittorio Antonio, che morì nel 1758).

[8] Di qui la possibilità di datare nel 1790 la stesura (come vogliono Fubini, Di Benedetto) o la riscrittura (secondo il suggerimento di Fassò) della prima parte della *Vita*.

[9] Dal terzo marito la madre dell'Alfieri ebbe due figlie (Anna Maria Giuseppina Barbara e Maria Francesca) e tre maschi (Pietro Lodovico Antonio, Giuseppe Francesco Agostino e Francesco Maria Giovanni).

Capitolo secondo

[1] Inizia palesemente la denigrazione che l'Alfieri farà lungo tutta la *Vita* degli anni della sua adolescenza e giovinezza, cioè di tutto il periodo precedente la conversione letteraria.

[2] Dissenteria.

[3] Eravamo.

[4] Modernissima e spregiudicata intuizione, che veniva all'Alfieri dalla conoscenza della dottrina sensista.

[5] Capii.

Capitolo terzo

[1] Per «rocchetti», cotte.

Capitolo quarto

[1] Per «omettino», usuale diminutivo alfieriano, di poco precedente un contrapposto alfierismo («uomoni» per uomini).

[2] Maestro in abito talare.

[3] Uomini importanti e autorevoli a corte.

[4] Mi ostino.

[5] Essere, persona, individuo.

[6] Datami l'assoluzione.

Capitolo quinto

[1] Fratello solo da parte di madre.

[2] Giocando.

[3] La nona ora era compresa tra il mezzogiorno e le tre, essendo conteggiata in modo mobile, secondo le stagioni, a partire dall'alba; ma in estate, periodo al quale intendeva riferirsi l'Alfieri, doveva cadere nel primo pomeriggio.

[4] Giocando ai soldati, secondo le regole dell'esercito di Federico II.

[5] Da ospedale.

[6] I giovinotti spagnoli.

[7] Nel castello di Magliano.

[8] Delle parole con cui la madre avrebbe accompagnato la morte del figlio l'Alfieri si sarebbe ricordato nel 1782 nello stendere e rivolgere la dedica della

Merope proprio alla «contessa Monica Tournon Alfieri». La *Merope* doveva essere la tragedia dell'amore materno, il dramma di una «madre regina in tragedia, non mamma donnicciuola»; anche se Alfieri proprio nel *Parere* sulla *Merope* avrebbe annotato «che il genere di passione molle materna (prima base di questa tragedia), non è interamente il genere dell'autore».

[9] Viaggiare in diligenza, passando per le poste, ovvero i servizi di sosta.

[10] Messo sul calesse (e sarà frequentissima, in tutta la *Vita*, questa modalità di creare, da sostantivi, participi del tutto inconsueti).

[11] Per il primo tratto di strada, fino alla prima sosta.

[12] Già che il cappello era a tre punte, come d'uso nel Settecento.

[13] Audaci, da antico eroe quale Achille.

[14] Attenzioni.

Epoca seconda

Capitolo primo

[1] Del secondo postiglione, che sperava altrettanto.

[2] Trapiantato.

[3] Cioè dei cittadini piemontesi.

[4] Un'accozzaglia, un ignobile insieme.

[5] Nordici.

[6] Abitualmente, fra noi.

Capitolo secondo

[1] Alunno di quarta classe in grado di passare velocemente a quella superiore: la terza, secondo la numerazione decrescente del tempo.

[2] In competizione con.

[3] Composizioni latine.

[4] Nel complesso.

[5] Il più bravo degli "umanisti" della scuola (e la notazione è chiaramente ironica).

[6] *Orlando furioso*, VII, 29.

Capitolo terzo

[1] I Maillard di Tournon.

[2] Di buon cuore.

[3] E moderno era allora lo stile rococò.

[4] Appunto il Teatro regio.

[5] Perché mezza francese e mezza italiana.

[6] A gara.

[7] Torni al punto di partenza, ponendo termine alle divagazioni.

Capitolo quarto

[1] Diversamente.

[2] Colui che lanciava il pallone nel giuoco del calcio.

[3] Per «vedi quale rettorico fossi!».

[4] Giovando di nascosto.
[5] Errori di grammatica.
[6] Concetto tipico del pensiero politico, da quello del Machiavelli a quello d'Alfieri, attraverso la mediazione dell'elaborazione settecentesca, hobbesiana in materia.
[7] Aristotelica.
[8] Filosofia dall'effetto soporifero.

Capitolo quinto

[1] In gruppo.
[2] Opera di Domenico Fischietti su libretto di Carlo Goldoni.
[3] Maestri.
[4] I luoghi di caduta degli accenti.
[5] Il padre Giovan Battista Beccaria, famoso per i suoi studi sull'elettricità.

Capitolo sesto

[1] Parenti per linea maschile.
[2] *Corpus* giustinianeo, raccolta di tutto il diritto romano.
[3] Diritto sia civile che canonico.
[4] Forbici.
[5] Cembalo.
[6] *Histoire de Gil Blas de Santillane* di René Lesage.
[7] Il riferimento è a due romanzi del Seicento: la *Cassandre* di Gauthier de La Calprenède e l'*Almahide* di Madeleine de Scudéry.
[8] L'autore, l'abate Prévost, era assai noto soprattutto per l'*Histoire du chevalier Des Grieux et de Manon Lescaut*. Ma dall'Alfieri furono molto amati i *Mémoires* prévostiani, da molti ritenuti un modello del genere autobiografico.
[9] Minuetto (ma correttamente, in francese, *menuet*).
[10] Antifrancese. Ma si ricordi il tardivo *Misogallo* come segno di una ideale continuità istituita dall'Alfieri, per questo sentimento come per altri, tra la giovinezza e l'età matura.
[11] Notizie della guerra dei sette anni, che si protrasse dal 1756 al 1763.
[12] Il 7 maggio 1746, durante la guerra di successione austriaca.
[13] Collettività.

Capitolo settimo

[1] Mi insuperbì.
[2] Nel senso di controllare.
[3] Di ambiente e di vita.
[4] Alla meno peggio, in fretta e furia.
[5] Il Fleury fu confessore di Luigi XV.
[6] Nella traduzione francese di Antoine Galland.
[7] Lastricato di pietre, assai sdrucciolevole e pericoloso per gli zoccoli del cavallo.
[8] Scusso, privo cioè del cavaliere.

Capitolo nono

[1] Gridare e protestare.
[2] Essere.

Capitolo decimo

[1] Parchi e giardini torinesi.
[2] Sciocchezza.
[3] Alfiere.
[4] John Tuberville Needham.

Epoca terza

Capitolo primo

[1] Su Elia, il lungo periodo che passò alle dipendenze dell'Alfieri, il brusco licenziamento, e per altri particolari della biografia e autobiografia alfieriana confermati da lettere o documenti inediti, cfr. Lanfranco Caretti, *Il «fidato» Elia e altre note alfieriane*, Padova, Liviana, 1961. Si veda anche Maria Corti, *Il servo Elia*, in *Metodi e fantasmi*, Milano, Feltrinelli, 1969, pp. 209-216.
[2] Struttura urbanistica.
[3] Il codice virgiliano annotato da Petrarca.
[4] Barbaro gallo.
[5] Studente nei corsi di filosofia.
[6] Si allude probabilmente ai *Viaggi* del Masson, del Grosley, del De Brosses, del Lalande e ad altre opere settecentesche di questo tipo.
[7] Gli Uffizi.
[8] Recite private, nei salotti del tempo.
[9] Termine assai in voga nella speculazione filosofica del tempo, e parola cara all'odiosamato Rousseau.
[10] Colosseo.
[11] Della campagna.

Capitolo secondo

[1] Strappare, spaccando in lunghezza.
[2] Capodichino.
[3] Le vie dell'Università e via Toledo.
[4] Ambasciatore del re di Sardegna, di cui Alfieri era suddito.
[5] L'opera buffa.
[6] Eco.
[7] Carlo Emanuele III.
[8] Francesco III d'Este.
[9] Leopoldo di Lorena.
[10] La forza del potere si ripercuote su tutto ciò che lo circonda, anticamera appunto di postulanti e incensatori.

Capitolo terzo

[1] Precedendomi.

² I versi del VI dell'*Eneide* dedicati a Marcello.
³ Palazzo del Quirinale.
⁴ Chioggia.
⁵ Virtuose, con riferimento all'episodio biblico della casta Susanna.
⁶ In onore.

Capitolo quarto

¹ Delle più generali.
² In quel caso Marcello Durazzo.
³ Antibes, viaggiando su una piccola barca a vela.
⁴ Santuario della Madonna della Misericordia, posto sopra Savona.
⁵ Con assidua continuità.
⁶ Era lo stesso fastidio che l'Alfieri aveva rilevato nella giovanile lettura dell'Ariosto.
⁷ È palese l'allusione all'alessandrino francese, equivalente al martelliano, al doppio settenario italiano.
⁸ La *Fedra* di Racine, l'*Alzira* e il *Maometto* di Voltaire.
⁹ Aix-en-Provence.

Capitolo quinto

¹ Faubourg Saint-Germain.
² Di buona condizione.
³ Faraone, gioco d'azzardo assai in voga nel Settecento.
⁴ Da superiore divinità.
⁵ Gli scabini, ufficiali del comune.
⁶ «Sono rimasti impantanati nel fango.»
⁷ Hôtel de Ville.
⁸ Luigi XVI.
⁹ Sindaco. Si trattava in quel caso dell'astronomo Bailly.
¹⁰ I capi elevati dalla Rivoluzione francese.
¹¹ Capetingi.

Capitolo sesto

¹ Il marchese Rivarolo di San Martino d'Agliè.
² Saint-Homère.
³ Dover.
⁴ Qualche mese, da *quelques mois*.
⁵ Ranelagh, parco di Londra.
⁶ Carrozza.
⁷ Salisbury.
⁸ Giusto.
⁹ La Haye.
¹⁰ Cristina Emerentia Leiwe van Aduard, moglie del barone Giovanni Guglielmo Imhof.
¹¹ Cittadina belga.
¹² Il ricorso alla necessità e alla sua intima ragione sarà un topico anche del teatro alfieriano.
¹³ La benda insanguinata stretta attorno alla ferita.

¹⁴ Bruxelles (la doppia *s* era propria della grafia settecentesca).
¹⁵ Strasburgo.

Capitolo settimo

¹ La *Nouvelle Héloïse* di Rousseau.
² La *Pulcelle d'Orléans*.
³ Si allude probabilmente a un'edizione francese tradotta da André Dacier.
⁴ Ereditiera.
⁵ Meno agiato.
⁶ Non c'era per me possibilità di distinguermi e divenir grande nel campo della poesia, protetto dalle Muse.

Capitolo ottavo

¹ Quelli dell'edizione Nourse e Vaillant degli *Essais* (1754).
² Nella seconda satira del libro primo delle *Satire* oraziane.
³ Passioni atipiche.
⁴ Federico II di Prussia.
⁵ Copenaghen (l'Alfieri annota, come al solito, con la grafia settecentesca).
⁶ Il suo noioso, dispotico comando.
⁷ Parte meridionale della Svezia.
⁸ Il Cesarotti fu in Italia il traduttore e il divulgatore dei poemi di Ossian.
⁹ I luoghi della Svezia.
¹⁰ Sciogliersi.

Capitolo nono

¹ Grisselhamm.
² Dante, *Inferno*, XXXII, v. 30.
³ Svedese; e la città menzionata è Aabo.
⁴ Nell'*Histoire de l'empire de Russie sous Pierre le Grand*.
⁵ Baracche.
⁶ Pietro III fu ucciso da una congiura organizzata dalla moglie.
⁷ Amante e fautrice delle lettere e della filosofia, ma di fatto anche, al pari di Clitennestra, uxoricida.
⁸ Königsberg.
⁹ L'andare all'inferno.
¹⁰ La battaglia, combattuta nella guerra dei sette anni, si concluse con la vittoria di Federico II.
¹¹ Mi liberai della seconda sosta a Berlino.
¹² L'abate Jean-Antoine Sabatier de Cabre.
¹³ Stavelot.
¹⁴ Gli ambienti legati al mondo ecclesiastico.
¹⁵ Rotterdam.
¹⁶ Caracciolo.

Capitolo decimo

¹ Penelope Pitt, moglie del visconte Edward Ligonier, e poi del capitano Smith.

² Carlotta di Roham.
³ A Cobham.
⁴ Di nascosto.
⁵ Passo passo, lentamente.
⁶ Frances Ligonier.
⁷ Di pomeriggio.

Capitolo undecimo

¹ Guaio.
² «*Jockey*», un palafreniere dal nome di John Harding (secondo altri di Nathaniel Sandy o di John Doc).
³ In questo caso «The public Advertiser», che pubblicò la notizia, assieme a «The Gazeeter», l'11 maggio 1771, riprendendola poi, con ulteriori particolari, il 13, 14, 15 dello stesso mese.
⁴ Ricoperta d'insulti.

Capitolo duodecimo

¹ Burrasca.
² Piccolo formato.
³ Opere, rispettivamente, di Bartolomeo Corsini, Luigi Pulci, Nicolò Forteguerri, Teofilo Folengo, Lorenzo Lippi.
⁴ *Haca* cordovese, vivacissimo.
⁵ Barbaro (e per giunta anche geograficamente vicino all'Africa).
⁶ Vi feci l'abitudine.
⁷ Locanda, osteria (dallo spagnolo *posada*, italianizzato ad indicare il luogo di sosta).
⁸ Ferro che serviva a dividere e arricciare i capelli.
⁹ Il palazzo reale.
¹⁰ Carlo III di Borbone.
¹¹ Biglietto da visita.
¹² Blocchi di macerie e rovine.
¹³ Si allude al terremoto di Lisbona del novembre 1755.
¹⁴ Poetico (da Febo Apolline, protettore dei poeti).
¹⁵ L'ode dall'*incipit*: «*Una donna superba al par di Giuno*».
¹⁶ Si allude alla pericolosità del volto femminile, di cui aveva parlato Orazio nel primo libro delle *Odi*.
¹⁷ Di Cadice (dal latino Gades).
¹⁸ Uomo d'affari, in linguaggio biblico.
¹⁹ Portare con me (ma usato anche altrove per «esportare»).
²⁰ Montpellier, nella Francia meridionale.

Capitolo decimoterzo

¹ Per dire *niente*.
² Imperatore delle Indie.
³ Presuntuoso.
⁴ Massoneria.
⁵ Cassa di legno, che doveva servire per raccogliere le offerte.
⁶ Settimanale.

[7] L'Alfieri fa riferimento all'*Esquisse du Jugement universel* (sua prima opera).

[8] Gabriella Falletti di Villafalletto, moglie di Giovanni Antonio Turinetti, marchese di Priè.

[9] *Trionfo d'Amore*, III, vv. 172 e segg.

[10] Perché l'avrebbe portato a scoprirsi autore di teatro.

Capitolo decimoquarto

[1] Non ne sarei scampato.

[2] Fare testamento.

[3] Facendo il cavalier servente.

[4] Cfr. l'*Appendice prima* all'epoca terza.

[5] Petrarca, *Rime*, CXLI, v. 8.

[6] La protezione.

Capitolo decimoquinto

[1] A qualificare i sentimenti contraddittori che lo legavano a lei.

[2] Arduino Tana.

[3] Tosato.

[4] Cfr. l'*Appendice seconda* all'epoca terza.

[5] Stordito e addormentato.

[6] Cfr. l'*Appendice terza* all'epoca terza.

[7] Composizioni musicali per il colascione, strumento simile al liuto assai in uso nel Seicento.

[8] Sciocchezze (dantismo).

[9] Cfr. l'*Appendice quarta* all'epoca terza.

[10] Ventisei.

[11] Cfr. l'*Appendice quinta* all'epoca terza.

[12] Cfr. l'*Appendice sesta* all'epoca terza.

[13] Cfr. l'*Appendice settima* all'epoca terza.

[14] Lo stesso Alfieri avrebbe annotato in calce all'*Antonio e Cleopatra*: «Rappresentata per mia disgrazia e fortuna il 16 giugno 1775 nel Teatro di Carignano in Torino». La tragedia, che voleva mostrare come fosse fatale la non contenuta ambizione di regno («per regnare ardisci / qualunque via»), contrappone, circondate da qualche personaggio minore (Ismele e Diomede nel campo egizio; Canidio, Settimio, perfino Augusto in quello romano), le due figure di Antonio e Cleopatra, l'uno perennemente dubitoso tra «virtute e amor», travagliato da un'insana passione amorosa, da un «iniquo affetto» che potrà riscattare e sconfiggere soltanto con la libera morte finale, l'altra presa da un cinico desiderio di potere e piacere destinati a fallire dinanzi all'astuta accortezza di Augusto e fatalmente portati a chiudersi in un parimenti scelto suicidio. Pubblicata postuma, considerata dallo stesso Alfieri un'opera minore, la *Cleopatra* prospetta comunque già molti *topoi* del teatro alfieriano: la presenza delle passioni di regno e d'amore, la considerazione e riflessione sulla corte e sui regni, la scelta finale del suicidio quale prova di elezione eroica (si veda, non a caso: «Ecco il ferro, o regina; in lui ravvisa / quel che corregge in man d'eroi la sorte»).

Per il testo dell'*Antonio e Cleopatra* si veda l'edizione critica curata da Marco Sterpos per il primo volume delle tragedie postume (Asti, Casa d'Alfieri, 1980; ma di Sterpos cfr. anche *Storia della Cleopatra. Itinerario alfieriano dal melodramma alla tragedia*, Torino, Biblioteca di Studi piemontesi, 1980). Per la cronologia della *Cleopatra* si veda anche, oltre ai già citati Sterpos, la nota di Carmine Jannaco al *Filippo*, comprensiva di una discussione completa sui tempi e i modi del teatro alfieriano (Asti, Casa d'Alfieri, 1952). Basti qui ricordare che al gennaio e febbraio del 1774 risalgono gli *incipit* della *Cleopatraccia*, cui l'Alfieri sarebbe tornato nell'aprile del '75 rifacendo completamente l'idea e dando inizio a una nuova versificazione, quella della *Cleopatra II*, che sarebbe stata finita l'8 marzo 1775.

[15] Con le calzature cioè dell'attore, e quindi autore comico e tragico.

Epoca quarta

Capitolo primo

[1] Anche alle tragedie francesi l'Alfieri avrebbe esteso le considerazioni sui rischi dell'indugio, della lungaggine, mostrando di condividere il parere del Calzabigi («Ciò ch'ella dice del teatro inglese, e francese, a me pare sanamente giudicato, benché queste due nazioni per certo non vi si acquieterebbero. Io, che per quanto abbia saputo osservare alle loro rappresentazioni, così ho sentito circa i loro teatri, non mi sarei però arrischiato di dirlo il primo...»), che gli aveva ricordato che «il nostro Metastasio asseriva di non aver mai letti né voluti leggere i francesi per sfuggirne l'imitazione», e che il teatro francese – pur il migliore esistente, e nei nomi di Racine, Corneille, Crébillon, Voltaire – si dibatteva però tra eleganza e sillogismi («La tragedia francese è forzata, inceppata ne' legami di una decenza che hanno là immaginata»). Per il testo della *Lettera di Ranieri de' Calzabigi*, della *Risposta dell'Alfieri*, dei *Pareri* sulle tragedie, degli scritti alfieriani o d'altri su specifici testi teatrali dell'autore sarà costante il riferimento a V. Alfieri, *Parere sulle tragedie e altre prose critiche*, a cura di Morena Pagliai, Asti, Casa d'Alfieri, 1978.

[2] Ma quello della difficile, impossibile o realizzabile tragediabilità sarà tra gli elementi più frequentemente discussi e addotti a scusa dall'Alfieri nei suoi *Pareri*.

[3] Si vedano per questo le note alfieriane alla rilettura della tragedia. Nel *Sentimento dell'autore* sull'*Antonio e Cleopatra* l'Alfieri, con quella severità di giudizio che lo avrebbe portato spesso a censurare anche taluni dei suoi lavori più maturi, avanza molte riserve sulla tragedia, mentre in poche righe ne delinea (anche in rapporto alla sua vicenda biografica) i caratteri («Antonio, è nobile, grande, ma alle volte troppo credulo», «Cleopatra, è sostenuta, ma spesse volte troppo atroce, senza necessità», «Augusto, fuorché nella prima scena con Antonio, è sempre piccolo»).

[4] Secondo quanto racconta Livio (VII, 6).

[5] Ideato in francese il 27 marzo 1775, steso tra il 28 marzo e il 3 aprile, tradotto in prosa italiana nel luglio dello stesso anno, il *Filippo* ebbe quattro versificazioni, dal '76 all'81 (ma per ulteriori dati cfr. la nota di Carmine Jannaco all'edizione astense della tragedia e Laura Sannia Nowé, *Dall'idea alla tragedia. Nascita della forma tragica nel "Filippo" alfieriano*, Padova, Liviana, 1976; Giuseppe Antonio Camerino, *Elaborazione dell'Alfieri tragico. Lo studio del vero e le varianti del "Filippo"*, Napoli, Liguori, 1977). L'Alfieri, nel commentare questa seconda tragedia, nel *Parere* relativo, mostrava troppa severità, dichiarando il fatto non tragediabile, e i personaggi trattenuti (come più tardi Mirra, nella

tragedia omonima) dalla natura stessa della loro passione ad esprimerla intera («Ecco dunque una tragedia, in cui i tre principali personaggi sono, qual per carattere, qual per dovere, tutti sempre in un certo ritegno, che non mostrandoli che mezzi, li dee far riuscir quasi freddi»). In realtà, il dramma di Filippo, Carlo, Isabella, dei «ministri vili» Gomez e Leonardo, sarà tutto agito, e con palese tensione tragica (ad essa si accompagnerà l'invettiva contro le corti, la definizione – fondamentale per tutta la poetica alfieriana – della distanza fatale e sacra tra padre e figlio, suddito e tiranno: «terribil meta, / che tra suddito e re, tra figlio e padre, / le leggi, il cielo e la natura ha posto»), fino al doppio suicidio di Carlo e Isabella (l'uno col pugnale che ha trafitto il fedele amico Perez; l'altra con l'arma dello stesso Filippo, che vorrebbe prolungarle il dolore e la vita), destinato a lasciare il sovrano nell'abituale orrore della solitudine e del delitto («Ecco, piena vendetta orrida ottengo... / Ma, felice son io?»).

[6] Ideato il 28 maggio 1775 col titolo I fratelli nemici, steso in francese dal 29 maggio al 4 giugno, tradotto dal 6 all'11 luglio dello stesso anno, versificato una prima volta a Pisa dal 14 maggio al 9 giugno del '76, una seconda a Napoli e a Roma tra il 25 aprile e il 6 giugno dell'81 (ma per le revisioni sulla seconda verseggiatura e ulteriori particolari si veda la nota di Carmine Jannaco all'edizione astense del 1953), il Polinice svilupperà per alcuni aspetti un dramma analogo e opposto a quello affidato molti anni dopo al Timoleone, storia appunto di due fratelli assieme nemici e amantissimi. Nel Polinice l'odio mortale di Eteocle e Polinice (ma la lotta fratricida è qui, come in altre tragedie di derivazione greca, da ricondursi anche al volere e alla dannazione del fato), l'avversione del tiranno per il più puro fratello, si intreccerano ai motivi della fatale corruzione del trono («dura reggia»), dei rapporti infidi che hanno luogo nelle corti (così anche nel Filippo e in molte altre tragedie alfieriane), delle conseguenze mortali della menzogna e del tradimento. Figli di Giocasta, disperata moglie di Edipo, fratelli di Antigone (e a continuazione di questo sarà allora da leggere il testo della stessa Antigone alfieriana), Eteocle e Polinice attueranno, con l'aiuto dell'infido Creonte (fratello di Giocasta, falso consigliere dei due nipoti), una progressiva tensione che non potrà che risolversi nella battaglia finale e nella morte. Eteocle ferito, fingendo di perdonare il fratello involontariamente omicida (ma in un quadro di complessiva nemesi del potere), lo ucciderà a sua volta, facendo della vittoria della necessità il perno di una tragedia giocata peraltro, e felicemente, al pari delle altre "greche" (Antigone, Agamennone, Oreste), sulla coralità, sull'assemblage di passione, odio, amore gridati ed agiti fino al gesto risolutorio e fatale. E, nonostante le riserve, di un qualche merito di questo tipo dovette essere pur conscio l'Alfieri, se fu portato a dichiarare che a questo «soggetto tragico» era stato indotto «per bollor di gioventù, e infiammato dalla lettura di Stazio».

[7] Servitore che, precedendo di corsa le carrozze dei signori con una fiaccola, illuminava il percorso.

[8] Come dire distruggere la vecchia maniera prima di costruire la nuova.

[9] Tra le lodi, invece, rivolte al primo volume senese che raccoglieva quattro tragedie (Filippo, Polinice, Antigone, Virginia), certo la lettera di Ranieri de' Calzabigi, che è un piccolo trattato sull'arte o non arte tragica in Italia dal Trissino al '700. Mentre biasimava gli attori del tempo, lamentava la mancanza di ambiente, di pubblico e l'assenza di un teatro «stabile», ripercorreva la storia del teatro antico e di quello inglese e francese, Calzabigi lodava l'Alfieri per le sue qualità di poeta-pittore in un contesto quale quello tragico italiano di estrema esiguità e povertà («... mi servirò dunque per definir lei dell'espressio-

ne usata da Tiberio per Curzio Rufo: *Curtius Rufus videtur mihi ex se natus.* Ella è nato da sé, ed ha creata una maniera tutta sua; e prevedo che la sua formerà tra noi la prima scuola. Che se, meditando attentamente sul suo fare, voglio pure trovarci qualche paragone, parmi che a luoghi, e per l'energia, e per la brevità, e per la fierezza, a Shakespeare più che a qualunque altro rassomigliare si debba».

[10] Avrebbe scritto l'Alfieri nel 1783 nella replica al Calzabigi: «Ciò che mi mosse a scrivere da prima, fu la noia, e il tedio d'ogni cosa, misto a bollor di gioventù, desiderio di gloria, e necessità di occuparmi in qualche maniera, che più fosse confecente alla mia inclinazione. Da queste prime cagioni spogliate di sapere affatto, e quindi corredate di presunzione moltissima, nacque la mia prima tragedia, che ha per titolo *Cleopatra.* Questa fu, ed è (perché tuttora nascosta la conservo) ciò ch'ella doveva essere, un mostro. Fu rappresentata due volte in Torino, e, sia detto a vergogna degli uditori non meno che dell'autore, ella fu ascoltata, tollerata, ed anche applaudita: e difficilmente, qual che ne fosse la cagione, se io esponessi qualunque altra delle mie tragedie su quelle scene stesse, vi potrebbe avere migliore incontro teatrale».

[11] Ma l'uso della lingua francese, poco praticata per la lettura nella giovinezza, aveva avuto pur il vantaggio, secondo l'Alfieri della *Risposta* al Calzabigi, di isolare e accentuare la successiva originalità («Ristretto così, certamente lumi teatrali non posso aver cavati dai libri; e quello, ch'io aveva letto in tal genere in francese, lo avea letto in età giovanissima, male, presto, senza riflettere, e non mi sognando mai di scrivere, quando che fosse, tragedie»).

[12] Ovvero a un'adunanza massonica.

[13] Dai *Trionfi.*

[14] Cfr. l'*Appendice prima* all'epoca quarta.

[15] Cesana Torinese.

[16] Sul tema dello stile tragico l'Alfieri avrebbe più volte insistito: ché la durezza, piuttosto che l'armonia, gli sarebbe sempre parsa caratteristica necessaria, obiettivo primo da raggiungere. L'effetto della tragedia doveva per lui potersi ottenere (l'avrebbe scritto nella risposta al Calzabigi) «principalmente dalla non comune collocazione delle parole»; il parlare «forte, breve, caldo, e tragico» l'avrebbe portato magari al rischio di «eccedere in durezza», in mollezza mai («la paura d'esser fiacco, che mi pare il vero delitto capitale dell'autore tragico, mi ha reso alle volte più duro del dovere»; «Due versi di seguito, che abbiano accenti sulla stessa sede, parole fluide, rotonde, e cantanti tutte, recitati in teatro generano cantilena immediatamente; e dalla cantilena l'inverisimiglianza, dalla inverisimiglianza la noia»).

[17] Occluse.

[18] Dante, *Inferno*, XXV, vv. 65-66.

[19] E di questo l'Alfieri avrebbe parlato esplicitamente nella *Risposta* al Calzabigi.

[20] Dante, *Inferno*, VI, v. 36 (laddove il verso che segue è invece di probabile conio alfieriano).

[21] Li feci miei, impadronendomene.

[22] Per fare esercizio di stile l'Alfieri si dette a versaggiare i primi tredici poemi ossianici (a lui noti nella traduzione del Cesarotti del 1772), e, l'anno seguente (1776), i primi quattro libri della *Tebaide* di Stazio. Si veda, per notizie specifiche e per l'edizione dei testi in oggetto, V. Alfieri, *Estratti d'Ossian e da Stazio per la tragica*, a cura di Piero Camporesi, Asti, Casa d'Alfieri, 1969.

[23] Si allude alle traduzioni da Corneille e Voltaire raccolte nel volume: *Scelta*

di alcune eccellenti tragedie francesi tradotte in verso sciolto italiano, Liegi [Modena], 1764, voll. 3.

24 È da sottolineare l'importanza attribuita dall'Alfieri alla lettura e annotazione dei classici soprattutto delle origini, già maestri (come avrebbe scritto nella *Risposta* al Calzabigi) di una lingua definitiva: «... la potrei convincere che la nostra lingua, diversa da tutte le altre nelle vicende sue, è nata gigante, e direi, come Pallade dalla testa di Giove, tutta armata. Così pure dimostrarle potrei, che questo è il secolo che veramente balbetta, ed anche in lingua assai dubbia; che il seicento delirava, il cinquecento chiacchierava, il quattrocento sgrammaticava, ed il trecento diceva».

Capitolo secondo

1 Decifrarle.

2 Il riferimento è probabilmente a Carlo Denina.

3 Mi restituì le conoscenze grammaticali, senza per questo farmi abbandonare la lettura dei poeti.

4 È palese il riferimento al sintagma petrarchesco.

5 A Madrid si trovava la stamperia di Joaquín Ibarra.

6 Luogo di John Baskerville stampatore.

7 I *Giornali*, iniziati nel 1774-75 in francese, interrotti nel '76, e ripresi nella primavera del 1777 (cfr. adesso, per un'edizione accurata del testo, il secondo volume della *Vita* astense). Nei *Giornali* l'Alfieri dava notizia delle sue prime tragedie, mentre si dipingeva come un giovane tormentato dalla noia, spinto ad agire e scrivere dalla necessità di misurarsi insieme con la morte e con la vita.

8 Cioè esperto, come il religioso che ha già fatto professione di voti.

9 Per «gigantesca».

10 Ideata tra il 19 e il 22 maggio del 1776 (insieme all'*Agamennone* e all'*Oreste*), messa in prosa a Pisa tra il 10 e il 21 giugno dello stesso anno, versificata a Torino e a Roma, rispettivamente dal febbraio all'aprile del '77 e dal giugno al luglio dell'81 (ma per ulteriori dati si veda la nota di Jannaco all'edizione astense del 1953), dedicata, l'8 dicembre 1782, all'amico Gori-Gandellini che non aveva potuto vederla rappresentata, l'*Antigone* è, fra le tragedie del pur spoglio teatro alfieriano, e consapevolmente, una delle più scabre ed essenziali. Morta Giocasta (nell'intervallo tra il *Polinice* e l'*Antigone*), suicida con quella stessa arma che aveva trafitto – colpevolmente e volontariamente – il migliore dei figli (Polinice), rimangono in scena solo quattro personaggi: Creonte, novello tiranno di Tebe, ma riscattato dalla meschinità del ruolo di fomentatore di dissidi ed inganni svolto nella precedente tragedia e restituito dallo stesso possesso del trono a una dignità e saviezza quasi regale, nonostante l'odio implacabile portato alla stirpe di Edipo; Antigone, pronta a sfidare la morte per dar sepoltura a Polinice, in realtà pronta piuttosto a mostrare l'eroismo personale e l'insanabile dissidio, il necessario esplodere, in presenza del trono, di sentimenti contrapposti quali l'amore impossibile e l'odio mitigato dal caso; Emone, figlio di Creonte, tacito amante di Antigone; Argia, moglie del morto Polinice, giunta in incognito nella città nemica per associarsi ad Antigone nel pietoso intento. Dominante quindi, almeno all'apparenza, il fatto contingente, in realtà non più che pretesto, come nel *Parere* avrebbe confessato l'Alfieri («le esequie di Polinice e degli Argivi non vengano ad essere il perno, ma bensì il solo pretesto, della tragedia»), per mettere in scena, sullo sfondo dell'«infame trono» e dell'invettiva contro le corti («di tiranno il miglior dono è morte»), il

conflitto perenne delle generazioni, la lotta tra il figlio e il padre scatenata e mossa da un amore topicamente vietato («in noi l'amarci / Delitto è tal...»). Come già nel *Filippo*, la tensione interna dei sentimenti, il deflagrare della ribellione e del delitto in ambito familiare (così anche nel *Polinice*, nell'*Agamennone*, nell'*Oreste*) accentuano la tensione drammatica, pongono il desiderio di morte quale scelta elettiva e impotente dell'eroe dinanzi al tiranno («Scegliesti? / Ho scelto. / Emon? / Morte. / L'avrai»), sottolineando poi, esplicitamente nell'*Antigone*, la priorità assoluta, quand'anche colpevole, del legame di sangue, massime di quello padre/figlio («Forte, infrangibil, sacro, e il primo sempre / d'ogni legame»). Stabilito nel parricidio il primo delitto, l'ossequioso figlio Emone, dinanzi al corpo senza vita di Antigone fatta uccidere da Creonte, lascerà salvo lo «scellerato padre», e nel momento in cui ne mima l'uccisione possibile colpisce se stesso, placando solo col dolore conseguente del genitore la necessità di una nemesi o divina giustizia.

11 Michelangelo Buonarroti il Giovane.
12 Jacques Callot.
13 Cfr. *Eneide*, VIII, v. 596.
14 E la citazione è dall'*Agamennone* di Seneca.
15 Tasso, *Gerusalemme liberata*, IV, 3.
16 César Vichard de Saint-Réal.
17 Come opportunamente rileva Rossi nell'introduzione al *Don Garzia* (Asti, Casa d'Alfieri, 1975), è fortemente intrecciata, sul piano cronologico (e anche su quello tematico, ci pare opportuno aggiungere), la composizione delle due tragedie medicee: *La congiura dei Pazzi* e *Don Garzia*. Quest'ultima, ideata il 3 agosto 1776, fu stesa a Firenze dal 22 luglio al primo agosto 1778, lì versificata dal primo settembre all'8 novembre dell'anno successivo, per essere riletta a Pisa il 21 marzo 1780 e integrata a Roma di nuovi particolari, in una seconda versificazione accompagnata da un puntuale lavoro di sfoltimento (e l'applicazione alfieriana si prolungò ininterrottamente per 17 giorni a partire dal 3 gennaio 1782). In seguito il testo fu affidato alla copia Polidori (ove appariva con ulteriori rettifiche) e agli ultimi ritocchi (1788) sulle bozze di stampa dell'edizione Didot.

All'autore, ove si presti fede al *Parere* sulla tragedia, il *Don Garzia* sembrò superiore alla *Congiura* «per esserne il soggetto tanto più caldo, appassionante, e terribile per sé stesso». Né la cosa ci stupisce se si pensa che siamo di fronte a un dramma interamente e totalmente familiare. Intorno a due personaggi «invisibili» (così li chiamò l'Alfieri nel *Parere*), Salviati e sua figlia Giulia, che sappiamo amata da Garzia, la contesa si muove tra i tre figli del tiranno Cosimo: il giusto Diego; l'onesto, correttissimo, pacifista Garzia e l'infido Piero, che facendo leva sull'intransigente machiavellismo del padre, sulla timida e inefficace protesta materna, condurrà l'innocente Garzia a uccidere Diego (scambiato per Salviati: e a quel non voluto delitto era costretto Garzia dalla prigionia di Giulia e dai ricatti del padre) per essere poi a sua volta ucciso da Cosimo, una volta svelato l'errore di persona. Ma il tiranno, compiuta la strage familiare, azionata dalla sua assoluta severità, si troverà ormai solo, e proverà tutta la fallacia della sua teoria (il tentativo di prevenire «d'avversa fortuna i colpi»), turbato anche dal sospetto sulla vera natura di Piero («Diego amato, ti perdo!... Oh cielo! e il brando / Tinto nel sangue ho di costui?... Sta presso / La consorte a morir: sospetti feri / Cadon sul figlio che mi avanza... Oh stato!... / A chi mi volgo?... Ah lasso!... In chi mi affido?»). Si concluderà così, con un abituale stallo finale (l'impotenza del vittorioso «monarca»), la dinamica tragica di questa tragedia, e più in generale della tragedia alfieriana, già che l'impossibilità *a priori* di colpire il padre (o il potere) – lo dichiarerà Don Garzia – conduce l'eroe positivo fatalmente alla morte. Visibilissima peraltro nel *Don Garzia* (tragedia forse non a pieno risolta) l'influenza delle letture di Machiavelli (trasposto quasi alla lettera e articolato nelle diverse posizioni e interpretazioni del regno, e del modo di conservarlo e tenerlo), e anche del teatro elisabettiano (l'invito iniziale di Cosimo ai tre figli perché rispondano alla domanda sul modo di salvare lo stato, svelando così le loro posizioni e i loro pensieri nascosti).

Capitolo terzo

[1] Benvenuto Robbio di San Raffaele.
[2] Per il volume edito nel 1789 da Kehl.
[3] Carlotta Asinari di San Marzano, marchesa di Ozà.
[4] L'accademia Sanpaolina, che raccoglieva amici e maestri di Alfieri.

Capitolo quarto

[1] Feluca.
[2] Il riferimento è al terzo libro di Livio, capp. XLIV-XLVIII. La *Virginia*, ideata a Sarzana il 19 maggio 1777, composta a Siena dall'8 al 17 settembre dello stesso anno subito dopo i due libri *Della tirannide*, ritoccata e corretta anche su suggerimento dell'amico Lampredi (cfr. la *Lettera di Giovan Maria Lampredi* sulla *Virginia*, in data 31 ottobre 1777: e le riserve erano soprattutto sul quinto atto, e sul tiepido e discontinuo comportamento in quello della plebe romana), fu versificata una prima volta tra Firenze e Roma dal 10 novembre del '77 al 21 gennaio dell'anno successivo, una seconda a Roma in diciassette giorni, a partire dal 5 luglio 1781. *Punctum dolens* della composizione fu il quinto atto (l'avrebbe testimoniato l'Alfieri anche nella replica alle riserve del Calzabigi); ancora nel *Parere*, specie a proposito del personaggio di Icilio, l'autore si chiedeva infatti se non sarebbe stato possibile risolvere il dramma diversamente; pur se ferma era la convinzione che «Più nobile, più utile, più grandioso, più terribil e lagrimevol fatto, né più adattabile a tragedia in ogni età, in ogni contrada, in ogni opinione, non lo saprei trovar di Virginia». In effetti la tragedia, intensamente costruita intorno al personaggio di Virginia, dei genitori Numitoria e Virginio, dello sposo Icilio, infiammato di amore di libertà e di patria, prova come un'offesa privata (la falsa dichiarazione di Marco, fedele di Claudio, che protesta Virginia sua schiava per offrirla poi al tiranno di Roma) possa diventare fatto politico, occasione e momento per una riflessione sulla natura del potere e sui modi per fronteggiarlo e sconfiggerlo («Una è la causa: / tu sei padre, e nol senti? O Roma è Roma / tu allor v'hai figlia, io vi ho consorte, e vita; / o è serva, e allor nulla v'abbiam, che il brando»). Se ne accorgerà lo stesso Appio, rafforzato nella sua passione dalla virtù e resistenza degli antagonisti (a Virginia si aggiungeranno a fronteggiarlo Virginio e soprattutto Icilio), eppur intimorito dalla voce del popolo, che a tratti – quasi altro personaggio tragico – si fa sentire potente, per poi acquietarsi e ridestarsi soltanto, dopo il suicidio libertario di Icilio, alla morte di Virginia, trafitta dal padre ormai fatto imprigionare da Appio Claudio.
[3] Momenti creativi.
[4] Vi accenna l'Alfieri nei *Giornali*, in data 2 giugno 1777, ma restano dubbi

sull'identità della donna. Basti dire che i due nomi più frequentemente avanzati dai biografi e commentatori sono quelli di Sandrina Gnolari e di Chiara Prini.

[5] Il riferimento è al libro ottavo delle *Istorie fiorentine*.

[6] In conformità con quanto dichiarato nella *Vita*, l'ideazione della tragedia, significativamente dedicata nel dicembre 1787, *post mortem*, proprio all'«amico del cuore» Francesco Gori-Gandellini, «poiché null'altro contiene che la quintessenza (debolmente forse espressa, ma vera) del tuo forte e sublime pensare», risale al soggiorno senese e alle suggestioni e provocazioni suscitate nell'Alfieri dalla lettura delle *Istorie fiorentine* del Machiavelli. L'iniziale idea, stesa il 4 giugno 1777, avrebbe rivelato chiaramente la fonte dalla quale con più libertà si sarebbe poi mosso l'autore nelle successive fasi della stesura in prosa (avvenuta a Firenze dal 9 al 19 luglio 1778, in un momento cioè successivo al trattato *Della tirannide*, pure suscitato dal Gori-Gandellini e dal suo suggerimento di una lettura del Machiavelli) e della versificazione. Ma per un'esatta cronologia della *Congiura* (una prima versificazione compiuta a Firenze dal 18 febbraio al 23 maggio 1779; una seconda portata a termine a Roma dal 4 al 30 novembre 1781, dopo due riletture e correzioni della prima, rispettivamente del 18 marzo 1780 e del 16 marzo 1781 nelle sedi di Pisa e di Napoli), cfr. la *Nota* di Lovanio Rossi all'edizione astense della tragedia (1968). La *Congiura*, in ossequio a un tipico procedimento alfieriano, pone in scena pochi personaggi, partiti nei mondi opposti dell'ansia di libertà e della tirannide. Ma non manca nella tragedia qualche singolarità strutturale dovuta alla duplicazione dei due campi (da un lato Guglielmo e Raimondo; dall'altro Lorenzo e Giuliano) e a una loro ripetuta esterna intersecione (Bianca, fedele moglie di Raimondo, è anche pietosa sorella dei due Medici: e quanto questa coincidenza fosse importante per rendere il soggetto tragediabile lo avrebbe dichiarato l'Alfieri nel *Parere* relativo). Sarà possibile così un dibattito interno tutto esplicitato (il contrasto tra padre e figlio sull'opportunità della rivolta palese e sul ruolo della paternità in una patria oppressa – già argomento della *Virginia* –, la diversa modalità di concepire il potere, nell'alternanza tra la sospettosità e verbale ferocia di Giuliano e l'incuranza e il coraggio di Lorenzo), mentre, nella delineazione nettissima dei campi della giustizia e del dovere, si potrà riproporre per il giovane ribelle la componente pur marginale, celata e taciuta del rimorso. Nonostante l'amore di Bianca e la sua scelta elettiva per il marito, l'attentato non potrà configurarsi agli occhi della donna che come un tradimento, cui parrà offrire inconsapevolmente espiazione la stessa ferita di Raimondo (autoprovocata nel momento stesso della congiura, nell'atto di colpire, nella furia di non mancare il tiranno). Peraltro tipicamente alfieriano lo scioglimento, con il suicidio finale dell'eroe, che dinanzi al padre incatenato scopre fallito il tentativo libertario, e l'adombrata perplessità del tiranno, che demanderà il giudizio sul tentativo eversivo alla valutazione dei posteri e alla sua stessa capacità di orientare in positivo la natura del principato.

[7] Articolato in due libri, il primo dedicato alle cagioni e mezzi della tirannide (paura, viltà, ambizione, milizie, religione, nobiltà, lusso), il secondo ai modi «con cui si possa sopportar la tirannide volendola, o non volendola, scuotendola», il *Trattato della tirannide*, opera fondamentale tra quelle teoriche dell'Alfieri, fu composto a Siena tra il 29 luglio e il primo settembre 1777. Riletto a Martinbourg nel 1786, dopo la composizione *Del principe e delle lettere*, ad esso indissolubilmente legato, fu riveduto a Parigi nel marzo dell'87 (ma per dati ulteriori si veda la nota di Cazzani al volume primo degli *Scritti politici e*

morali approntato per l'edizione astense).

⁸ A Kehl nel 1789 (ma con la data 1809).

Capitolo quinto

¹ L'*Agamennone*, ideato a Pisa il 19 maggio 1776 e rivisto su influenza e in reazione a letture senecane, fu steso in prosa a Siena dal 16 al 23 luglio 1777, poi, ancora corretto, fu versificato una prima volta a Firenze tra il 17 febbraio e il 23 giugno 1778, una seconda a Roma tra il 17 agosto e il primo settembre 1781. L'elaborazione tormentata della tragedia, puntualmente attestata nella *Nota* e negli apparati offerti da Carmine Jannaco e da Raffaele De Bello all'edizione critica del testo (Asti, Casa d'Alfieri, 1967), è la prova e la storia di un progressivo allontanarsi dalla struttura originaria del mito, per muovere piuttosto, come esemplarmente ricorda Vittore Branca nella sua introduzione all'*Agamennone* (Milano, Rizzoli, 1981), «a farsi tragedia di uomini tormentati e incerti tra passioni abnormi, ma in atmosfera domestica». E abnorme sarà in effetti, sotto il peso ancora di un'antica vendetta e di lontani patti di sangue, l'odio di Egisto, abile dissimulatore di un delitto covato per anni e occultato sotto le vesti dell'esule impotente o dell'amante perduto; abnorme il rancore di Clitennestra e il suo farsi, nonostante le incertezze e i timori, strumento di un omicidio in realtà comandato e diretto da altri; mentre l'umana pietà, il riconoscimento di colpa, il perdono di Agamennone, la timorosa tenerezza di Elettra toglieranno all'azione di Clitennestra ed Egisto ogni possibilità di porsi come momento di lotta o rivolta libertaria e tirannicida (certo in questo senso nessun legame è da istituire tra questa tragedia e la spinta che sarebbe venuta all'Alfieri per altre dopo la lettura del Machiavelli e la stesura, in quegli stessi anni e a Siena, del trattato *Della tirannide*). Destituita di moventi politici (da qui forse, ma non solo da qui il disagio che l'autore dovette avvertirvi, almeno a prestar fede agli appunti e alle critiche contenuti nel *Parere* ad essa relativo), calata solo nelle psicologie (non affidata cioè neppure alle regole astratte di un dovere voluto dal fato), l'*Agamennone*, tra le tragedie più intimamente e psicologicamente complesse dell'Alfieri, è adeguato preludio all'esemplarità dilacerata e bruciante dell'*Oreste*.

² L'*Oreste*, tragedia esemplare e felicissima nel teatro alfieriano per certa quale clamorosa ed intensa coralità e concorrenza al raggiungimento dell'emozione, allo scioglimento improvviso e violento del *pathos* (non a caso la scena riunisce spesso in intrecciata declamazione più personaggi – Clitennestra, Egisto, Oreste, Pilade, Elettra – che assieme gridano e agiscono e patiscono il dramma, fu ideata a Pisa il 19 maggio 1776, assieme all'*Agamennone*. Le giovò, come osserva Raffaele De Bello nella nota all'edizione critica astense (1967), il venire seconda (ma di un accresciuto effetto per il suo esser seconda, almeno ai fini della resa teatrale, e di un più accentuato carattere tragico dei personaggi rispetto alla precedente avrebbe esplicitamente parlato l'autore nel suo *Parere* sull'*Oreste*), essendosi già delineati, e soprattutto affinati nella stesura della prima tragedia, i caratteri portati in scena. L'Alfieri peraltro tenne conto, nella prima fase ideativa, oltre che dell'appena avviata esperienza, anche dei consigli dell'amico Lampredi, che certo incisero sulla scelta tra la tradizione classica e quella moderna del dramma (a cui esplicitamente si allude nella *Vita*, con la diretta menzione del precedente di Voltaire, pur allontanato dal saggio consiglio del Gori). Il testo, steso in prosa nel luglio 1777, poi rivisto e versificato una prima volta a Firenze dal 2 settembre al 28 novembre 1778, una seconda a

Roma dal 3 al 18 settembre 1781, accentua l'ambiguità psicologica di Clitenne-stra, già avvertibile nell'*Agamennone*, facendone ormai un personaggio clamo-rosamente dilacerato tra passione e rimorso, tra il ruolo di amante, di regina e di madre, mentre le viene contrapposto – oltre la ferma e pietosa ira filiale di Elettra, i calcoli freddi del cinico Egidio, la lucida forza e commozione di Pilade –, il delirio astratto di Oreste, che nell'irresponsabile e pur fatale e significativo matricidio finale si troverà a riproporre la contraddittoria oscilla-zione tra finzione di giustizia e colpa, responsabilità e paradossale innocenza, palesato disprezzo ed amore.

[3] Luisa Stolberg-Gedern, contessa d'Albany, moglie di Carlo Edoardo Stuart, pretendente al trono d'Inghilterra. Il matrimonio della d'Albany, assai burra-scoso, si concluse, da parte del più anziano e alcolizzato Stuart, con un tentato uxoricidio che indusse la giovane moglie alla fuga e a una successiva separazio-ne (avvenuta nel 1780).

[4] Sonetto XVI delle *Rime*.

Capitolo sesto

[1] Vittorio Amedeo III.
[2] Perché la Rivoluzione francese li avrebbe resi insicuri.
[3] Appellativo del re di Francia.
[4] Dedicato, come si è appena visto, a risolvere e regolare problemi economici.

Capitolo settimo

[1] *L'Etruria vendicata*, composto in quattro canti tra il 1778 e il 1786.
[2] Iniziato a Roma nel 1781 con quello che è il capitolo quinto del primo libro, proseguito a Siena nel 1783, poi a Pisa nel marzo dell'84, ripreso (con l'inizio del secondo libro) il 31 dicembre 1785 a Martinsbourg e lì proseguito sino al 14 gennaio dell'86 (con la stesura completa dei libri secondo e terzo), *Del principe e delle lettere* doveva essere, secondo l'Alfieri, intimamente legato al *Della tirannide*, opera giovanile, dotata del «pregio dell'impeto» e di «quel bollore che i nov'anni di più vissuti in servitù, m'hanno scemato». Là dove la prima operetta si preoccupava soprattutto di vergare «aspre carte in eccidio di tiranni», la seconda si propone piuttosto di verificare quali siano i modi e i limiti «dell'aderenza principesca coi letterati», come al principe convenga far-si falso mecenate e asservitore degli scrittori (che nell'accettare i suoi patti rivelano l'assenza delle virtù principali della grandezza, che sono amor di liber-tà, passione del vero, prepotente tensione morale, capacità di unire l'insegna-mento civile al diletto), come a questi ultimi giovi tenersi lontani da ogni forma di protezione che può rivelarsi utile per i medi o mediocri, ma non mai per i grandi. Gli aiuti del principe, proficui forse alle scienze, si rivelano funestissimi per le lettere, per quelle arti cioè figlie «del molto pensare» che devono avere «per fine principalissimo ed unico, l'insegnar la virtù [...] virtù [...] nobile ed utile arte, per cui l'uomo, col maggior vantaggio degli altri, procaccia ad un tempo la maggior gloria sua». Vera scienza dell'uomo, «prima parte e base d'ogni vera letteratura» sarà allora per Alfieri la Filosofia (cui spetta il primato tra le lettere come ai poeti spetta «la primazia fra i letterati»), che gli uomini dovranno tentare di coltivare e proteggere in ogni sana repubblica (esempio costante e luminoso la Grecia), di far sussistere in ogni altro regime perché non si spenga del tutto la possibilità di un riscatto e di una rivolta avvenire. Dotati

d'impulso naturale (non di quella spinta artificiale che può essere incoraggiata dal denaro e dagli onori e coltivata dai tiranni) i veri scrittori potranno solo con l'aiuto dei cittadini più saggi ritirarsi in un relativo isolamento, o emigrare per far giungere in patria una voce incontaminata, che sia vero sprone e fattiva provocazione di libertà.

[3] Dopo un'ideazione tormentata nell'agosto del 1778 a Firenze, nei giorni successivi alla stesura della *Congiura* e del *Don Garzia*, la *Maria Stuarda* fu stesa tra il 5 giugno e il 31 luglio del '79, e versificata, una prima volta a Firenze, dal 2 marzo all'11 maggio dell'80, una seconda a Roma dal 22 gennaio al 18 febbraio dell'82. Correzioni furono fatte ancora sulla copia Polidori e nelle fasi intermedie fino alla stampa (ma per ulteriori dati si veda la nota di De Bello all'edizione astense del 1970). Ritenuta dall'Alfieri «la più cattiva» tragedia «di quante ne avesse fatte» (cfr. per questo il *Parere* relativo), la *Maria Stuarda* soffre in realtà di una non tragediabilità sostanziale: tre protagonisti «inferiori» – così li chiamò l'Alfieri – vi hanno gran campo (Botuello-consigliere di Maria, Ormondo-messo di Elisabetta, Lamorre-sacerdote e indovino) e a nient'altro si assiste che alle loro schermaglie per indirizzare e guidare l'antico amore, la perenne contesa tra la regina Maria e l'ambizioso Arrigo. L'epilogo tragico della storia (la morte di Maria, la rovina del regno) è affidato solo all'onirica visione di Lamorre, mentre il quinto atto si chiude ancora con l'inimicizia tra i due sposi (Maria e Arrigo) e le ripetute considerazioni sulla logica crudele e fatale del potere. Per quest'ultimo dato, palese in questa tragedia come nelle precedenti l'influenza della lettura di Machiavelli («Tor può il regno chi 'l diede; e chi il può torre, / s'odia e spegne dai re»; «... in trono / cieca fidanza, è inescusabil fatto»).

[4] Ideata il 30 maggio 1779, stesa dal 2 al 6 agosto dello stesso anno, verseggiata una prima volta dal 9 settembre al 6 novembre 1780, una seconda dal 19 febbraio al 25 marzo dell'82 (ma per più ampi dati cfr. la nota di Capucci all'edizione astense), la *Rosmunda* parve all'Alfieri (si veda il *Parere* relativo) la prima «di quattro soli personaggi, in cui all'autore sia riuscito di creare quattro autori diversi tutti, tutti egualmente operanti, agitati tutti da passioni fortissime, che tutte s'incalzano e si urtano e s'inceppan fra loro». La tragedia vedrà infatti la contrapposizione feroce di Rosmunda, moglie del trucidato Alboino, con Romilda, figlia del re ucciso; quella fatale di Almachilde (uccisore del re, nuovo marito di Rosmunda eppure – come ricorda l'Alfieri – «carattere veramente tragico, in quanto egli è colpevole ed innocente quasi ad un tempo») con Romilda, inutilmente amata; quella di Ildovando (nobile amante di Romilda) per il rivale; quella infine di Rosmunda, travolta dalla gelosia e dall'odio, per l'infedele marito e per l'incolpevole e coraggioso Ildovando, reo solo di poter raggiungere la felicità fuggendo assieme a Romilda. La «fera necessità» del primo delitto (quello di Alboino) porterà allora Rosmunda a uccidere Romilda, per impedirne la fuga. Sul suo corpo si trafiggerà Ildovando, mentre Almachilde viene allontanato in catene.

[5] Con l'intento di non attendere più a soggetti «o troppo moderni, o non abbastanza grandiosi» (cfr. per questo il *Parere* relativo alla tragedia), Alfieri ideò l'*Ottavia* nell'agosto del 1779, provvide alla stesura dal 5 al 13 luglio dell'80 e alle due versificazioni (rispettivamente a Firenze e a Roma) dal 23 dicembre '80 al 15 marzo '81 e dal 27 marzo '82 al 6 maggio dello stesso anno. Correzioni minime seguirono fino alla prima stampa senese dell'83 e alla Didot dell'88, grazie anche alla mediazione della copia Polidori (ma per più ampi particolari si veda al proposito la nota di Angelo Fabrizi all'edizione astense

della tragedia). Tragedia utilissima per mostrare in teatro la tirannia tramite l'«utilissimo» personaggio di Nerone, l'*Ottavia* propone l'epilogo dell'infelice matrimonio della figlia di Claudio. Attirata a Roma con l'inganno dinanzi alla gelosia di Poppea, al timore di Seneca, alle oscure trame di Tigellino, all'odio pavido di Nerone, Ottavia si ucciderà per testimoniare la propria innocenza da ogni accusa di tradimento e per salvare la propria fama. Ma proprio su questa morte (per veleno, tramite un anello offerto – o meglio estorto a Seneca) si sarebbero appuntate le critiche del Cesarotti (cfr. *Lettera dell'Abate Cesarotti su Ottavia, Timoleone e Merope*), così come anche sull'inconcepibile amore della ripudiata Ottavia per il sanguinario Nerone: accuse che Alfieri avrebbe contestato nella *Nota di risposta* e nel *Parere* sulle tragedie, difendendo, come più tragediabile, proprio l'ingenua debolezza di Ottavia.

[6] Ideata nell'agosto del 1779, stesa tra il 14 e il 20 luglio dell'80, verseggiata una prima volta dal 24 luglio al 15 agosto 1781, una seconda dal 14 maggio al 10 giugno dell'anno seguente, il *Timoleone* fu, a buon diritto, una tragedia assai amata da Alfieri. Lo mostrava l'autore nel *Parere* e soprattutto nelle note di replica al Cesarotti, che avanzava qualche riserva pur riconoscendo che «*Timoleone* è una tragedia d'un merito originale. Rendere amabile un tiranno, e ammirabile un fratricida; far che ambidue inflessibili nelle loro massime gareggino d'amor fraterno anche nel punto che uno è uccisore, e l'altro ucciso; sono imprese che ricercano un genio non comune...». I caratteri di questa tragedia di libertà, ispirata da Plutarco, modellata sul fare di Bruto (non sarà casuale la composizione alfieriana, in anni più tardi, del *Bruto primo* e *secondo*), e affidata, nell'assenza quasi totale d'azione, ai quattro personaggi di Timoleone, Timofane, Demarista (loro madre), Echilo (loro cognato ed amico), furono assai sinteticamente riassunti dallo stesso Alfieri nel *Parere* relativo («Pure, un fratello, che combatte fra l'amor della patria e quel del fratello, e che opera il possibile per salvar l'uno e l'altro, parrà sempre una importantissima azione a quegli uditori fra cui si troveranno molti uomini che siano ad un tempo e cittadini e fratelli»), mentre venivano sottolineati gli elementi fondamentali della tragedia, tutta giocata, e in tutti i suoi personaggi, tra pietà familiare e amor di patria e di regno, alto sentire e fatale conduzione tirannica, coscienza di «gran cittadino» e collisione col potere assoluto. Mai come nel *Timoleone* il "tiranno" era stato tanto innocente, mai la vittima, per una volta giustiziere, aveva tentato tutto, fin l'impossibile, per salvarlo. Attraverso Demarista i due fratelli cercheranno infatti di proteggersi l'un l'altro, oltre le necessità dell'onestà politica, le ferree leggi della ragion di stato, fino alla fatale morte di Timofane di cui Timoleone non potrà darsi pace.

[7] Cesure.

[8] Come nella *Risposta* al Calzabigi.

Capitolo ottavo

[1] Il 30 novembre 1780 il conte d'Albany tentò di uccidere la moglie.

[2] Nel monastero delle Bianchette in via del Mandorlo (oggi via Giusti).

[3] Il cardinale Enrico Benedetto Stuart.

[4] Il monastero delle Orsoline (in via Vittoria).

[5] Capua.

[6] Ad Albano.

Capitolo nono

¹ Rileggendo nel 1775 e nel 1782 la *Merope* del Maffei, Alfieri, preso da « bollore d'indegnazione e di collera », abbandonò il proposito di non superare le dodici tragedie, e si accinse, con la *Merope* appunto, alla tredicesima. Il testo, ideato il 3 febbraio 1782, fu steso in prosa tra il 3 e il 7 febbraio 1782 e versificato tra l'11 giugno e il primo luglio dello stesso anno; sottoposto a mutamenti nel corso di revisioni alla versificazione fu pubblicato nel 1783 nel terzo volume dell'edizione senese, e nuovamente variato per la stampa francese di Didot (ma si veda, per maggiori precisazioni, la nota di Angelo Fabrizi all'edizione astense della tragedia, apparsa nel 1968). Affidata interamente a soli quattro personaggi: Polifonte, « tiranno non vile » (così l'avrebbe definito l'Alfieri nel *Parere*), che, vincitore e nuovo sovrano, si propone come sposo a Merope; Merope, ancora in lutto per la scomparsa di Cresfonte e dei figli trucidatigli dal tiranno, viva solo nell'attesa del figlio Egisto che spera scampato alla morte; Polidoro, tenerissimo padre del giovane principe portato in salvo bambino su comando di Merope; Egisto, inconsapevole dei propri natali, involontario omicida lungo la via (ricordo sia pur vago di Edipo) di uno sconosciuto che sia Polidoro che Merope scambieranno con lui, cioè col figlio disperatamente e attentamente salvato ed atteso. La tragedia, unica assieme al *Saul* (ma in modo ancora più accentuato, già che Polifonte non ha le stigmate dell'elezione né l'attenuante della follia, che faranno di Saul una vittima), si conclude felicemente. Egisto ucciderà il tiranno, sottrarrà la madre dalle nozze cui viene costretta per salvarlo, si farà riconoscere dal popolo diventandone re. L'attesa del figlio (che era stata, diversamente, anche dell'*Oreste*) si risolverà positivamente; il conflitto tragico si esperirà allora non nelle azioni portanti (compresa la liberazione finale), ma in quelle di sostegno: nella disperazione per la morte temuta di Egisto, nel dissidio artificiosamente creatosi, nella sua supposizione, tra madre e figlio.

² Il *Saul*, ideato a Roma il 30 marzo 1782, fu steso, sempre a Roma, dal 2 all'8 aprile dello stesso anno e lì versificato dal 3 al 30 luglio. Revisioni alla versificazione, di mano del Polidori, segretario dell'Alfieri, si trovano nella copia Polidori del 1786, successive correzioni furono apportate dall'autore per l'edizione Didot del 1789 (ma per più puntuali dati in proposito cfr. la *Nota*, assai importante, di Carmine Jannaco e Angelo Fabrizi all'edizione astense del 1982). Il *Saul* (l'Alfieri nel *Parere* avrebbe sottolineato l'importanza e il fascino del « soprannaturale adoprato in teatro ») è la tragedia della solitudine e della doppia verità. Il contrasto tra il vecchio Saul e il genero David, l'attrito tra l'anziano sovrano e il sacerdote Achimelech, le contrastanti versioni dei fatti offerte a Saul dall'infido, malvagio e pur fedelissimo Abner, altro non sono che segni del conflitto tra due mondi, fatalmente incomunicabili, demonizzati dalla follia, dal dissociante delirio di Saul. Gionata, figlio del sovrano, amico di David, e sua sorella Micol, moglie del giovane eroe, dovranno assistere impotenti alla nevrosi persecutoria, all'ansia di gloria che travolgono, in Saul, un re non piegato alla ragione dei tempi, ferocemente avvolto, fino al suicidio finale, nel manto regale destinato dalla storia all'innocenza di David.

³ Già si è accennato come nel *Parere* al *Saul* l'Alfieri dichiarasse il fascino potenzialmente offerto da temi biblici.

⁴ Al segretario Gaetano Polidori.

⁵ Ma questa affermazione alfieriana va intesa in senso assai lato, come opportunamente rileva Fabrizi nella sua nota al *Saul*, cit.

⁶ Raggruppamenti, associazioni di letterati ed amici.

Capitolo decimo

[1] Fratello del più famoso Pierre Corneille.

[2] Avrebbe scritto l'Alfieri al Calzabigi, nella sua risposta del settembre 1783: «La tragedia di cinque atti, pieni, per quanto il soggetto dà del solo soggetto; dialogizzata dai soli personaggi attori, e non consultori o spettatori; la tragedia di un solo filo ordita; rapida per quanto si può servendo alle passioni, che tutte più o meno vogliono pur dilungarsi; semplice per quanto uso d'arte il comporti; tetra e feroce, per quanto la natura lo soffra; calda quanto era in me; questa è la tragedia, che io, se non ho espressa, avrò forse accennata, o certamente almeno concepita». E caratteristica di questa tragedia sarebbe stata appunto l'asciuttezza dello stile, la sua non concessione a cantabilità o idoleggiamenti di sorta.

[3] Si veda il *Parere* sull'*Antigone*: «Nel risolvermi a far recitare questa tragedia in Roma [...] ebbi in vista di tentare con essa l'effetto di una semplicità così nuda quale mi parea di vedervi; e di osservare ad un tempo, se questi soli quattro personaggi [...] venivano pure ad essere tollerabili in palco senza freddezza [...] io la giudicava [la tragedia] anche molto dal semplice effetto che ne andava ricevendo io stesso [...]. Mi sono assai più del dovere allungato su questa tragedia, perché avendola io recitata, ne ho osservati molti e diversi effetti, che dell'altre non potrei individuare così per l'appunto; benché io fra me stesso gl'immagini».

Ma, per l'importanza della recita, tra le altre testimonianze, si veda anche il *Parere* sul *Polinice*: «Ma non posso io dalla semplice lettura, né per via della più matura ragionata riflessione, venirne in ciò a giudicar pienamente l'effetto della recita: un mezzo verso, anche una parola sola in un modo o nell'altro recitata, in un modo o nell'altro collocata, può ottenere i due effetti i più direttamente opposti nella mente degli uomini; cioè il terribile ed il risibile [...]».

[4] Recensioni.

[5] Il Gori-Gandellini.

[6] E precisamente: *Filippo, Polinice, Antigone, Virginia*.

[7] Il tipografo era Vincenzo Pazzini Carli.

[8] Il mio essere poeta tragico dinanzi al potere e alle vesti papali.

[9] Dalla casa del cognato.

[10] Fierezza.

[11] Lettere poi distrutte dalla D'Albany, dopo la morte del poeta, probabilmente su consiglio del Fabre.

[12] Ascensione; e da Venezia l'Alfieri sarebbe poi andato a Firenze, Bologna, Ravenna (per visitare la tomba di Dante).

[13] La pace di Parigi, del 1783.

[14] Francesco Petrarca.

[15] Giuseppe Parini.

[16] Componimenti poetici del tutto disimpegnati, assai noti specialmente nella Toscana del Seicento.

Capitolo undecimo

[1] Pertinenza.

[2] Commesso errori grammaticali.

[3] *Agamennone, Oreste, Rosmunda, Ottavia, Timoleone* e *Merope*.

[4] I manoscritti venivano prima sottoposti al controllo della censura, poi a un lungo *iter* tipografico che prevedeva la revisione del testo, la composizione, la messa in stampa e una generale sovrintendenza tipografica.

[5] Quelli ecclesiastici e quelli statali.

[6] Allude al tema inglese, Stuart, della *Maria*, che avrebbe potuto arrecar danno al D'Albany.

[7] Si tratta di un testo assai importante per una generale discussione sul teatro del Settecento. Il Calzabigi, sostenitore di una tragedia come serie di quadri di soggetto tragico («Penso dunque, che la tragedia altro esser non deve, che una serie di quadri, i quali un soggetto tragico preso a trattare somministrar possa all'immaginazione, alla fantasia d'uno di quegli eccellenti pittori, che meriti andar distinto col nome, non troppo frequentemente concesso, di pittor-poeta»; «Quelle situazioni, che fossero più idonee a svelare i caratteri de' personaggi introdotti, e le passioni che gli agitavano, e quelle che più movimento ad esse somministrassero, sicuramente dal pittor-poeta sarebbero preferite [...]»; «Le tragedie sono tanto più interessanti e più perfette, quanto son meno declamate, più in movimento, e più pittoresche: e però somministrano alla fantasia più ricche e più interessanti situazioni per la pittura [...]»), invitava in tal senso l'Alfieri a farsi "pittore".

Capitolo duodecimo

[1] Settimanale, come dire «del momento».

[2] Aria calda.

[3] Idrogeno.

[4] Da Orbilio Pompilio, maestro di Orazio (*Epistole*, II, 1).

[5] La punizione consisteva nel battere l'allievo sollevato sulla schiena di un compagno, come a cavallo.

[6] Lanslembourg.

[7] Annibale, per aprirsi una strada, rese friabili le rocce con l'aceto.

Capitolo decimoterzo

[1] Presentarmi.

[2] In realtà Vittorio Amedeo III.

[3] L'assenza di un teatro in Italia sarebbe stata tra le cose più lamentate dall'Alfieri nella sua *Risposta* al Calzabigi: «Ma tra le tante miserie della nostra Italia, che ella sì bene annovera, abbiamo anche questa di non aver teatro. Fatale cosa è, che per farvelo nascere si abbisogni d'un principe [...]. Io credo fermamente, che gli uomini debbano imparare in teatro ad esser liberi, forti, generosi, trasportati per la vera virtù, insofferenti d'ogni violenza, amanti della patria, veri conoscitori dei propri diritti, e in tutte le passioni loro ardenti, retti, e magnanimi. Tale era il teatro in Atene; e tale non può esser mai un teatro cresciuto all'ombra di un principe qualsivoglia». L'Alfieri, convinto che da «uomini fortemente appassionati, o grandemente disingannati, ne nascono sempre grandissime cose», avrebbe scelto allora per sé la platea e il giudizio dei posteri: «Io scrivo con la sola lusinga, che forse, rinascendo degli Italiani, si reciteranno un giorno queste mie tragedie [...]. L'aver teatro nelle nazioni moderne, come nelle antiche, suppone da prima l'esser veramente nazione, e non dieci popoletti divisi, che messi insieme non si troverebbero simili in nessuna cosa: poi suppone educazione privata e pubblica, costumi, coltura, eser-

citi, commercio, armate, guerra, fermento, belle arti, vita».

[4] Sugli attori e la loro lingua cfr., oltre alla *Risposta* al Calzabigi, il *Parere dell'autore sull'arte comica in Italia* («Per far nascere teatro in Italia vorrebbero esser prima autori tragici e comici, poi attori, poi spettatori [...]. Ecco il teatro che vola alla perfezione: scuola viva per gli autori, emulazione fra gli attori, dispute e arrotamento d'ingegno fra gli uditori»).

[5] Si tratterebbe di un verso di Sofocle, secondo Plutarco pronunciato da Pompeo al suo arrivo in Egitto.

[6] La separazione dal marito, ottenuta il 3 aprile 1784.

Capitolo decimoquarto

[1] Cavallo dal mantello giallo scuro, tendente al rossiccio.

[2] *L'Etruria vendicata.*

[3] Soprattutto nel dialogo della *Virtù sconosciuta* e nelle lettere.

[4] Svevia.

[5] Cavallo alato della mitologia.

[6] Ideata il 30 agosto 1784 con la *Sofonisba* e la *Mirra*, stesa tra il 14 dicembre 1784 e il 10 dicembre dell'anno successivo (tra Pisa e Martinsbourg), versificata a Martinsbourg dal 14 maggio al 24 giugno dell'86 (numerosissimi poi gli interventi sulla copia Polidori – quasi seconda versificazione – e sulle bozze Didot: ma si veda a proposito la nota di De Bello all'edizione astense del 1975), l'*Agide*, quarta tragedia di libertà dopo la *Virginia*, la *Congiura dei Pazzi*, il *Timoleone*, apparve nell'86 dedicata alla «maestà di Carlo I re d'Inghilterra», «re infelice e morto», la cui «tragica morte», ma di cagione non «sublime», poteva essere richiamata nel momento in cui si narrava dell'eroismo «sublime più ideale che verisimile» di Agide, detronizzato re di Sparta. «Tal re» avrebbe scritto l'Alfieri nel *Parere* relativo «riesce di una tanta sublimità, che negli occhi di un popolo non libero egli dee parere più pazzo assai che sublime»: tale è in realtà la passione di patria di Agide, di sua madre Agesistata, tale la passione e pietà di Agiziade, sua moglie, figlia del nuovo re Leonida (che ricorda la Micol del *Saul*), che l'autore fu indotto a pensare la tragedia persino troppo intemerata e eccessiva per spettatori usati a una patria non libera. Il sacrificio di Agide (che si colpisce col pugnale assieme alla madre prima di essere ucciso nella prigione dai soldati del tiranno Leonida) è provocato e scelto dalla stessa vittima, che consapevolmente si affida all'apparato statale di una Sparta corrotta, alle accuse dell'infido Anfare, sapendo che il solo suo sangue potrà, evitando lotte civili, risvegliare gli onesti cittadini e palesare appieno la corruzione del potere politico.

[7] Ideata nel settembre dell'84, stesa tra il 13 e il 22 dicembre dell'85, versificata dal 7 al 25 maggio di due anni dopo, la *Sofonisba*, nonostante gli evidenziati difetti, parve a torto all'Alfieri una tragedia «se non di terz'ordine, almen di secondo» (cfr. il *Parere* relativo) soprattutto per il «difetto naturale inerente al personaggio di Scipione», in realtà più freddo di quanto non vorrebbe una storia tragica. Scipione, eroe integerrimo, rispettoso dei vinti, non era e non è, nel testo alfieriano, antagonista palese a nessuno, piuttosto spettatore soltanto di un conflitto che si gioca tutto tra Sofonisba, Siface, Massinissa e i legami tra loro di amore, pietà, dovere, costrizione fatale. «Tutti tre i personaggi lo precedono (e di gran lunga) in calore, che è la più importante prerogativa del tragico eroe», bruciando alternativamente alla fiamma d'amore (Sofonisba, moglie di Siface, è dimidiata tra la inderogabile fedeltà e una lontana promessa

al re dei numidi; Siface, tormentato dalla gelosia, si uccide nel campo romano per dare scampo attraverso il rivale alla moglie; Massinissa scorda patria e regno per salvare Sofonisba o morire alla fine con lei) e di morte («... non resta / partito a me nessuno, altro che morte»). E la morte, a lungo dichiarata strumento unico di libertà, si darà Sofonisba, col veleno chiesto a Massinissa per una non attuata fine comune, affidando Massinissa all'amicizia giusta del condottiero romano.

[8] Personaggio femminile delle *Metamorfosi* ovidiane, Bibi era legata da incestuoso amore al fratello.

[9] Ovidio, *Metamorfosi*, X, vv. 300 e segg.

[10] Ideata nell'ottobre dell'84, stesa dal 26 al 28 dicembre dell'85, verseggiata dal 7 agosto all'11 settembre dell'anno successivo (ma per dati ulteriori si veda la nota di Martino Capucci all'edizione astense del 1974), la *Mirra*, soggetto per la prima volta posto in tragedia da Alfieri, nacque nell'autore per suggestione di una lettura ovidiana. In seguito (nel *Parere* relativo) l'Alfieri avrebbe dichiarato che «ogniqualvolta io, non me ne ricordando più affatto, l'ho presa a rileggere, sempre ho tornato a provare quella commozione stessa che avea provato nel concepirla e distenderla [...] non so trovare un personaggio più tragico per noi di questo, né più continuamente atto a rattemprare sempre con la pietà l'orror ch'ella inspira». Tragedia di pochi, e tutti «ottimi» personaggi (Ciniro, Cecri, la loro figlia Mirra, il promesso sposo Pereo, la nutrice Euriclea), la *Mirra* è tragedia tutta intima; l'«orror tragico» nasce dall'«orrendo a un tempo ed innocente amore» della figlia di Ciniro per il padre (così l'avrebbe definito l'Alfieri nella dedica alla D'Albany), che condurrà prima Pereo, poi la stessa Mirra, e per suicidio, alla morte. Morte tardiva («Quand'io... tel... chiesi,... / Darmi... allora... Euriclea, dovevi il ferro... / Io moriva... innocente;... empia... ora... muoio...»), se il peccato lungamente nascosto verrà svelato a Ciniro, e dalla protagonista stessa, proprio nella parte conclusiva della tragedia, accentuando attorno a Mirra la solitudine e l'orrore. Certo (assieme al *Saul*) tra le tragedie più famose dell'Alfieri, la *Mirra* venne ritenuta dallo stesso autore «una delle migliori», «benché pure sia quella, in cui l'autore ha potuto meno che in ogni altra abbandonarsi al suo proprio carattere; ed in cui, anzi, ha dovuto contra il suo solito mostrarsi prolisso, garrulo e tenue».

Capitolo decimoquinto

[1] Plinio il Giovane.

[2] Si riferisce alla lettera dell'abate Cesarotti sull'*Ottavia*, *Timoleone*, *Merope* del 25 marzo 1785.

[3] Il Cesarotti aveva avanzato riserve sullo stile alfieriano; l'Alfieri, citando come suoi maestri Dante, Petrarca, Ariosto, Tasso, Poliziano, Ossian (ma da adattare in tragedia), gli avrebbe risposto in nome della «maestà e maschia sublimità della tragedia»: «Ma non cambierò però mai la totalità del mio stile, a segno che quei versi ch'io credo tragici, diventino simili ai versi d'ottave, sonetti, canzoni, o altre liriche, o altre drammatiche composizioni, da cantarsi o cantabili».

[4] Monsignor Angiolo Fabroni, del «Giornale dei letterati».

[5] Patrono della città di Pisa (la cui festa era il 17 giugno).

Capitolo decimosesto

[1] Il castello Martinsbourg, presso Colmar.

[2] Nella prefazione del 25 aprile 1796 l'Alfieri, negandola al genere della tragedia, della commedia, della pastorale, del dramma (musicale e non), della tragi-
commedia, della melo-tragedia (tragedia greca), cercava di definire cosa fosse
per lui la tramelogedia, cioè l'*Abele* (del *Conte Ugolino* e della *Scotta* non ci
restano che sinteticissime idee): «Opera-tragedia sarebbe dunque il vocabolo
che più esattamente verrebbe a deffinire una tragedia mista di melodia e di
mirabile, qual è questa. Io perciò, volendole dare un titolo che dignitosamente
spiegasse la cosa, ho intarsiata la parola *melo* nella parola tragedia, in maniera
ch'ella non ne guastasse la terminazione, non badando alla radice del nome».
La nuova composizione (e l'importanza che dovette avere lo provano i quattordici anni di incubazione dell'*Abele*) avrebbe dovuto giovarsi, in un paese poco
proclive al teatro, dei vantaggi della composizione mista (tra teatro e opera) e
degli effetti innegabili del mirabile-religioso (le tramelogedie avrebbero dovuto ricorrere a soggetti remoti nel tempo, nei costumi, nel luogo, fondendo poi
in scena due compagnie, una di attori tragici, una di cantanti), nonché di una
certa facilità, in grado di renderla accetta alla plebe, e di alti costi, tali da
richiedere l'intervento di un principe. L'*Abele*, ossequiente a questo schema,
prevede infatti personaggi fantastici (La voce d'Iddio, Lucifero, Belzebù,
Mammona, Astarotte), le personificazioni, funzionali alla zona tragica, del Peccato, e soprattutto dell'Invidia e della Morte, e poi i personaggi tragici (Ada-
mo, Eva, Caino, Abele). Il dramma nascerà proprio nel momento della tangen-
za dei due piani, quando l'operosa vita familiare del primo gruppo umano
verrà turbata dalla menzogna, dall'invidia, che spingeranno Caino all'irragionevole uccisione di Abele. L'Alfieri, come già si accennava, pensò a lungo a
questo soggetto: ideata a Roma nell'ottobre dell'82 come tragedia musicale col
titolo di *Caino*, stesa a Martinsbourg dal 27 gennaio al 23 febbraio dell'86,
l'*Abele* (ma il titolo fu corretto solo nel '99) fu versificata a Parigi dal 6 novembre al 24 dicembre del 1790, riletta poi, sempre a Parigi, il 28 aprile del '92,
trascritta, dopo la prefazione dell'aprile '96, il 7 giugno dello stesso anno.
Ulteriori interventi furono poi apportati sulle copie Tassi del '98, '99 (ma per
maggiori dati in proposito si veda la nota di De Bello all'*Abele e frammenti di
tramelogedie* per l'edizione astense del 1978).

[3] *L'Etruria vendicata.*

[4] Ideate, stese e versificate nello stesso periodo (tra il 1786 e l'anno seguente:
ma per la precisione le date sarebbero state, per il *Bruto primo* del 29 marzo
1786, del 21-27 novembre '86, del 10 aprile-5 maggio '87, per il *secondo* del
18-19 aprile '86, del 29 novembre-3 dicembre '86, del 9 novembre-2 dicembre
'87; e per ulteriori dati si vedano le edizioni delle due tragedie a cura di Fabrizi
per i tipi della Casa d'Alfieri), il *Bruto primo* e *secondo* – lo avrebbe ricordato
l'autore nel *Parere* alla prima tragedia – «sono state concepite insieme e nate,
direi, ad un parto. Elle portano lo stesso nome, hanno per loro unica base la
stessa passione di libertà, e ancorché assai diverse negli accidenti loro, nel
costume, e nei mezzi, nondimeno essendo ambedue romane, tutte due senza
donne, e contenendo l'una (per così dire) la nascita di Roma, l'altra la morte, in
molte cose doveano necessariamente rassomigliarsi [...]». Dominante è in
ambedue l'amore dichiarato di patria (che fa, specie del *Bruto primo*, un'ideale
continuazione delle tragedie di libertà, in particolare della *Virginia*), la
coscienza della risoluzione eroica di ogni tentativo di rivolta («perché scordar-

vi, / che a sottrar Bruto dall'infamia (sola, / vera sua morte) a lui bastava un ferro?»), il conflitto tragico tra i doveri di cittadino e quelli paterni e filiali. Nel *Bruto primo* la strenua battaglia di Bruto e Collatino (marito di quella Lucrezia indotta al suicidio da Sesto Tarquinio) per la liberazione di Roma, con l'ausilio del popolo (vero «principalissimo personaggio» in questa, come nella successiva tragedia) e della classe nobiliare (rappresentata da Valerio) contro i tentativi di restaurazione dei Tarquini (affidati al loro messo Manilio), si scontrerà con la necessità di giudicare tra i firmatari di una congiura i giovanissimi e puri figli di Bruto, Tito e Tiberio, tratti con l'inganno ad aderire al proposito di restaurazione nella speranza di salvare il padre. Quel padre che, nonostante la disponibile pietà del popolo, provocando stupita meraviglia (ma ricordava l'Alfieri nel *Parere* che la «maraviglia di sé è la prima e la principal commozione che un uomo grande dee cagionare in una qualunque moltitudine, per poterla indurre a tentare e ad eseguir cose nuove»), ne chiederà e otterrà, sia pur con dolore («Io sono / l'uom più infelice che sia nato mai»), la morte, esempio alla nascente libertà di Roma. Nel *Bruto secondo* i tentativi di Cimbro, Cassio, Cicerone e Bruto per limitare il potere di Cesare si scontrano col riconoscimento della passata grandezza del dittatore romano, con l'agnizione tra padre e figlio (Cesare e Bruto), che se non smorza le «dominanti primitive passioni, di libertà dell'uno, di tirannide e di falsa gloria nell'altro», pure inserisce un turbamento alla ribellione di Bruto, un elemento di «dura necessità» nel comportamento di Cesare. L'empietà della rivolta contro il padre («né mai contro al tuo padre / volger ti puoi, senza esser empio...») è certo attenuata, come ricordava l'Alfieri, dall'essere il tiranno «mezzo padre» soltanto, pure rimorso ne porterà il verisimile Bruto (personaggio di un «verisimile colossale») nel tessere sul corpo di Cesare ucciso gli elogi funebri («È spento / di Roma il re; grazia agl'Iddii sen renda... / ma ucciso ha Bruto il proprio padre;... ei merta / da voi la morte...»; «Io piango / Romani, sì; Cesare estinto io piango. / Sublimi doti, uniche al mondo; un'alma, / cui non fu mai l'egual, Cesare avea: / Cuor vile ha in petto chi nol piange estinto.»). Né a questo riconoscimento di valore (altrove di affetto o di ribellione impotente) si sottrarrà Cesare nei confronti di Bruto (più in generale il tiranno nei confronti dell'eroe che solo lo fronteggia), se gli era stato forza dichiarare: «io vorrei solo al mondo / esser Bruto, s'io Cesare non fossi».

Capitolo decimosettimo

1 Scartafaccio.
2 Maggiore per distinguerlo da tutta una famiglia di tipografi.
3 Cfr. l'*Appendice seconda* all'epoca quarta.
4 Inconsapevole di sé.

Capitolo decimottavo

1 Famoso autore di commedie del Settecento.
2 Nome latino di Strasburgo.
3 La casa d'Alfieri si trovava nel Faubourg Saint-Germain, in rue Montparnasse 1.
4 *La virtù sconosciuta*.
5 *Le mosche e l'api*.

Capitolo decimonono

[1] La pensione dell'Alfieri, concessa dal governo francese, veniva messa in serio pericolo dalla Rivoluzione.

PARTE SECONDA

Proemietto

[1] In data 4 maggio 1803 riprende la continuazione dell'epoca quarta, che salda l'originaria stesura, lasciata in sospeso nel 1790, con la rilettura fiorentina del 1792.

Capitolo vigesimo

[1] Desiderando fino allo spasimo.

Capitolo vigesimoprimo

[1] Che non corrispondeva a un valore preciso.
[2] Penelope Pitt.
[3] La lettera si è in realtà conservata e si può leggere alle pp. 290-291 del secondo volume dell'edizione astense della *Vita*.
[4] Cfr. l'*Appendice terza* all'epoca quarta.

Capitolo vigesimosecondo

[1] Francesco II d'Austria.
[2] Del comune.
[3] Casse sistemate sul tetto della carrozza.
[4] Gravelines.
[5] La citazione è dal XXXIII canto dell'*Inferno* dantesco.

Capitolo vigesimoterzo

[1] Lungarno Corsini.
[2] Già che Saul, in chiusura di tragedia, muore appunto in scena.

Capitolo vigesimoquinto

[1] Il ritmo.
[2] L'inciso seguente, fino alla citazione del *Saggio sull'uomo*, è dedotto da un'aggiunta marginale, il cui inserimento nel corpo del testo è stato talvolta discusso. Si ritiene qui opportuno continuare a proporre la soluzione offerta dall'edizione Fassò, peraltro confermata dal testo della *Vita* curato per Ricciardi dal Di Benedetto.
[3] Forma del verbo *typto*, usato nelle grammatiche greche come esempio di coniugazione.
[4] Contratti.
[5] Cinque *i*.
[6] Commentatore.
[7] Come dire il commento di Proclo.

[8] A causa.

[9] Del quale.

[10] L'ultimo di una serie di usi verbali di pretta marca alfieriana (scuriosirmi, disasinirmi, disceltizzarmi).

Capitolo vigesimosesto

[1] Dedicata a Luisa d'Albany, l'*Alceste seconda* è opera originale alfieriana, laddove la prima era fedele traduzione da Euripide. Nasceva, la prima, da un rinato interesse per gli studi classici, avviato nel 1794 con la ricostituzione della biblioteca dispersa nelle peripezie di Francia, e proseguito nel '95-'96 con la lettura degli autori greci in traduzione latina (massime Omero e i tragici) e con lo studio delle grammatiche greche. L'Alfieri avrebbe lavorato alla traduzione (con l'ausilio del latino in interlinea) nella seconda metà del 1796, lasciando all'anno seguente il più arduo lavoro sui cori (ma per puntuali precisazioni cronologiche si veda adesso l'introduzione di Clara Domenici all'*Alceste prima*, edita nell'83 nel *corpus* alfieriano astense). Quanto all'*Alceste seconda* l'interesse sarebbe nato da una ripresa della prima, che avrebbe portato, dal 30 settembre al 21 ottobre 1798, a più personalmente verseggiare, rivedere e correggere (il testo saggiato in lettura pubblica il 2 dicembre 1798 sarebbe stato sottoposto nel marzo 1799 a una rilettura personale, mentre il rifacimento sarebbe stato completato entro il 15 settembre dello stesso anno; ma per qualche dato ulteriore cfr. l'introduzione di De Bello all'edizione astense).

L'autore, nello *Schiarimento sull'Alceste seconda*, avrebbe inventato una favola-apologo onde far risalire la più libera versione greca alla traduzione di un manoscritto euripideo poi miracolosamente scomparso. Ma palese è, nonostante la finzione, il rimando a un libero e appassionato adattamento del testo di Euripide, conservato peraltro fedelmente nell'inserzione dei cori, e nell'intrecciato gioco dei personaggi (gli sposi Admeto e Alceste che si offrono vicendevolmente alla morte per scamparne l'un l'altro, alla presenza del padre di Admeto, Fereo) risolto dal provvidenziale intervento di Ercole.

[2] Cfr. l'*Appendice quarta* all'epoca quarta.

[3] Carlo Emanuele IV.

[4] Cfr. l'*Appendice quinta* all'epoca quarta.

[5] A disposizione.

Capitolo vigesimosettimo

[1] Cfr. l'*Appendice sesta* all'epoca quarta.

[2] Il canto della fine.

[3] Giovanni Diodati, traduttore lucchese tra Cinquecento e Seicento.

[4] Samuel Clarke.

[5] Johanne August Ernesti.

[6] Lessicologo greco.

[7] *Etymologicum magnum*, dizionario di etimologia greca.

[8] Umanista autore di un lessico greco.

[9] Autore di un lessico omerico.

[10] Note.

Capitolo vigesimottavo

[1] L'esercito austro-russo aveva vinto quello francese nella battaglia della Trebbia.

[2] Cfr. l'*Appendice settima* all'epoca quarta.

[3] Carlo Emanuele IV.

[4] Rubatemi.

[5] La lacuna è nel manoscritto, secondo quanto attesta il Fassò.

Capitolo vigesimonono

[1] Il dover alloggiare militari.

[2] Alessandro Miollis.

[3] Biglietto da visita.

[4] Cfr. l'*Appendice ottava* all'epoca quarta.

[5] Le sei commedie (quattro politiche: *L'uno*, *I pochi*, *I troppi*, *L'antidoto*, concepite per dichiarazione esplicita quasi come un tutto unico; due psicologico-sociologico-morali: *La finestrina*, *Il divorzio*) furono progettate nel settembre del 1800, stese dal luglio all'ottobre dell'anno successivo, verseggiate tra l'agosto e il settembre del 1802. L'ultima copiatura, con le correzioni connesse, della primavera-estate del 1803 fu interrotta dalla morte dell'autore, sì che ben due dei sei testi (e precisamente *La finestrina* e *Il divorzio*) ci sono rimasti in qualche modo «incompiuti» (soprattutto *La finestrina*, verseggiata solo fino al terzo atto). L'Alfieri, se si eccettuano il giovanile *Esquisse* e alcuni progetti comici (su cui si veda l'*Introduzione* di Fiorenzo Forti ai tre tomi da lui dedicati alle commedie alfieriane per i tipi della Casa d'Alfieri nel 1953), non si era mai prima d'allora cimentato con una struttura teatrale non tragica; anche se la scelta del nuovo genere era stata lungamente preparata dalla lettura di Plauto, dagli esercizi su Terenzio, dalla traduzione di Aristofane (*Le rane*), e fu resa possibile dalla definitiva chiusura della stagione tragica. Certo dovette pesare, specie sull'ideazione delle quattro commedie politiche, la delusione alfieriana successiva alla Rivoluzione francese, la volontà di "ridere", ormai vecchio, su quei temi del potere, del governo, della passione, della giustizia sui quali, da giovane, era stato possibile "piangere"; così come lo sdegno per i costumi italiani contemporanei, per l'accomodante morale borghese settecentesca, capace di escogitare matrimoni-farsa (tale quello di Lucrezina Cherdalosi con lo Stomaconi, tale, già prima, quello di sua madre Anna, a cui la figlia contende il primo servente, Ciuffini), spinse l'Alfieri al *Divorzio*, la più articolata e complessa delle commedie. L'interrotta *Finestrina* doveva invece, nel mitologico regno degli Elisi, mostrare l'ambigua contraddittorietà tra vero e apparente (svelato come a sorpresa il cuore dell'uomo da una «finestra» aperta all'improvviso su parole e gesti alterati e mendaci). A uno svelamento cifrato e parodico dei miti politici della democrazia, del buono e corretto governo, del verace amore di popolo, avrebbe invece provveduto l'Alfieri con l'*Antidoto* (ove il ben governare appare risultato di tre «veleni», ovvero cattivi governi), *I troppi* («Lo scopo della Commedia è la totale derisione della imaginaria Democrazia e libertà di Atene», incautamente affidata ai suoi letterati e filosofi), soprattutto con l'*Uno* ed *I pochi*. Apologo la prima di un fatale desiderio di tirannide (i sette liberatori della Persia, dopo aver lottato contro gli abusi dell'Uno, cercheranno solo, fingendo un opportuno governo di tutti, di arrivare singolarmente al potere: la scelta impossibile e pur fatale tra loro sarà rimessa al nitrito

dei cavalli. Chesballero, il cavallo di Dario, con gli inganni di Ippofilo, del gran sacerdote e dell'indovino Oneiro, vincerà la gara, ricavandone – per machiavellico contrappasso – la morte immediata e la glorificazione postuma), la seconda di una compromissione continua col reale, al solo scopo di afferrare comunque il potere (i Gracchi, volendo essere tra i pochi cui spetti il comando, tentano con l'aiuto della plebe di sconfiggere Fabio, anch'egli dei pochi, ma della fazione avversa. Per questo in loro il disprezzo per il popolo potrà unirsi all'appoggio alla candidatura di Gloriaccino, al progettato matrimonio di Caio con la plebea Mitulla, mentre anche Cornelia, coinvolta nel loro cinismo, si mostrerà solo astratta glorificatrice di un passato familiare da perpetuare con qualsiasi mezzo).

6 *La finestrina.*
7 *Il divorzio.*
8 Borghese.
9 Ceto medio.

Capitolo trigesimo

1 Napoleone Bonaparte, console a vita.
2 Giovanni Maria Luigi.
3 Anna Maria.
4 Eleonora Luigia.
5 Maria Gabriella.
6 Challant.
7 Settimanale, appena sveglio.
8 La data manca nel manoscritto, secondo quanto attesta il Fassò.

Capitolo trigesimoprimo

1 Prolisso.
2 Cfr. l'*Appendice nona* all'epoca quarta.

Indice delle opere alfieriane citate

NOTA. Si dà qui l'elenco delle opere alfieriane citate nei testi. I numeri di pagina in tondo rimandano al testo dell'Alfieri; quelli in corsivo all'Introduzione e alle Note di Anna Dolfi.

Indice generale

VITA DI VITTORIO ALFIERI DA ASTI SCRITTA DA ESSO

PARTE PRIMA

EPOCA PRIMA – PUERIZIA
ABBRACCIA NOVE ANNI DI VEGETAZIONE

EPOCA SECONDA – ADOLESCENZA
ABBRACCIA OTTO ANNI D'INEDUCAZIONE

EPOCA TERZA – GIOVINEZZA
ABBRACCIA CIRCA DIECI ANNI DI VIAGGI,
E DISSOLUTEZZE

EPOCA QUARTA – VIRILITÀ
ABBRACCIA TRENTA E PIÙ ANNI DI COMPOSIZIONI,
TRADUZIONI, E STUDI DIVERSI

PARTE SECONDA

CONTINUAZIONE DELLA QUARTA EPOCA

Gli Oscar

Dickson Carr, LA FIAMMA E LA MORTE (1927)

Salvalaggio, VILLA MIMOSA (Bestsellers 58)

Strati, IL SELVAGGIO DI SANTA VENERE (1928)

King, LA ZONA MORTA (1929)

Del Bo Boffino, VOI UOMINI (Attualità 33)

Schopenhauer, AFORISMI SULLA SAGGEZZA DEL VIVERE
(Saggi 113)

Hesse, GERTRUD (1930)

Hoffmann, L'UOMO DELLA SABBIA E ALTRI RACCONTI
(Classici 101)

Vacca, COME IMPARARE PIÙ COSE E VIVERE MEGLIO
(Manuali 177)

Pagels, I VANGELI GNOSTICI (Uomini e Religioni 25)

Lawrence D.H., POESIE (Poesia 26)

Balbi, MADRE PAURA (Saggi 114)

Las Casas, BREVISSIMA RELAZIONE DELLA DISTRUZIONE
DELLE INDIE (Biografie e Storia 21)

McBain, UNO SPACCIATORE PER L'87° (1931)

McMurtry, VOGLIA DI TENEREZZA (Bestsellers 59)

Bettiza, LA CAMPAGNA ELETTORALE (1932)

Fleming, LICENZA DI UCCIDERE (1933)

Scott, IVANHOE (I Grandi Romanzi 13)

Williamson, LA REGINA DELLA LEGIONE (1934)

Fiecchi, CUORE MIO (Manuali 178)

Giacosa, COME LE FOGLIE - TRISTI AMORI (Teatro e Cinema 30)

Balzani, IL CONDOMINIO (Manuali 205)

ANTICHE FIABE CINESI (1935)

Kazantzakis, IL POVERELLO DI DIO (1936)

Wilson E., MEMORIE DELLA CONTEA DI ECATE (Oro 8)

Wilde, IL FANTASMA DI CANTERVILLE (Classici 102)

Dalla Chiesa, DELITTO IMPERFETTO (Attualità 34)

Kriyananda, IL SEGNO ZODIACALE COME GUIDA
    SPIRITUALE (Arcana 16)

MILLE RICETTE PER VIVERE SANI. Antipasti, Insalate, Minestre
    e zuppe, Legumi, Uova (Manuali 179)

MILLE RICETTE PER VIVERE SANI. Cereali, Pesci, Carni
    e formaggi (Manuali 180)

MILLE RICETTE PER VIVERE SANI. Verdure e dolci (Manuali 181)

Lodovici, GUIDA SONY 1987 ALL'ACQUISTO
    E ALL'ASCOLTO DEL COMPACT DISC (Manuali 182)

Brooks, LA SPADA DI SHANNARA (1962)

Siciliano, LA CASA SCOPPIATA - LA VITTIMA
    (Teatro e Cinema 33)

Spillane, TI UCCIDERÒ (1937)

SULLE ALI DEL SOGNO (I Romanzi di Barbara Cartland 32)

Van Slyke, UNA DONNA NECESSARIA (Bestsellers 60)

Fleming, MISSIONE GOLDFINGER (1938)

Leiber, SPAZIO, TEMPO E MISTERO (1939)

Harris A.B e Th. A., SENTIRSI OK (Manuali 183)

Baschera, I POTERI ESOTERICI DEGLI ANIMALI
    E DELLE PIANTE (Arcana 17)

Riches, NOTE DI CATECHISMO (Uomini e Religioni 26)

Vittorini, LE DONNE DI MESSINA (1940)

Molière, IL TARTUFO - IL MALATO IMMAGINARIO (Classici 103)

Paolini, IL TUTTOVIDEO (Manuali 206)

Questo volume è stato impresso nel mese di marzo 1987
presso la Milanostampa - Farigliano (CN)
Stampato in Italia - Printed in Italy